上海市高校法学高原学科环境资源法建设项目
自然资源部国土整治中心项目《全民所有自然资源资产权益实现机制研究》阶段性成果

国外空间规划法研究

Research on Foreign Spatial Planning Law

王文革／主编

法律出版社 | LAW PRESS

编　委　会

主　编： 王文革

副主编： 杨彩虹　印晓慧

撰稿人：（按章节排序）

引　言　王文革　　第一章　范子豪　　第二章　敖观婞

第三章　孙成雨　　第四章　方　景　　第五章　苏小青

第六章　王　薇　　第七章　张　伦　　第八章　李　研

第九章　吴雅菁　　第十章　孙珍珍　　第十一章　张　露

第十二章　杨彩虹

主编简介

王文革，武汉大学环境资源法博士，华东政法大学经济法博士后、教授、高级工程师、经济师等。现任上海市重点学科环境资源法学科负责人、上海市教委重点学科经济法学科带头人、上海政法学院环境资源与能源法研究中心主任、最高人民法院国土资源司法保护研究基地（上海政法学院）主任、长三角环境资源司法保护研究基地主任。

主要学术兼职：国际组织 IUCN 生态系统管理专家组成员、环境法专家组成员，中国环境资源法研究会副会长，全国人大环境资源立法研究基地（上海社科院）学术委员会副主任委员，《中国环境资源法评论》（中国环境资源法研究会会刊）副主编，中华环保联合会法律专家委员会委员，上海市第三中级人民法院环境资源审判专家库专家，湖州市中级人民法院环境资源审判专家库专家等。先后任美国加州大学洛杉矶分校、加拿大英属哥伦比亚大学、澳大利亚邦德大学、日本青山学院大学、中国台湾政治大学、复旦大学、上海交通大学、华东政法大学、上海财经大学、上海社会科学院等国内外多所高校访问教授、客座教授或兼职教授。

主要研究领域：环境资源与能源法、房地产法、经济法、行政法等。先后在《中国环境科学》《环境保护》《中国土地科学》《法商研究》《政治与法律》《中国环境报》《中国国土资源报》《解放日报》《社会科学报》等报刊发表学术论文100多篇，其中多篇论文被人大复印资料或其他媒体全文转载；独著、主编、参编著作（教材）共20多部，其中出版《土地法学》《城市土地集约利用法律制度研究》《节能法律制度研究》《城市土地资源利益博弈及其法律调整》《城市土地市场供应法律问题研究》等个人专著；主持或参加国际合作、国家级、省部级及其他科研项目30多项。

主要获奖：先后荣获全国宝钢优秀教师、上海浦江学者、上海市十大优秀中青年法学家、上海市曙光学者等荣誉称号，第三届全国法学教材和科研成果奖、上海哲学社会科学优秀成果三等奖、上海高校优秀教学成果奖二等奖、上海市精品课程、上海高校优秀教材三等奖、国家环境保护部优秀科技成果奖、湖北省政府依法治理优秀成果奖、湖北省政府科技进步奖二等奖、河南省政府优秀调研成果奖二等奖等奖励。

引　言

习近平生态文明思想是习近平新时代中国特色社会主义思想的重要组成部分，是对党的十八大以来习近平总书记围绕生态文明建设提出的人与自然和谐共生、绿水青山就是金山银山、良好生态环境是最普惠的民生福祉、山水林田湖草系统治理、用最严格制度最严密法治保护生态环境、世界携手共谋全球生态文明等一系列新理念、新思想的科学总结，是新时代生态文明建设的行动指南。为了深入贯彻落实习近平生态文明思想，我国相继出台了《关于加快推进生态文明建设的意见》《生态文明体制改革总体方案》等一系列生态文明建设的改革方案，从总体目标、基本理念、主要原则、重点任务、制度保障等方面对生态文明建设进行了全面系统安排，确立了生态文明建设目标评价考核、自然资源资产离任审计、生态环境损害责任追究等一系列重要制度，取得显著成效。

我们在系统总结生态文明制度建设成效的同时，必须清醒认识到，现有制度设计离习近平总书记提出的山水林田湖草系统治理的生态文明思想和空间规划思想还有很大差距。习近平总书记指出："山水林田湖草是生命共同体，是相互依存、紧密联系的有机链条，要从系统工程和全局角度寻求新的治理之道，必须统筹兼顾、整体施策、多措并举，全方位、全地域、全过程开展生态文明建设。"[1]此外，习近平总书记还指出："规划科学是最大的效益，规划失误是最大的浪费，规划折腾是最大的忌讳。"[2]根据习近平总书记提出的山水林田湖草系统治理的生态文明思想和空间规划思想，优化国土空间规划，提升空间治理能力是落实习近平系统治理思想的重要抓手。而我国目前现实环境问题中最难解决的问题也是由于规划不科学所造成的。无论从理论层面还是从实践需要的角度来看，优化国土空间规划、提升空间治理能力都显得尤为紧迫和重要。

为了贯彻落实习近平总书记提出的山水林田湖草系统治理的生态文明思想和空间规划思想，2015 年《生态文明体制改革总体方案》明确提出，"构建以空间规划为基础、以用途管制为主要手段的国土空间开发保护制度"，2017 年年初，中共中央办公厅、国务院办公厅印发了《省级空间规划试点方案》，2019 年 5 月 10 日中共中央、国务院发布的《关于建立国土空间规划体系并监督实施的若干意见》明确提出，要研究制定国土空间开发保护法，加快国土空间规划相关法律法规建设。2019 年 10 月，党的十九届四中全会审议通过的《中共中央关于坚持和完善中国特色社会主义制度、推进国家治理体系和治理能力现代化若干重大问题的决定》指出，坚持和完善中国特色社会主义制度、推进国家治理体系和治理能力现代化，是全党的一项重大战略任务。此外，全国人大也将《国土空间规划法》列入了立法规划。为了积极参与我国空间规划立法，笔者 2019 年出版了《空间规划法》一书，该书系统地涵盖了空间规划法的基础理论和基本知识，全书分为"空间规划法总论""国民经济和社会发展规划""主体功能区规划""土地利用规划""城乡规划法""环境保护规划""生态红线保护制度"7 个部分，从基本理论、立法沿革、主要内容、现有制度评析及完善 4 个角度对各部分内容进行了系统阐述。在研究我国空间规划立法的过程中深刻认识到，国外

---

〔1〕 参见《推动我国生态文明建设迈上新台阶》，载求是网，http：//www. qstheorv. cn/dukan/qs/2019 -01/31/c_ 1124054331. htm。

〔2〕 参见《推动我国生态文明建设迈上新台阶》，载求是网，http：//www. qstheorv. cn/dukan/qs/2019 -01/31/c_ 1124054331. htm。

空间规划立法已有很多成功的经验，借鉴学习国外空间规划法的经验非常必要，同时也可避免重复国外空间规划立法走过的弯路。为此，我们对德国、英国、法国、丹麦、瑞士、荷兰、美国、加拿大、澳大利亚、日本、韩国、新加坡 12 个国家的空间规划法律体系进行了研究，从空间规划的概念和种类、空间规划的立法沿革、空间规划法律体系、空间规划法的目的和任务、空间规划法基本原则、基本制度、法律责任和法律救济等方面对 12 个国家的相关制度体系进行了系统分析，在此基础上提出了可供我国立法借鉴的制度构想。以下正文各章排序按照国家首字母排序，特此说明。

目录

第一章　澳大利亚空间规划法

第一节　澳大利亚空间规划法概述

一、澳大利亚空间规划的概念和种类

（一）空间规划的概念

通常认为空间规划（spatial planning）的概念发源于欧洲，由于城市化程度已经达到了一个较高的水平，不仅进一步发展的空间日益减小，且在城市化前中期忽视生态环境保护的恶果逐渐显现。因此，规划制定者不再片面强调发展效率，而是逐渐着眼于均衡式的发展。具体来说表现为：从早先关注开发利用国土资源转变为对公众活动空间的关注，寻求一种更合理的土地利用方式，以平衡环境保护与社会经济发展之间的关系。空间规划的概念在不同国家、不同学者的视野中都存在少量差异，但整体来说，对空间规划的根本属性的把握还是比较相近的。因此，空间规划或许可以定义为，在一定时期内，国家或地区为实现社会经济与生态环境全面协调可持续发展而管理所辖范围内的空间资源的法规政策、技术标准总称。尽管澳大利亚各州的规划法律体系和行政体制存在一些差异，但大体上并没有特别显著的区别，都超越了国土规划通常着眼于自然资源的开发利用的历史局限，体现出

典型的多规合一的特点。

（二）空间规划的种类

按照不同标准，空间规划可以分为不同的类别。从规划层级或行政管理体系来看，可以分为国家级规划、跨区域规划和地方级规划。规划层级越高，则越重视规划的战略视角，需要具有大局意识和长远眼光；而层级越低，则越要求规划具有可操作性，以便落实。从规划内容和作用来看，分为总体规划、详细规划、专项规划。总体规划是对规划范围内所有可能进行的一切开发工作进行整体的安排。而详细规划则更加具体，包括每块地块的用途性质、容积率等指标。专项规划则是针对某种特殊属性，需要专门编制规划来处置，如在湿地等生态脆弱区或重要生态功能区编制专项规划对其现状进行维持，禁止作为农业用地或建设用地进行开发，实现更全面和更高效的保护。从规划的期限来看，可以分为长期规划、中期规划和短期规划。从规划的对象来看，可以分为国土规划、国民经济与社会发展规划、城乡规划、环境保护规划等。

澳大利亚的空间规划若从行政层级上进行划分，可分为联邦规划、州规划、区域规划和地方规划。其中联邦规划的数量极少，仅在涉及跨州的联邦级重大事务上才进行规划，如《1992 年澳大利亚生态和可持续利用发展国家战略》（Australia's National Strategy for Ecologically Sustainable Development 1992）和《1996 年澳大利亚生物多样性保护国家战略》（National Strategy for the Conservation of Australia's Biological Diversity 1996）。澳大利亚主要空间规划均在各州议会和州政府的领导下制定和实施，各州政府以下的行政区域均为地方政府，此外不再设置其他层级的政府。澳大利亚的地方政府不具有城市和乡村的严格划分，由于城乡划分的依据不是根据行政区域，而是基于人口密度，且人口具有流动性，所以很难判断人口密度与城乡划分标准临界点相近的地方究竟属于城市还是乡村。地方政府被命名为市、镇也主要源于长时间形成的历史习惯，因此，基于这类命名进行横向比较分析意义不大，这种城乡的划分对规划也没有明显影响。各州制定的总体规划常以战略规划命名，为了实现战略规划，则在此基础上制定专项行动规划，如《南澳大利亚州战略基础设施规划》《南澳大利亚州自然资源管理规划》，囊括基础设施、自然资源管理、住区规划、气候应对等方面，根据目标实现的难度来决定完成的期限。

二、澳大利亚空间规划的立法沿革

澳大利亚各州空间规划的起步时间大致相同，尽管发展速度不一，但由于其发展历程深受特定历史时期内世界局势的影响，最终各州空间规划的立法沿革形成了相似的风格。例如，基于20世纪上半叶经济危机和两次世界大战的影响，新南威尔士州空间规划起步虽然比较早，但在这期间发展极其缓慢。直到21世纪中叶，澳大利亚各州空间规划几乎同时迎来了飞速发展的时期，在此阶段产生的问题也在不断以修正案的形式进行弥补，特别是新南威尔士州、维多利亚州、昆士兰州和南澳大利亚州的空间规划法已经发展得相对成熟而趋于稳定。

（一）新南威尔士州

新南威尔士州的《1919年地方政府法》（Local Government Act 1919）是新南威尔士州最早的空间规划法，其中就包含土地用途和容积率的规定。但这些规定旨在为地方政府控制私人土地提供合法性，后续对该法的不断修订更加明显地体现了这一点。政府权力的不断膨胀催生了盲目开发的现实，也激发了具有一定实力的中产阶级的不满，越来越多的民众要求参加到规划法案的制定当中，而这种矛盾的对抗最终促成了1979年新南威尔上州议会出台的《1979年环境规划与评估法》（Environmental Planning and Assessment Act 1979，New South Wales）。

《1979年环境规划与评估法》吸纳了当时的环保主义的思潮，为了改善此前原始的规划方式对环境所可能造成的损害，规划与评估法以环境规划为核心，要求在区域规划和地方规划编制前必须进行环境影响评价（EIA），从而达成控制开发项目的效果，进而协调当前利益和未来利益、资源短期利用与长期保护之间的关系。除了建立环境影响评价体系，规划与评估法还建立起环境开发许可证制度，针对不同土地性质的区域，《1979年环境规划与评估法》均明确列举了所有“无须许可”和“经申请许可”的开发方式，而未列举的开发方式则均为禁止行为。这一举措对于生态功能区和脆弱区的保护起到了极其重要的作用。除了在环境保护方面的规定，规划与评估法的又一重大进步则是完善了公众参与的途径。首先，明确了依职权和经申请必须公开信息的范围，从而对公众的知情权进行保障。同时，规划与评估法规定了行政复议和提起诉讼的方式保障公众能够参与到规划文件制定、开发许可审批等活动当中。1979 年规划与评估法中建立了新南威尔士州土地与环境法院，新南威尔士州环境法院是世界上最早的与州最高法院级别平行的专门法院。

2017 年，新南威尔士州出台了关于《1979 年环境规划与评估法》最新的修正案，这次修正案是 40 年来变动最大的一次，修正案提出了新的目标，即良好而舒适的建筑设计与建筑环境、建筑与文化遗产的管理、建筑物的正确建造与维护，并在同年发布了《新南威尔士州综合设计政策更好的地方》（Better Placed）作为执行性政策来促进修正案的实施。

在新南威尔士州，环境保护与规划中的法律体系、环境保护、农业、遗产、交通和市政等事项均由州政府环境与规划部进行管理，而作为基层政府的地方政府（local council）则负责土地审批、开发评估、社区服务、基础设施建设等更具体的工作。行政机关也需要不断更新其法规和政策，以配合在新的时期内的法律的发展，如《2017 年国家环境规划政策（非农村地区的植被）》《2017 年国家环境规划政策（教育机构和儿童保育设施）》《国家环境规划第 64 号政策——广告和标牌》《2019 年国家环境规划政策（原住民土地）》。值得注意的是，各州往往都对其首府城市进行专门的大都市规划，来适应与其他地方不同的规划需要，如在新南威尔士州是悉尼地方环境规划。

（二）维多利亚州

早期空间规划立法包括《1922 年大都会城市规划委员会法》（Metropolitan Town Planning Commission Act 1922）为跨地方行政区的城市规划提供了法律基础，还有《1980 年规划复议委员会法》（The Planning Appeals Board Act 1980）、《1973 年历史建筑法》（Historic Buildings Act 1973）、《1973 年开发区域法》（Development Areas Act 1973）等，与此同时还出台了一系列法规文件以便法律得以实施，如规划程序条例、规划许可和复议条例、规划复议委员会条例等。此外，还有一些与规划法相关的立法，如建筑控制法、考古及土著文化保护法、社区福利设施法、官地法、土地排水法、环境影响法、环境保护法、森林法、采掘工业法等。

1988 年 2 月 16 日，维多利亚州在宪报上刊登了《1987 年规划与环境法》（Planning and Environmental Act 1987，Victoria）并沿用至今，从此，维多利亚州的空间规划法就迈向了一个新的阶段。此后不断以修正案的形式，对该法案的内容进行补充和完善。与规划环境法配套的是《1989 年地方政府法》（Local Government Act 1989），要求每个地方政府都必须制定和落实一套规划，而维多利亚州的不同之处则在于，要求其所有土地必须受规划指导。而维多利亚州另一特点则是所有规划方案须符合其在 2007 年颁布的《维多利亚州规划规定》（Victoria Planning Provisions，VPP），这一规定赋予了规划部长（Minister for Planning）极大的权力，授权其对于规划方案的“最后决定权”，且“如果他认为是正当的”，则“不必受到公众、专家意见的限制”。在较高密度开发被公众反对时，规划师往往是作为州政策的代表而不是社区的代表。政府则可能基于公众的强烈反对，转变其最初的支持态度，从规划法院以及上诉案件的构成上就可以看出这一点。而强制推行规划与符合规划的开发申请最终被驳回之间的矛盾则体现出规划在制定过程中的缺陷。

维多利亚州在州政府负责编制和实施墨尔本大都市区规划（Melbourne and Metropolitan Planning Scheme）的是墨尔本及大都会工程委员会（The Melbourne and Metropolitan Board of Works），同时，州议会立法建立了跨地方的区域规划机构，地方政府编制的规划仅涉及当地事项，且不得违背墨尔本大都市区规划的限制性规定，经大都会工程委员会批准生效。而一经批准，地方规划即取代墨尔本大都市区规划中相关部分，规划审批许可权限也从大都会工程委员会下移到地方政府。州政府其他规划相关机构还包括由规划环境法所设立的规划环境部，该部门于 1993 年更名为规划与社区发展部（Department of Planning and Community Development，DPCD），还有协调州政府各部门决策从而确定优先级的州协调委员会，再如，提供政策咨询意见的规划咨询委员会和提供公共建筑保护建议的政府建设顾问委员会，以及历史建筑保护委员会、环境保护署、负责旧城改造的城市更新署、公共工程部、港口署、土地保护委员会、农业部、住房部、卫生局、林业局等。

（三）昆士兰州

昆士兰州在州规划层面的《1997 年综合规划法》（Integrated Planning Act 1997，Queensland）中规定规划与环境法庭应当作为常设法庭，后续出台的《2009 年可持续规划法》（Sustainable Planning Act 2009）对这一层面的综合性整体规划法案进行了更新。与之相匹配的是州政府《2013 年州规划政策》（State Planning Policy，SPP）将此前散见于各政策性文件的规范进行了整合，使这些政策在实务中更容易被查询和遵守。昆士兰州全州分成 13 个区域，这些区域各自都有一系列区域规划，如昆士兰州东南部年度基础设施规划、区域政策和管理条例，再加上一些作为非法定规划的法定政策。

在各地方实施的地方规划也在进入 21 世纪后纷纷进行了整合汇编，形成城市规划综合文件（the City Plan），其中做得最好的是布里斯班城市规划（the City Plan 2000），被其他地方政府作为模板。在地方政府的规划层面又再一次分为战略规划和社区规划，但由于基础设施的建设具有需要不断更新的特点，基础设施的用地不在社区规划的范围之内。

（四）南澳大利亚州

南澳大利亚州的《1993 年发展法》（Development Act 1993）在长达 20 多年以来一直是南澳大利亚州最核心的规划法律，直到《2016 年规划、发展与基础设施法》（Planning，Development and Infrastructure Act 2016）的颁布几乎将其取代。近几年针对《2016 年规划、发展与基础设施法》也在不断完善，如 2017 年出台的《过渡性规定规章》（Transitional Provisions Regulations）和《一般规章》（General Regulations），2019 年出台的《费用、收费、会费规章》（Fees，Charges and Contributions Regulations）、《泳池规章》（Swimming Pool Safety Regulations）和《认证专业人士规章》（Accredited Professionals Regulations），2020 年出台的《规划协议规章》（Planning Agreements Regulations）它们均是对原法案的修正。而根据《1993 年发展法》所拟定的附属细则《1993 年发展规章》（Development

Regulations 1993）和《2006年发展（小组）（过渡性规定）规章》[1]的效力也分别由《2008年发展规章》（Development Regulations 2008）和2017年正式实施的《2016发展（小组）（过渡性规定）废除规章》[2]所终止。

而在协调政府各部门职权划分的问题上，政府部门基于《地方政府法》先后出台了《1991年自然植被法》《1993年环境、资源和发展法院法》《1993年环境保护法》《1997年水资源法》《2004年自然资源管理法》等规定。战略规划是州政府编制指导全州规划的顶层设计方向性文件，通常每年都要经历两次微调，但是不改变其具体衡量目标和具体实现手段，如大阿德莱德30年规划、[3]南澳大利亚州地区规划战略。开发规划是南澳大利亚州最基础的规划文件，包括土地利用规划和主体功能区规划，由于发展法案要求全州任何地方都必须制定开发规划，因此制定的开发规划不胜枚举，在此不再冗述。

（五）首都领地

澳大利亚首都领地由国会直辖各地方政府，执行规划职能的是依据《1957年国家首都发展委员会法》（The National Capital Development Commission Act 1957）建立的联邦委员会，领地其他议会在相当长的一段历史时期只是作为咨询场所而非立法机关，这一点直到1988年才发生改变。这一时期的堪培拉采取政策导向的结构规划（structure plans）和实施执行的发展规划（development plans）两层体系，前者阐明规划中目标和具体要求的概念，后者则负责制定上述概念的具体内容，在20世纪80年代以后结构规划改名为政策规划（policy plans）。

1988年国会出台了《1988年澳大利亚首都领地（自治政府）法》[Australian Capital Territory（Self-Government）Act 1988]，授予了领地政府非常有限的行政权力。同年出台的《1988年澳大利亚首都地区

---

〔1〕 Development（Panels）（Transitional Provisions）Regulations 2006.

〔2〕 Development（Panels）（Transitional Provisions）Revocation Regulations 2016.

〔3〕 “大阿德莱德”的描述引自李霞《国外城市战略规划的研究及其对我国的启示——以澳大利亚阿德莱德为例》一文，其中作者将 *The 30 – Year Plan for Greater Adelaide*（*2010*）翻译为“大阿德莱德战略规划”，本部分为了更贴合英文原意，放弃战略规划的翻译，而直译为“大阿德莱德30年规划”。

（规划和土地管理）法》［Australian Capital Territory（Planning and Land Management）Act 1988］，撤除了国家首都发展委员会，但仍保留了已设立规划、政策的法律效力。在联邦层面成立了首都规划署（The National Capital Planning Authority），负责制定“国家首都规划”；在地方层面成立了地方规划署（Territory Planning Authority），负责除“国家首都规划”区域以外的首都地区的详细规划编制与实施。与其他州土地大多为私人所控制不同，堪培拉所有土地都是国家所有，以租地形式提供给开发商同时附加规划条件（leasehold tenure），从而实现规划要求。

三、澳大利亚空间规划法律体系

法律体系是国家依照法定程序制定的所有法律规范形成的紧密联系、有机统一的整体，通常包括宪法、法律法规规章、程序法、地方法、行业标准、国际法等。而空间规划法律体系则是涉及空间规划的法律规范的集合，一般来说，可以分为作为总依据的主干法及配套法规或规章、针对特定事项的专项法和空间规划相关事项法律法规三个部分，是规划体系中的重要组成部分，即法律体系、行政体系、运作体系（见图1－1）。澳大利亚为联邦制国家，其法律体系深受英国殖民时期的影响，而澳大利亚在立法的过程中又大量效仿了美国、加拿大等国的法律制度，因此形成了具有自己独特风格的法律体系（见图1－2）。澳大利亚空间规划法律体系是通过中央与地方、同一层级不同机构之间的分权制衡中所形成的，因此需要通过对纵向和横向进行介绍和分析。

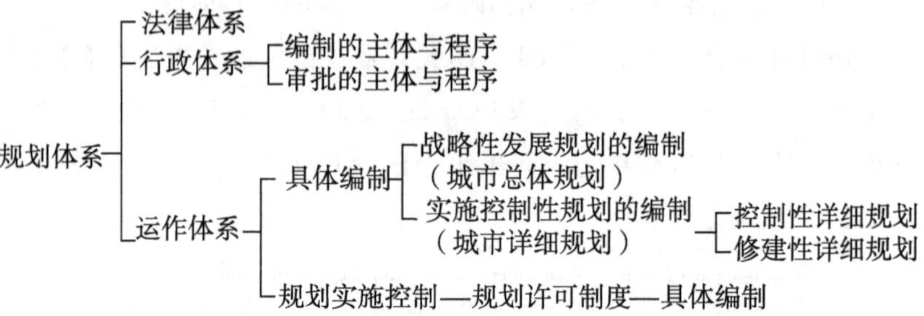

图1－1　空间规划体系

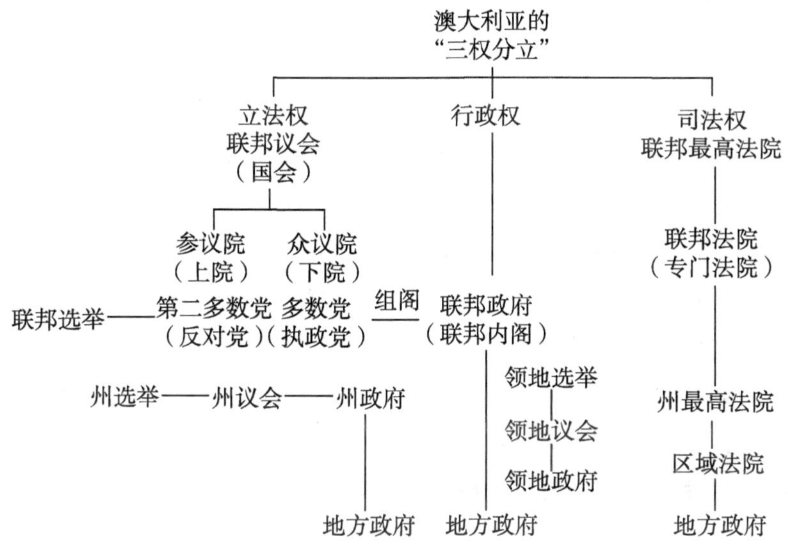

图 1－2 澳大利亚的“三权分立”

（一）联邦—州/自治领地—地方

从纵向上来看，澳大利亚的政府分为联邦政府（National Government）和州政府（State/Territorial Government），州政府下辖若干地方政府，而联邦政府对领地内的地方政府具有直辖的权力。澳大利亚有 6 个州（State）和 2 个领地（Territory）。具体来说是首府为悉尼的新南威尔士州（NSW）、首府为布里斯班的昆士兰（QLD）、首府为阿德莱德的南澳大利亚（SA）、首府为霍巴特的塔斯马尼亚（TAS）、首府为墨尔本的维多利亚（VIC）、首府为珀斯的西澳大利亚（WA）、首府为堪培拉的澳大利亚首都领地（ACT）、首府为达尔文的北领地（NT）。

联邦宪法规定联邦议会仅在涉及税务、国际贸易、外交等重大国家级事务中才进行立法，其余事项均属于各州进行立法管理的内容。各州也各自制定了本州宪法，并不断完善立法制度。州和领地的立法权不同，各州在澳大利亚建国以前就已经是各自独立的原英国殖民地，因此州立法更加具有独立性。而领地是在澳大利亚建国后形成的行政区域，各地方政府受联邦政府直辖，联邦政府有权废止领地政府制定的法律。

澳大利亚各州享有相当高的自治权，表现在各州在其立法权范围内立法，联邦不得干涉，而各州的立法权范围在各州宪法中均采取“和平、福利、发展”等抽象概念来表达，而非如同澳大利亚《联邦宪法》第51条所采取的列举式规定。对州立法范围的理解，应当是按照联邦宪法第107~108条的规定，[1]即只得在联邦宪法授权给联邦议会的范围以外行使，但在联邦议会尚未立法时，州立法依然可以作为联邦立法的补充。例如，澳大利亚联邦《1975年家庭法》（Family Law Act 1975）出台以前主要由州立法对该社会关系进行调整，而澳大利亚《联邦宪法》第109条则更直接地体现了州法律与联邦法律抵触的后果。[2]此外，由于征税是《澳大利亚联邦宪法》第51条所规定的由联邦议会行使的立法权，各州的财政依赖于联邦基于各州人口的平均分配，因此，形成了中央集权与地方分权之间复杂的纠葛。[3]

在澳大利亚，其空间规划法律体系不属于《澳大利亚联邦宪法》第51条所规定的立法范围，而属于各州为“谋福祉、图发展”而自行制定法律的内容。因此，澳大利亚空间规划法在纵向表现为各州规划法律、区域规划法律和地方规划法律之间的关系，如新南威尔士州《1979年环境规划和评价法》（EP& A Act）、地方环境规划（LEP）。

（二）立法—司法—行政

从横向上来看，澳大利亚的法律体系明显呈现出立法、行政、司法三权分立的特点，议会、政府、法院均在一定程度上享有造法的权利。其中，议会立法毫无疑问是最主要的法律渊源，除了实行一院制的昆士兰州，联邦议会和其他州议会皆分为参议院和众议院。在选举中占据绝

---

〔1〕 澳大利亚《联邦宪法》第107条规定：已成为州的殖民区议会的各项职权，除经本宪法完全授予联邦议会或向州议会撤回者外，一如在联邦成立州加入联邦，或州成立时的情况，继续有效。第108条规定：已成为州的殖民区的现行法律涉及联邦议会职权内任何事项者，在不抵触本宪法范围内，继续在州内有效；除联邦议会关于此事项另有规定时，州议会一如殖民区成为州之前的殖民区议会，具有修改和废除任何此项法律之权。

〔2〕 澳大利亚《联邦宪法》第109条规定：州法律与联邦法律抵触时，以联邦法律为准，州法律与联邦法律抵触部分应为无效。因此，州法律并不能僭越联邦法律的权力范围。

〔3〕 澳大利亚《联邦宪法》第51条规定：议会为了维护联邦的安宁、秩序和治理起见，根据本宪法，对于下列事项有制定法律之权：……（2）征税，但各州间和各州的各地区间不得有差别……

对优势的多数党控制众议院成为执政党并进行组阁，获得第二多数的政党控制参议院成为反对党，任何法案必须在两院都进行通过才能顺利发布。联邦政府和州政府都有权出台法规和条例，这种立法形式被称为委任立法，因其源于议会的授权，所以必须受到议会的监督与限制，从权利属性来看是相对弱一级的立法形式，如前文所介绍的新南威尔士州《2000 年环境规划与评价条例》（EP& A Reg）就是由行政机关制定的法，还包括一些其他的州环境规划政策（SEPPs），尽管其不是法定内容，但同样具有直接明显的指导作用。政府法规、政策往往直接规定了规划适用的程序以及相关概念的定义，相比抽象的原则更能得到直接的执行，因此，组成了澳大利亚空间规划法律体系最底层的是直接规范开发许可审批的开发控制计划（Development Control Plans，DCP）。澳大利亚三权分立中的立法权与行政权之间的界限并不明显，虽然宪法明确规定已在一个机构任职的人员不得在其他两种机构任职，但宪法又规定组成内阁的部长们作为多数党的代表，是众议院的议员，在众议院占据了多数席位。这种权利的平衡，也体现出权力的掣肘，如在参议院占据多数席位的反对党就常常与众议院政见相左而使法案的表决僵持不下。

对于法院而言，其立法过程具体表现为法院的裁决所形成的判例法，即上级法院的裁判对下级法院具有法律效力。澳大利亚在联邦层面的法院既在本级内针对不同案由具有管辖权、同时是州最高法院提起上诉的场所，包括管辖一切涉联邦争议的联邦最高法院（High Court of Australia）、管辖商法和行政法的联邦法院（Federal Court of Australia）、管辖家事和离婚案件的家庭法院（Family Court of Australia），其中最高法院也是一切其他法院的最高上诉法院，同时专门负责对联邦宪法的解释。在各州层面，则分为州最高法院（Supreme Court）、中级法院（District Court/County Court）、专门简易法院（Courts of Summary Jurisdiction）。按照刑事案件的严重程度或民事案件涉案金额的不同，以不同层级的州法院作为一审法院，上级法院是下级法院的上诉机构。一州的较高层级法院的裁判不会对另一州同级或较低层级的法院产生法律效力，但是在案情相似的情况下，同样具有不可忽视的影响力。联邦法院法官由内阁总理，州法院法官由州总理进行任命，一旦就任即为终身制，即使行政长官认为存在应当撤除法官身份的事由，也必须报议会进行决定。

四、澳大利亚空间规划法的目的和任务

（一）空间规划法的目的

空间规划法的目的在于通过法律手段制定科学合理的规划，使规划能够发挥预期效果从而高效率、高质量地建设宜居城市，实现经济、社会、环境效益的统一。例如，新南威尔士州《1979 年环境规划与评估法》将规划的目标描述为“更好的环境、秩序、经济”，这种目标则是通过“开发土地”来实现的。又如，南澳大利亚州将其战略规划的主要目标描述为“日益繁荣、改善福利、实现可持续、培养创造力和创新、建设社区、增加就业机会”。将其分为 98 个具体目标并配套行动计划。因此我们可以得出结论，空间规划法的目的就在于实现更好的发展，这种发展包括以下几个方面：

1. 开发建设与环境保护相协调。空间规划中环境保护所采取的思想既不是单纯保护环境忽视人类利益的“生态中心观”，也不是片面保护人类利益的“人类中心主义自然观”，而是将人类作为自然环境组成部分之一的“系统自然观”，即把人作为自然环境的有机组成部分来进行顶层制度设计，从而实现对空间资源的合理配置。空间规划法中的发展观要求在同等发展的潜力下必须对环境产生影响时，应当寻求对环境造成最小损害的发展途径，使用底线思维进行考量。

2. 效率优先与兼顾公平相协调。空间规划作为国家进行宏观调控的重要手段，需要保障城市最基本的公共服务设施和其他基础设置的建设需求。同时，空间规划的属性意味着其在“市场失灵”的情况下所具有的最佳效果，市场来决定效率最优的方案，而政府决定对土地开发利用总体利益最大的方案，这是基于社会公共利益的考虑。效率优先所需要大局观念还体现在，不同区域的规划通过因地制宜的设计来维持自己的优势，以及弥补自己的短板，这就意味区域之间的硬实力差距将不断缩减，而仅是在功能上进行不同的分工，这些都是基于公平的角度来进行思考的。

3. 社会发展与社会稳定相协调。稳定是发展的前提，发展是稳定的基础。只有处于稳定的社会环境之下，发展才可能具有持续的动力，而从长远的眼光来看，发展又能够对社会稳定起到巩固的作用，政府从管理型政府转型为服务型政府，并不意味着完全放弃行政职能的“无政府主义”，当一个区域缺乏具有权威性的管理者时可能陷入动乱，又在自治的过程中形成新的权威。规划设计过程不仅需要经济成本与环境成本的因素，还应当与一定区域内的社会风俗、思想文化、生活习惯等因素相联系。例如，新南威尔士州在 2017 年规划与环境法修正案中关注对作为文化遗产的古建筑的保护，不仅是在经济账和环境账以外还关注其文化效益和社会效益，同时也跟当地居民尤其是原住民的强烈意愿息息相关。

（二）空间规划法的任务

空间规划法的任务服务于其发展的目的，为了实现发展的目标，需要依靠一系列的具体措施和方法。如果说空间规划法的目的决定了空间规划法的性质，那么其任务则是决定了空间规划法的内容，显然后者应当更加具体。空间规划法的任务体现在：

1. 以国家意志确定区域内土地利用规模，为区域发展提供方向和依据。空间规划法往往是一个国家用于指导开发建设的国内法，是以国家强制力作为保障的，无论是以法律、法规、政策、方案的形式，都体现出鲜明的国家意志性。这一方面意味着这种规定一旦做出，就不能轻易修改，违反就要承担相应的责任义务，具有稳定性和权威性；另一方面是为了满足发展的需要，往往会通过远景规划设立一个长期的目标，以及将其分解为若干小目标以便执行和考核。这一举措使建设的方向是确定的，且是附期限的，以避免开发过程中的随意性和不确定性。当然，在经济形势不景气的环境之下，与其强求早先规划目标的完成，不如关注当时所能做成的事情更务实，即 20 世纪 80 年代澳大利亚政府“做成事”的口号。

2. 平衡各方利益，解决社会矛盾。空间规划法所调整的社会关系非常复杂，不同的利益反映了不同主体的合理诉求，但亦不可能全部满足。因此，空间规划法所关注的利益是该区域在一段时间内的整体利益和长远利益，需要寻求对这些利益进行平衡的方式。而平衡利益最直接的办法，则是对利益纠纷中最直接的矛盾进行解决。空间规划法除了为权利创设许可性，还同时明确禁止性规定及其罚则，这种权责明确的规定，将同时产生对鼓励行为的正激励以及对违法行为的负激励，从而实现对开发行为进行引导和控制，起到优化开发结构和提升开发效率的作用。

第二节　基本原则

空间规划法作为政府调整城市空间的法律工具，其具有鲜明的行政法属性，同时，其推动社会经济发展和环境保护的重要功能，也使其兼具了经济法与环境法中的属性，因此，空间规划法的基本原则概括起来与这些部门法的基本原则非常相似。而对澳大利亚各州的空间规划法进行总结归纳，我们同样也可以发现一些规律，本书拟将其总结为协调原则、效率原则、环境保护原则和公众参与原则。

一、协调原则

协调原则是一个非常宽泛的概念，很难对其进行一个准确的界定。实际上，协调原则与行政法中的比例原则非常相近，协调原则或许可以定义为，当实施一项规划活动可能对其他利益造成损害，而又不可能避免时，应当使这种损害符合规划活动的获益。

当然，协调原则在空间规划法中还有很多体现。比如，从行政权力的分配上表现为不同层级规划之间需要进行协调，总体规划、详细规划、专项规划之间需要进行协调，适度放权意味着既不能使地方权力过大从而难以节制，又要避免责任过重而权力有限带来的积极性不足。协调原则还包括短期收益与长期利益之间的协调、社会经济发展与环境保护的协调、国家宏观调控与市场基础配置的协调、经营者利益与公众利益的协调等，由于前文已经大量介绍，在此不再赘述。

二、效率原则

相比国土规划，空间规划更加强调对资源开发的效率问题。多规合一不是多种规划的简单叠加，而是将其放在同一个体系框架之内，在避免其功能互相重复乃至内容存在冲突的问题之时，产生效率最优的结果。澳大利亚各州在近几十年的空间规划改革历程中，均更加重视规划重点的突出性，大幅减少在总体规划层面的总体目标及其执行措施的数量，代之以更加凝练、更易被理解和执行的内容，但这并未影响到目标及其措施的具体性特点，反而更利于其实现与考核。空间规划法改革的趋势就在于不同层次的规划法律与政策功能分工更加明确，将具体的执行目标不断下移，从而总体规划充分放权，更加灵活，地方规划更加因地制宜，也更有利于考核。

三、环境保护原则

环境保护原则是一个比较抽象的概念，需要从广义上来进行解释，即不仅包括对生态环境的保护，也包括对自然资源和能源的合理利用。有的研究者倾向于将其概括为可持续发展原则，认为可持续发展同时强调了环境保护、社会发展和经济繁荣之间的平衡，但这种平衡已在协调原则中进行过论述，因此，本书侧重于其中的环境保护方面，显然在这一点上，这两种归纳方式都具有相近的意涵。因此，环境保护原则是指，在规划的制定和实施过程中，应当充分考虑自然空间的承载限度，在合理的尺度内进行开发利用。

空间规划的环境保护原则主要体现在三个方面：一是规划不得超出环境承载上限，这在规划法实施的早期就已经通过设定容积率进行限制，但容积率是可以通过行政命令进行改变的，因此，容积率规定在相当长的一段时期内实施的都并不理想。除了容积率的规定，在具体项目建设过程中，采取个案审批许可的制度中明确禁止开发和禁止批准的项目也可以看出这种底线思维。二是资源的合理利用。自然资源是有限的，即使是可再生资源，也需要一定的循环周期，规划者需要具有长远的眼光，这不仅涉及效率最高的问题，还在于对短期收益和远期利益的平衡。三是对能源的综合利用。截至目前，传统化石能源仍是难以被完全替代的，但通过空间规划在小范围内提升可再生能源的利用效率则具有可行性。能源结构调整一直是澳大利亚空间规划的重点之一，可再生能源的相关行业为各州提供了相当数量的工作岗位。澳大利亚悉尼市政府于 2013 年公布了《可再生能源总体规划》草案，该规划要求在 2030 年前实现满足全市能源需求的无碳发电，即在供电、供暖和制冷上完全实现新型可再生能源对传统化石能源的替代。但这一规划目标显然过于超前，特别是随着联邦政府执政党的更迭，备受争议的国家能源保障规划（National Energy Guarantee，NEG）几度推进和废止，不同执政党在调整能源结构方面所采取的不同态度，事实上导致了新能源开发利用规划的不确定性，使投资者更倾向于选择相对保守的策略。2020 年 5 月悉尼市议会通过的《2020 年悉尼可持续发展战略规划》修正案中指明了新阶段碳排放的目标，即截至 2030 年，使可再生能源占全市能源结构的一半，到 2050 年最终实现“零排放”。在可再生新能源发电领先的南澳大利亚州，其已能通过风能和太阳能满足全州一半以上的用电需求，因此，其州政府对于在 2030 年之前完成 100% 可再生能源发电的目标持乐观态度。[1]

四、公众参与原则

空间规划法中的公众参与原则，是指规划主体应该尽可能为公众参与到行政决策的过程中提供制度保障。公众参与是规划可能对其产生影响的主体通过合法有效的途径表达自己利益诉求的方式，是现代国家在规划法中实现民主的表现。国家行政机关在实施规划的过程中往往更侧重于社会经济的发展，行政官员需要通过建设城市的过程来完成自己的政绩需求，而被规划所影响的公众更关心的则是规划所产生利弊，如在发展经济带动区块地价增值的同时是否存在降低生活质量的可能性，具体在基础设置建设上，在住宅区附近建设铁路、公路等公共交通设施，一方面增加了交通的便利性，降低了交通运输中的时间成本，但另一方

---

〔1〕 南澳大利亚州原计划在 2030 年至 2039 年实现可再生能源满足全州发电需求。

面也可能产生空气污染和噪声污染。这种利弊的权衡对于不同的主体而言，显然是存在差异的，公众的利益诉求如果缺少制度保障，后果则是矛盾越发尖锐，最终沸腾的民意倾泻而出，这绝非规划者所愿意看到的。

公众参与的前提是公众知情，因此这涉及规划信息公开的问题，往往越是经济发达和制度健全的地区，其相关信息的获取就越容易，因其可以采取网站公布、报纸宣传、现场插牌等多种不同形式对其应当公开的内容进行宣传，特别是在新媒体空前发达的当下，在有的州会设计手机应用，以供公众一键查询相关地块的全部规划。反之，在立法和执行不完善、不规范的地区，则对信息公开存在天然的抵触心理，倾向于在以上公开形式中仅择一执行，仅满足法律规定的最低要求。

实际上，公众参与并不是规划者的负担，而恰恰相反的是公众参与对规划设计的减负作用。知屋漏者在宇下，知政失者在草野。个人作为规划中最基础的单位，对法律中的疏漏感受最为直接和深刻，同时公众中亦不乏专家意见，这些都是对规划设计的有力补充。更重要的是，国家机关的监管能力毕竟有限，不可能面面俱到，而公众以投诉、举报等方式参与对行政主体和生产经营者的监督正是对政府监管的强大助力。空间规划法中的公众参与原则不仅要求为公众参与行政决策的制定过程创设途径，其实还体现出政府的服务职能和以人为本的态度。城市的竞争力不仅在于其经济实力，其是否适宜居住才是城市更重要的吸引力。

第三节 基本制度

澳大利亚各州的立法在制定、修改、审批和监管规划的制度方面大体相近，在同一流程中所采取的时间则略有差异。实际上，空间规划的基本制度各国法律几乎都有类似的规定，从发展的方向上看也具有趋同性，因此，本章主要介绍澳大利亚基本制度中较为具体或独特的规定。

一、政府信息公开制度

信息公开分为政府信息公开和企业信息公开，由于从事生产经营主体的规划信息公开主要体现在环境影响评价文件和开发项目申请之中，因此，规划信息公开制度仅涉及政府信息公开。规划信息公开是满足公众知情权的必然举措，也是公众参与制定规划和表达自身利益诉求的前提，同时也是对政府规划进行完善和监督政府权力运行的必由之路。联合国在1948年发布的《世界人权宣言》明确了信息自由应当视为基本人权进行保障。[1]规划信息公开制度，是指规划信息公开的主体、范围、方式和程序的总称。澳大利亚的规划信息公开与其他政府信息公开方式并没有什么不同，规范澳大利亚的信息公开的法律有《信息自由法》《档案法》《隐私法》等，执行部门包括澳大利亚政府信息管理办公室、国家档案馆、国家统计局等。

在政府信息公开制度中，政府信息分为依法应主动公开、依申请应公开和不予公开三种类型，其中不予公开的信息通常涉及国家秘密、商业秘密或者个人隐私，因而是信息公开的例外情形。规划信息通常属于依法主动公开的内容，公开的方式既有现场插牌、刊登报纸、电视广播等传统媒体，还有政府官方门户、开放政府数据门户、政府目录网、政府刊物网等网站和手机应用等。此外，也可以通过电子邮件、致电等形式主动申请信息的公开。

澳大利亚《信息自由法》规定，任何公民均有权向澳大利亚政府要求获取政府部门的信息，而不必说明自己具有利害关系的理由，且政府必须回应。[2]但政府必须回应不意味着政府必须将所申请的信息进行公开，当政府将所申请的信息被认定为机密内容而不予公开时，申请人可以向专门机构申请行政复议或向行政仲裁庭和专门法庭要求司法救济。

---

〔1〕 1948年联合国《世界人权宣言》第19条：人人有权享有主张和发表意见的自由；此项权利包括持有主张而不受干涉的自由；和通过任何媒介和不论国界寻求、接受和传递消息和思想的自由。

〔2〕 参见澳大利亚《信息自由法》第11条。

二、环境影响评价制度

环境影响评价是对规划和建设项目实施后可能会造成的影响进行分析、预测和评估，从而提出避免或减轻的方法、对策和措施，并进行跟踪监测的制度。环境影响评价本身并不是开发项目的审批程序，而是为开发项目审批提供技术上的参考和指引，澳大利亚各州均将环境影响评价作为开发项目申请的前置程序，不同规模的开发行为中需要采取的环境影响评价也是不同的。维多利亚州的环境影响评价文件称作“Environment Effects Statement”（EES），依据《1978 年环境影响法》（Environment Effects Act 1978）评估开发项目的直接环境影响和潜在环境影响，具体内容包括预开发项目的概况、利益相关者的回应、所涉环境的现状、环境影响的预测、避免或减少不利影响的措施、跟踪监测的设计。在某些情况下，通过其他方式制定的环境影响评价文件也可能得到开发项目审批部门的认可。例如，项目同时满足《1978 年环境影响法》和《1999 年英联邦环境保护与生物多样性保护法》中应开展环境影响评价的条件，则按照英联邦与维多利亚州之间的《评估双边协议》，仅需进行一次环境影响评价程序。这意味着申请者将不必进行两个单独的评估过程，从而减少重复环节，节省时间成本和行政资源。

三、规划小组制度

澳大利亚在各层级行政机构中均设立有不同类型的规划小组，其在审批开发项目等活动中具有行政行为的属性，且小组成员薪资由同级的财政负担，成员活动受到反腐败法的监督，但是小组成员本身不是通过选举产生的专门从事政治的人员，也没有相应的任期限制。

澳大利亚环境与规划律师代表小组是联邦层面的规划小组，其隶属于法律委员会法律业务部，由澳大利亚各州杰出的规划环境律师组成。小组为联邦政府、州政府和地区在环境立法方面提供法律咨询和立法审查服务。环境立法的概念非常广泛，包括水法、碳交易法、生物多样性法、污染防治法、规划法和其他与环境保护有关的法律。

地方规划小组（Local Planning Panels，LPP），旧称独立听证评估小组（IHAP），负责审议向地方议会提出的开发申请以及为规划提案提供建议。《1979 年环境规划和评估法》要求所有悉尼市议会、卧龙岗市议会和中央海岸议会都必须设有地方规划小组，目的是确保评估和许可过程透明有效，降低腐败风险。地方规划小组由一位主席、两位专家和一位社区代表组成：专家必须至少在规划、建筑、遗产、环境、城市设计、经济学、交通和运输、法律、工程、旅游、政府公共管理行业中的一个行业有所建树；主席也必须具有相当的法律或政府公共管理知识，才得以胜任主持小组的重任；社区代表无须具备专业知识，其作用是确保当地公众的意愿能成为专家决策的组成部分；此外，议员、房地产开发商和房地产经纪人不得成为小组成员。地方规划小组的作用在于使公众得以在规划制定前就直接向决策机关表达自己的意见，但同时包括社区代表在内的小组成员均不得在正式会议以前组织任何私下讨论以避免先入为主的观点造成的偏见，也严禁任一小组成员在委员会会议以外直接与非小组成员就小组审议的任何事项进行讨论，这可能是出于避免被游说、收买的考虑，议员、公众可以采取提交书面意见或以个人名义作为反对者参与发言，从而使自己的异议得以被记录在案。区域层面有区域规划小组（Regional Planning Panels，RPP），旧称联合区域规划小组（JRPP），始建于 2009 年，主要负责区域重要发展申请和某些其他事项。

四、开发许可证制度

实现开发许可证制度以限制对土地进行开发的行为是基于这种开发行为有可能对其他个体权利或者公共利益产生不利影响。并非所有的建设开发行为都需要申请许可证，如车棚、阳台、甲板或花园棚架的安装等小型家庭装修和小型建筑项目，都是无须申请许可的开发（exempt development）。还有一些低影响的商住和工业开发项目，可能属于有权申请快速批准程序的项目，而无须进行完整的审批流程。新南威尔士州有 9 类审批开发的规划程序：免除许可的开发（exempt development）、合规开发（complying development）、地方级开发（local development）、区域级开发（regional development）、州级重大开发（state significant development）、州级重大基础设施建设（state significant infrastructure）、3A 部分开发（part

3A development）、无须许可的开发（development without consent）、指定捕鱼活动（designated fishing activities）。申请人向主管机关申请进行开发项目时需要提交必要的专家报告、申请信息和申请费用，如果提交的基本信息不齐全，主管部门需要在规定时间内提醒其补正。在提交了开发申请之后，申请人需要对自己的开发项目公示，方式包括信件、现场通知和在报纸上刊登广告，此时认为该项目对自己造成经济性或舒适性损害的主体均可向主管部门提出反对意见。在一些开发项目中，组委会的审批环节还包括现场检查，走访附近居民并询问意见。审批完成后可能产生三种结果：一是审批通过并颁发许可证；二是不予通过并告知理由；三是颁发延期许可，这种情况意味着该许可证并不能即刻赋予申请人开发的权限，而直到某种重大事项结束。这种结果发生的可能性并不大。

第四节 法律责任和法律救济

澳大利亚各州都设立了专门解决因规划而产生纠纷的规划法院或法庭，其中最典型的是新南威尔士州的土地与环境法院。新南威尔士州的土地与环境法院是世界上第一所与高级法院平级而专门处理环境案件的法院，该法院是基于《1979 年规划与评估法》以及《1979 年土地与环境法院法》而建立起来的，与新南威尔士州最高法院平级，法官由州长进行任命。南澳大利亚州根据《1993 年环境资源与发展法》（Environment，Resource and Development Court Act 1993）建立的环境资源与发展法院也是解决规划纠纷的专门法院。昆士兰州所设立的规划与环境法庭是常设法庭，受理关于开发许可或规划本身的争议，被拒绝许可的开发申请者不得在提起诉讼之后采取开发活动，但法庭特许的除外（这种情况往往是开发活动不影响审理结果）。除规划与环境法庭外，昆士兰州还有作为非常设机构的建筑与开发仲裁委员会。而在北部地区，土地和矿业法庭与其相类似，直到 1998 年建立，受理地方规划与土地征用补偿的诉讼请求。由于各地审理规划纠纷案件的法院规定大多相近，因此，在统一论述的基础上对各自特点进行分别介绍。

一、法律责任

法律责任是负有法律义务的主体因其作为或不作为的行为违反了该义务而应当承担的不利后果。承担空间规划法律责任的主体既包括因违反空间规划法律法规或相关规定而进行开发或其他行为，致使法律所保护利益受损的个体及经营者，也包括在制定空间规划和审批开发项目等行为中违法的行政主体及其工作人员。

对于行政主体而言，违法的行政行为通常会被撤销而视为自始未发生效力，对其他人造成损害的，还应当承担赔偿责任。而对于具体实施该行为的行政机关工作人员，无论是经选举产生的议员还是经议会聘请担任评估小组成员的个人，均须遵守《反腐败法》并接受公众的监督，除履行职责获取薪酬外一切获利的其他方式损害职权履行均构成犯罪，处以 2 年监禁。

对个人或企业而言，其违反空间规划也可能承担行政、民事和刑事责任。未经许可开发、开发与许可类型不符、开发具体实施主体无相应资格均将面临责令停止行为并受到罚款的行政处罚，且因此失去通过快速审批程序获得授权许可的权利，而需要经过更专业的小组进行完整系统的评估和研究。责令停止违法行为和损害赔偿同样是最常见的承担民事责任的方式，但民事责任更关注弥补违反规划造成的对其他人权利的损害，行政责任则强调对违反法定程序行为的制裁。违反规划进行开发或其他活动对环境造成严重损害构成犯罪的，应追究其刑事责任。新南威尔士州土地与环境法院只管辖情节轻微而适用简易程序的刑事诉讼，南澳大利亚州环境资源与发展法院也仅受理可能判处 30 万澳元以下罚金或 2 年以下有期徒刑的刑事案件，且明确其他法律有更低的规定时，以其他法律的规定为准。[1]

---

〔1〕 South Australia：Environment，Resources and Development Court Act 1993：Division 2—Jurisdiction of the Court 7—Jurisdiction，（4）Where proceedings for a minor indictable offence are brought in the Court—（a）the Court cannot impose a fine that exceeds the maximum fixed by the relevant Act or $ 300 000（whichever is the lesser）; and（b）the Court cannot impose a sentence of imprisonment that exceeds the maximum fixed by the relevant Act or two years（whichever is the lesser）.

二、法律救济

空间规划法律救济是指空间规划法律所保护的利益受到违法行为侵害时，国家机关经法律规定主体请求而作出具有法律效力的解决方案和补救措施的活动。项目开发许可申请人在审批程序中被拒绝时，主要存在两种救济方式：一是向审议委员会或州议会规定的其他机构请求复核、复议；二是直接向专门管辖规划纠纷的法院或法庭起诉。如果采取申请复核、复议的方式，申请人仍可以修改和完善开发计划，但需要重新缴费。如果申请人选择放弃复核权利并重新提交了一份全新的申请，则申请人的计划需要从最初的步骤开始重新执行审批的全部程序。采取起诉的救济方式比较复杂且历时更久，谨以新南威尔士州为例，对原告资格、被告、管辖范围和举证责任进行详细介绍。

（一）原告资格

土地与环境法院受理案件的原告资格并不要求其具有“特殊利益”，而类似于公益诉讼，即“只要存在或可能违法行为，造成或可能造成环境损害”。[1]任何人都可以向土地与环境法院提起诉讼，从而通过司法强制执行阻止该损害行为的实施。而类似的条款也在新南威尔士州《1979年环境规划与评估法》等其他重要法律、法规中得以体现。[2]因此，规划法院审理案件的原告范围非常广大，这也使社会组织得以成为提起环境公益诉讼的中流砥柱。

（二）被告

土地与环境法院既可以解决环境与规划领域所产生的民事纠纷，也可以受理因这些争议所引起的行政诉讼，乃至还在一部分的刑事案件上享有管辖权，因此，受案范围包含刑事、民事、行政案件。所受理案件的被告既可能是自然人，也可以是法人，还包括国家机关等其他组织。

---

〔1〕参见澳大利亚新南威尔士州《1997年环境保护执行法案》。

〔2〕《1979年环境规划与评估法》第123条第1款：任何人均可向法院提起诉讼，要求法院下令对违反本法行为的行为进行补救或约束，无论该人的任何权利是否已被或可能被违反或因此而受到侵犯。

（三）管辖案件

土地与环境法院管辖范围极广，所受理的案件类型包含行政、民事、刑事，起诉的原因涉及环境规划、开发许可、土地征收补偿等诸多方面，且其管辖具有排他性，具体来说包括：因开发申请被拒绝而向法院提起申诉，其他根据《地方政府法院》（Local Government Act）提起的上诉，对国家机关制定的环境规划及相关决定进行司法审查，因损害环境情节轻微触犯刑法的简易执行案件，[1]以及因不服其他法院的环境犯罪判决而提起的上诉。

虽然土地与环境法院在对行政机关的行政行为进行司法审查时有权改变其决定，但无论是行政案件还是民事案件，该法院往往更倾向于采用调解等形式（alternative dispute resolution）进行结案，该院的理由是，“立法的根本目的并不在于得出输赢的结果，而在于取得最好的社区效果”。

（四）举证责任

举证责任的一般分配原则是由原告就所诉法律关系存在承担举证责任，被告需要举证反驳原告的诉讼请求，法官应保持居中审判的公正性，不得在证据审查中有所偏袒，应严格按照证据规则进行审理。但环境诉讼所采取的证据规则不同于一般证据规则，由于原告事实上几乎不可能证明被告的排污行为与环境损害之间的因果联系，因此而产生举证倒置的情形，即由被告来举证说明自己的行为与环境所受到的影响之间没有因果联系。新南威尔士州土地与环境法院在处理行政案件时的价值判断被称为合理性审查，不必受到证据规则的约束，而仅需秉持公正原则，以其认为适当的方式对该行政行为进行价值判断。进一步表现为在诉讼阶段允许提交在之前阶段中未曾出示的新证据，并可以听取任何专家、技术人员的意见。此时法院被赋予了采取原行政行为的行政机构所拥有的一切职能和自由裁量权，相当于由土地与环境法院替代了行政主

[1] South Australia：Environment，Resources and Development Court Act 1993：Division 2—Jurisdiction of the Court 7—Jurisdiction，（1a）The Court does not have jurisdiction in respect of major indictable offences.（3a）The Court will deal with a charge of a summary offence or a minor indictable offencein the same way.

体重新作出决策。

第五节　现有制度评析及其对我国的启示

一、现有制度评析

（一）澳大利亚空间规划法的进步性

1. 空间规划法具有很高的权威性。首先，澳大利亚各州的空间规划法无论是在其制定还是修改过程中都需要经过多次漫长的公示阶段，充分对规划法的内容进行宣传并广泛汇集各方意见，从而进行反复的利弊权衡，尽可能将利益冲突的矛盾解决在规划制定之前，这是其空间规划法权威性的前提。其次，各州的空间规划法一旦制定就很少进行大规模的修改，更倾向于以小修小补的修正案形式进行完善，在相当长的一段历史时间内具有稳定性，这种稳定性有利于公众熟悉并适应法律，对其法律的权威性也起到补充作用。再次，从州到地方、从立法权到行政权、从规划事务再到相关事务，均形成了比较统一和完善的整体，协调不同规划之间的冲突，避免出现明显矛盾的内容。最后，其权威性还体现在其法律责任和法律救济上，这不仅在于违法者将承担广泛的责任，而更在于对法律利益进行保障的多种维度。当前，各州纷纷设立专门解决规划案件的环境法院或法庭，从而协调以前可能存在多个法院针对同一规划事项均享有管辖权的司法管辖重合问题和不同规划事务归属于不同法院管辖的混乱问题。

2. 空间规划法体系完整、内容详尽。澳大利亚空间规划法的内容相当具体，这种具体性甚至不仅体现在地方规划之中，乃至在总体规划中都设立了明确的目标和执行策略，具有可执行性和可考核性。各层级之间的规划紧密联系，下级规划往往直接组成上级规划的具体部分，以防止这种目标在执行过程中变形。在总体规划和地方规划之间的区域规划，则起到承上启下的作用，针对不同的现实情况，区域规划需要权衡在强制性和指导性上的不同选择。

3. 空间规划法的公众参与程度高。在制定新的修正案时，一方面极力降低法案中的专业词汇；另一方面专门编纂对相关名词进行解释的部分，从而使公众不必熟知专业的知识也能够理解规划的内容，并对自己的利益诉求进行及时反馈。近年来，各州都在大力推进社区规划的建设，这意味着将做具体规划的层级进一步下放，同时这也是最直接和公众进行沟通交流的方式。公众参与既反映在制定、修改、监管、审批的全过程，也涵盖了环境保护、基础设施建设、房地产开发等各个领域。

（二）澳大利亚空间规划法的局限性

1. 立法成本高而实施不够灵活。立法从提出到草拟、从审议到通过，其中需要经历无数个公示期，地方机关向社会公众公示了其初步设计后交由州进行审议，此时则可能需要重新公示州层面对立法的意见。这种多次需要公示期的规定往往可能只有规划法审议通过前的最后一次公示才能发挥出最大的预期效果。烦冗的立法程序并不绝对有利于法律的完善，这意味着当最终出台的规划法仍不足以应对处于时刻变化中的现实环境时，立法者不太可能做到及时的完善和处置。

2. 规划主体之间的权力制衡复杂。尽管澳大利亚的空间规划法已经形成了相对协调的完整体系，但州与州之间几乎没有统一的指导文件，即便是跨州的专门领域规划文件也非常少，且其各层级和各种权利属性之间的制衡仍然十分明显地影响了政府的行政效率。由于一项法案的通过需要众议院和参议院的双重批准，而众议院和参议院往往为不同政党占据多数席位，这很可能成为其立法历程中天然的政治性阻碍。从中央与地方之间的关系来看，虽然各州的财政依赖于联邦的配给，但这种配给是基于各州人口数量的平均配给，因此，联邦对州的财政掣肘能力是有限的。但是，州对地方发展的财政投入则不需要按照人口密度或经济发展水平来决定，而是取决于州与地方的发展战略。这就意味着地方政府作为规划最具体的执行者，可能并不享有与之匹配的权力，如果地方政府要求的财政投入未能满足，就很可能怠于执行上级规划，从而造成规划无法实现预期效果。

3. 难以满足公众的需求。规划往往立足于长期利益和整体利益，因此需要平衡短期内利益受损者的需求，这种平衡是存在一定限度的。由于提出反对的公众既可能是基于财产性的损失，又可能是舒适性受到影响，这就意味着无形之中潜在的反对力量很大。因为相比带动经济发展，个体更关注的是自身产业的增值。除非落后交通已不可容忍，否则相比便捷的交通，个体更关注噪声污染和空气污染造成的负面影响。这使无论地方政府在开发项目审批过程中秉持怎样的态度，要么因拒绝许可开发而受到开发项目申请者的质疑，要么基于授权许可而遭到附近居民的强烈反对。如果从这个角度来看，环境法院或法庭每年都在半数的环境行政案件中以替代性的解决措施结案可能也是某种无奈之下的必然结果。此外，基于澳大利亚地广人稀的特点，基础设施建设资金来源很难从经营性收入中收回成本，更何况许多公共设施和基础设施建设本就没有经营性收入，这也是对规划目标的实现受到阻碍的因素。

二、对我国的启示

澳大利亚国土面积约 761 万平方公里，与我国国土面积相差不算太大，但澳大利亚全国人口数量约为 2500 万人，与我国的近 14 亿人口相比，堪称天差地别。此外，澳大利亚所采取的“三权分立”政治体制与我国也存在很大差异，但是澳大利亚效仿美国法律制度所建立起来的法律体系刚性特征明显，与我国的主体功能区规划、土地利用规划和容积率等刚性控制非常相似。空间规划必须充分考虑地理因素、社会经济发展水平、社会文化传统、政治法律制度等多方面因素，我国与澳大利亚具有很多共同点，如不同地区之间发展水平差异较大且面临的主要规划问题还与当地地理环境息息相关，人口都集中在经济相对发达的地区且不同社会阶层有不同的利益诉求，等等。因此，澳大利亚基于人口密度、国家体制的规则设计，我们不太可能生搬硬套，但客观上的确具有在一定纬度上进比较分析和借鉴的可能性和合理性。

（一）多规合一

澳大利亚多年施行多规合一的经历，给我们提供了不少的宝贵经验。例如，其在顶层设计中的底线思维，一旦明确符合某些条件的项目为禁止开发的项目，则在全部层级的规划中均得以明确规定，即便是规划制定者，也很难进行修改。通常在较高层面的战略性规划中，因为包含的事项因素太多，不可能进行详细的规定，但缺乏具体的规范和方法也很难准确表达战略的意涵。因此，澳大利亚在每一个层级的规划都根据本层的特点，既出台从原则上指导规划编制的法律，也通过委任立法出台相应的政策进行解释，同时，各相关部门根据规划的内容出台相关的规章，尽可能在制度设计层面使空间规划法的立法体系更加完整和谐。在此过程中必然会产生部门职责交叉重复的问题，新南威尔士州采取的方法是设立专门的协调委员会，由统一的部门来判断其优先性，以及设立咨询委员会专门提供政策建议和技术性建议。原则性规定适应范围广但在具体问题可能存在多种解释方式而难以把握，具体性规定容易理解和操作执行，但也可能有所遗漏导致具体的事项无法可依，任何一个层级的规划都不能片面强调原则性和可操作性，而应各自针对本层级的特点，围绕中心目标对规划事项进行充分解释和合理限缩。

（二）重视环境功能

澳大利亚国土的70%属于较干旱区域，集中分布在中西部，不适宜人类居住，主要依赖沿海地区特别是东南部发展农耕和畜牧，而这也正是其大城市分布的范围。因此，澳大利亚在开发过程中，非常重视城市规划中的生态功能，新南威尔士州的规划直接以环境规划命名，各州的规划中均明确反映出环境保护的要求和内容。仍以 2016 年大阿德莱德战略规划为例，其中的两项重要内容是海岸线建设沿海公园和城市中心、边界修建绿地，这既为城市发展“留白”和提升城市中心区域开发效率，又控制城市无休止而无必要的扩张，更重要的是为市民活动提供了高生态价值的场所。

（三）充分发动群众

近年来，我国重大环境群体性事件数量持续增长，其产生的阶段既包括项目的公示期，也有的爆发在项目批准以后即将开工之时。这已经充分体现出公众具有强烈的参加规划决策的意愿，且这种意愿实际上缺少科学的参与机制，因而以自发性的“散步”“静坐”等形式表现出来，对政府形象和行政效率都造成了负面影响，因此，继续健全公众参与机制应该是我国完善空间规划法的重点之一。

诚然，我国与澳大利亚国情具有很大差异，其中人口密度的差异是显而易见的，采取繁杂的审批方式同样是对审批效率的严重损害，也缺乏实行的可能性。在项目审批的完善方面，当务之急是进一步划分项目审批的类型，对不同影响程度的项目在具体审批过程中体现出差异性。例如，对于低影响的项目简化程序，实现效率优先，同时以抽查的方式进行随机现场检查，确保所批准的项目与开发者进行的具体开发过程具有一致性；而针对环境影响较大的项目，则需要加强其公示力度，同时采取网上公示、现场插牌、相关人员送达等多种公示方式拓宽公众参与的渠道。保障公众知情权是公众参与的前提，公众参与监督管理并非一定体现为公众环境利益与城市社会经济发展之间的对立，而是可以成为行政权力进行监督管理时的补充。例如，群众对于违反规划行为的举报便是对现场检查的准确性的有力支持。“阳光是最好的防腐剂。”充分发动群众的力量，也有利于预防和打击权力“寻租”，提高行政透明度和行政效率，建立良好的政府形象。

第二章　丹麦空间规划法

第一节　丹麦空间规划法概述

一、丹麦空间规划的概念和种类

（一）空间规划的概念

规划，根据我国1983年商务印书馆出版的《词源》一书的解释，规划是指计划、谋划，或者是比较全面长远的发展计划。西方国家对规划的理解，符合现行空间规划的理念。一种观点认为，规划是对社会多元化和权利不均衡的认知，其目标是实现土地、资源、设施、服务的平等，协调不同因素之间的关系。[1]不同的人对规划的界定不一样，但对空间规划仍然没有一个统一的定义，丹麦《规划法》对此也没有规定一个确切的定义。2007年版的丹麦《规划法》仅规定了制定国土空间规划的目的，即“该法应确保总体规划综合了社会在土地使用方面的利益，并有助于保护国家的自然和环境，从而确保社会在尊重人民生活条件和保护野生动物和植被方面的可持续发展”。[2]丹麦作为欧盟

---

〔1〕 参见安国辉：《规划学与决策规划》，青岛出版社2017年版，第3页。

〔2〕 2007年丹麦《规划法》第1条第1小节。

的成员国，其对本国空间规划的构想思路源于欧盟空间规划，因此，可以试图从欧盟空间规划中对空间规划的含义界定中总结丹麦空间规划的含义。遗憾的是，欧盟的有关法律文件也没有给空间规划下一个确切的定义。《欧盟空间发展战略》（ESDP）中提到，ESDP 以欧盟要实现欧盟地域范围内的平衡与可持续发展为目标，要发展平衡和多中心的城市体系与新型城乡关系，确保人们平等享受基础设施和服务，实现可持续发展以及增强对自然和文化遗产的保护。[1]根据欧盟对国家规划的设想以及丹麦《规划法》制定的目标，可以归纳出丹麦所说的空间规划，是指为实现丹麦区域的平衡发展与可持续发展，以现存空间为平台，整合、协调各区域、各地方的资源，加强欧盟国家之间的合作，实现经济、社会、环境可持续发展的一种手段。丹麦《空间规划法》正是把该手段以立法的形式确定下来，并根据现实情况修改完善，使其能够通过法律运用在社会生活中，实现可持续发展。

（二）空间规划的种类

在 2005 年进行的区域改革中，丹麦被划分为 5 个大区、98 个市，丹麦的空间规划也是根据新划分的区域进行调整的。根据丹麦《规划法》，丹麦空间规划包括国家层面规划、区域层面规划和地方层面规划三大种类。国家层面规划是指国家空间规划；区域层面规划是介于国家和区域之间的规划，即区域空间发展规划。自 2007 年修改丹麦《规划法》后，区域空间发展规划的权力被大大削弱，部分权力转移到地方。地方层面规划包括市政规划和地方规划。市政规划是对整个市的发展框架进行规划；而地方规划则是市政规划的具体规划。

从丹麦空间规划的分类中可以看出，丹麦空间规划呈自上而下的体系。由国家制定统一的框架或愿景，区域及地方当局在该框架体系内制定符合本区或本市的发展规划，且市当局能够充分发挥其自治权，实现资源的高度整合和协调利用，从而促进丹麦可持续发展。

---

〔1〕 参见《欧盟空间发展战略》，载 https://doc.mbalib.com/view/7b3b5bacdbea95ef47d60ae7e334dc2d.html，2020 年 5 月 21 日访问。

二、丹麦空间规划的立法沿革

“自20世纪以来，丹麦先后经历了城镇化与战后重建、地区平衡发展、欧洲一体化和新一轮城市化等发展阶段”,[1]空间规划体系也在形成和发展之中，最终形成了比较完善的规划体系。总结学者对丹麦空间规划体系的研究，可以把丹麦空间规划的发展概括为三个阶段。

（一）丹麦空间规划体系的形成时期（1925～1991年）

早期丹麦空间规划法律处于零散状态，从1925年制定第一个规划法《城镇规划法》起，丹麦相继发布与规划有关的法律，丹麦的空间规划逐渐体系化。从1925～1991年，丹麦空间规划以城镇化的迅速发展为分界点，分为两个阶段：第一阶段是城镇化以前的空间规划；第二阶段是城镇化以后的空间规划体系。

第一阶段：20世纪70年代以前的丹麦空间规划。1925年丹麦制定第一个规划法《城镇规划法》，该规划法主要解决城镇规划编制问题。到1945年对其进行修订，并提出城市发展计划。1948年，哥本哈根市联合周围其他市制定“区域计划提案草案”，企图区分城市发展地区和绿色不发展地区，以促进经济和环境协调发展，但该计划一直未得到实施。尽管如此，其提出的区域计划对1949年丹麦议会制定的《城市管理法》起到促进作用。20世纪50年代开始，全球进入和平发展经济时期，丹麦城市化进程不断加快。在城市化过程中出现的城市与农村边界模糊、工业用地与别墅用地急剧增加、生态环境遭到破坏等问题亟须改革现有的城市规划。

第二阶段：20世纪70年代以后的丹麦空间规划。20世纪70年代，丹麦的城市化水平已经达到将近80%,[2]为应对城市化给丹麦环境带来的巨大不良影响，丹麦政府进行了大规模的改革。首先，进行新的行政区划分，减少州的数目，扩大自治城市的管理能力；其次，重新分配政府、州和自治城市之间的责任和义务；最后，丹麦政府在1973年成立

---

[1] 唐杭、金川：《丹麦空间规划的理念、发展与启示》，载《中国土地》2019年第5期。

[2] 参见蔡玉梅、张建平、李雪：《丹麦空间内规划体系的演变及启示》，载《中国土地》2018年第1期。

了环境部，把物质规划、自然资源保护规划、环境保护规划和原材料消费规划归属于环境部管辖。丹麦的大规模改革也推动城市规划的改革和发展。1970 年《城市与乡村分区法》（The Urban and Rural Zones Act）生效，该法把整个国家划分为城市和区域，并规定农村区域未经许可不能发展城市。1974 年《国家与区域规划法》开始实施，该法确立了全体公众参与的制度。1975 年环境部长提交第一份国家规划报告。1977 年《建筑法》（Building Act）、《城市规划法》（Municipal Planning Act）开始实施，市政规划以及地方规划开始发挥作用。空间规划体系已初具规模。[1]20 世纪 80 年代末 90 年代初，丹麦以《城市规划法》为蓝本，着手制定统一的丹麦《规划法》，并于 1992 年 1 月 1 日起实施。

（二）丹麦空间规划体系化时期（1992～2006 年）

1992 年开始，统一的丹麦《规划法》开始实施，该法整合了《城镇规划法》《城市和乡村分区法》《国家与区域规划法》等规划法律，以可持续发展原则为立法宗旨，明确划分空间规划体系，即包括国家规划、区域规划、市政规划和地方规划四种体系，形成统一的空间规划体系，解决了部门之间权责不清、规划混乱的局面。另外，欧盟为实现各欧盟国地域范围的平衡和可持续发展，1999 年欧洲委员会在波茨坦发布了《欧洲空间发展战略》（ESDP），并由空间规划部长在非正式会议上通过，该战略对欧盟各国具有约束力。其内容主要包括：各成员国根据本国具体情况在可持续发展原则的指导下重视环境与空间发展的联系，寻找整体性的空间发展，强化各国间的区域联系，打造“欧洲走廊”，增强欧盟各国的空间凝聚力。[2]丹麦的空间规划契合 ESDP 的目标，“在欧盟和全球尺度上重新定位丹麦的特点，建立与国际接轨的丹麦空间规划”。[3]1999 年，丹麦引进环境影响评估制度，在规划公布之前要进行环境影响评估，未进行评估的，不得发布规划。2000 年，丹麦制定

---

〔1〕 参见张福林、王桂兰、倪伯云：《丹麦的生活条件和城市发展规划》，载《国外建材科技》1998 年第 4 期。

〔2〕 参见《欧盟空间发展战略》，载 https：//doc. mbalib. com/view/7b3b5bacdbea95ef47d60ae7e334de2d. html，2020 年 5 月 22 日访问。

〔3〕 蔡玉梅、张建平、李雪：《丹麦空间内规划体系的演变及启示》，载《中国土地》2018 年第 1 期。

《地方21世纪议程》，要求区域理事会和市政委员会每四年出版一次《地方21世纪议程》，按照该议程开展规划工作。2002年丹麦政府提出可持续发展国家战略“共同的未来—平衡发展”，要求丹麦空间规划要符合可持续发展原则，实现经济增长与环境影响脱钩，更加合理有效的维护生态系统。2005年开始，丹麦政府进行地方改革，丹麦《规划法》因此也进行大范围的修订。

（三）丹麦空间规划体系不断完善时期（2007年至今）

2005年丹麦地方政府进行改革，整合区域和地方当局，把原来的14个区整合为5个大区，把地方当局缩减为98个市，进一步强化地方当局的自治权。因此，丹麦《规划法》在2007年进行了修订。为适应改革的发展以及丹麦的城市化水平，规划法废除了区域空间发展规划的大部分内容，削弱了区域规划的功能，把更多的自治权赋予地方当局，扩大市政规划的作用。此外，为适应社会的迅速变化，丹麦《规划法》进行多次修订，以完善丹麦空间规划体系。不仅如此，哥本哈根“手指规划”也在2007年正式形成法律文本。感到奇怪的是，《2001年手指规划》并没有制订具体的发展计划，而是把权力赋予地方当局，由地方当局根据《2001年手指规划》确定的框架自由发展本地经济。更重要的是，《2007年手指规划》把哥本哈根与周边地区通过交通干线联系起来，与《欧洲规划发展战略》确立的“城市走廊项目”相呼应，缓解城市交通拥堵问题。2007年大修订之后，丹麦《规划法》一直沿用2007年的版本，其后十几年间，该法仍在不断修改，其修改内容包括农村地区小型建筑建设和河道和湖泊洪水风险管理内容的修改（2009年）、农村地区发展、零售业和沿海地区保护、自然保护内容的修改（2010年）以及应对气候变化的地方规划和法案简化内容的修改（2012年）。[1]不仅如此，为解决《2017年手指规划》存在的问题，环境部长发布了《2013年手指规划》，侧重于进一步提升哥本哈根作为未来绿色首都的形象。

---

〔1〕参见 *Spatial Planning in Denmark* 2012，载 https：//danishbusinessauthority. dk/sites/default/files/media/2012_ planning_ eng_ guide. pdf，2020年5月22日访问。

三、丹麦空间规划法律体系

目前，丹麦王国适用的是2007年修改后的《规划法》，该法自1992年1月1日起生效实施，除格陵兰岛和法罗群岛外，适用于丹麦王国。根据该法，丹麦空间规划体系分为国家规划、区域发展规划、市政规划和地方规划。具体内容如下：

（一）国家规划（national planning）

丹麦《规划法》第2条第1小节规定，环境部长负责编制国家规划，并为此进行必要调查。“具体职责包括：制定用以指导规划权力运用和确定规划内容的规则；批准区域规划；向国会环境和区域规划委员会提交国家规划报告；发布丹麦环境状况和政策报告等。”[1]除了制定国家规划报告文件，环境部长在必要情况下可以否决区域和地方制定的不符合国家利益的规划。

1. 环境部长提交的规划报告

（1）国家规划报告。根据丹麦《规划法》的规定，环境部长应在议会选举结束后提交一份国家规划报告，并在发表之前先邀请公众进行辩论，辩论结束后作为提案提交。国家规划报告每四年发布一次。该报告的主要内容包括国家空间规划的愿景及未来行动计划，还必须包含大哥本哈根地区规划的特殊情况。发表的国家规划报告用来指导区域规划和市政规划。

（2）自然环境政策的报告。环境部长至少每四年出版一份或多份环境报告，具体介绍丹麦的环境状况和丹麦的自然和环境政策，公开环境信息。不仅如此，在环境、商业、劳动力市场和消费者事务中受影响的全国性非政府组织也应参与制定该报告。

（3）国家利益概要。环境部长应每四年出版一份地方规划中的国家利益概要，包括根据该法以及其他法律确立的利益。丹麦《规划法》还明确，为确保国家规划利益，包括确保规划的质量，环境部长可以制定

---

〔1〕 徐曙光、张丽君：《丹麦的国土空间规划及启示》，载《国土资源情报》2010年第2期。

相关规则。

（4）地方21世纪议程工作的报告。丹麦《规划法》第33b条规定：“环境部长应每四年向议会设立的一个委员会提交一份关于行政区域和城市地方21世纪议程工作的报告。该报告应与区域委员会和市政委员会的协会合作编写。”这一报告是为了给区域和地方当局在制定地方21世纪议程时提供参考，给予其框架性规定，指导区域规划和市政规划。

2. 国家规划指令

环境部长除了制定规划报告，还颁布规划指令，包括大哥本哈根规划、沿海地区规划和零售贸易规划。另外，沿海地区和零售贸易的规划贯穿丹麦空间规划的全过程，区域空间发展规划和市政规划均应遵循环境部长制定的沿海地区规划和零售贸易规划中规定的内容。

（1）大哥本哈根“手指规划”。根据丹麦《规划法》，大哥本哈根区包括哥本哈根市政当局（除伯恩霍尔姆以外的所有城市）以及布拉姆斯、格里夫、冈德索、赫瓦尔索、克格、勒杰尔、拉姆索、罗斯基勒、斯科沃、索勒德、斯特文斯和瓦尔勒市。该大区规划是以哥本哈根是为核心向外扩散，城市和城市之间通过交通线路连接起来，最后的效果向手掌形状，因此称“手指规划”。“手指规划”由环境部长根据丹麦《规划法》和国家规划指令进行编制，并且国家规划报告中也要体现大哥本哈根地区规划的特殊情况。根据规划指令，把哥本哈根分为核心城市区域、外围城市区域、绿色楔形物和城市其余部分，其中绿色楔形物区域为绿色区，不能用于城市建设，只能用于户外娱乐和农业。对每一部分进行具体规划，区域规划和市政规划不能与其相违背。

第一，核心城市区域。核心城市区域即手掌部分的区域，是区域的中心，主要用于城市发展和城市再生，并增强公共交通服务。第二，外围城市区域。外围城市区域即手指部分的区域，是中心的扩展部分，在发展城市经济时要考虑现有的基础设施建设，促进手指区域城市的交通连接，并考虑手指城市的零售规划，促进外围城市经济的发展。第三，绿色楔形物。绿色楔形物即手指和手指之间的地带。这些区域不能进行城市开发和建设，而是作为农业和娱乐地带，让城市生活的居民能够接触绿色环境，促进城市可持续发展。第四，大哥本哈根地区的其余部分。大哥本哈根的其余部分就是手指外的其他未纳入城市发展规划的其他区域，主要由地方市政进行规划。但如果大哥本哈根规划中对其有规划且与市政规划产生冲突，则区域理事会可否定市政规划，除非市政规划认为该规划对该区域发展具有关键作用。

（2）有关沿海地区的规划。环境部长应根据沿海区域的特性，尽量减少对沿海地区的开发，以此保护丹麦漫长的海岸线，保护沿海地区生态环境不受破坏。根据丹麦《规划法》的相关规定，这里所讲的沿海地区包括农村地区和位于沿海地区的避暑别墅区。也就是说，丹麦《规划法》中有关农村地区和避暑别墅区的规定涉及沿海地区的则使用该部分规定。

丹麦《规划法》第5b条第1小节列举了5种适用沿海地区规划的情形，分别是：第一，禁止将沿海地区土地进行商业开发和利用，除非有具体的规划理由；第二，除用于运输的港口设施以及其他重要的基础设施外，沿海地区不能有其他对海岸线不利影响的设施；第三，禁止指定新的避暑别墅区，且现有的别墅区只用于度假和休闲目的；第四，假日和休闲设施的位置应符合旅游政策的考虑；第五，应保障和扩大公众进入海岸。

在对沿海地区进行规划时，环境部长应确保沿海地区的生态环境不受破坏，保护自然景观和利益，这是沿海地区规划最重要的目的。另外，环境部长可以制定规则，免除第三点的适用，以便在远离海岸的方向扩建别墅区，该扩建由地方计划规定，同时受《沙丘保护和海滩保护自然保护法》的约束。然而，在丹麦的小岛屿上，如果基于自然保护利益、景观利于和对当地经济的预期影响的总体平衡，则在扩建别墅区时可不考虑其位置。

（3）零售贸易规划。空间规划应均衡发展，不仅要发展城市的经济，也要照顾城镇和乡村的经济，实现平衡发展。因此，环境部长应对零售业进行规划，按照一定的方法使其合理分布在城镇和乡村地区，推动城镇经济发展，实现各区域平衡发展。该报告每4年由环境部长向议会设立的小组委员会提交，区域和地方当局则根据该项报告制定相应的规划。

通过该规划，应促进中小城镇和大城市个别地区零售商店多样化供应；确保能够使用各种交通工具进入零售贸易区；缩短购物距离。因此，环境部长应确定不同规模城市中心的不同规模的零售贸易区；贸易区之间的距离；对于加油站、火车站、体育场、独立旅游景点等特殊场所应指定零售商店等。

（二）区域空间发展规划（regional spatial development planning）

区域空间发展规划由区域理事会（regional council）发布，为区域发展描述未来发展计划。“描述区域发展计划必须描述：未来发展与国家和地方当局基础设施规划之间的关系，区域和相邻国家公共当局在空间规划和空间发展方面的任何合作的背景；以及——区域理事会将采取的后续行动。”[1]然而，在2007年的新修改的丹麦《规划法》中，区域空间发展规划的大部分内容已废除，只保留部分内容。由此可见，区域理事会的权力下放到市政委员会，更重视市政规划。区域空间发展规划的内容不得与国家规划的内容相冲突。

1. 区域空间发展规划的内容。丹麦《规划法》第10a条第3～4小节规定了区域空间发展规划的详细内容。区域空间发展规划应描述本区域城镇、农村地区和周边地区的未来空间发展，包括自然和环境、商业、就业、教育和培训以及文化事项。不仅如此，在规划区域发展时，还应描述未来空间发展与国家基础设施空间规划的关系、周边区域就空间规划和发展相关议题开展合作的背景以及区域市政局将采取根据计划的行动。

2. 区域空间发展规划与市政规划和地方规划的联系。丹麦《规划法》第10a条第6～7小节规定了区域空间发展规划与市政规划和地方规划的联系，即区域理事会可以向市政委员会提出有关市政规划和地方规划的建议；同时，为促进区域空间发展计划的实施，在法律允许的范围内，区域理事会还可以向市政委员会提供财政支持，促进地方具体项目的落实。

---

〔1〕 *Spatial Planning in Denmark* 2012，载 https：//danishbusinessauthority.dk/sites/default/files/media/2012_ planning_ eng_ guide.pdf，2020年5月22日访问。

3. 地方21世纪议程。区域理事会在选举前半部分结束之前，需要发表一份关于对区域21世纪可持续发展贡献战略的报告，该报告的内容包括“如何以全面、跨学科和有远见的方式开展这项工作以及公众、企业、组织和协会将如何参与这项工作的信息”。[1]详细内容参见“基本制度”一节。

4. 博恩霍尔姆市区域空间发展规划。丹麦《规划法》第10b条规定，博恩霍尔姆市应制定区域规划而不是市政规划，由该市的市政委员会参与制定，且应在地方选举期前半段结束前公布规划提案。然而，伯恩霍尔姆市政委员会可在地区和地方选举开始后不超过6个月内通知首都地区委员会，表明其希望纳入首都区域空间发展规划。

（三）市政规划（municipal planning）

市政规划由市政委员会（municipal council）负责制定，每12年制定一份市政规划。根据丹麦《规划法》第11条第2小节的内容，市政规划主要制定该市发展和土地总体目标的总体结构、土地使用指南和特定地区地方计划内容的框架。

1. 市政规划的内容。上述提到，市政规划包括土地使用指南和地方计划框架，因此，丹麦《规划法》第11a条、第11b条分别规定市政规划指南和框架的详细内容。除了确定土地使用的具体位置和设计地方计划的框架，市政委员会应划分城市再生区，即将曾用于商业目的、港口目的等给环境造成负担的土地用于住宅、娱乐等与环境友好的用途。

2. 市政规划的编制。首先，市政规划每4年进行一次初步辩论，在辩论期间内须征求公众意见不少于8周。其次，提交规划提案。市政规划提案须附有一份报告，这份报告的内容应说明其计划与其他法律确定的区域规划、水规划、NATURE2000计划等如何相适应；与其他规划如交通规划、邻近城市规划之间的关系；与区域空间发展规划的关系等。再次，公布规划提案。公众征询期不少于8周。如规划与国家利益冲突，环境部长可以否决该规划。又次，计划通过并发表。最后，地方当局应努力实施市政规划。

---

〔1〕 丹麦《规划法》第6a部分“地方21世纪议程”。

3. 地方21世纪议程。同样地，地方理事会在选举前半部分结束之前，要发表一份对该地方21世纪可持续发展贡献战略的报告，内容和区域理事会所做的报告大致一样。详细内容参见“基本制度”一节。

（四）地方规划（local planning）

地方规划是地方发展的基础，是把市政规划具体化的一种规划方式。丹麦《规划法》第13条第2小节规定：“在划分大面积区域之前，在实施包括拆除在内的重大开发项目之前，以及在有必要确保市政计划的实施时，应制定地方计划。”因此，“地方规划决定如何开发和利用较小的区域”。[1]地方规划涉及每一个居住的业主的权利，因此，地方规划对业主均有约束力。但同时，地方规划规定的是未来的地方计划，不强制业主立刻实施，但业主不能违背地方计划。总体而言，丹麦的地方规划最能保证当地人利益最大化。

1. 规划具体内容。地方规划因涉及业主的个人利益，因此，其规划较具体，包括多方面的内容。具体可以规定建筑物的位置、大小和外观；财产的大小和范围；对噪声的限制措施；实施重大开发建设项目等。丹麦《规划法》第15条第2小节对此进行详细规定，总共包含24项内容。

2. 地方规划的编制。地方规划是最能体现民意的规划。首先，地方当局在制定地方计划时应通知当地业主，给予不少于8周的时间由地方业主提出意见。其次，把符合所有业主利益的条件下制定的地方规划提案提交给地方委员会。在提交规划时，应附有一份报告，说明该规划与市政规划和该地区其他计划的关系。再次，地方委员会受到规划提案后，应将该提案公开，由公众在不少于8周的时间内提出质疑。最后，提案通过并公开宣布。需要注意的是，如果该提案与国家利益冲突，环境部长以及其他部门可以对其提出反对意见。并且，必须要在规划通过之后才能执行计划。如果地方规划在最终通过后8周内未按照规定公开宣布，则该规划失去法律效力。

---

〔1〕 *Spatial Planning in Denmark* 2012，载 https：//danishbusinessauthority. dk/sites/default/files/media/2012_ planning_ eng_ guide. pdf，2020年5月22日访问。

3. 地方规划的特点。地方规划就像地方的具体行动指南，规定当地居民可以做什么、不可以做什么、怎样做才合适。一般情况下，业主无权因为规划造成的感知和损失要求赔偿。但地方规划在制定过程中会充分听取当地公众的意见，确保最终的规划能够表达各种利益。另外，业主可以和地方市政委员会合作，对指定的区域签署开发协议，目的是引进社会资金，促进业主参与城市建设，推动经济和环境协调发展。

四、丹麦空间规划法的目的和任务

（一）空间规划法的目的

从20世纪20年代开始，丹麦为解决城市用地问题，制定《城镇规划法》。此后，因为城市化进程的不断加快以及城市化过程中对环境的破坏，丹麦不断出台新的法律确保在城市发展的过程中不损害环境利益。从丹麦空间规划体系的发展历程中可以概括出丹麦空间规划法目的的演变。前期空间规划法的目的仅是确保土地的综合利用，实现资源的公平分配。随着城市化进程的加快，工业生产对环境造成极大的破坏，过去单纯强调资源利用的规划法不能满足对环境的保护要求。同时，为了满足欧盟对空间规划的设想，丹麦1991年制定的《规划法》明确空间规划的目的，既包括对资源的合理利用，又包括对环境的保护，实现可持续发展。

丹麦《规划法》第一部分规定了该法的立法目的。从该条可以分析出，丹麦空间规划法规定了两大立法目的：一是确保总体规划综合了社会在土地使用方面的利益；二是有助于保护国家的自然和环境，从而确保社会在尊重人们生活条件和保护野生动物和植被方面的可持续发展。从这两大立法目的中可以看出，“确保规划综合土地方面利益”这一立法目的属于空间规划的直接目的，也是首要目的。而后半部分的目的则是空间规划的最终目的。丹麦制定的两大立法目的无疑与欧盟要求的空间规划的目标相契合。欧盟在1999年发布的《欧盟空间发展战略》中提到的空间规划的目标也是分为两大部分：一是寻求欧盟地域范围内平衡；二是可持续发展。

（二）空间规划法的任务

以上阐述了丹麦《规划法》的立法目的，根据该立法目的，丹麦《规划法》第1条第2小节确立了5个基本任务：（1）在总体规划和经济考虑的基础上，在全国和各个行政区域和城市进行适当的发展；（2）创造和保护有价值的建筑、住房、城市环境和景观；（3）开放海岸应继续构成重要的自然和景观资源；（4）防止空气、水、土壤污染和噪声公害；（5）尽可能让公众参与规划过程。这5个基本任务概括起来就是促进城市经济发展、保护自然环境、防止环境公害以及由公众参与规划过程。

从立法目的角度分析，其涵盖了使用城市土地利益以及保护国家自然和环境，实现可持续发展。同时着重强调规划过程的公众参与，这表明公众参与是丹麦空间规划的重要内容。从丹麦《规划法》规定的其他内容也可以发现，公众参与贯穿空间规划的全过程。不仅如此，其确立的第2点任务中特意强调对开放海岸的保护，也进一步表明丹麦对其漫长海岸重视程度。除了在丹麦《规划法》中强调对海岸的保护，在其他法律如《自然保护法》中也强调对海岸的保护。

丹麦《规划法》规定的基本任务，在空间规划中均有所体现，这从侧面反映该法并不是一部笼统的规定空间规划的法律，而是一部具体的法律，具体规定不同行政机关的具体职责，由行政机关在规划框架下操作，赋予公众监督权，从而保证这个空间规划体系的有效运作。

第二节　基本原则

一、开放与合作原则

丹麦作为欧盟的成员国之一，其国内的法律建设自然要遵守欧盟制定的法律。在欧盟发布的《欧盟空间发展战略》中提到“地域凝聚”“欧洲走廊”等空间概念，这为丹麦确立规划法的原则提供指导依据。丹麦吸收欧盟提出的“地域凝聚”“欧洲走廊”概念，将其融入丹麦《规划法》中，使丹麦《规划法》呈现开放与合作的精神。

丹麦一方面重视国内资源的合理使用，公众积极参与国内规划建设；另一方面重视加强与其他国家的合作，尤其是与欧盟各国的合作。首先，丹麦《规划法》中明确空间规划分为4个部分，分别由环境部长、区域理事会、市政委员会、地方当局负责。在按照立法制定规划草案过程中，应征询公众的意见，征询意见的时间不少于8周。不仅如此，丹麦政府还专门制定数字平台公布规划信息，方便公众查阅相关信息，及时提出建议和意见，调动公众参与规划决策的积极性。其次，丹麦致力于加强与周边国家的交通往来。“自1962年以来，丹麦一直致力于建设被称为‘大H’结构的国家铁路和公路干线；2000年国际上开通了瑞典之间的厄勒松大桥，并计划在2020年完成链接瑞典、丹麦和德国的交通路线项目。”[1]

二、绿色原则

丹麦王国总土地面积为43,000平方公里（不包括格陵兰岛和法罗群岛的自治地区），其中城市用地和交通设施用地占10%，农业用地占66%，然而丹麦居民中大约87%的人口居住在城市和城镇地区，仅有13%的人口居住在乡村。不仅如此，丹麦王国由许多岛屿组成，因此其具有漫长的海岸线。丹麦城市用地与农村用地的占比使如何合理利用仅有的城市用地以及保护农业用地不受破坏成为丹麦《规划法》出台的重要目标之一。因此，丹麦《规划法》设立了绿色原则，即在对土地进行规划利用时要坚持绿色发展，保护原有的绿色植被不被破坏；同时需要更新城市，增加绿色植被，促进生物多样性的发展。

丹麦《规划法》第2条第2小节关于丹麦空间规划的任务之一就是“创造和保护有价值的建筑、住区、城市环境和景观”。首先，环境部长制定国家规划时，要制定一份沿海地区的规划报告，要求该国沿海地区应尽可能不需要靠近海岸的开发和设施。其他规划涉及沿海地区的也应遵守有关沿海地区的规定，保护开放海岸不受环境污染和破坏。其次，

---

〔1〕 *An Overview of Spatial Policy in Asian and European Countries*，载 https://www.mlit.go.jp/kokudokeikaku/international/spw/general/denmark/index_e.html，2020年5月22日访问。

丹麦《规划法》以及《哥本哈根手指规划》把大哥本哈根地区分为4个部分，包括核心区域、外围区域、绿色楔形物及其余区域。其中，绿色楔形区域位于交通干线之间，是城市的绿色地带，方便城市居民在休息时间内能够欣赏自然环境。丹麦《规划法》强调该区域不能转换为城市区域或用于城市娱乐。不仅如此，2007年制定的《哥本哈根手指规划》也明确指出，要将该区域的现有农田、林地、河流、荒原与公园等作为绿色开敞空间严格保护起来。[1]最后，为贯彻绿色原则，丹麦《规划法》将整个国家分为城市区、避暑别墅区和农村区。区域土地的开发和利用要得到市政委员会的许可。也就是说，农村地区的开发利用一般要有许可证，没有许可证不得对农村地区进行新建筑的建设或者是旧建筑的改编。

三、可持续发展原则

可持续发展原则，起源于联合国布伦特兰报告，逐渐为世界各国在应对全球环境问题上使用。根据其含义，可持续发展原则在空间规划领域不仅涵盖了环境意义上的良好经济发展，还包含了一个平衡的空间发展。[2]可持续发展不仅是丹麦《规划法》的立法目的，也是欧盟空间发展展望的目的。欧盟各国之所以要制定策略、计划调配国内资源的分布和利用、促进欧盟各国的经济和环境的协调发展，最终目的就是实现欧盟各国的可持续发展。因此，欧盟制订一系列计划，包括环境影响评估、欧洲走廊、区域凝聚政策、Interreg 项目、自然2000计划等。这些计划无一例外体现在丹麦新修订的《规划法》中。

根据丹麦《规划法》第1条可知，该法确保社会在尊重人民生活条件和保护野生动物和植被发面的可持续发展。上述也提到，丹麦《规划法》贯彻绿色原则，所体现的正是经济和环境的协调，实现经济和环境共同发展。不仅如此，在制订零售商店分布的计划时，丹麦《规划法》

---

〔1〕 参见唐杭、金川：《丹麦空间规划的理念、发展与启示》，载《中国土地》2019年第5期。

〔2〕 参见《欧盟空间发展战略》，载 https://doc.mbalib.com/view/7b3b5bacdbea95ef47d60ae7e334de2d.html，2020年5月22日访问。

强调规划要确保人们可以通过各种交通工具，特别是步行、骑自行车和公共交通工具方便地进入零售贸易区。也就是说，为促进经济发展和环境保护，零售商店的分布应符合方便人们使用公共交通工具的要求，并限制零售商店的规模，确保一段距离有覆盖范围的商店。例如，丹麦《规划法》第11a条中提到零售业的市政结构，包括城镇或城区的中心部分和任何二级中心，以及城市特定地区的各个商店最大允许零售总建筑面积和最大允许总建筑面积应写入市政规划。这种做法，既能够方便居民日常生活出行、购物；也能鼓励人们使用公共交通工具，甚至是骑自行车、步行，实现可持续发展。

四、信息公开原则

丹麦《规划法》第54b条第1小节规定："环境部长应创建一个全国数字登记处，其中应包含根据该法制定的计划的信息。"该法还规定，数字登记处的相关规则由环境部长制定，包括提交计划和计划提案的规则、登记处运作和使用规则、监督规则等，并且环境部长还应制定规则，明确数字登记处和土地登记处在关于土地登记方面保持一致。因此，丹麦环境部长设置了"丹麦规划系统平台"（plan system Dk），该平台包含丹麦《规划法》所明确的所有规划和规划建议，是共享公共数据系统的一部分。这确保丹麦的空间规划信息数据化和可视化，促进信息公开，增强丹麦政府透明度。

该平台的数据和信息由地方当局上传本地计划、市政规划及规划补充，以及城市和农村地区以及独家住宅区的分区图。丹麦政府则负责上传沿海地区数据、海滩保护线、国家规划指令以及环境影响评估产生的国家发起的市政计划补充。[1]上传数据的市政当局同时要对该数据负责，即要及时提交新的计划和更新旧的计划。不仅如此，该平台的维护工作由商业委员会负责。[2]公众通过规划系统对丹麦王国的所有规划、

---

〔1〕 参见 *Spatial Planning in Denmark* 2012，载 https://danishbusinessauthority.dk/sites/default/files/media/2012_planning_eng_guide.pdf，2020年5月22日访问。

〔2〕 参见 *Om Plandata.dk*，载 https://planinfo.erhvervsstyrelsen.dk/om-plandatadk，2020年5月22日访问。

计划一目了然，公众随时能够看到地方发布的最新计划并通过平台表达自己的看法；环境部长亦可随时查看平台中的信息，根据平台中上传的规划评估其是否违反丹麦国家利益。通过该平台，不仅促进政府的信息公开，为公众参与提供渠道；同时能够简化市政工作、节约成本，以及解决信息不对称问题，方便环境部长以及其他公众及时发现规划中存在的不妥当问题，并加以处理。

五、公众参与原则

公众参与原则，在空间规划领域是指丹麦行政主体在制订规划、计划时，应公开征求社会公众的意见，并构建信息公开的平台，赋予公众决策参与权，由公众对丹麦行政主体的行为进行监督。根据丹麦《规划法》的有关规定，公众的权利包括信息知情权、决策参与权与决策监督权。公众既可以通过规划平台发布的信息对丹麦政府的规划行为进行监督，还可以在规划决策过程中以及环境影响评估过程中发表意见和建议，多渠道参与丹麦空间规划。

丹麦空间规划的制定尤其强调公众参与，大到国家规划，小到地方规划，在文件中都必须体现公众参与的内容。环境部长在制定出国家规划报告草案后，发布之前要先经过公众辩论。而其他规划则在制定好规划草案时，给予公众至少 8 周的时间发表意见和看法，尤其是地方规划。因为地方规划涉及每个业主的利益，并且业主一般不能要求损失赔偿，因此，在制定地方规划时，必须给予足够的时间让业主充分表达自己的意见，并最大可能反映全体业主的利益，实现利益最大化。可以说，公众参与是丹麦空间规划制定中最主要的原则。

第三节　基本制度

丹麦空间规划体系的基本制度，是指为实现丹麦《规划法》的立法目的和基本任务，依据丹麦《规划法》的基本原则制定的，调整空间规划法律关系的，具有重大意义的制度。丹麦空间规划体系的基本制度有环境影响评估制度、许可证制度、地方 21 世纪议程、城市更新制度等，具有特定性、系统性等特点，是实现空间规划立法目的的有效手段，能够有效促进丹麦区域的平衡发展。

一、环境影响评估制度

丹麦的环境影响评估是基于欧盟指令，其他欧盟国家也有相应规定。丹麦的区域规划和市政规划都强调要进行环境影响评价，环境部对某些类型的建筑也要进行环境影响评估。通过环境影响评估，公众能够充分发挥其环境知情权、环境参与权、环境决策权和监督权。丹麦《规划法》第 11g 条第 1 小节规定："可能对环境产生重大影响的项目，在市政规划中制定项目位置和设计的指导方针以及附带的环境影响评估之前，不得启动。"

1. 环境影响评估的筛选。上述也提到，丹麦的环境影响评估制度适用于政策、方案、规划和项目等所有层面。通过环境影响评估，能够确保对各种环境影响因素进行分析，并寻找替代解决方案。然而，对于一些对环境影响很小的项目，如果也要进行环境影响评估，则会导致资源的浪费。因此，需要设置环境影响评估的筛选程序，通过该程序，把对环境影响很小的项目排除在该制度外。首先，是以法令的形式制定筛选的标准以及项目清单；其次，地方委员会对该项目是否会对环境产生重大影响进行判断；最后，地方委员会得出是否需要进行环境影响评估的结论。

2. 环境影响评估的内容。环境影响评估的内容包括："项目描述；已研究的项目主要替代方案概述；项目对人、动物、植物、土壤、空气、水、气候、景观、物质产品的和文化遗产的可能影响描述；项目对环境产品的短期和长期影响描述；设想改善环境的措施描述以及声明的非技术性摘要。"〔1〕

3. 环境影响评估的程序。环境影响评估文件编制过程中最重要的

---

〔1〕 *Spatial Planning in Denmark* 2012，载 https：//danishbusinessauthority. dk/sites/default/files/media/2012_ planning_ eng_ guide. pdf，2020 年 5 月 22 日访问。

环节是公开向公众征询意见。因此，首先是行政当局或项目承包商根据实际情况进行环境评估，向公众公开征求意见。公开征求意见的时间至少需要 8 周。其次是地方当局提供计划补充和建议。再次是通过该补充和建议。最后是颁发环境评估许可证。

二、地方 21 世纪议程

地方 21 世纪议程是丹麦政府根据《欧盟空间发展展望》提出的要求，其要求区域理事会和市政委员会在选举结束之前要发表关于其区域或地方对 21 世纪可持续发展的贡献的战略报告。该报告应包含关于如何以全面、跨学科和有远见的方式开展规划工作以及公众、企业、组织和协会如何参与规划工作的信息。

1. 地方 21 世纪议程的编制内容。丹麦《规划法》第 33a 条第 2 ~ 3 小节分别规定区域理事会和市政委员会制定 21 世纪议程的具体内容。其第 2 小节规定，区域理事会制定的 21 世纪议程应包括以下内容：（1）减少人类活动对环境的负面影响；（2）促进可持续区域发展；（3）让公众和企业参与地方 21 世纪议程的工作；（4）促进关于环境、运输、商业、社会、卫生、教育、文化和经济因素的决策之间的互动。其第 3 小节则规定，市政委员会的制定 21 世纪议程应包括以下内容：（1）减少人类活动对环境的负面影响；（2）促进可持续城市发展和城市再生；（3）促进生物多样性；（4）让公众和企业参与地方 21 世纪议程的工作；（5）促进关于环境、运输、商业、社会、卫生、教育、文化和经济因素的决策之间的互动。

2. 区域理事会和市政委员会制定内容的联系与区别。以上两小节的内容分别是区域理事会和市政委员会制定 21 世纪议程应包含的内容。其中关于减少人类活动的影响、促进可持续发展、公众和企业参与议程工作以及各因素之间的互动这几方面的内容是区域理事会和市政委员会在制定议程时均需要考虑的内容。市政委员会作为地方，则更应细致考虑地方生态环境因素和城市的发展。因此，市政委员会在制定议程时还需要考虑生物多样性以及城市的再生发展，促进城市更新。

根据丹麦《规划法》的有关规定，这两份报告均应在出版的同时发送给环境部长。另外，环境部长应每年向议会设立的一个委员会提交一份关于行政区域和城市地方21世纪议程工作的报告，该报告应与区域委员会和市政委员会的协会合作编写。

三、许可证制度

丹麦《规划法》把整个国家分为城市去、避暑别墅区和农村区。丹麦《规划法》第35条第1小节规定，如果没有市政委员会的许可，不得进行分割、新建以及改编现有建筑和未开发区域的用途。也就是说，现有建筑的改变以及未开发区域用途的改变原则上需要得到市政委员会的许可。

（一）许可证的申请程序

根据丹麦《规划法》的相关规定，居民要对现有建筑或未开发区域的用途进行分割、改编以及新建建筑均需想市政委员会进行申请。申请后，市政委员会要对该项目进行环境影响评估。如该计划在地方计划范围内，则要等地方计划通过并公布之后，才能做出批准与否的决定。市政委员会做出的决定应以书面形式通知申请人。该决定应包括能够上诉的理由以及诉讼时效。如果申请的事项对事项所在地的邻居很重要，则需通知邻居，并给予其2周的时间对此申请提出质疑。2周后，如邻居未提出任何质疑，则市政委员会可以发放许可证。颁发的许可证应进行公告，公告内容同样包括可上诉的理由以及诉讼时效。如果许可证符合地方计划公布的内容，则不需要公开宣布。特别的是，对于沿海地区，只有当申请许可证的事项对沿海地区的国家规划利益来说是微不足道的，才可以颁发许可证；否则，不能轻易改变沿海地区的现有建筑以及开发沿海地区，破坏沿海地区的生态环境。

（二）申请许可证的例外情况

丹麦《规划法》第36条规定了部分事项无须申请许可证即可实施。这部分的事项包括：其一，其他法律已对其进行规定，无须经过市政委员会的授权；其二，对环境危害不大的事项。具体内容如下：

（1）根据《农业财产法》第10条第1款和第3款进行分配，以便与现有农业财产联合经营；（2）根据《农业财产法》第6条第1款、第

5 条和第 6 条分割森林财产；（3）为相关财产作为农业或林业财产的经营或渔业实践所必需的商业建筑，参见第 2 小节；（4）用于农业、林业或者渔业的建筑物或者区域投入使用；（5）根据《自然保护法》第 19d 条和第 19f 条做出的决定，根据《自然保护法》发布的保护令或根据本法规定制定的当地计划明确允许的范围内，分配、建设或改变土地用途；（6）开采地下原料；（7）按照小型房屋建筑条例免于申请建筑许可证，且不新建住宅的建筑；（8）建筑法规不要求建筑许可证，用于公共交通、服务或警报设施，或者用于广播或电视接收的建筑；（9）增加或翻新永久性住宅，如果住宅总建筑面积不超过 250 平方米；（10）将永久住宅转为度假住宅；（11）根据《土地合并法》和《公共出售和购买农业不动产法》在收购的基础上进行分割（土地整理法），用于区域土地收购委员会；（12）在现有建筑物中建造或装配一个位于农业地产上的住宅，如果新住宅用于代际继承或供雇员使用，其土地面积超过 30 公顷；（13）在开放的国家建设一个小型企业，该企业是在以前用于农业目的的建筑中合法建立的。

然而，涉及建筑的位置和设计，仍应按照以上规定申请许可证。不仅如此，以上例外情况不包括位于沙丘保护线和海滩保护线的建筑。

四、城市更新制度

根据丹麦《规划法》第 11b 条第 5 项的规定，城市更新区，是指将用于商业、港口或类似活动的建筑物和未开发土地改为住宅用途、公共机构用途、娱乐用途或与住宅用途相适应的商业用途。因此，城市更新政策就是由市政委员会根据丹麦《规划法》以及《城市更新和城市发展法》等法律划定一个区域为城市更新区域，并制定一系列的规则确保实现城市更新目的的政策。

根据丹麦《规划法》第 11d 条的规定，市政委员会划定的区域是曾经用于商业目的或港口目的等给环境造成负担的土地，并且此类土地已经停止使用或逐步停止使用该用途。对于原本噪声污染严重的土地，应确保污染在计划通过后 8 年内结束，否则不能划定为城市更新区。

除了丹麦《规划法》确立城市更新制度，丹麦还专门制定《城市更新和城市发展法》，促使城市更新制度得到实施。这部法律为丹麦城市在住房政策方面做出有针对性的努力提供了一个工具。《城市更新和城市发展法》不仅制定应对人口动态促进地域的方法以解决城市系统和城市之间，特别是大城市到中小城市的连通性；还通过提高城市土地使用效率提高环境可持续性和对气候变化的适应能力。[1]

该法律与丹麦《规划法》共同设计出适合城市发展的更新政策，确保过去遭受严重环境污染的城市能够获得发展的机会，提高城市土地的利用率，实现可持续发展。

第四节　法律责任和法律救济

一、法律责任

丹麦《规划法》中没有设“法律责任”一章，而是在第 12 部分“监督”中阐述行政机关以及公众对空间规划的责任。上级行政机关负有监督下级行政机关行为的责任。环境部长监督区域理事会以及市议会的空间规划，并能够对于违反国家利益的规划行使否决权。同时，监察机关对行政机关行为的违法行为进行监督。公众则在规划实施中负有遵守规划的义务。如果违反规划，则应受行政处罚。不仅如此，针对本该属于业主的财产而要转移公用或征收公用，则应按照其他法律规定对业主进行补偿和赔偿。

（一）行政机关的法律责任

第一，环境部长除了制定国家规划外，有权对区域规划和地方规划行使否决权，前提是该规划不符合国家利益。具体程序是：“丹麦自然署将地方当局的规划提案发送给其他国家当局审查。他们将任何反对意见发送给丹麦自然机构，该机构将他们汇集成一份全国反对意见，并在公开听证期间发送给地方委员会。”也就是说，环境部门监督区域和地

〔1〕 OECD (2017), National Urban Policy in OECD Countries, OECD Publishing Paris, https: //doi. org/10. 178719789264271906 - en.

方当局制定规划。第二，根据丹麦《规划法》的规定，市议会应确保遵守丹麦《规划法》的相关条款以及制定的规划。第三，如出现违反法律的情况，监察机关应对此予以纠正，使其符合法律规定。针对某些事项，也可能进行罚款处理。

（二）公众的法律责任

根据丹麦《规划法》第51a条的规定，每年10月1日，市政委员会应命令在民事登记系统登记在夏季别墅区居民的民众变更住所，以及将变更住所的情况向市议会备案，该命令应在民众登记后不超过14日内发出。如果公众没有遵守该规定，市政局须立即要求警方对该居民提出指控。不仅如此，市政局针对不遵守规定的当事人，有权就每天的不遵守情况处以罚款。当事人仍不服从命令的，由公债征收机关征收罚款，罚款每4周收取一次。

（三）对公众的补偿

丹麦《规划法》第45条第1小节规定，市政委员会可根据市政计划决定将城市地区或避暑别墅区转为农村地区。受影响的土地所有者可以获得相应的补偿。补偿要求应由所有者在受到转移土地的决定后12周内以书面形式提交给市政委员会，市政委员会应将补偿要求通知环境部长。补偿金额应考虑当时做出决定时存在的条件。环境部长在规定的时间内同意关于补偿金额的安排，则由市政委员会在8周内根据《公共道路法》向估价当局提出补偿要求。补偿费用的1/3应由丹麦政府支付。如果是业主的财产或财产的一部分被转移到农村地区，则应偿还业主改良费。改良费用应自支付之日起，每年加收4%的利息进行偿还。如果是征收所有者财产供公众使用，所有者有权要求市政府接收财产的所有权并支付赔偿金。

二、法律救济

丹麦《自然保护法》设立了自然保护上诉委员会，这是准司法机构，专门负责环境方面的上诉案件。根据丹麦《规划法》第58条的规定，自然保护上诉委员会可以受理提出法律问题。比如，市议会是否遵守规划以及其是否有权做出规划等；对规划的具体内容其无权做出，而是由环境部长对不符合国家利益的规划行使否决权。

（一）上诉的范围

根据丹麦《规划法》的相关规定，上诉范围包括“该计划是否按照公众参与的必要程序制定；颁发的许可证过程中存在的问题；征收、接管财产存在的问题；地方和地方当局的计划是否有冲突；丹麦《规划法》和地方当局及地方计划是否得到正确解释；特定开发项目是否需要本地计划；特定开发项目是否需要环境影响评估；免除地方计划是否合法；是否遵守了一般行政法规则等”。具体包括：（1）市政局根据第35条第1款做出的决定（市政局许可土地用途）；（2）两个市政局根据第47条第1款做出的决定（市政委员会征用财产）；（3）市政委员会和环境部长关于根据环境部长根据第11g条第4款规定的规则发放许可证的决定；（4）区域市政局和市政局就其他受本法管辖的事项；（5）环境部长就其他事项做出的决定。

根据丹麦《规划法》的第58条的第2小节以及第58b条的规定，以下事项不能向任何行政当局提起上诉：（1）市政委员会通过的市政计划或地方计划就该计划是否与《区域空间发展计划》第11条第4款第1项中规定的预期未来空间发展是否矛盾的事项；（2）与发展协定有关的反对意见。

（二）上诉的法律程序

首先，可以提起上诉的主体是环境部长以及和案件有利益关系的人，包括根据《国家公园法》设立的国家公园基金。如果以保护自然和环境或促进土地使用为目的的全国性协会或组织该协会或组织也想提起上诉，则应满足以下条件：（1）该协会或组织有记录其宗旨的章程；（2）代表至少100名成员。其次，上诉期为通知决定之日起4周。然而，如果决定书公开宣布的，则上诉期从公开决定之日其计算。如果既没有通知也没有公开宣布，上诉期限则应从知道裁决之日起计算。不仅如此，如果上诉期最后一天是星期六或假期，则顺延到下一个工作日。最后，自然保护上诉委员会的裁决是终局裁决，即不能再向环境部长或其他当局提出上诉，但可以向法院提起诉讼。向法院提起诉讼的期限是裁决或决定传达后6个月内，如果该裁决或决定是公开宣布的，则从公开宣布之日起计算。

第五节 现有制度评析及其对我国的启示

一、现有制度评析

丹麦空间规划经过近60年的发展，已经形成较为成熟的体系。其通过立法赋予行政机关空间规划的权力，在环境部长的指导下，各地方委员会灵活行使空间规划的权力。从总体上看，丹麦《规划法》规定的条文具体详细，充分说明不同行政机关如何行使手中的权力，以及裁量的标准。尤其是其规定了不同规模的城市中心应设置不同规模的零售商店、每个零售商店之间应间隔多长距离等具体事项。这一方面能够规范行政机关的权力，确保行政机关所做的规划能够实现立法目的；然而，另一方面却不利于丹麦《规划法》适应时代的发展。规定过于详细的条款在短时期内有利于城市发展，但长期来看则会导致立法过时，需要不断更新立法，这在一定程度上会增加经济成本。尽管丹麦过于细致的立法存在弊端，但丹麦《规划法》确定的空间规划制度缓解了丹麦紧张的城市化，使丹麦能够利用最少的城市土地容纳更多的居民，实现土地资源的有效利用。同时保护了大片的农业用地，维护了自然环境，在整体上实现可持续发展。下文将选取几个角度详细分析丹麦现有空间规划制度的优点和缺点，以期为我国的空间规划制度设计提供路径。

（一）丹麦交通规划不尽完善

在丹麦《规划法》中，涉及丹麦有关公共交通的规划主要是大哥本哈根手指规划和环境部长制定的零售商店规划，以及市政委员会制定的市政规划和地方规划。为缓解丹麦城市交通运输的压力以及加强与周边地区的合作，丹麦把数个城市通过交通干线连接起来，发展公共交通工具。不仅如此，为缓解市中心交通拥堵的现状，丹麦通过零售贸易规划设立多个中心城市，并规定在不同的城市设立规模不一样的零售商店，同时规定零售商店与零售商店之间的距离，确保居民能够步行或骑自行车在两个零售商店之间往返。这些独特的举措使丹麦的公共交通发展迅速，在公共交通出行所占比例不断下降的全欧洲城市中，丹麦这种做法无疑扭转了这个趋势。[1]丹麦通过手指规划以及零售贸易规划加强了公共交通系统和城市发展的整合，实现空间资源的有效利用。然而，这种看似完美的规划在实际运行过程中仍然存在些许不足。

1. 公共自行车的供给不足。丹麦《规划法》在规定零售贸易规划时，规定零售贸易规划应确保人们可以通过各种交通工具，特别是步行、骑自行车等方便地进入指定零售贸易区。也就是说，丹麦行政机关在划定零售贸易区时，还需预留公共交通工具运行的空间，如人行道、自行车道以及公交专用道等，并通过增加小汽车停车费、减少停车位等方式降低小汽车的使用量。不仅如此，为促进自行车的使用，多个城市主动供应自行车，供城市居民使用。例如，哥本哈根在 1995 年就推出“城市自行车”短期租赁计划，其含义就是要给城市配备足够的自行车以满足适当距离出行的需要。[2]这种做法类似于我国的“共享单车”，因此，公共自行车面临与“共享单车”一样的难题，即政府仍然没有提供足够的自行车以满足城市公共交通的需要。究其原因，首先，公共自行车具有公共性，而非排他性，对于公共的物品，人们倾向于占为己用。其次，公共自行车的公共性决定人们可以不顾自行车供应的目的而随意破坏其，尽管破坏自行车会导致行政处罚，但仍有许多人对其进行毁坏，这就使自行车需要经常维修，增加维修成本，而政府的资金难以支持。因此，要解决这个问题，还需要增加技术手段，如在自行车上安装定位系统，更改自行车配件使其与普通自行车不兼容等。当然，自行车的偷盗、毁损问题不是一朝一夕能够解决的，这不仅需要增加自行车本身的技术性；最重要的一点是提高人们自身的修养，从根源上解决自行车供给不足的问题。

2. 大哥本哈根手指规划的难复制性。大哥本哈根手指规划在大哥

---

〔1〕 参见《手形的城市：丹麦首都哥本哈根》，冯浚译，载 https：//wenku. baidu. com/view/cfd9328271fe910ef12df8b7. html，2020 年 5 月 22 日访问。

〔2〕 参见《手形的城市：丹麦首都哥本哈根》，冯浚译，载 https：//wenku. baidu. com/view/cfd9328271fe910ef12df8b7. html，2020 年 5 月 22 日访问。

本哈根地区取得显著的成就，其通过交通路线的连接，促进城市与城市之间的合作，缓解城市中心的压力，大大缩减居民的通勤时间；同时在合适的区域保留绿色区域，实现环境与经济的可持续发展。然而，手指规划在丹麦其他区域并没有凸显。手指规划是适应大哥本哈根区域而制定出来的规划，且是为缓解首都地区紧张的交通压力而创设的，其他区域的矛盾并没有那么显著，对交通的需求也没有那么大。因此，手指规划在大哥本哈根地区的成就更明显。而丹麦的其他区域，依靠市政规划和地方规划计划适合地方特色的交通路线，以及加强与欧盟其他国家的交通合作，打造“欧洲走廊”项目，也不失为一个办法。从这里也可以体现出，不同区域有不同的特色，依据区域特色制定规划，才能更适合地区发展。

（二）丹麦城市更新难

上文谈到丹麦城市用地和交通用地占总面积的10%，而超过80%的居民居住在城市。丹麦城市人口众多的后果之一是城市管理困难。随着国际社会对气候变化的重视以及《巴黎协定》的通过，欧盟国家加强对气候变化的管制，要求空间规划要适应气候变化。因此，可持续发展成为城市更新的主要任务。丹麦《城市更新和城市发展法》在制定时就考虑了这个问题，要求通过提高城市土地使用效率提高环境可持续性和对气候变化的适应能力。不仅如此，随着人口逐渐老龄化，丹麦城市也面临老龄化的问题。如何解决老龄化带来的城市缓慢发展、适应城市生活以及保护农村生态环境等问题成为城市更新的重中之重。

（三）公众参与不足

公众参与是丹麦《规划法》的立法目的，丹麦的每一级规划都强调公众参与。从立法形式上看，公众参与贯穿丹麦规划的全过程，是丹麦规划的主要原则之一。丹麦通过搭建规划信息平台、环境影响评估制度以及公众辩论环节等促使公众积极参与空间规划的决策过程。然而，看似完美的公众参与，在实践中仍存在公众参与不足的情况。在一项“公众参与和基础设施规划”项目的调查中发现，公众参与的过程显示出不足之处，在一项名为“公众参与——我们做得够好吗?”的调查中，有超过 50% 的受访者表示希望改进公众参与的流程。[1]

首先是丹麦的强政府与弱社会之间的博弈。丹麦《规划法》赋予丹麦政府制定空间规划的权力，并且下级政府要在上级政府的指导下开展规划工作。丹麦的公众参与也是在政府组织下进行的，丹麦公众参与决策过程的流程也是掌握在政府手中的。这就容易引发公众的消极情绪，而不是激发公众参与政治生活的热情，从而导致公众参与流于形式。其次是丹麦人口老龄化严重，老年人们更注重享受优美的生活环境，对空间规划的制定缺乏热情。老年人只要按照政府的指示娱乐、获得福利即可。

无论怎样，丹麦《规划法》确定的公众参与原则整体上体现了丹麦对公众参与规划过程的愿景，而丹麦政府也在不断改进，希望能让更多人参与决策，实现立法目的。

二、对我国的启示

相比于丹麦，我国的空间规划分散在各个部门法中，其内容主要规定在《土地管理法》和《城乡规划法》中，即以土地利用总体规划和城乡规划为主的空间规划。从经济发展角度来看，则有国民经济和社会发展规划，该规划每 5 年制定一次。由此可见，我国经济与环境是分开规划的。近几年来，由于环境问题越来越严重，主体功能区规划、自然保护区规划出现并发展起来。不同的规划体现不同的作用，但是过多的规划导致行政职权不分明，各规划之间可能存在矛盾。无论是从法律体系、行政体系还是运作体系上分析，我国现存的空间规划关系难以协调，空间规划的统一迫在眉睫。[2]从 2014 年开始，国家开始开展“多规合一”的试点工作。2019 年国务院发布了《关于建立国土空间规划体系并监督实施的若干意见》，该意见指出，要将主体功能区规划、土地利用规划、城乡规划等空间规划融合为统一的国土空间规划，实现

---

〔1〕 Public Participation and Infrastructural Planning，载 https：//www. en. dcea. dk/research-dcea/Research + in + Public + Participation/，2020 年 5 月 22 日访问。

〔2〕 参见苗倩雯：《借鉴国外经验的我国国土空间规划体系的建设》，载《国土与自然资源研究》2019 年第 4 期。

“多规合一”。[1]因此，通过上述对丹麦现有空间规划制度的分析，希望寻找出适合我国空间规划发展的方向，为我国制定统一的空间规划体系提供渠道。

（一）制定统一的“国土空间规划法”

制定统一的“国土空间规划法”不仅是国家未来的立法方向，也契合现今我国实现经济和环境可持续发展的目标。只有实现“多规合一”，解决多规中存在的内容交叉、编制程序复杂以及行政机关的自主性不强等缺陷，才能从根本上解决部门职权不明、规划难落实的弊端，实现土地资源的可持续利用，促进人与自然的和谐发展。

1. 以可持续发展为指导思想

从1992年的《欧洲空间发展展望》开始，丹麦一直强调可持续发展原则，并把该原则落实到具体规划中。我国也应如此。经济发展不应以牺牲环境为代价，而应实现经济和环境的协调发展。为此，“国土空间规划法”的制定应体现可持续发展的思想，在规划过程中划定自然保护区，保护重要水源、生物、植物等。

2. 确立并严格遵守公众参与原则

丹麦《规划法》在其立法目的中就规定“要让公众充分参与到规划过程中”，而我国的公众参与仅是作为一项基本原则写入《环境保护法》中，在规划建设有关法律中并没有把公众参与放到立法目的这一高度。不仅如此，公众参与作为环境保护的一项基本原则，在社会实践中发挥的作用也是极其有限的。首先是我国公民政治生活参与度较低。我国公民享有《宪法》赋予的环境参与权和监督权，在多数人眼里这只是形式上的权利，真正发挥作用的很少，尤其是在小城市。因此，对于规划的编制、实施以及后期的评估，公众缺乏热情。其次是政府宣传力度较弱。随着信息技术的发展，政府可以通过互联网平台发布相关信息，公民自行查阅。实践中，政府迫于压力在平台上发布信息，却鲜有人查看。原因之一是，政府发布信息的官方网站公民很少会主动浏览，政府

---

〔1〕《中共中央国务院关于建立国土空间规划体系并监督实施的若干意见》，参见《国务院公报》2019年第16号，载 http://www.gov.cn/gongbao/content/2019/content_5397679.htm，2020年5月23日访问。

对其发布的信息没有通过更多的渠道如微博、微信公众平台、报纸等广泛传播，使公众难以知悉。

公众参与原则作为一项基本原则，能够促进环境保护事务决策的科学化和民主化，还有利于调动全社会的力量，共同搞好环境保护工作。[1]因此，立法应设置一系列制度，提高公众参与的积极性，在规划编制过程中应能够参与环境影响评估，在规划发布之前应预留一定的时间由公众提交意见或建议，以及规划实施后由公众监督政府的实施行为，确保公众参与规划的全过程，促进空间规划科学化、合法化。

3. 立法赋予地方规划自主权

我国行政体系是自上而下的体系，下级行政机关根据上级行政机关的指示开展相应工作，在空间规划领域也是如此。然而，上级行政机关并不能清楚地了解每个地方的实际情况，其所做的规划不一定适合每个地方。如果下级行政机关只能依照上级行政机关的要求和约束开展规划工作，则会导致规划在当地不能发挥应有的作用，使规划工作缺乏灵活性，不能满足经济发展的需求。土地利用规划指标从上至下层层分解以及僵硬苛刻的边界管控，与日新月异的经济发展不同步甚至脱钩。[2]

因此，在进行空间规划立法时，应考虑区域之间的差异性，借鉴丹麦下放权力的做法，把部分自治权赋予地方，由地方根据实际情况编制空间规划。这样可以充分发挥地方积极性，由地方在上级行政机关制定的空间框架下结合当地实际情况制定适合地方发展的详细规划，充分调动地方政府和地方市民的参与积极性。

4. 在立法中严格统一的空间规划体系，实现多规融合

不同的部门管理不同的规划，在编制规划时可能涉及其他部门的规划，各部门在编制规划的过程中会出现针对同一区域编制多个规划的现象，这为规划的执行带来困扰。不仅如此，由于不同规划的层级不同，如主体功能区划只有全国和省级两级规划，而城乡规划、土地利用规划

---

〔1〕 参见韩德培主编：《环境保护法教程》（第7版），法律出版社2014年版，第72页。

〔2〕 参见赵鹏飞：《新时代空间规划中的“两规”协调路径研究》，河北师范大学2018年硕士学位论文，第21页。

则存在国家、省、市、县、乡、村级规划，[1]有关部门制定了省级主体功能区划时，市级部门会同时存在主体功能区规划、城乡规划、土地利用规划，而这些规划在规划过程中都要求考虑环境因素。不同部门侧重点不同，就会导致某些规划在某区域难以实施而由其他规划实施的现象出现。这种冲突与矛盾现象的出现，给规划工作造成了工作量的增加，给其后期的管理造成困扰，影响规划效率。[2]

因此，可以借鉴丹麦，融合目前所有规划，把经济发展和环境保护统一起来，在立法上确定国家级、省级、市县级和乡村级规划，并在特殊地区实行分区规划，即为保护地区脆弱的生态环境，应划定一个区域，如珠江三角洲地区、长江三角洲地区、京津冀地区等，专门针对此区域的特殊情况制定适合的空间规划。这一方法能够解决省市边界存在的权责不明、规划不清等弊端；同时也能实现区域的统一规划，确保一条江或河或经济发展区等由一个部门统一管理，促进区域整体经济和环境的可持续发展。不仅如此，对于特殊的水资源保护、生物多样性保护、海洋保护等可以由国家制定专项规划。

5. 制定严格的空间规划编制和审批程序

因为不同规划分属不同部门管理，每个规划都有不同的层级，就会导致规划的编制程序存在差异。首先是规划周期不同。土地利用总体规划的周期一般是 10 ~ 15 年，短期规划则为 5 年；城乡规划的规划周期一般是 10 ~ 20 年，短期规划则是 3 ~ 5 年；这是由各级政府的发展水平决定的。[3]规划周期的不同步严重影响对土地的有效利用，容易出现其他规划随着时代的发展更新规划内容，而旧的未失去效力的规划仍遵循过去的规划内容，导致土地利益不能得到有效利用，不能有效解决我国人口与土地的矛盾问题。其次是编制审批主体不统一。《土地管理法》第 20 条和《城乡规划法》第 12 ~ 14 条规定的编制审批主体不

---

〔1〕 参见牛帅、孙燕奇：《新时代国土空间规划体系发展探究》，载《2019 城市发展与规划论文集》，第 2 页。

〔2〕 参见牛帅、孙燕奇：《新时代国土空间规划体系发展探究》，载《2019 城市发展与规划论文集》，第 2 页。

〔3〕 参见赵鹏飞：《新时代空间规划中的“两规”协调路径研究》，河北师范大学 2018 年硕士学位论文，第 18 页。

尽相同。[1]不仅是土地利用规划和城乡规划的编制主体有区别，城乡规划中的城市规划和城镇规划的编制主体也有区别，这就导致行政部门职责混乱，编制周期容易延长。

因此，应在立法中确定严格的编制和审批程序。我国在立法时，还应借鉴丹麦的做法，把公众参与作为一项基本原则纳入编制体系，最大限度维护人民的利益，符合国家整体利益。事实上，在2019年中共中央国务院发布的《关于建立国土空间规划体系并监督实施的若干意见》中提道："全国国土空间规划是对全国国土空间作出的全局安排，是全国国土空间保护、开发、利用、修复的政策和总纲，侧重战略性，由自然资源部会同相关部门组织编制，由党中央、国务院审定后印发。省级国土空间规划是对全国国土空间规划的落实，指导市县国土空间规划编制，侧重协调性，由省级政府组织编制，经同级人大常委会审议后报国务院审批。市县和乡镇国土空间规划是本级政府对上级国土空间规划要求的细化落实，是对本行政区域开发保护作出的具体安排，侧重实施性。需报国务院审批的城市国土空间总体规划，由市政府组织编制，经同级人大常委会审议后，由省级政府报国务院审批；其他市县及乡镇国土空间规划由省级政府根据当地实际，明确规划编制审批内容和程序要求。"但并没有提到公众参与原则。对此，在正式立法中，应把公众参与写进"国土空间规划法"中，用立法来保障该原则的贯彻实施。

（二）实施规划环境影响评价

我国在1979年颁布的《环境保护法（试行）》就引入了环境影响评价制度。为发挥该制度应有的作用，我国在2002年通过了《环境影

[1] 《土地管理法》第20条第1～4款规定："土地利用总体规划实行分级审批。省、自治区、直辖市的土地利用总体规划，报国务院批准。省、自治区人民政府所在地的市、人口在一百万以上的城市以及国务院指定的城市的土地利用总体规划，经省、自治区人民政府审查同意后，报国务院批准。本条第二款、第三款规定以外的土地利用总体规划，逐级上报省、自治区、直辖市人民政府批准；其中，乡（镇）土地利用总体规划可以由省级人民政府授权的设区的市、自治州人民政府批准。"《城乡规划法》第12～14条分别规定不同层级的规划的编制主体和审批部门。其中，城市总体规划由城市人民政府组织编制并根据有关规定报请审批；全国城镇体系规划则由国务院城乡规划主管部门会同国务院有关部门组织编制并报国务院审批。

响评价法》，并在2018年进行了一次修订。《环境影响评价法》最成功之处就是要求对规划进行环境影响评价。[1]根据该法第2条的规定，我国的规划和建设项目需要进行环境影响评价。其中，规划包括综合性规划和专项规划。根据《环境影响评价法》第7条的规定，综合性规划是指土地利用有关规划；区域、流域、海域的建设、开发利用规划。根据《环境影响评价法》第8条的规定，专项规划是指工业、农业、畜牧业、林业、能源、水利、交通、城市建设、旅游、自然资源开发的有关规划。此外，我国政府还专门制定《规划环境影响评价条例》，具体指导规划环境影响评价的制定和实施。然而，环境影响评价制度在建设项目上发挥着最大作用，在规划上形同虚设，规划环境影响评价仍处于理论层面。这就导致许多规划在构建之初没有发现问题，待项目准备进行环境影响评价时，才发现问题，此时不仅浪费企业的时间、金钱成本，还增加政府工作，降低行政效率。如果规划能在设计时进行环境影响评价，则能杜绝之后不能通过环境影响评价的建设项目，既节约企业成本，又能提高政府工作效率，同时能防止环境污染和生态破坏。

因此，在规划制定前，就应该充分考虑该规划是否会对该区域产生影响、产生什么影响、如何能够避免等，并且对发布的一些战略也应该进行环境影响评价。只有这样，才能在项目尚未实施时预知风险，并及时排除风险，寻找更加恰当的发展方式，实现经济可持续发展。因此，应把规划环境影响评价引入“国土空间规划法”，以立法的形式确定下来，并规定严格的审批程序，评估未结束，不能开展规划。不仅如此，在规划环境影响评价中，应加强公众参与，鼓励公众行使环境参与权、环境决策权和环境监督权，积极为规划建言献策，监督政府的行政行为。

（三）加强合作

丹麦是欧盟的成员国之一，因此其规划是在欧盟规划的基础上制定的，其规划最重要的一个原则就是开放与合作的原则。丹麦《规划法》不仅在规划中加强与周边国家的经济往来，还强调城市与城市之间的交

〔1〕 参见文正邦、曹明德：《生态文明建设的法哲学思考——生态法治构建刍议》，载《东方法学》2013年第6期。

流与合作，实现区域平衡发展，这也是可持续发展的体现。我国作为东亚国家，南部、北部和西部都有邻国，加强国与国之间的合作一直是我国外交的重要事项。2013年起，我国打造陆上丝绸之路正是加强合作的重要体现。

1. 我国在构建“一带一路”过程中应加强国土空间规划的合作。首先是在规划过程中加强“一带一路”沿线国家的参与，科学调整空间结构和功能，切实发挥空间规划的战略性和综合性作用。其次是加强“一带一路”沿线国家的交通设施建设。可以借鉴丹麦与周边国家的交通路线项目，如“费马恩带固定连接”开发项目，该项目是通过厄勒松大桥短路线连接瑞典、丹麦和德国的德国支线，这大大增加了丹麦和中欧国家之间的联系。[1]

2. 加强与周边国家的国际合作。除了加强“一带一路”沿线国家的空间规划合作，我国还应通过签署国家多边或双边国际条约加强与周边国家的合作，如中—俄、中—韩、中—泰等边界区域的空间规划应根据国际条约的规定制定，确保符合两国的共同利益。

3. 国内地方之间也应加强合作。丹麦《规划法》规定区域空间发展规划、市政规划或地方规划应另行提交一份报告，表明其与邻近区域或邻近城市之间的联系。不仅如此，丹麦还另行划定包含40多个城市的大哥本哈根地区，开展“手指规划”。“对于我国这样的发展中国家，解决城市交通问题可以充分借鉴丹麦的城市规划理念，将未来的城市发展集中在轨道交通车站周围的做法将很能够解决公共交通和城市的整合发展问题。”[2]因此，在我国的北上广深等大都市，应实现跨市发展，以大都市为中心，向周边地区辐射，建设交通干线，并留有只能用于生态建设的绿色发展区。尤其是上述提到的珠江三角洲地区、长江三角洲地区，可以率先试点实现与周边的便利交通，解决大城市交通拥堵与住

---

〔1〕 *An Overview of Spatial Policy in Asian and European Countries*，载 https：//www.mlit.go.jp/kokudokeikaku/international/spw/general/denmark/index_e.html，2020年5月23日访问。

〔2〕 徐曙光、张丽君：《丹麦的国土空间规划及启示》，载《国土资源情报》2010年第2期。

房紧张的问题，实现城市与城市之间的资源高效利用。

（四）运用人工智能，发展数字规划

网络的快速发展不应该仅限于满足人们的日常生活，还应该为社会高质量发展提供服务。丹麦早在21世纪初建立“规划系统”平台（Plan system），由地方当局把规划放在平台上，环境部长及其他国家当局通过该平台审查规划，公民在该平台也能了解到相应的规划。近些年来，我国人工智能如火如荼地发展，人工智能的发展能够方便日常生活，提高工作效率。因此，我国空间规划设立数字规划具有可行性，在立法时可以参考丹麦的这一做法。在制定统一的“国土空间规划法”之后，搭建统一的空间规划平台，由地方行政机关负责上传地方的规划方案；开通多种渠道如线上提问、线上咨询、线上直播等方便公众了解相关问题；在线下多渠道举办规划活动，鼓励公众积极参与规划决策，监督政府的行政行为。此外，为规范数字规划的发展，我国应在《政府信息公开法》等法律中规定该平台的使用、监督等具体行为。

第三章　德国空间规划法

第一节　德国空间规划法概述

一、德国空间规划的概念和种类

（一）空间规划的概念

1997 年欧洲空间规划制度概要中，对空间规划的定义是：空间规划主要由公共部门使用的影响未来活动空间分布的方法，它的目的是创造一个更合理的土地利用和功能关系的领土组织，平衡保护环境和发展两个需求，以达成社会和经济发展总的目标。有学者对德国空间规划（Raumplanung）的定义是：公共权力对所有层面（地方及地方以上的）以及相关专业范围的空间性规划，即涉及空间的综合规划和专项规划。[1] 德文中的“raumplanung”是一个由 2 个基本词构成的复合词：其中“raum”指空间，而“planung”指规划，“raumplanung”可直接译为“空间规划”。

空间规划是经济、政治、文化和生态在时间切面的地理表达，空间规划历史悠久、几度兴衰，20 世纪

---

〔1〕 Hildeb rand I. , *Das Baugesetz buch und das Raumordnu ngsge setz*, *Die Neufa ssung und Neuregelung* 1998, Bonn: Verl. Dt. Volk sheimstatt enw erk, 1998（in German）.

80~90年代才被发达国家重新整合成具有协调作用战略性公共管理体系。[1]一般认为，空间规划的研究兴起于欧洲，最具有代表性的文件是1983年发布的《欧洲区域空间规划宪章》、1999年发布的《欧洲空间发展展望：朝着联邦土地的平衡和可持续发展》。这些文件也引领着欧盟国家的空间规划向平衡、协调、可持续的方向不断发展。

（二）空间规划的种类

德国的空间规划从法律地位上来看分为正式规划和非正式规划。正式规划是规定在法律之中，依靠法律的强制力量保障实施的空间规划计划。

正式规划依据权限又可分为战略控制性规划（国家、州和地区级）和建筑指导性规划（地方级）。战略控制性规划主要是在联邦、州和区域的层面不同于专项性规划的、概括性的规划，其目的是保障各空间功能分区以及区域的综合发展、整顿和安全。联邦、州和区域三级的规划分类都是通过法律予以认可的，德国联邦层面上的空间规划是通过《空间规划法》制定和约束的，州发展计划和区域规划是通过各个联邦州的州规划法进行约束和管理的。

在建筑指导性规划这个层面上存在两个层次的规划，即土地利用规划和建筑规划，这两个规划都是建立在行政管辖范围内的。其中，制定建筑规划需要依照土地利用规划。在这个层面上的建筑指导性规划只存在一个自上而下的信息流。土地利用规划和建筑规划通过调整行政管辖区内的土地利用和房地产使用实现城市建设利用的可持续性目标。这两个规划的制定同样需要通过法律进行约束，具体而言，是通过《建设法典》《建筑利用条例》《州建筑条例》的相应条款进行约束的。[2]

二、德国空间规划的立法沿革

从早期减少开发建设妨害的“建设管理法”，到解决土地利用冲

---

〔1〕 参见孙卓：《国内外空间规划研究进展与展望》，载《规划师》2015年第51期。

〔2〕 参见曲卫东：《联邦德国空间规划研究》，载《中国土地科学》2004年第2期。

突、协调城市开发、提高整体管理效率等的“城市规划法”，再到以打破行政壁垒、促进合作、建立有关“可持续的空间发展”共识为目的的“空间秩序法”，德国规划法体系的形成是应对不同时期特定发展诉求的结果。[1]为帮助更好地理解德国的国土空间规划秩序，下面从其发展的 5 个阶段入手，对德国空间规划法的形成及演变过程进行阐述。

第一个阶段：20 世纪 30 年代之前，德国即出现了城市规划的萌芽，主要是州以下类型区的国土规划。首先出现的是城市局部地区的规划，以柏林和慕尼黑等大城市为中心的区域规划向周围辐射；后来发展到关于城市建设的总体规划，其中，1920 年 5 月 5 日“鲁尔煤矿居民协会”的正式成立，标志着德国州以下地区的区域规划正式开始，1923 年编制了鲁尔区的区域总体规划；最后发展到包括郊区在内的区域总体规划。

第二个阶段：20 世纪 30～50 年代，德国全境的国土空间规划初步展开。1935 年，德国成立了“帝国居住和区域规划部”，负责全国国土整治规划和交通建设等工作，发布了开展“帝国规划和区域规划”的第一道命令，将全国划分为若干个规划区，委任首席行政长官负责规划的编制；各州也相继成立了“区域规划管理局”，负责编制州的区域政治规划。[2]

第三个阶段：20 世纪 50～70 年代，是德国空间规划立法全面发展的阶段。第二次世界大战后，德国被分为东西两德，这一时期两德都很重视战后经济的重建，而城市规划在经济发展中的作用显著。联邦德国在 1945 年就开始编制各个州、县的区域规划，于 1950 年通过了《联邦德国国土规划法》，1960 年颁布了第一部全国性的建设规划法《联邦建设法》。《联邦建设法》的出台标志着统一的“公共建设法”首次形成，由土地利用规划和建造规划组成的建设指导规划制度最终确立。随后，

---

〔1〕 参见周宜笑：《德国规划法体系与〈空间秩序法〉简介》，载国际城市规划，http://kns.cnki.net/kcms/detail/11.5583.TU.20200113.1008.003.html。

〔2〕 参见王筱春、张娜：《德国国土空间规划及其对云南省主体功能区规划的启示》，载《云南地理环境研究》2013 年第 25 期。

针对土地用途分类等进行规定的二级立法——《土地利用条例》和《规划图则条例》分别于 1962 年和 1965 年相继出台。[1]

第四个阶段：20 世纪 70～90 年代，德国的空间规划法律体系日趋完善。由于《联邦建设法》制定的规划手段和规划法律不能适应德国的快速发展需求，同时为恢复破败的地区、建造新城，《城市发展促进法》于 1971 年应运而生。1976 年为适应石油危机造成的城市产业结构变化，保护和更新现有的城市结构，德国又颁布了《联邦建设法补充条例》，目的在于进一步改善地方政府的规划管理权限，加速城市基础设施建设用地的强行征购程序，扩大地方政府对规划用地的预购权，同时也试图将公众参与引进规划制定的法定程序。[2]1984 年颁布的《城市建设促进法补充条例》反映了德国城市建设的新实践，即从大面积、推平头式的旧区改造转为针对具体建筑的保护更新。小步骤、谨慎的更新措施越来越受到重视。1986 年，《联邦建设法》和《城市促进法》合并为《建设法典》，沿用至今。

第五个阶段：20 世纪 90 年代至今，是德国空间规划的深入发展阶段。1990 年，东德与西德获得统一。针对这一新情况，德国国土整治规划、建筑和城市建设部于 1991 年编制了《联邦德国国土规划报告》。该报告包括德国国土规划的基本法律制度：一是基本条件变化时的区域政策作用；二是空间发展的趋势。[3]联邦德国后续分别于 1993 年和 1995 年颁布了“区域发展的指导方针”和“区域规划行动框架”，初步构建了德国未来的空间发展格局。1998 年《空间规划法》的修订更是德国空间规划历史上一个重要的里程碑事件。

三、德国空间规划法律体系

联邦德国的空间规划具有涵盖面广、规划与法律法规相辅相成的特

〔1〕 参见周宜笑：《德国规划法体系与〈空间秩序法〉简介》，载国际城市规划，http://kns.cnki.net/kcms/detail/11.5583.TU.20200113.1008.003.html。

〔2〕 参见吴唯佳：《德国城市规划核心法的发展、框架与组织》，载《国外城市规划》，2000 年第 1 期。

〔3〕 参见蔡玉梅、邓红蒂、谭启宇：《德国国土规划：机构健全 体系完整 法律完善》，载《国土资源》2005 年第 1 期。

点。德国空间规划体系分为联邦、州、区域和地方4个层级：（1）联邦空间秩序规划（Bundesraumordnung）的法律基础是《联邦宪法》和《空间规划法》；（2）州域规划（Landesplanung）的法律基础是《空间规划法》、《空间规划条例》以及《州国土空间规划法》；（3）区域规划（Regionalplanung）遵循的法律基础是《州国土空间规划法》；（4）地方规划（Ortsplanung）的法律基础是《联邦建设法典》《建设利用条例》《州建设条例》。

（一）《联邦宪法》

《联邦宪法》（Grundgesetz für die Bundesrepublik Deutschland）规定了联邦全国国土空间协调发展原则和方向性、纲领性、总体性的愿景，规定联邦政府对国土空间规划只有颁布框架性法律的权利，不能制定国土空间规划的具体目标或措施。

（二）《空间规划法》

德国《空间规划法》（Raumordnungsgesetz）制定于1965年，并于1965年4月22日正式生效，最近一次修订是2017年。德国《空间规划法》分为4大部分共27章（见表3-1）。第一部分是一般性的规定，包括任务与指导思想、基本原则、相关概念、空间规划要求的法律约束力等；第二部分是各州的空间规划，授权颁布法令，规定了各个联邦州如何制定空间规划法律，空间规划的程序及实施；第三部分是联邦的空间规划，其中包括关于空间规划咨询委员会和空间规划公众参与的规定；第四部分是补充条例和完成条例。

《空间规划法》对州域和联邦承担的空间秩序规划在实体与程序方面做出了规定。在州域层面，规定了州域空间秩序规划、区域规划和区域土地使用规划等不同的规划类别以及环境评估要求。在联邦层面，对由联邦负责的德国全境和专属经济区的空间秩序规划做出了相似的规定。[1]

---

〔1〕 参见吴唯佳、郭磊贤、唐婧娴：《德国国家规划体系》，载《城市与区域规划研究》2019年第1期。

表 3－1 德国《空间规划法》主要内容

章节	章节内容
第一部分　一般条例	第 1 章　空间规划的任务和指导思想 第 2 章　空间规划的基本原则 第 3 章　概念 第 4 章　空间规划要求的法律约束力 第 5 章　对第 4 章中约束力的限制 第 6 章　例外和目标的偏离 第 7 章　空间规划的一般规定 第 8 章　空间规划的环境评估 第 9 章　空间规划的公众参与 第 10 章　空间规划的公布，空间规划的准备和文件制定 第 11 章　规划维持 第 12 章　空间类规划与措施的禁令
第二部分　各州的空间规划	第 13 章　各州的空间规划、区域规划和区域土地利用规划 第 14 章　空间规划的合作 第 15 章　空间规划的程序 第 16 章　空间规划程序的简化
第三部分　联邦的空间规划	第 17 章　德国专属经济区和整体的空间规划计划 第 18 章　联邦空间规划制定过程中的公众参与 第 19 章　联邦空间规划目标的偏离 第 20 章　联邦空间规划与空间有关的规划和措施的禁止 第 21 章　授权制定条例 第 22 章　联邦建设与空间规划局 BBR 的职责 第 23 章　空间发展咨询委员会
第四部分　补充条例和完成条例	第 24 章　联邦政府与州政府之间的合作 第 25 章　参与为邻国制作空间规划 第 26 章　费用及开支 第 27 章　联邦州空间规划的指南

资料来源：https：//www. gesetze-im-internet. de/rog_ 2008/，2020 年 5 月 15 日访问。

（三）《建设法典》

德国《建设法典》（Baugesetzbuch，BauGB）于 1986 年 10 月 23 日获议会通过，并于1987 年1 月1 日正式实施，是德国建设方面最权威的法律文件。《建设法典》强调城市规划作为地方自治事务的属性，并对联邦、州政府行使监督权进行严格的限制。其主要内容见表 3－2。《建设法典》规定，各个城市地方政府有权根据自身需要独立负责制定规划，并根据严格的公众参与程序来保障规划在未来实施过程中的合法性；上级机关仅能对规划制定的程序而不是内容进行审查，审查的期限一般在 3 周以内，最多不能超过 3 个月。[1]

表 3－2　德国建设法典的主要内容

<table>
<tr><td colspan="2">第一章　一般城市规划法</td></tr>
<tr><td>第一部分：建设指导规划
1. 一般规定
2. 预备性建设指导规划（土地利用规划）
3. 约束性建设指导规划（建设规划）
4. 与私有主体合作，简化程序
第二部分：建设指导规划的保障实施
1. 禁止改建和建设申请的搁置
2. 建设用地的划分
3. 镇、区政府的法定预购权
第三部分：建筑和其他用途的处理、赔偿
1. 建设项目许可
2. 赔偿</td><td>第四部分：用地秩序
1. 用地重划
2. 简化的用地重划
第五部分：征购
1. 征购许可
2. 补偿
3. 强行征购的程序
第六部分：基础设施的开发建设
1. 一般规划
2. 建设费用
第七部分：自然保护措施</td></tr>
<tr><td colspan="2">第二章　特殊城市规划法</td></tr>
<tr><td>第一部分：城市建设的更新措施
1. 一般规定
2. 准备和实施
3. 特殊的更新规定</td><td>4. 更新的承担者和其他代理人
5. 更新的完成
6. 城市建设支持</td></tr>
</table>

---

〔1〕 参见易鑫：《德国的乡村规划及其法规建设》，载《国际城市规划》2010 年第 2 期。

续表

第二章　特殊城市规划法	
第二部分：城市建设的开发措施 第三部分：城市改造 第四部分：社会城市 第五部分：私人业主的参与 第六部分：保护条例和城市建设命令 1. 保护条例 2. 城市建设命令	第七部分：社会规划和对困难者的经济资助 第八部分：租金与租赁关系 第九部分：与改善农业结构措施有关的城市建设措施
第三章　其他法规	
第一部分：估价	第二部分：一般规定
第四章　过渡和终止的规定	

资料来源：http：//www. gesetze-im-internet. de/bbaug/index. html，2020 年 5 月 15 日访问。

四、德国空间规划法的目的和任务

德国《空间规划法》第一章即对空间规划的任务和指导思想进行了明确的规定，以 1998 年颁布实施的《空间规划法》法规为例，具体规定如下：

1. 必须通过综合性、系统性的各种层次的空间秩序规划以及对具有重要的空间意义的计划及措施的协调来发展、规范并确保联邦德国的全部空间及其局部空间。为此：

（1）必须协调对空间的不同需求并平衡规划有关的各种冲突；

（2）对各种的空间功能和空间利用必须预先考虑。

2. 在履行本条第 1 款任务时，应坚持空间发展的可持续（nachhaltige Raumentwicklung）指导思想，即社会与经济对空间的需求应符合空间的生态功能，并且应形成长期的大空间范围内的平衡秩序。为此必须：

（1）确保共同体内部人格的自由发展及其对下一代的责任；

（2）保护和改善自然的生存基础；

（3）保障经济发展的立足地条件；

（4）对空间利用的可能性应长期留有余地；

（5）强化空间部分的多样性特色；

（6）塑造一切空间部分的同价值的生活关系；

（7）空间之间的结构性的不平等应当通过建立德国各分立的空间的统一性来平衡；

（8）创造欧洲共同体和大欧洲范围内的共同生活的空间条件。

3. 空间部分的发展、规范与保障应当符合整个空间的要求；整个空间的发展、规范与保障应当考虑到部分空间的要求（相互兼顾原则）。

根据上述《空间规划法》对空间规划目标的阐述，可以明确德国空间规划的三条任务目标：一是本着协调的理念，平衡区域与区域之间不同的发展诉求；二是坚持可持续的发展思想；三是要着眼于整个空间层面的发展，互相兼顾，协同发展。

除《空间规划法》对德国空间发展概念和愿景的阐述，联邦政府2006年组织编制的《德国空间规划的概念与战略》提出的空间规划三大理念也对德国的空间规划具有重要意义，分别是：

1. 促进增长与创新。这一理念是在充分考虑可持续发展原则的前提下，针对德国当前发展和创新潜力制定地区之间的发展战略。以都市圈为核心，由内向外，因地制宜，对不同经济发展水平的地区实施有差别的政策。[1]

2. 保障公共服务以及保护资源。要求所有的社会群体，尤其针对人口老龄化地区以及人口减少的地区，都能享受到基础的公共服务所带来的社会利益。

3. 塑造文化景观。联邦空间规划明确现有特别值得保护的空间范围，并说明了具有塑造各类文化景观的可能地区。[2]最终要求实现可持续发展的目标，各种类型景观和谐共存，保护其生态、经济、社会和文化功能。

德国《空间规划的概念与战略》提出的理念旨在实现相应的3个目标：一是提高德国发展潜力以及欧洲城市和地区间的竞争力；二是顺应

〔1〕 参见谢敏、张丽君：《德国空间规划理念解析》，载《国土资源情报》2011年第7期。

〔2〕 参见周政旭、孙诗萌：《德国联邦和州空间规划主要内容》，载《城市与区域规划研究》2019年第1期。

城市和地区的人口变化，提供基础设施和公共服务方面的支持；三是改善居住区环境，保护开敞空间以及发展文化景观。[1]

第二节 基本原则

一、空间规划法基本原则概述

德国《空间规划法》第 3 章给出了空间规划基本原则的定义，指“对发展、规范和确保空间的一般规定，包括本法第 2 章的规定或者后续的衡量与裁量计划”。空间规划的原则是对联邦和州空间规划措施的推荐性内容。各州也可以在不违背《空间规划法》关于空间规划原则规定的基础上制定自己的空间规划基本原则。《空间规划法》第 2 章是对空间规划基本原则的规定，为实现空间规划的目的和任务必须遵循以下基本原则：

1. 在联邦德国的整个空间范围内必须发展整体平衡的居住空间与剩余空间结构。居住空间与非居住空间的自然状态的功能应得到确保。在各个部分空间内应尽力实现经济、基础设施、社会、生态及文化关系之间的平衡。

2. 应维持整体空间内的带有多个有效的中心和城市区域的非集中居住结构。居住活动应在空间上集中并形成以中心地点为中心的有效系统。废弃居住区域的再利用优先于对剩余地表的利用。

3. 大空间和跨地区的剩余空间结构应予维持和发展。剩余空间对有效的土壤、水资源保持、动植物环境及其后的功能应得到维持或恢复。应确保对剩余空间的经济与社会性利用符合其生态功能。基础设施应与居住空间和剩余空间保持协调。应确保对国民的供应和排放的技术性基础设施置于地表之下。社会性基础设施应优先集中于中心地点。

4. 应确保人口密集空间的居住、生产与服务中心地位。应当通过交通系统的整合和确保剩余空间来引导居住区域的发展。应通过建立交通

[1] 参见张丽君：《典型国家国土规划基本经验》，载《国土资源情报》2011 年第 8 期。

联盟和有效的中转地来提高公共客运系统的吸引力。作为剩余空间整体的绿色区域，应予确保并实行共同管理。环境负担应予减少。

5. 农村的空间作为具有独特作用的生活与经济空间，应予发展。应促进平衡的人口结构。农村空间对整个空间的生态功能作用也应予以维持。

6. 在生活条件整体上实质性落后于联邦平均水平或者有这种担忧的空间（结构性脆弱的空间）内，应优先改善其发展条件。为此而实施的措施尤其应包括提供足够和合格的教育、工作机会以及改善环境条件和基础设施建设。

7. 应保护、维护和发展自然、田园以及水域和森林。为此应考虑生态链的要求。自然资源，尤其是水与土壤应予以节约性和保护性利用；应保护地表水储量。对自然储量的损害应予平衡。长期闲置不用的土地应维持或恢复其功能。在确保并发展生态功能与田园有关的利用时也应考虑到二者间的交互作用。为预防洪灾，应保护海岸和内陆，在内陆尤其应确保或者恢复植被、缓冲区域以及洪灾损坏的区域。应确保公众不受噪声侵扰并保持空间的清洁。

8. 应致力于空间上平衡的长期的具有竞争力的经济结构以及致力于足够的和多样性的工作与教育机会。为改善经济的立足地条件，应在必要的范围内保留土地，拓展经济性的基础设施以及增强立足地的吸引力。为预防性确保对立足地有关的原料及其勘探和开发，应确保其空间上的条件。

9. 应从空间条件的角度建立和确保作为农民结构的、有效经济分支的农业经济，适应竞争地发展并且与林业经济长期地、有效地共同发展，以保护生存基础，维护并塑造自然与田园；应维持农业和林业用地的足够规模。在局部区域应致力于平衡的农业经济以及林业用地关系。

10. 应考虑人口的居住需求。应保障乡镇在对其人口的居住空间供应上的自主发展。在确定提供就业机会的区域时应提前考虑到相应的居住需求；为此，应将这些区域纳入居住区域的功能区域。

11. 应确保所有局部区域之间在人员和货物运输上的畅通。尤其在交通负担重的区域和走廊，应改善交通转移的条件以建立符合环保的交通载体，如轨道和航道。居住区域的发展应通过不同的区域利用的归类和混合来减轻交通负担并避免不必要的交通。

12. 应维持历史与文化以及地区特色。成长起来的文化设施应以其特色及其文化和自然特色予以维持。

13. 为人口在自然和田园中的自由时间和体育运动，应确保合适的区域和立足地。

14. 军事及军事防御的空间需求应予考虑。

根据上述空间规划的原则，结合各州及其他专项规划法中关于空间规划基本原则的规定，抽象出空间规划的三项基本原则并进行具体阐释，分别是协调发展原则、可持续性原则和等价性原则。

二、协调发展原则

协调发展原则，是指在空间规划的过程中要注重协调社会、经济和生态环境保护之间的关系，协调战略控制性规划和建筑指导性规划之间的关系，协调联邦、州、区域和地方之间的空间规划计划，以更好实现空间规划预设的任务目标。协调发展原则的实质是以生态和经济理念为基础，要求对发展所涉及的各项利益都应当均衡地加以考虑，以衡平与人类发展相关的经济、社会和环境这三大利益的关系。[1]

德国的国土空间规划体系与行政体系相衔接，联邦及州、区域和市镇各级空间规划的编制实施，本质上是相关法律法规在各国国土空间管制上的表达与落实。德国空间规划的过程中注重协调发展原则的价值。根据评估，德国的规划编制工作有 20% 的工作量是用于编制规划文件，有 80% 的工作量是用于规划编制过程中各种问题和矛盾的协调。所有规划必须经过充分协调，有关各方利益基本达成一致后方可报批。

三、可持续性原则

可持续发展的概念在国际社会中提出，始于 1987 年挪威首相布伦特夫人领导的世界环境与发展委员会发表的著名的题为《我们共同的未

〔1〕 参见汪劲：《环境法学》，北京大学出版社 2017 年版，第 106 页。

来》的研究报告，报告于同年为第42届联合国大会所接受。[1]该报告分为“共同的关切”“共同的挑战”“共同的努力”三部分，并正式将可持续发展定义为：“既满足当代人的需要，又不对后代人满足其需要的能力构成危害的发展。其中包括有两个重要的概念：一是‘需要’的概念，尤其是世界贫困人民的基本需要，应将此放在特别优先的地位来考虑；二是‘限制’的概念，技术状况和社会组织对环境满足眼前和将来的需要的能力施加的限制。”关于可持续发展的内容，目前说法不一，英国的菲利普·桑兹提出“四要素”说在学界认同度较高，即可持续发展包含代际公平（纵向公平）、代内公平（横向公平）、可持续利用和环境与发展一体化。

德国空间规划的发展强调可持续性原则的贯彻，要求空间规划编制、实施的过程中注重环境保护与经济发展二者之间的关系。事实上，德国从20世纪90年代中期就开展了关于可持续的空间发展的讨论。在1998年颁布的《空间规划法》中明确提出，空间规划的主要理念之一是使“社会和发展对空间的需要与国土空间的生态功能相协调，并达到长久的、大空间范围平衡的秩序，从而保证空间的可持续发展”。当前的规划理念又进一步结合具有生态效应的开敞空间理念，要求实现人口分布、经济布局与资源环境的均衡发展。

四、等价性原则

等价性原则，是指在经济发达地区和欠发达地区进行政策平衡，尽可能地在空间上取得共同发展。等价的生存条件，指尽可能让区域内大多数居民就近拥有住房、工作、基础设施和健康环境，使全体人民共享社会发展进步的成果。但等价性并不意味着绝对的平均和相同。也就是说，不是让所有的地方都朝着一个相同的方向发展，也强调各地区自身独特的区域性特征。

总体目标等价的生存关系工具目标是“均衡化功能空间概念”，该概念强调未来的人口和经济潜力不能总是集聚在城市密集区，也应该同

---

〔1〕 参见王曦：《论国际环境法的可持续发展原则》，载《法学评论》1998年第3期。

时在农村地区聚集，以这种方式来避免由于城市过度密集而产生的社会与经济的负面效应，能够充分利用生产要素向农村集聚所产生的优势。这种通过相对逆向化的区域聚集是谋求城市密集区和农村发展的一体化，这两类空间产生相互的资源互补，并且改善农村地区的收入和供给标准。[1]均衡化功能空间概念的规划意义主要表现在两个方面：一是连接休闲区域和工作区域，促进工作区域人群向休闲区域消费，带动区域间经济的发展并由此缩小不同地方间的差距；二是新的就业机会和更高层次的服务供给向中心区域内集聚，给城市发展带来新的动力。

等价性原则在德国城乡规划中表现为“城乡等值化”的发展理念。“二战”之后，德国的城乡差距问题其实是非常严重的，不过现在却已经形成了城乡统筹、布局合理、均衡发展的独特模式。以 1965 年德国巴伐利亚州制定的《城乡空间发展规划》为例，该规划即明确了“城乡等值化”的理念。城乡等值化的发展理念主要表现在：（1）城乡空间布局的均衡化；（2）土地发展的规模合作化，如德国的《农业法案》和《土地管理法》等；（3）城乡产业结构的合理化调整。[2]

第三节　基本制度

一、规划的协调、审批与实施制度

（一）规划的协调

德国国土空间规划的协调主要通过部长联席会议机制进行。联邦政府负责国土空间规划的部长和各州负责国土空间规划的部长，定期会针对国土空间规划的问题召开会议。部长联席会议下设若干专门委员会，负责一些规划专题的协调。几乎所有规划涉及的问题都会在委员会进行充分的讨论，包括联邦层面和各州的规划草案。联邦政府规定，州与州

---

〔1〕 参见李远：《德国空间规划理论及均衡理念对我国的启示》，载《山东理工大学学报（社会科学版）》2013 年第 3 期。

〔2〕 参见张沛、张中华、孙海军：《城乡一体化研究的国际进展及典型国家发展经验》，载《国际城市规划》2014 年第 1 期。

之间的国土空间规划必须进行协调，但是，州与州之间的协调没有固定的协调程序，通常是在规划通过前将规划草案送给相关州政府审查。德国空间规划的协调主要涉及专业部门规划的协调、地方规划的协调和组织的协调机制。

德国的专业部门规划主要是从技术的角度作用于空间规划对经济社会的发展。德国空间规划的法律规定，在州规划中如果涉及专业部门规划，必须和专业部门规划共同编制。所以，从法律制定的角度来看，州的部门规划和区域规划不会产生本质的冲突，也就无须赋予区域规划对专业部门规划进一步的协调权。但区域规划与专业规划的协调问题却在规划实践中逐渐表现出来：一方面，由于专业部门规划土地面积使用的需求不断扩大，而区域规划强调的是有关资源的保护，二者此时就出现了目标上的冲突。出现这种现象的原因往往是专业部门规划仅有技术上的规划方法，但缺乏政策实施的工具，只提供了专业咨询的意见，出现了政策和管理实施的问题。另一方面，区域规划和专业部门规划之间的矛盾，表现在土地利用要求的基础设施如交通总体规划、医院建设规划和废料无害化处理规划等的区位确定上的问题。[1]由于专业部门规划具有垂直管理的特点，专业部门规划的有效协调更多地在联邦和州层面进行，区域规划的作用被弱化为上级规划部门提供信息以及研究可能的妥协空间。

在地方规划的协调方面强调跨城镇地方之间空间规划的协调，使区域中具有区位优势和特殊地理环境相联系的功能得以在区域层面上实现共享。在跨地方行政区划的情况下，区域规划安排思路首要的是跨行政区划利益共享的维护。

德国区域规划的组织形式依各州的规划法组建，概括有以下几种类型：完全属于州政府的内部职能部门，如萨兰州；区域规划协会，成员是区域范围内的镇、县和城市的全部或部分以及州政府规划主管部门，由国家和地方自治政府共同组建，如巴伐利亚州等；地方规划协会联合会，成员是区域范围内的镇、县和城市以及地方的规划协会，为纯公共

---

〔1〕 参见李远：《联邦德国区域规划的协调机制》，载《城市问题》2008 年第 3 期。

事业形式，如巴登—符腾堡州；区域规划联合会，成员是县、城市、大区域规划协会和大都市区域规划协会，是一种国家、地方自治政府和公共事业单位共同组建的混合形式，如下萨克森州。[1]以上组织形式标明，德国的区域规划组织没有统一的形式。区域协会的作用是通过其内部决策机构"一揽子"实现区域规划、公共交通规划、自然休憩地等跨区空间规划实施。

（二）规划的审批

德国国土空间规划的决策权在内阁，同时必须征得议会的同意。议会以广泛人民的视角审查规划而非以立法机构的立场审查，这有利于最大限度保障普通公众的利益。各州制定的空间规划草案，要提交联邦政府审查，联邦政府对此有提出意见和建议的权利，但没有批准权或者否决权。州的规划一旦通过，联邦政府也要受此约束。区域规划必须得到州政府的批准，但州政府一般不审定规划的具体内容，主要审查规划编制程序的合法性。地方政府的规划必须报州政府审批。

（三）规划的实施

规划的实施一般是由实质性层面和工具—程序层面构成的复杂方法。从实质性层面审视实施，政策实施是政策纲领的落实阶段，是对政策的具体化与工具的运用，落实阶段是行政管理系统从逻辑上延续问题感知、目标确定与政策表达阶段，它包含了所有目标具体化与资源投入的措施；从工具—程序层面审视实施理论，实施本身是一个管理实施的工具，它分析实施的途径，即研究与评价执行路线与执行程序，研究路线与执行程序是服务于实施的内容、目标与工具的贯彻以及复杂利益关系的协调，在实施运作过程中扮演了中心角色。[2]联邦德国空间规划的顺利实施得益于其规划实施的主体职责明晰、注重实施工具的规范化和系统化以及注重中观层次实施的基础性条件建设（包括实施技术性基础条件与组织基础性条件）。

---

〔1〕 参见李远：《联邦德国区域规划的协调机制》，载《城市问题》2008 年第 3 期。

〔2〕 参见李远：《联邦德国空间规划实施机制与我国现状的比较》，载《福建农林大学学报（哲学社会科学版）》2008 年第 4 期。

二、战略环境评价制度

（一）战略环境评价制度的概述

规划环境影响评价在国际上被称为战略环境影响评价（strategic environmental assessment，SEA）。所谓战略环境评价，是指针对公共政策、计划和规划进行的环境评估，旨在确保环境、经济、社会等因素在早期决策中同时被考虑。[1]西方许多发达国家在国内法律框架下开展环境影响评价已经有十几年的历史，德国的地区规划编制也十分重视环境评价，早在1990年颁布的《环境影响评价法》中就规定了规划环评的内容。在空间设想层面对应了相应的战略性环境评估，并且贯穿了整个地区规划编制前、过程中和规划实施的全过程。

战略环境评价制度同样在欧盟层面受到极高的关注度，2001年欧盟出台的《关于特定规划和计划的环境影响评价指令》（Directive 2001/42/EC on the Assessment of the Effects of Certain Plans and Programmes on the Environment，以下简称SEA指令）更是推动了战略环境评价在欧盟各成员国的深入发展。根据欧盟SEA指令的要求，各成员国需将指令转化至各自国内空间规划的政策法律中。德国主要通过建筑行业应对欧洲法律的适应法分别对建筑法令中的城市土地利用规划和联邦空间规划法中的空间规划的相关条款进行修订，以及对原环评法的修改，在联邦层面上完成了对欧盟SEA指令的转化。[2]除了上述措施外，联邦德国为了遵守欧盟SEA指令的要求，2005年5月12日联邦议会、2005年5月27日联邦参议院还修订了环境影响评价法案。因为环境影响评价法案和联邦空间规划案只包括全局工作大纲，所以16个郡必须依照它们自己的法律实施战略环评。[3]

---

〔1〕 参见郭璐、顾朝林：《德国的地区规划及其编制》，载《城市与区域规划研究》2019年第1期。

〔2〕 参见李志林、包存宽：《德国空间规划战略环境评价的法律界定以及对我国的启示》，载《中国环境管理》2016年第6期。

〔3〕 参见王玉振、金辰欣：《战略环评——从国际经验到中国的实践 第五章 欧盟战略环评指令在其成员国的转换和实施》，载《中国环境管理》2011年Z1期。

（二）战略环境评价制度的内容

战略环境评价的评价对象问题，一直是业内人士争论的话题。欧盟《战略环境评价导则》中将战略环境影响评价的评价对象列为“规划和规划纲要”。根据《战略环境评价导则》的规定，农业、林业、渔业、能源、工业、废物处理、水利、通信、旅游等方面的规划以及城镇规划、空间规划和土地利用规划需要进行战略环境影响评价。这一导则把需要进行战略环境影响评价的规划分为两大类：一类是明确指出的必须进行环境影响评价的规划；另一类是需进行“有条件的环境影响评价”的规划，只有成员国在预评价的框架内确定的那些会对环境造成重大影响的规划才需要进行环境影响评价。[1]

关于战略环境评价的方法选择上，《建设法典》规定：“环境鉴定应参考现有知识条件下的正确经验、公认的实验方法以及所要求的建设指导规划应达到的范围和细节。环境鉴定的结论应该得到尊重。”这是环境鉴定方法选择的一般原则。迄今为止，在德国城市规划实践中，公认的实验方法有：环境兼容性鉴定、干扰调控等。环境兼容性鉴定主要用于确定规划方案相对自然环境和景观生态的适应性，而干扰调控主要用来识别规划方案与自然环境和景观生态的相互冲突。[2]

战略环境评价完成后，需要形成一个系统的战略环境评价报告。战略环境评价报告一般是在管理部门咨询和公众参与之前，由规划或者计划修改或编制部门（委托外部机构）负责编制形成的独立的环境影响报告书或者作为规划草案的一部分。根据《空间规划法》的规定，环境报告应主要包含以下内容：

1. 前言

拟议空间规划的内容和重要目标的陈述；相关法律和规划规定的、对拟议规划具有重要意义的环境保护目标的阐述，以及在规划起草时对这些环境目标和环境问题的充分考虑的说明。

---

〔1〕 参见杨枫、郑伟元、贾克敬、蔡玉梅：《德国规划的环境影响评价方法和步骤评介》，载《中国土地科学》2003年第4期。

〔2〕 参见殷成志：《德国城市规划的制度创新——环境鉴定与环境报告制度》，载《城市问题》2006年第5期。

2. 环境影响的陈述和评价

（1）当前的环境现状，受影响区域的环境特征，具有显著社区作用的区域和德国联邦自然保护法规定的欧洲鸟类保护区域的环境特征的陈述；

（2）实施与不实施拟议规划条件下环境现状发展的预测；

（3）不利环境影响的预防减少和补偿的措施；

（4）需要在后续的规划中考虑的本拟议规划的目标和空间使用范围。

3. 其他内容

评价中使用的技术方法；信息处理时的困难（如技术和知识的缺陷）；跟踪评价中拟采取的措施；非技术性总结。

三、公众参与制度

（一）公众参与制度的概述

公众参与制度，是指在政府组织编制、推行落实空间规划政策措施中，一般居民、各级政府部门、其他公共团体和公益单位、法律部门、中央和联邦政府各部门以及邻居单位可以及时将他们对规划的意见反映给规划的制定者，而且他们的意见必须得到足够的重视和有理由的答复。公众参与制度在德国城市空间规划的过程中应用广泛，贯穿于城市规划编制过程中的各个阶段。

《联邦宪法》明确了公众有参与城市规划的权利，为公众参与制度提供了根本性的法律保障。根据《基本法》的规定，德国公民享有拥有财产的基本权利，包括对土地、土地之上的建筑的私有权，以及自由使用这些财产的权利；个人能够使其个性自由发展的基本权利，包括对于住所自由选择的权利，以及防止联邦州当局直接影响聚落结构的发展。但是，这些基本权利的行使不能对其他权利造成侵害，且必须要履行相应的义务。[1]城市规划在做出和执行的过程中都不可避免地会对附近公民的土地私有财产权造成侵害，为防止城市规划对公民可能产生的不利

---

〔1〕 参见殷成志：《德国城市建设中的公众参与》，载《城市问题》2005 年第 4 期。

影响，保障“建筑自由”，联邦政府和州政府在土地规划的过程中必须尊重土地所有者的意愿行为。《建设法典》和各州、地方的法律法规对城市规划中的公众参与制度作出了明确具体的规定。其中《建设法典》明确规定了联邦层面城市规划的公众参与制度，在州和地方层面，各州、地方通过自己立法权的行使，使公众参与制度结合当地的实际情况而更加完善和具体化。其他法律法规，如《联邦土地使用法规》、《规划图例法》、《联邦自然保护法》和联邦各种规划法律等，则从各专项规划的角度对公众参与制度予以明确。

（二）公众参与制度的内容

《建设法典》规定，应当尽早告知公众以下内容：有关规划措施的总体目标和意图；该地区重新设计或开发的主要备选方案；规划方案的可能影响；公众告知应安排在规划草案公众展示之前。[1]信息的公开是公众参与制度的基础，规划信息的公开也保障了公众对规划的直接参与。德国城市规划中的公众参与可以分为两个阶段，这两个阶段的公众参与可以循环往复地在同一个城市规划制定中持续起作用。

1. 第一阶段的公众参与

在早期的公众参与中，会尽可能多地让公众了解此次城市规划的相关信息，保障公众参与的知情权。包括在报纸、电视和广播上向公众宣传，将提出的规划草案等在报纸上刊登，供公众讨论，同时与各部门做好及时的信息交互。基于上述途径获得的信息，公众对规划草案提出意见，相关规划部门会根据公众提供的建议对最初的规划草案进行修改，形成草案的第二稿。

2. 第二阶段的公众参与

在第二阶段中，公众将正式参与到规划的审批与修改的过程中。根据规定，城市规划相关部门必须将修改后的草案至少在公示前一周内向公众公布，并告知公众享有参与建议权。通知的常用方式是出版正式的政府公报或者在地方报纸杂志上登载信息，有时也可以通过在公共招贴

---

〔1〕 参见殷成志：《德国城市建设中的公众参与》，载《城市问题》2005 年第 4 期。

栏或在市政厅展示窗上张贴声明以实现这一目的。[1]这一公示期要求持续1个月的时间，在此期间，相关部门需要负责面向公众对规划的内容进行解释。公示期结束后，管理部门的官员会将收集到的意见送交议会进行表决。另外需要注意的是，如果公示的过程中出现了很多新问题，必须要对规划的草案进行修改或者补充，规划草案修改或者补充后，要再反复上述公示、搜集意见建议的过程。

第四节　法律责任和法律救济

一、法律责任

（一）民事责任

德国规定了因空间规划造成损害应当承担民事责任。德国《环境责任法》对环境侵害情形的设备责任、物之损害情形的责任限制、受害人对设备持有人及政府机关的告知请求权、各种情形下赔偿义务的范围等作出了明确的规定。作为一部环境保护领域的民事单行法，其直接保护受到损害的个人，作为整体的环境同样是其保护的对象。该法的宗旨是赔偿环境受害人的损失，并通过这种方式强化环境保护的法律机制。

德国《环境责任法》第12条、第13条规定了环境损害赔偿范围，包括人的生命、身体、健康或某物所受到的损害，但如果设备在按规定运行时导致某物受到非重大的损害，或者该损害按照当地通行的标准是合理的，则设备所有人不必予以赔偿。[2]

根据《环境责任法》第12条，对环境损害致人死亡情形赔偿义务范围的规定，受害人已经死亡的，赔偿范围主要包括受害人生前因受害遭受的经济损失和对第三人的赔偿两大部分。第13条第1款明确了受害人生前经济损失的赔偿范围，包括在治疗期间发生的费用、在患病期

〔1〕参见成媛媛：《德国城市规划体系及规划中的公众参与》，载《江苏城市规划》2006年第8期。

〔2〕参见王明远：《德国〈环境责任法〉的基本内容和特色介评》，载《重庆环境科学》2000年第4期。

间因自身劳动能力丧失或者减少而遭受的财产上的不利益，还应负担殡葬费等必要的开支。第 12 条第 2 款规定了对第三人赔偿义务的范围，即与死者有赡养、扶养关系的第三人，在死者预期寿命内应当对该第三人承担的照顾抚养义务按照标准折算成的金额。该第三人在侵害行为发生时已经受胎，但尚未出生的，也在赔偿义务的范围内。

《环境责任法》第 13 条规定了身体伤害情形损害赔偿义务的范围，包括因治疗产生的费用，因受伤害而使自己的劳动能力发生暂时或永久的丧失或者减少，或者因自身需要的增加而遭受的财产损失等。

《环境责任法》第 15 条是关于赔偿责任最高限额的规定。第 16 条明确了生态环境不仅具有经济价值，还具有生态价值和其他价值，这是该法直接体现环境保护用意的法条，而非通过对环境侵权损害赔偿的规制来间接达到保护环境、防止污染的目的。

（二）行政责任

德国空间规划行政责任的重要理论基础之一是主体公权力理论，主体公权力为根源的保护规范理论是理解德国环境行政责任的关键之一。只有当与争议相关的规范规定了行政主体至少一种应当保护相关人利益的法律责任，个人的这种主体的公权力才存在。主体公权力理论，是指公法赋予个人为实现其权益而要求国家为或者不为特定行为的权能。此理论相对系统地回答了，公民是否以及在何种范围内可以要求行政机关遵守法律约束，即公民是否以及在何种范围内可以向行政机关主张自己的主体权利。

对于相关单位提交的空间规划战略环评报告，为了保障环境评价质量，同时为提高决策的透明度和确保环境利益在决策中真正得到考量，法律强调了公众参与对于环境影响评价的重要性。例如，在规划中的修建公路、铁路机场等决定中，行政机关应当举行听证程序，保障公众广泛参与到规划的制定、决策的过程中。战略环评报告经审批未达到合格标准的或者报告在公示期内当事人提出的异议被采纳的，该空间规划项目应当被暂停或禁止。

（三）刑事责任

德国刑法典奉行“无罪过即无犯罪”原则，于其法律条文中规定

“本法只处罚故意行为，但明文规定处罚过失行为的除外”。与此相对应，刑法典中的“污染环境犯罪”一章中，对各种具体的环境污染罪，均是先规定其故意形态，然后同条异款规定其过失形态，同种罪故意形态的刑罚重于过失形态，过失形态以造成法定的危险或实际损失为构罪条件。[1]德国空间规划相关法律法规规定，当空间规划行为造成或可能造成人身伤害或公私财产损失，或者对环境本身造成或可能造成污染的情况下，可以根据刑法典的有关规定，保护相关人的权益，并实现环境保护的目的。

二、法律救济

（一）《联邦宪法》

《联邦宪法》第 17 条规定，“人民有个别或联合他人之书面向主管机关及民意代表机关提出请愿或诉愿之权利。”空间规划的措施侵犯到公民个人的合法权益时，公民可以依据基本法的规定，通过请愿的方式向有关机关表达自己的权利诉求，以获得相应的法律救济。

《联邦宪法》第 19 条第 4 款规定：“任何人之权利受到官署侵害时，得提起诉讼。如别无其他管辖机关时，得向普通法院起诉……”这被认为是法治国家基础的关键，法治国家的保障由此最后归于司法的责任，每个行政行为都可处于司法审查之下，对于主体权利受到侵害的每个案件的最后决定权都归于法院。《联邦宪法》承认公民是权利主体，赋予公民有要求国家遵守有关法律的权利，当空间规划行为对公民的人身和财产权益造成损害时，公民有提起诉讼的权利，以维护自己的合法权益。

《联邦宪法》第 100 条规定：“法院如认为某一法律违宪，而该法律之效力与其审判有关者，应停止审判程序。如系违反邦宪法，应请有权受理宪法争议之邦法院审判之；如系违反本基本法，应请联邦宪法法院审判之。各邦法律违反本基本法或各邦法律抵触联邦法律时，亦同。”对包括土地使用规划和建造规划的建设主导规划应当从法规到其实施进

---

〔1〕 参见吴献萍：《中德环境污染犯罪立法比较研究》，载《河北法学》2012 年第 1 期。

行一并审查，这意味着负责解决围绕着许可、监管措施及其他方面争议的法院必须对程序中涉及具体事务的整个法律规定进行审查，此即具体的法规审查。当法院再深入去审查争议的法规是否违反更高层次的法律时，法院必须中止程序，将法律有效性的问题提交到宪法法院；当涉及正式法律下的法规时，即行政法规及条例和规章时，法院可以自行裁决法规事实无效。

（二）《空间规划法》

《空间规划法》第 20 章规定了对违背空间规划的计划和措施的禁止，其中规定：（1）具有空间意义的计划和措施如果涉及本法关于空间规划的目标和约束力的规定，在下列情况下可以予以禁止：①如不符合空间规划的目标，则无限期禁止；②如存在空间规划的目标因计划和措施的形成、变更、补充或者撤销因此成为不能或者实质性受到阻碍的担忧，则无期限禁止。（2）在实质性受到阻碍因而无期限禁止的情况下，如果在根据本法对措施进行许可时认为空间规划的目标具有法定的重要性，也可在对由私法上的个体提出的具有空间意义的计划或者措施进行行政许可时，作出有期限的禁止决定。（3）针对禁止性决定的抗辩或者撤销行政行为的诉讼不影响禁止的效力。（4）有期限的禁止决定的最长期限不得超过 2 年。

根据《空间规划法》的规定，对违反空间规划措施的行为，可以予以禁止。禁止的时间和措施根据具体情况予以具体考量。

（三）《行政法院法》

《行政法院法》第 47 条是对抽象的法规审查的规定，它赋予了相关人对于建造规划直接提起司法审查的权利。有利的是，反对规划实施的意见可以在规划出台后就直接提出，而不必一直等到具体的建造许可办法，法律争议才进入司法审查。抽象法规审查程序的另一个优势是，对于规划的无效确认不只针对单独的诉讼人或申请人，而是针对所有人。在高等行政法院和最高行政法院受理的前提条件是符合《行政法院法》第 47 条第 2 款的相应规定，颁布 1 年内的时限规定和起诉人有诉权。此诉权属于所有只要其利益在规划的平衡中必须被考虑到的所有人。对于土地使用规划的抽象法规审查请求不被受理，因为土地使用规划相对于建造规划，原则上只是建造规划的准备，并只对地方组织有约束力。[1]

只要依州法规规定被允许，原则上，抽象的法规审查同样可作为针对区域规划的法律救济。但这种法规审查不取决于制定的区域规划之法规性质，第 47 条对于区域规划的法律形式没有作出规定，即使当这种规划不是以行政法规、条例或规章的形式，而是以一种主权措施被制定通过，也可以进行抽象的法规审查。尽管由于提交审查权门槛的设置，对于私人有困难，但其权利是被认可的，然而，抽象法规审查主要是作为地方司法救济工具起着重要的作用。只要地方政府作为公法上的主体提出司法请求，他们通常会主张其地方的规划主权受到影响。

第五节　现有制度评析及其对我国的启示

一、现有制度评析

德国近代空间规划历史显示，随着单栋建筑建设的增多产生了建设法律，用以约束建设行为；随着城市规模扩大、建设量增多，产生了城市规划法规与上层次规划，即区域规划，用来约束城市建设不侵犯其他城市的发展权，协调城市间的发展；后又有州级空间规划，约束、协调区域发展，联邦空间规划约束协调州的发展。[2]德国的空间规划随着时间和社会经济的发展，越来越发展成为完整的、一体的、系统的规划体系。

德国纵向上四级的空间规划体系，使下级的空间规划不断完善上级制定的空间规划原则性的内容，将规划目标和原则在空间上具体化，对国土空间做出某种类型的空间结构划分，有利于制定和实施差异化的空间结构规划及政策。例如，按照经济增长重要性划分都市圈—动态增长

〔1〕 参见沈百鑫：《德国环境法中的司法保护》，载《中国环境法治》2011 年第 1 期。

〔2〕 参见张志强、黄代伟：《构筑层次分明、上下协调的空间规划体系——德国经验对我国规划体制改革的启示》，载《现代城市研究》2007 年第 6 期。

极—农村和老工业区等外围区的空间区域，按照优先等级划分的高级—次级—低级中心城区的空间区域以及按照不同类型划分的城市—半城市—农村—交叉汇合的文化景观塑造的空间区域等。[1]下级空间规划对上级空间规划不断的具体化和不同功能区域的严格划分，使德国空间规划更好地落到实处，具有很强的可操作性。

二、对我国的启示

我国空间规划的法律制度正处于不断发展完善的过程中，借鉴德国空间规划法律体系的建设成就，对我国空间规划的发展进步具有重要的推动作用。

（一）完善空间规划体系

德国的空间规划体系可在纵向上分为四级，分别是联邦层面、州、区域和地方层面的空间规划，除此之外，德国的空间规划体系还受欧盟一体化空间规划体系的约束。欧盟 1999 年发表《欧洲空间发展展望》（ESDP），标志着欧洲空间发展新局面正在逐步展开。

德国各个层面的空间规划体系分工明确。联邦层面制定的空间规划法律法规主要规定空间规划一般性的内容，包括空间规划的概念、原则等，同时规定赋予联邦各州以规划法律法规的制定权；各州的空间规划法律法规相较于联邦一级的空间规划而言更具体；区域的空间规划强调跨行政区域之间空间规划内容的协调；城镇的空间规划侧重可执行性，规划内容的规定更为明确具体。德国不同层级的规划都有基于其自身实际的特点，层级越高的空间规划以指导性的方针和原则为主，层级越低的空间规划越详尽具体，可执行性越强。

德国的空间规划体系清晰完善，各层面规划目标与任务明确。与空间规划相对应的法律基础体系也十分完善，脉络清晰，能够有效地对相关规划进行指导、调控与监督。而我国的规划体系庞杂，规划数量过多、过泛、过滥，许多规划的内容重复，从而造成不同层次或类型的规划难以协调。例如，我国城市总体规划中包含对城市土地利用的规划，

[1] 参见谢敏、张丽君：《德国空间规划理念解析》，载《国土资源情报》2011 年第 7 期。

与土地利用总体规划内容有重复，但由于两种规划处于同一层级，采用的基础数据统计口径不同，规划目标和采用的具体方法不同，造成规划不协调。[1]鉴于我国空间规划立法的现状，应借鉴德国模式，以形成系统完善的空间规划体系。

（二）充分发挥都市等经济增长区对空间规划的引导作用

大都市区也是德国空间规划协作类型的一种。1995 年，德国 16 个联邦州负责空间规划的部长召开常务会议，确立了莱茵—鲁尔大都市城市区域、汉堡—不莱梅大都市区、汉诺威大都市圈等 11 个大都市区，这 11 个大都市区的土地覆盖了德国几乎一半的领土面积。

德国空间规划的编制十分注重大都市等经济增长区对国家空间重构的引导作用。区域中的都市、城镇等一类经济增长区是带动特定区域发展的重要驱动力，是该地域范围内的经济、文化和政治的中心，聚集了一定地域范围内的物质、资金和先进技术条件，其强大的集聚效应和辐射效应对于城镇空间发展形态和各类空间功能的实现具有非常重要的影响作用。国家空间结构的发展关乎经济的繁荣能否继续、生活的自然基础能否保持。大都市区作为影响未来国家空间发展的重要结构性因素之一，德国国家空间规划提出：通过建立大都市区与其周围乡村地域的和谐发展关系、大都市区之间及其与下级城镇之间的有机功能联系，来促进形成德国“多中心、多轴带、全覆盖”的高级化城镇网络结构。[2]

近年来，我国京津冀、长三角、珠三角等传统都市圈发展态势良好，核心城市的经济发展不仅惠及周边区县经济的振兴，也带动了全国范围内都市区结构的改革。武汉、兰州、乌鲁木齐等城市兴起“省域都市区”，充分发挥都市区中心城市“自上而下”的带动与辐射作用，同时调动周边城市的积极性，产生“自上而下”的呼应与能动作用，使都市区内的城市之间普遍建立起密切的分工与协作体系。我国都市圈的发

---

〔1〕 参见黄宏胜、钟海燕、赵小敏：《土地利用规划体系探讨》，载《江西农业大学学报（社会科学版）》2003 年第 3 期。

〔2〕 参见孙斌栋、殷为华、汪涛：《德国国家空间规划的最新进展解析与启示》，载《上海城市规划》2007 年第 3 期。

展，可在协调和合作关系、自愿参加和灵活性等价值观念的基础之上，建立类似于德国的泛市政当局大都市机构的跨行政区联合协调机构和监督机构，更有力地管辖区域内事务，沟通和平衡各方利益，协调解决对区域发展有重大影响的问题。通过社会化、企业化的手段促进空间管制，更好地配置资源，促进区域的发展。[1]

（三）重视空间规划整体的协调发展

德国空间规划非常重视整体和全局的发展利益，规划的理念超越行政区域，要求在更大层面实现空间规划布局的协调和可持续发展。因此，当规划过程中各层次空间规划出现冲突和矛盾时，都采用了跨区域对话和合作的方式进行了很好的解决，这样协同合作的解决问题的方式，有效地消除了区域间竞争，实现了资源共享。在法律建设方面，《联邦基本法》、《空间规划法》和各州制定的有关空间规划的法律法规中对区域发展的要求都有明确的规定，即使是整体规划和专业部门规划也有明确的分工界限。例如，区域规划对州规划做进一步具体的规定，区域规划也是跨专业部门的规划和跨地方的规划，这样的协调机制可以有效避免规划系统中职责不清、规划间不衔接又相互冲突的问题发生。

我国的各类规划区域的划分主要以行政区域为基准，各类规划基本上划分为5个级别：国家、省（自治区、直辖市）、市、县（市）、乡（镇）。空间规划具有比较严重的条块分割现象。从行政体系的角度来看，我国尚没有统一的空间规划，各类空间规划的内容趋同、职能不清、事权错配，各行政区由于自身利益驱动以及发展眼光缺乏全局性，只关注本行政区域内的空间规划目标和任务，导致对资源、资金、劳动力等要素的配置调控具有很强的局限性。从法律规定的角度来看，我国目前还没有《空间规划法》，同我国空间规划相对应，我国目前空间规划的法规有《土地管理法》《城乡规划法》等，各空间规划法律法规之间缺乏有效的协调、衔接。

当今社会经济、政治、文化等的发展早已超越了行政区划的限制，

---

〔1〕 参见孙加凤、薛俊菲：《国外都市圈的形成与发展研究以及对中国的借鉴》，载《特区经济》2007年第1期。

不同区域间的交流越发频繁，很多问题需要依靠跨区域的合作、协调、共同解决。德国的空间规划系统在近些年的发展中，已经做出了许多有益的尝试，建议我国国土规划可以借鉴德国的空间规划体制，以更好地促进环境保护和经济发展的协同并进。在横向发展上，建议建立“1 + N”的规划体系，其中“1”是国土空间规划，“N”是陆域和海域的各专项规划；在纵向发展上，建立国家—省—市县组成的垂直型国土空间规划体系，衔接各层级政府事权，有利于我国空间规划的管理，同时明确《关于统一规划体系更好发挥国家发展规划战略导向作用的意见》中“下位规划服从上位规划、下级规划服务上级规划、等位规划相互协调”的要求，实现“一级政府，一级事权，一级规划”。〔1〕解决发展过程中的行政分割、过度竞争、产业结构趋同等问题，使各地资源实现共享，消除区域冲突。

（四）强调规划过程中的公众参与

德国《空间规划法》在第一部分第 7 章“有关空间规划的一般规定”中，明确了“制定空间规划目标，可以让负有注意义务的公共机构或者私法上的个体参与规划”“可以规定吸收公众参与空间规划的制订”。在第三部分联邦的空间规划第 23 章规定，在负责空间规划的联邦主管部门必须建立一个咨询委员会，其任务是对涉及空间规划的原则问题向部门提供咨询。根据《空间规划法》关于咨询委员会的规定，联邦部门在与主管的最高联合会协商的基础上任命社区自我管理方面的专家，尤其是来自科学、土地规划、城市建设、经济、农业与林业经济、自然保护以及园林风光维护方面的专家以及业主、雇员和体育界的代表组成咨询委员会。空间规划的各类设计方案在议会最终审批前，都要对市民公示，广泛吸引公众参与，积极征求广大公众的意见，极大地提高了城市规划工作的透明度，体现了城市规划公开、公平和公正的原则。〔2〕由此也可以看出，德国空间规划从制定到实施各阶段都强调公众

〔1〕 苗倩雯：《借鉴国外经验的我国国土空间规划体系的建设》，载《国土与自然资源研究》2019 年第 4 期。

〔2〕 参见成媛媛：《德国城市规划体系及规划中的公众参与》，载《江苏城市规划》2006 年第 8 期。

参与的观念。

在市场经济条件下，区域规划的编制、实施与管理不仅仅是政府部门的事，同时还需要保持政府与公众之间的良性互动，促进公众和政府间的密切配合，以此增强规划的有效性和实用性。公众参与空间规划具有以下几个方面的价值：（1）有利于保障公民权利；（2）有利于提高区域治理业绩；（3）有利于政府转变职能；（4）有利于提高区域规划的科学性。

与公众参与空间规划的优势相对应，我国规划过程中的公众参与现状存在诸多问题：

（1）公众参与的动力不足。公众参与动力主要是指公众为何参与公共事务管理，以及他们以怎样的热情和何种精神状态投入空间规划的编制与实施。公众参与动力不足的问题，其原因是多方面的，包括参与过程不能满足其特定的现实需求、公民权利意识不强，漠视自身的存在等。

（2）公众参与的能力限制。空间规划的编制和实施往往具有较强的专业性，因此对公众参与能力的要求往往较高。在实际运行中，公众对于专业问题的认识，对于全局观念的把握不够，在信息收集上的能力不足都可能成为掣肘公众参与空间规划编制过程的重要因素。

（3）信息不对称。我国在编制国土规划的过程中也注意征求有关方面和专家的意见，但限于内部一定的范围内，未向群众广泛公布，规划被批准后也未向社会公布，没有动员公众监督规划的执行。[1]从应然性角度看，区域公共事务，特别是重要的规划、重大产业布局应该信息公开，公众也可以通过政府公开系统进行查询、监督。

（4）法律制度欠缺。现有的法律制度对民主参与区域规划的事项，参与主体的地位、相关权利与保护、参与程序、责任与义务没有规定。对区域规划涉及公共事务、区域企业利益保护、公众听证、公共事件中获得赔偿法律制度还不完善。区域规划的制定是作为政府内部行为进行

---

〔1〕 参见蔡玉梅、邓红蒂、谭启宇：《德国国土规划：机构健全　体系完整　法律完善》，载《国土资源》2005 年第 1 期。

操作的，对公众参与方式、参与的程度、公众参与效力等，还是政府单方面确定的事。[1]

鉴于上述空间规划中公众参与的价值和我国规划公众参与制度存在的欠缺，应借鉴德国的公众参与制度，完善我国公众参与的制度模式。

〔1〕参见杨丙红：《我国区域规划法律制度研究》，安徽大学 2013 年硕士学位论文。

第四章 法国空间规划法

第一节 法国空间规划法概述

法国实行单一制共和体制，其主要权力集中在中央，总统具有较大的职权。法国的区划和我国类似，采用的是等级制的行政体系，国家划分为若干大区，每个大区再划分为若干省，省细分为各个市镇。其中省下还设专区和县，但专区和县不是行政区域，县是司法和选举单位。法国本土共划为 22 个大区、96 个省、36,679 个市镇。2014 年 11 月 19 日，法国国民议会通过了行政区划改革议案，确定自 2016 年起将 22 个大区合并为 13 个新的超级大区。法国大区拥有部分自治权，通常只在行政区域之间进行协调。而市镇作为法国最基本的行政单位，数量多且拥有最大的自治权但规模普遍较小，在法国市镇中，其中人口不足 3500 人的有 3.4 万个，而人口超过 10 万人的却仅有 37 个。正是由于市镇的规模过小无法满足经济快速发展的需要，法国政府自 1890 年开始鼓励市镇之间结成市镇联合体，联合体行使市镇的全部或部分权力。法国的国土空间规划虽然起步晚，但发展较快，目前已经形成 4 个层级的国土空间规划体系和运行结构。

一、法国国土空间规划的概念和种类

（一）国土空间规划的概念及其特点

1. 国土空间规划的概念

国土空间规划，是指有关国土资源开发、利用、保护和整治的空间组织或安排，其宗旨在于构建国土空间秩序，为社会经济可持续发展提供支撑。空间规划体系一般由规划运行体系、规划行政体系以及规划法律体系三部分组成，其中运行体系是主体，行政体系是载体，而法律体系则为空间规划体系提供依据和保障。在法国，所谓“国土开发”，是指在一个国家或地区的国土范围内，以探索和展望的视角，综合考虑自然、人文、经济和战略的限制因素，有序部署人口及其经济活动以及可供使用的服务设施和交通设施的行为和实践。[1]

2. 国土空间规划的特点

法国为实现全面均衡的国土空间开发总体目标，自 1995 年起开始出台相关政策，在国家、大区、省、市镇及市镇联合体等不同空间层次和经济、文化、社会等不同角度来指导并规范法国范围内的国土空间规划项目开发行为，其空间规划形式在内容上经历了从单一的城市规划管理到整合多个专业的综合城市管理的转变；在空间范围上经历了从依据城市规划文件的地方管治到依据国土和区域规划文件的区域管治的转变，甚至城市规划管理本身也从单一的市镇扩展到跨越市镇边界的市镇联合体和大都市区；在效能上经历了从将空间规划作为经济规划的补充到将空间规划作为主体来发挥宏观调控主导作用的转变。

法国国土空间开发和规划虽从内容、空间范围以及效能上发生了一定的转变，但整体上依旧呈现出以下特点：

（1）国土空间规划始终注重均衡化发展。

在不同时期，法国所面临的问题不尽相同，国土整治的阶段性目标也有所差异，但始终围绕均衡化发展来进行规划调整。均衡的内容包括

〔1〕参见刘健：《法国国土开发政策框架及其空间规划体系——特点与启发》，载《国外规划研究》2011 年第 35 卷第 8 期。

产业均衡（解决工业分散问题）、城市均衡（均衡大城市经济发展）、区域均衡（促进落后地区开发崛起）、人与自然均衡（流域整治）等。法国由于长期贯彻均衡发展的理念，形成以发展区域性、地区性城市为主，建立多层次、相对完整、高效且集约发展的城镇体系，构建起“均衡和可持续的多中心城镇体系”。在国土空间开发和规划上，通过国土整治规划和政策的实施，进一步缩小地区和城乡发展差距，引导资源合理开发与利用，实现人口、产业、文化等空间的有效配置，促进区域经济、社会和环境的可持续发展。法国的国土开发政策框架十分重视城乡差异和地区差异的存在，在综合政策的基础上，通过科学划定敏感区域，针对这部分特殊的国土范围，在不同的空间层面和不同专业领域给予特别关注，形成国土开发的分区政策，并从政策上、项目上、资金上实施有针对性的指引方针，促进区域法国国土空间均衡协调发展。

（2）规划事权清晰、政府分工合作。

从中央到大区再到市镇联合体和市镇，各级政府都有各自的规划权限，相互分工协作；在空间规划框架下，各级政府通过签署形式多样的政府间协议，明确在空间规划范围内各自所需承担的责任和义务，确保在职能范围内发挥作用，保证国家和区域层面的宏观发展目标。各区域间的协作建立在尊重市镇和地方层面的微观发展权益上，有效地避免了国家过度干预和不必要的地方竞争。中央政府作为“调解人”，从过去的事前监管变成现在的事后监督，各级地方政府也从以前的施策者转变为决策者。

（3）国土空间规划注重保护自然和文化遗产。

法国历来重视自然资源和文化的保护，目前在其本土范围内已经建立起一套自然资源和历史文化遗产保护体系，该体系涉及建筑单体、建筑群体、历史城区到自然风景区等各方面保护的内容。法国的遗产保护实行自上而下的管理，有法国政府在统领历史文化遗产的保护，地方政府根据本地区情况制定细则予以实施。对于历史城区，法国摒弃对历史建筑周边环境的保护，将保护范围扩大到一个完整历史地区的保护，以维持历史文化地区生态环境的完整性。在对历史文化遗产的保护过程中，法国注重以人为本，通过完善规划的编制、落实规划实施，促进法国社会可持续发展；同时还对经济欠发达地区的遗产保护给予特别的经济援助，以确保自然资源和文化遗产得到有力保护。

（4）空间开发十分重视对农业和环境的保护。

法国土地主要为私有制，但政府通过法律对土地所有权进行淡化，用政策和法律形式限制土地私有制的不利因素，减少所有权的职能，对农用地实行保护，确保了农用地规模化和有效使用。[1]另外，法国城市规划对涉及占用农用地有严格的程序和规定：一是市长拥有规划审批权力；二是规划确定须经过公众参与；三是规划一经确定会严格执行，不允许任意修改；四是有一套严格的法律制度管理，调整政府、土地所有者、司法之间的关系。

（5）注重规划编制过程中的公众参与和实施。

法国在城市规划编制和实施过程中，非常注重公众参与，以促进规划的科学性和可操作性。当然，这也和法国公众具有积极地参与愿望和强烈的表达诉求有关，促使相关项目在向社会征求意见时，能全方位收集到社会的意见与建议。在法国空间规划编制的工作中，主要是通过以下三种不同的方式来充分尊重民意：一是进行公众调查，了解民众的需求；二是建立由不同的行业领导者和专家组成的规划委员会参与规划技术方案和技术内容讨论；三是征求社会公众的意见。在法国规划编制过程中要对公众意见大的规划内容及时进行修改，城市规划编制一般都需要2~3年的时间才能完成，因此，规划符合地方实际、社会需求和民众希望，亦使规划目标能有效实现。

（二）国土空间规划种类

法国国土空间规划属于社会事务部所管辖的范围，以地方社区规划为主，国家规划主要实行指导和监督，法国国土空间规划机构为国土凝聚部。法国的国土空间规划主要有三类，即区域规划、国土凝聚方案、地方级土地利用规划。区域规划是区域空间政策的指导性文件，可以从政策角度确定优先投资事项。在法国大部分地区，它们对较低级别的规

[1] 参见黄贤金：《土地政策学》，中国农业出版社2007年版，第112页。

划没有约束力；区域规划还有三项补充规划：气候、空气和能源区域规划、生态一致性区域规划以及基础设施、运输和多模式区域规划。大区规划、可持续与均衡发展计划已经取代了大区规划与可持续发展计划以及 3 个附加的规划。国土凝聚方案是区域规划和当地土地利用规划之间的一种中等级别规划。它们由城市间协会制定，旨在指导当地的土地利用规划。它们提供战略空间发展指导方针，并将住宅、运输和城市规划问题联系起来；地方级土地利用规划提供了详细的分区规定，它们由单一市政府或联合市政协会制定。[1]虽然法国大部分城市都有地方土地利用规划，但农村地区少数小规模城镇没有。

二、法国空间规划的立法沿革

19 世纪，法国的空间活动集中在道路建设和卫生健康两个方面。进入 20 世纪，工业化发展带来了城市建设的增加，并对城市规划提出要求，法国开启了空间规划时代。法国的空间规划立法主要经过 3 个时期，即中央集权时期、地方分权时期以及中央地方合作时期。

（一）中央集权时期

这个时期主要分为两个部分：1919 年至 1943 年的重建与经济发展初期的城市规划时期和 1943 年至 1982 年战后重建与经济发展快速时期的两级城市规划体系时期。“一战”后，为了适应人口回流，法国于 1919 年通过首部《城市规划法典》，提出人口超过 1 万的所有市镇要在 3 年内编制“城市规划、美化和扩展计划”，由此开启了法国中央集权的空间规划时期。两级城市规划体系的建立主要是在“二战”以后，为满足战后重建与经济快速发展的需要，法国行政法院直接认可了 1943 年编制的有关城市规划的法律，后依据该法律组建国家建设部，颁布建设许可证并依法设立国家和省规划委员会，由委员会负责编制城市规划计划以促进城市规划布局合理。随着法国大量进行空间规划编制，基础设施建设过程中所导致的规划问题也日益增

[1] 参见黄征学、王丽：《加快构建空间规划体系的基本思路》，载《宏观经济研究》2016 年第 11 期。

加，促使空间规划进行优化。1967年法国颁布了《土地指导法》，首次提出编制“城市规划整治指导纲要”和“土地利用规划”两级规划，将这两级规划作为地方城市管理的工具，由此，两级空间规划体系已经形成。在两级规划体系中，“土地利用规划”具有法律效力，而“城市规划整治指导纲要”则多在市镇群尺度上进行编制。[1]这一时期，中央实施了一系列经济激励政策用以消除巴黎和其他地区间发展的不平衡，并主导地方法定规划、土地利用管理及大型项目实施，形成了以中央集权为特点的国土规划。

（二）中央与地方分权时期

中央与地方分权时期主要是1982年至2000年，在这近20年间，法国空间规划发展形成了可持续发展的三级规划体系。在此期间法国出台了《地方分权法》，该法对国家和地方在空间规划领域的职能进行了重新划分，该法规定地方市镇主要负责规划的编制和实施，国家则负责规划权限和程序的制定，依法实施行政管理。为使市镇规划符合所在省份、大区乃至国家的空间规划、土地利用需求，法国于1995年颁布《国土规划与发展法》，在该法的指引下，形成规制大区层面空间规划的《大区国土规划纲要》以及针对特殊地区《国土规划指令》。在国家层面，法国政府尝试编制《全国国土规划与发展纲要》，但受到国内反对以失败而告终。[2]因此，1999年修订的《国土规划与可持续发展法》回归到用部门导则（类似我国部门规章）管理全国规划政策的做法，至此，大区、区域和市镇三级空间规划体系初步形成。

（三）中央和地方合作时期

这个时期主要是从2000年至今，进入21世纪，法国公平与绿色发展的三级空间规划体系开始形成并得到有力发展。针对地方分权所产生的社会冲突和资源环境恶化等问题，法国政府于2000年颁布了《社会团结与城市更新法》，该法旨在促进生物多样化的和谐发展、推动空间

〔1〕 参见卓健、刘玉民：《法国城市规划的地方分权——1919—2000年法国城市规划体系发展演变综述》，载《国际城市规划》2009年第24期。

〔2〕 参见潘家华、单菁菁主编：《城市蓝皮书：中国城市发展报告NO.11》，社会科学文献出版社2018年版，第63页。

节约利用和新的能源政策，该法的颁布标志着法国空间规划进入新时期。为进一步加强国家和地方的一致性，并对交通、住宅、商业等不同领域公共政策进行协调和整合。法国根据这一法律废除原有的《总体规划纲要》和《土地利用规划》，将《国土协调纲要》和《城市地方规划》及《市镇地图》纳入空间规划法律体系。

三、法国空间规划法律体系

由于法国的空间规划法律体系与其空间规划体系紧密联系，对此，在介绍法国空间规划法律体系之前，需要对法国空间规划体系予以介绍。法国拥有悠久的国土整治和空间规划传统，空间规划实践始于城市规划实践，且始终以城市规划学科作为理论基础。法国的空间规划体系构建了“多规合一”的平台，是对不同层级政府和不同专业部门出台的各类综合规划和专项规划的整合，也是对各部门相关权责的整合。在市场经济日盛的背景下，法国的空间规划逐渐取代经济规划，发挥宏观调控的作用，宏观调控的规划权限也逐渐从国家向以大区为代表的区域转移。地方层面的城市规划作为空间规划体系最基础的规划文件，是对各类上位规划和各种专项规划的最终整合。在法国，一系列的综合性空间规划作为国土开发综合政策的载体，构成其空间规划体系。空间规划体系由区域规划和城市规划两大部分组成，根据规划范围的大小，城市规划又可进一步划分为区域性城市规划和地方性城市规划两种类型，它们分别由国家和各级地方政府负责编制，并在不同的地域范围内各自发挥着不同作用。也就是说，法国空间规划体系由公共服务纲要规划、国土规划指令规划、国土协调纲要规划、地方城市规划 4 个层级组成。

在法国，有关空间规划有专门的法典予以规制，《城市规划法典》作为专门的法律为法国的空间规划提供指引和保障。所谓的法国城市规划法典，是指与土地开发整治和城市建设发展相关的所有规章制度的总和，即在法国并不存在单独成文的《城市规划法典》法律文本，被称为“城市规划法典”的法律文本往往是指一系列与城市规划相关的法案，是国家权力机构根据社会经济发展形势制定的城市发展指导方针。目前法国所形成的法国空间规划法规体系是由国家、大区和市镇联合体和市镇4个层面的城市规划法律法规以及与城市规划相关的其他法律法规所构成。国家层面的法律法规主要是《城市规划法典》，其规定了城市规划的基本原则和基本规定；区域层面的法律法规主要包括大区和跨大区的城市规划文件，即《国土开发与规划大区计划》《国土协调纲要》《国土规划整治指令》；地方层面的法律法规主要包括市镇的和跨市镇的地方性城市规划文件，即《地方城市规划》《市镇地图》《城市规划国家规定》（见表4－1）。《城市规划法典》作为上位法，在法国全国范围内发挥作用，《国土开发与规划大区计划》《国土规划整治指令》《国土协调纲要》《地方城市规划》《市镇地图》等法律在各自的法律适用范围内发挥效力，在国家层面法律对相关事项未做出相应规定时，区域和地方层面法律在不违反上位法的基础上加以规制，构建起完备的国土空间规划法律体系。法国的城市规划法律法规体系包括了其核心主干法、各项城市规划专项法、各项城市规划从属法律和技术条例，以及与城市规划核心法平行的相关法。其中，城市规划核心主干法、城市规划专项法和城市规划从属法规等3个层面构成了一个国家城市规划法律法规的核心体系。而这个核心体系与其从属的技术条例、其他城市规划相关法构成的城市规划相关法律体系共同构成了法国国家的空间规划法律法规的宏观体系。[1]各类规划文件的规划范围与编制主体联系紧密，在实施过程中，针对同一对象它们既能共同发挥作用又能保持各自法律效应的独立性和独特性。例如，城市规划法典与环境法典，两者均涉及环境保护问题，但前者更加关注城市化地区的自然环境和人工环境的保护，后者更加关注保护自然，防止污染，抵御灾害，保护历史遗产和风景名胜等问题。在法国，各级地方没有城市规划立法权，因此不存在专门的城市规划地方法规，各级地方编制通过的各种城市规划文件即构成各地的城市规划地方法规。

---

〔1〕参见《英、美、法国的城市规划体系》，载 https://www.jinchutou.com/p－127647439.html，2020年5月20日访问。

表4-1 法国空间规划文件

规划体系	规划文件	规划范围	编制主体
国土规划	《公共服务发展纲要》	国家	中央政府
大区规划	《国土开发与规划大区计划》	大区行政辖区	中央政府或大区政府
区域性城市规划	《国土协调纲要》	省或市镇联合体的行政辖区	省政府或市镇联合体决议机构
	《国土规划整治指令》	跨省或大区的部分特定国土	中央政府
地方性城市规划	《地方城市规划》《市镇地图》	市镇或市镇联合体的行政辖区	市镇政府或市镇联合体决议机构
	《城市规划国家规定》	尚未编制城市规划文件的市镇	中央政府

在国家层面，无论是早年编制的《国土开发规划与计划》（SNADT，未通过）还是后来替代它的公共服务发展纲要（SSC），均有明确法律依据，分别是基于1995年《国土开发与规划指导法》（LOADT）和1999年《可持续发展的国土开发与规划指导法》（LOADDT）而制定的；大区层面的《国土开发与规划大区计划》和《空间规划指令》则有《国土开发与规划指导法》（LOADT）的支撑；区域层面的《国土协调纲要》和《地方城市规划》则是基于2000年《城市更新与社会团结法》（SRU）而制定的（见表4-2）。

表4-2 法国各级规划的法律依据

法国	国家	大区	省	市镇联合体	市镇
可持续发展的国土开发与规划指导法	√				
国土开发与规划指导法		√			
城市更新与社会团结法				√	√

注：√表示法律强制要求编制该层级规划。

大区规划是大区空间政策的指引性文件。在联合体层面，国土协调纲要是一种位于大区规划与地方规划之间的规划，由市镇联合体制定，旨在指导地方土地利用规划。在没有采用国土协调纲要时，市镇不能批准在未开发地区的开发行为，因此，绝大多数市镇都会采用国土协调纲要。在市镇层面，地方土地利用规划/跨地方土地利用规划（PLU/PLUI）由一个独立的市镇或市镇联合体制定，提供详细分区法则。[1]其必须进行公众咨询才能通过，当地居民可以发表意见，有权拒绝地方土地利用规划的具体条例或反对整个规划。但当该规划得到通过和批准，便具有法律约束力。法国空间规划法律体系如图4－1所示。

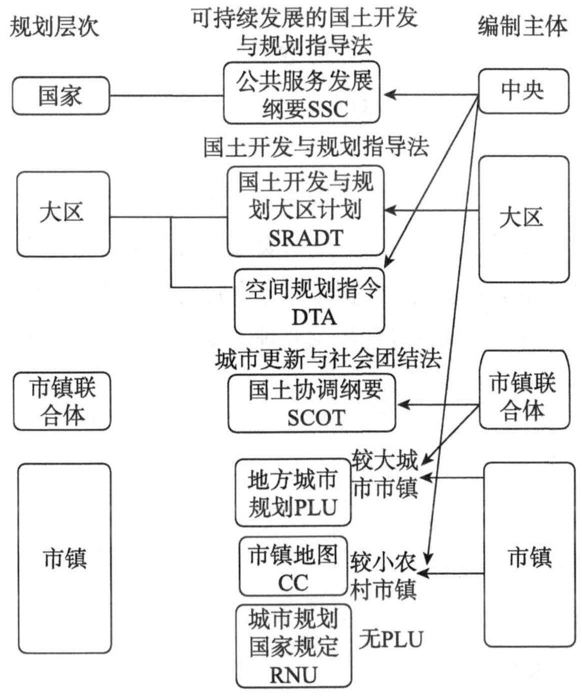

图4－1 法国空间规划法律体系

〔1〕 地方土地利用规划通常将规划区域划为4个分区：U区、A区、AU区、N区。U区，指允许新项目建设的区域，通常靠近现状建设区，或是道路和公用设施条件允许新的建设的区域；A区，指农业地区，仅允许农业活动相关的建筑落地；AU区，指已被指定用于未来建设项目的区域。可能临近现状或规划的基础设施（如道路和电力供应设施等）；N区，由于极具环境、生态或历史意义而受到非常严格的规划法规约束的地区。这些市镇的土地利用决策主要参考国家规划的相关规定。

四、法国空间规划法的目的和任务

根据法国国家行政法院的规定，空间规划法主要负责规定和规范各种方式的土地利用，其他一系列有关社会治安、公共卫生、自然或人文遗产保护、农业或林业开发等问题的行业法规与城市规划法典共同组成有关空间组织的公共法规体系。法国空间规划法着眼于促进城市发展密集地区土地开发和城市建设的协调发展，其目的在于综合研究和确定城市性质、规模和发展状态，统筹安排各项建设用地，合理配置城市各项基础设施，处理好远期发展和近期建设的关系，指导城市合理发展，促进国土空间可持续发展。其总体任务包括四个方面：保持国土空间开发均衡化发展，主要体现在从城市的整体和长远利益出发，合理有序地配置城市空间资源；通过空间资源配置，提高城市的运作效率，促进经济和社会的发展；从而确保城市的经济和社会与生态环境相协调，增强城市发展的可持续性；通过建立各种引导机制和控制规则，确保各项建设活动与城市发展目标相一致。[1]空间规划法的根本社会作用是作为建设城市管理城市的根本依据，是保证城市合理地进行建设、城市土地合理开发利用及正常经营活动的前提和基础，是实现社会经济发展目标的综合性手段。

第二节 基本原则

一、基本原则概述

（一）基本原则的含义

空间规划法的基本原则是体现国土空间规划法价值理念并贯穿空间规划法创制和施行的基础性和总括性准则。空间规划法的基本原则是指由空间规划法确认的，适用于空间规划法规定领域范围内的基本方针和准则。法国空间规划法的基本原则是《城市规划法典》所确认的，贯穿

---

〔1〕 参见张本效主编：《城市数字化管理概论》，四川大学出版社 2009 年版，第 255 页。

于整个空间规划法领域，并非肆意确定或与其他法律共用的原则；不同于一般立法原则、司法原则等，其对法国的空间规划具有普遍的指导意义和约束力，是法国空间规划的根本准则。空间规划法的基本原则是空间规划领域的基本价值和指导方针，具有统领性的作用。根据法国《城市规划法典》的相关条文，我们认为法国空间规划法的基本原则可以归纳为协调与可持续发展原则、公众参与原则以及协同合作原则。

（二）空间规划法基本原则的特征

1. 兼具独特性和普遍性。空间规划法不同于其他单行法，其在调整对象、调整范围等方面具有独特性；但由于其贯穿空间规划法领域并对该领域发生效力，具有一定的普适性，因而兼具独特性和普遍性。

2. 对法律适用具有指导性和引领性。法国空间规划法的基本原则是概括性的规定，并未进行详细而又具体的规定，对具体法律的适用具有一定的指导性。由于法律具有一定的滞后性，当出现突发问题没有具体法律条文可依据时，应当遵循基本原则的规定，做出符合基本原则和立法目的的行为规范。

（三）空间规划法基本原则的意义

空间规划法的基本原则是对空间规划法规范的概括和提升，因此，把握法国空间规划法的基本原则有助于更好地理解空间规划法规范的实质精神，为城市规划和均衡发展提供支撑与保障；另外，由于任何成文法均具有一定的局限性，在空间规划领域无法律明文规定时，基本原则可为处理突发的空间规划问题提供指导，从而实现可持续发展的目标。

二、协调与可持续发展原则

（一）协调与可持续发展原则的概念

自 20 世纪 70 年代开始，各国在本国的环境立法中引用可持续发展原则，并将其作为环境法的一项基本原则，进入 80 年代，国际社会更将协调与可持续发展原则提升为实现人类社会、经济可持续发展的基础和条件。1992 年联合国环境与发展大会通过的《里约环境与发展宣言》中，将可持续发展定义为“人类应享有与自然和谐的方式过健康而富有成果的生活的权利，并公平地满足今世后代在发展和环境方面的需要”。

自此以后，协调与可持续发展原则逐步融入国际环境法律文件中，英国学者将代际公平、代内公平、可持续利用和环境与发展一体化这四点概括为协调与可持续发展的核心要素。可持续发展原则涉及可持续经济、可持续生态和可持续社会三方面的协调统一，其是指为了实现社会、经济的可持续发展，必须在各类发展决策中将环境、经济、社会三方面的共同发展相协调一致，而不至于顾此失彼。协调与可持续发展原则的实质是以生态和经济理念为基础，要求对发展所涉及的各项利益都应当均衡地加以考虑，以衡平与人类发展相关的经济、社会和环境这三大利益的关系。[1]协调与可持续发展原则反映人类的活动不仅要遵循社会经济规律，也要尊重生态环境规律。人类的经济活动不能超出环境资源可承载能力，要以可持续发展的方式来加以利用自然资源，在空间规划的过程中，要在生态红线保护区外和环境资源承载能力的范围内进行国土整治和开发的任务，改变只顾经济发展不履行环境保护义务的不良现象。

（二）协调与可持续发展的适用

如上所述，协调与可持续发展原则所要解决的是环境保护与社会、经济发展之间的矛盾冲突问题。也就是说，在发展的过程中，应当明确经济发展和环境保护是双向互动的，不可秉持经济优先论，也不可能过分强调环境保护而极端限制经济发展。在空间规划领域，国土功能分区则是协调与可持续发展原则的充分体现；由于不同地区的环境承载能力有所不同，故需要根据不同区域的资源环境承载能力、现有开发密度和发展潜力，统筹谋划未来人口分布、经济布局和国土利用，确定不同地区的主体功能定位。

法国《国土协调规划大纲》《地方城市规划纲领》《市镇地图》等文件确定了协调与可持续原则，此后《城市规划法典》对该原则予以确认并进一步作出规定："保持城市有序发展和城市改造之间的平衡。保护耕地、森林、自然景观和城市景观，并遵循可持续发展的原则。"同时从不同角度对大纲中城市空间扩展大方向加以明确，提出平衡和合理地利用自然空间、城市空间以及郊区乡村的土地，保持生态系统的平

---

〔1〕 参见汪劲：《环境法学》（第4版），北京大学出版社2018年版，第99页。

衡，预防自然灾害和规划项目污染。[1]法国《国土协调发展大纲》中明确规划内容包括识别区域优势和需求的报告，编制可持续发展和规划项目书，制定了城市规划发展目标等。可持续性发展规划方案在对现状的具体调查分析之后，提出国土规划的组织和城市化空间的重新组合，以平衡城市化的空间和自然空间以及农业和林业用地。此后，法国还将协调与可持续发展原则落实到第三代城市交通出行规划（PDU）中，明确提出要充分考虑交通系统与用地规划之间的整合关系，实现整个社会可持续发展。[2]

三、公众参与原则

（一）公众参与原则的概念

从法律意义上来说，公众特指对决策所涉及的特定利益做出反应，或者与事实结果之间具有法律上利害关系的公民或群体，但不仅限于不特定的公民（自然人）个人，还包括与特定利益相关的政府机构、企事业单位、社会团体或其他组织。从生态学意义上来看，公民是构成生态系统的关键一环，其是在一定区域内本能利用环境行为的主体。具体到空间规划领域，则是国土空间与自然资源的享受者或生态效益的受益者。与公民相关的主体还有公众，一般指与开发利用国土空间或自然资源行为以及其结果有直接和间接利害关系的各种主体的统称。

空间规划法上的公众参与，是指公众有权通过一定的程序或途径参与一切与公众环境权益相关的开发决策活动，并有权在自己的权利受到侵害时寻求法律保护和救济，以防止盲目审批国土空间规划项目或过度开发自然资源，使有关空间规划的决策符合广大公众的切身利益和实际需要。法国《城市规划法典》中的公众参与原则包括三大部分：公共调查程序、公众协商程序以及公共辩论程序；其中，公共调查和公共辩论

---

〔1〕 参见冯萱：《法国城市规划改革对加强地方公共政策效力的作用》，同济大学 2007 年硕士学位论文。

〔2〕 参见卓健：《法国城市低碳交通策略与措施——交通出行规划（PDU）经验及启示》，载《建设科技》2010 年第 17 期。

程序是法定程序，公众协商程序为非法定程序。公众协商程序的最终目的并不在于促使双方达成一个统一的共识，而是给予公众一个表达自己思想、看法的机会，为城市规划可能出现的社会问题、法律问题出谋划策，减少新的社会问题产生。[1]公众协商程序一般在规划方案还未制定之前，在前期考虑项目立项的酝酿阶段就会启动。在项目规划方案的整个制定过程中，公众协商始终存在。方案一旦确定，公众协商程序就自动终止，公共调查程序自动启动。但当最终方案需要进行重大修改时，必须重新开始新的公众协商。[2]公众协商程序相较于前面两种程序，其形式更加灵活、适用范围更加广泛；这三大程序的最终目的都是增强城市规划决策中公众参与的民主性和科学性。

（二）公众参与原则的意义

法国在空间规划法领域引入公众参与原则。首先，能够依法保障公众有效参与城市规划的决策，促使各方进行深入讨论、协商，避免新的社会问题或法律问题的产生，为城市发展增添活力。其次，能够针对各个区域或者相关城市的中长期发展目标，形成共同的发展愿景，减少整体规划的缺失，避免重复规划。再次，公众参与原则的引入能够广泛听取民众对相关规划、政策的看法，确定城市发展的中长期项目以及分析可能产生的问题并进行规避，提高城市规划的质量，提升民众的幸福感。最后，公众参与原则的引入，有效地保障了法律赋予民众权利的行使，有力维护公众的知情权，同时为民众提供了自由发表意见和交流的平台，强化公众对城市规划建设的良性影响，也有助于监督城市规划项目的决策和实施。

（三）法国空间规划法中公众参与原则的产生和发展

1. 公众参与原则的产生

“二战”后，随着法国经济高速发展，城市化建设进行到新时期，法国社会中有关住房、就业、交通、环境保护等问题日益突出，法国政

---

〔1〕 Marc Guérin（coord.），*Commissariat général du Plan. Confl its d' usageàl' horizon 2020, Quels nouveaux riles pour l' Etat dans les espaces ruraux et périurbains*, La Documentation Franaise, 2005, p. 60.

〔2〕 同上。

府曾兴建大型社会住宅以解决民众的城市住房不足问题，但由于缺乏有效的空间规划格局，最终引发对法国空间规划影响深远的“城市抗争运动”（luttes urbaines）。正是在这次抗争运动的影响下，“公众参与”开始引入法国的空间规划领域，从20世纪80年代开始，法国开始加强环境保护方面的立法建设，将公众参与原则确定为空间规划法的一项基本原则，同时还引入公共调查程序以保障公众对空间规划决策发表意见的权利，维护其知情选择权。20世纪90年代，在交通设施建设方面，由于缺乏有效的公众参与机制，法国政府将公众协商程序引入公众参与原则中，此后的几年间，法国出台了有关城市规划公众参与的一些法律，空间规划法的公众参与原则得到不断完善，为公众的真正参与提供了法律依据和基础，有效促进相关空间规划决策的施行。[1]

2. 公众参与原则的发展

法国空间规划法中公众参与原则的发展经历两个时期，该原则的发展主要体现在协商程序的提及和确立。第一时期是20世纪80年代至90年代初。20世纪80年代中期，法国政府在城乡规划编制和修订程序中确定了公众参与原则中的“协商程序”，公众参与原则得到发展。在法国政府1985年颁布的《城乡规划指导原则的制定与实施法》中明确公众协商程序必须全程贯穿地方详细规划编制工作，并且要在空间规划方案编制之前，地方议会和市镇联合体的决策机关要以“决议”的形式来确定公众参与所要达成的目标和具体的组织形式。[2]在《城市指导法》中进一步规定“所有客观上将改变居民街区生活环境或对整个地产状况产生影响的城市建设和整治项目都必须与当地居民协商”，公众参与原则得到有效发展。[3]第二个时期是20世纪90年代中期至21世纪初，1996年，法国政府为继续明确公众参与的细则，出台了《公众协商章程》，明确公众参与原则中协商程序所依据的准则、程序进行的环节以及政府部门所应当负担的义务。该文件虽不具有法律效力，但在一定程

---

〔1〕 参见谭静斌：《法国城市规划公众参与程序之公众协商》，载《国际城市规划》2014年第4期。

〔2〕 La Directive 85/337/CEE du 27 juin 1985, Paris, 1985.

〔3〕 Loi d ' Orientation pour la ville, Paris, 1991.

度上为公众参与原则的具体实施提供了准则，有力地保障了公众参与原则在空间规划法领域的实施。

（四）公众参与原则的适用

1. 确立基层委员会

为了贯彻公众参与原则，为公众和政府对话提供有效且稳定的平台，《共和国地方行政指导法》提出建立“市镇咨询委员会”；《国土整治及可持续发展指导法》提出在市镇联合体层面建立专门协助公众参与的机构——“发展顾问委员会”。相关基层委员会的确立，为法国空间规划法领域的公众参与原则的贯彻落实提供了有力支撑。

2. 多形式、多途径参与

法国公众参与原则的主体主要有四类：公众（包含当地居民及协会等社会团体）、政府公共部门、专业人士（专家及设计团队）以及服务团队。为了保障公众能够广泛参与，落实公众参与原则，法国政府确立了三种公众参与的基本形式：方案研讨会、项目官网、项目展示中心。方案研讨会是公众参与最核心的参与方式，其有两种方式即全体公众参与和公众代表参与项目方案研讨会。在空间规划项目设计之初，各设计团队和有关公众在规划主管部门的引导和组织下研讨方案，吸纳公众的意见，最终形成的项目方案更能贴近民意，符合公众的切身利益。[1]在信息化高速发展的今天，公众可以在线参与项目规划的讨论，法国政府将有关的城市建设项目发布在专题网站，公布项目的具体信息、日程安排和项目的进程，公众可以随时随地通过访问网站提出自己的意见。法国在每个城市规划项目立项之后，会在项目基地进行项目展示，公众可以实地到访，查看项目的文件、设计思路并就自己不了解的地方深入询问，并在专门意见册上留下自己的看法和建议，相关管理人员定期归纳汇总公众意见，并将其反馈给设计团队和主管部门，主管部门针对公众意见进行统一回复。

〔1〕 Philippe Verdier, *Le projet urbain participatif: apprendreàfaire la ville avec ses habitants*, Paris: éditions Adels et Yves Michel, 2009.

四、协同合作原则

（一）协同合作原则的概念

协同合作原则有两个方面的含义：一是各规划区之间相互合作，即国家在设计、制定规划时，协调各区促使规划合理布局。二是同一规划区内不同规划项目间协同合作，即无论涉及的规划项目空间大小如何，各区都应当结合本区的实际情况，把握本区的整体空间规划格局，综合考虑各规划项目之间的现实条件和需求，避免重复规划和无效规划，实现本区域内资源可持续发展。

（二）协同合作原则的适用

1999 年法国颁布的《地域规划可持续发展指导法》（以下简称 LOADDT 或 Voynet 法）尝试以“联盟”的方式促进各区域之间互利互助、和谐发展。它鼓励各地区政府通过对话的方式共同商讨地区及市镇空间规划计划。各地方政府在该法律的指导下，结成联合机构，就空间规划的相关项目进行合作研究，共同决策开发。Voynet 法围绕地域整体利益，通过“地区间合作”的方式加强了相关城镇群的合作，为区域间的协调发展奠定了基础。此后颁布的《有关加强及简化市镇合作法》（以下简称 Chevenment 法）在保留“市际合作公共机构”的基础上，补充以各种鼓励机制，进一步加强了各区域之间的协同合作。Voynet 法以地区发展项目为核心，建立城乡共同决策平台，联合各地政府为地区发展制定互惠政策。而 Chevenment 法则从地方行政入手，简化原有机制并加强城镇联合机构机制，以财政补贴的方式鼓励利益相关城镇联合组成新的行政层次，以法律形式将原本属于城镇的规划权、公共设施建设和管理经营权、部分税收权等转交由新层次的市际合作公共机构统一行使，缓解了各地发展之间的矛盾，建立起与地区规划、发展相适应的行政层次作为规划决策和管理的主体，进一步强化区域内部及各区域间的合作发展。[1]

---

〔1〕参见肖本林、贺行洋主编：《土木工程与建筑教育改革理论及实践》，测绘出版社 2013 年版，第 75 页。

第三节 基本制度

一、空间规划法基本制度概述

空间规划法的基本制度，是指根据空间规划法的基本原则，由调整特定规划而出现的社会关系的一系列空间规划法律规范而形成相对完整的实施规则。空间规划制度相较于空间规划基本原则，其对具体的空间法律规范具有指导的作用，存在一定的可操作性。空间规划法基本制度在适用对象上具有特定性，一项基本制度专门适用于空间规划的某一内容，某方面的制度内容相互配合形成一类规则体系，各类规则体系共同形成完整的空间规划法律制度。

二、空间规划许可制度

（一）空间规划许可制度的概念

空间规划许可制度，是指公众或相关组织在进行有关空间规划项目时，应当经过当地主管部门的审批，在获得行政许可后方可进行开发利用的行为。

一般而言，在法国本土范围内的所有新建筑工程，以及在现有建筑物进行的工程，如工程增加建筑物的外表面积，或建造新的表面层，均须获得正式批准；若要更改或改变用途，亦须取得同意；授权书可能要求提交规划申请或工程声明。法国空间规划的许可制度包括规划应用和工程声明制度，规划应用程序被称为建筑工程要求，工程声明应用程序称为提出明确要求。

（二）空间规划许可制度的主要内容

法国空间规划许可制度对于不同的建筑以及规划项目所涉及的范围进行了一定的区分。与扩建单独的新建筑相比，公众在扩建现有住宅方面拥有更大的自由裁量权。自 2018 年以来，Loi Elan 项目加强了这一权利，该项目允许对现有住宅进行“附属”，但同样也需要征得行政许可。空间规划中的地方计划的范围不包括社区特许计划，因此，在大多数农村地区，任何大于20平方米的扩建都需要获得规划许可，除非有正式的本地计划（POS计划或PLU计划），而不同规划区域是否存在相应的计划，以及由于自然保护区、保护建筑物或保护建筑物500米范围内的建筑工程，都有特定的规定和程序，因此在规划实施前，需要利益相关人提前向当地的规划部门进行具体的查询。利益相关人在向有关主管部门申请行政许可之前，需要根据自己的实际情况在申请书中明确许可的类型。规划许可和工程声明可具体细分为以下两大部分：就现有建筑物的工程而言，除非该工程属于保养或维修工程，否则需要进行规划许可申请，一般包括：（1）将现有建筑增加20平方米以上的扩建部分。（2）在巴勒斯坦解放组织（或其他具有类似区域）的市区，扩建使现有建筑面积增加40平方米以上；或虽扩建使现有建筑面积增加20平方米至40平方米，但整个建筑的楼面面积最终超过170平方米，同样也需要获得规划许可。（3）影响承重墙或建筑物外观的工程，或有关工程涉及改变用途，如由住宅改为酒店或由农业建筑物改为住宅。工程声明则适用于以下几种情况：（1）扩建现有建筑物，新建楼面面积超过5平方米，但不超过20平方米（或在PLU的市区内40平方米）；（2）现有建筑物由农业用途改为办公用途；（3）阁楼转换（其中部分可能需要规划许可）；（4）改变物业的外部装修；（5）建设面积不超过100平方米的露天游泳池；（6）建设超过2米高的新界墙或围栏。如果拟议的新住宅的可居住面积超过170平方米，相关行为人还要聘请建筑师，并就规划项目做好准备计划。在法国本土若未取得相关许可而进行规划项目的实施，便会违反法国的刑法，行为人将会面临最高30万欧元的罚款和2年监禁，自2020年开始，各地市长也被授权对未经批准的建筑工程处以每天高达500欧元的罚款。

三、协议开发区制度

（一）协议开发区制度的概念

根据法国《城市规划法典》，所谓“协议开发区”，是指地方政府根据城市建设发展的需要，通过与相关土地所有者进行协商，在达成共识并签署协议的基础上建立的城市开发区域；其用地范围可不受行政边界的约束，根据城市建设的实际需要或者准备落实的开发计划灵活确定，既可是某个自治地方的部分辖区，也可涉及不同的自治地方。[1]自1970年以来，协议开发区制度在法国各地的旧城改造和新区开发中得到广泛应用；仅在巴黎市内，截至20世纪90年代末期，正式设立的协议规划区数量就有17个，协议区面积高达200公顷。

（二）协议开发区制度的特点

协议开发区制度强调相关利益各方的平等协商和共同参与，从而显著削弱了各级政府在开发建设中的强制作用，同时也重视整体风貌的塑造及城市土地的综合开发，包括配套设施的建设、道路网络的衔接、建筑体量的和谐、建筑风格的协调、历史遗存的保留等。协议开发区制度采用的是政府主导下的市场化运作模式，借助于从规划编制，到规划管理，再到建设实施过程中的充分协调，有效缓和相关各方的利益冲突，在城市规划和领土整治中发挥了重大的作用，实现了全民利益、整体利益和公共利益的最大化。协议开发区制度主要包括以下几个特点：

1. 以政府为主导。主要体现在地方政府可根据城市发展的实际需要，组织编制并审议通过《协议开发区总体发展计划》；地方各级政府根据《协议开发区总体发展计划》确定的总体目标和基本原则，参与编制并审议通过《协议开发区规划》，进行各自区域内的空间规划工作；地方各级政府在进行协议开发区建设时，可邀请相关专家参与城市规划管理，对相关的协议开发区方案进行审核并提出建设性的意见以及对协议开发区建设的全过程实施监督检查。

2. 以市场化运作为基础。协议开发区的土地开发一般由地方政府委托有权限的公共机构进行，这些公共机构享有协议开发区的城市规划和土地征用权限，可以组织进行《协议开发区规划》的研究和编制，也可以通过商业化运作。[2]

---

〔1〕 参见万勇、顾书桂、胡映洁编著：《基于城市更新的上海城市规划、建设、治理模式》，上海科学院出版社2018年版，第106页。

〔2〕 所谓“公共机构”，特指为完成某项具有公共利益属性的社会或经济任务而设立的公权法人机构，被认为是具有法国特色的“公私合作”模式；它拥有完全独立的行政和财政权限，但隶属于国家或某个行政地方管辖，主要包括行政和工商两种类型。

3. 充分协调各方利益。协议开发区实施运作的基础和关键是各方达成一致的意见，这种共识贯穿于协议开发区的设立到开发，再到项目规划设计、建设的全过程。在协议开发区编制过程中，由于涉及各方利益，需要从不同方面予以协调，主要体现在：总体发展计划阶段，协调政府和民众利益；在公共空间设计阶段，协调城市与地方利益；在私人空间设计阶段，协调公共利益与私人利益。协议开发区正是基于各方利益的有效协调，最终实现合作互利的局面。[1]

（三）协议开发区制度的产生和发展

“二战”后30年间，法国经济快速发展，大规模的社会住宅建设逐步解决了法国社会所面临的住房短缺和居住环境恶劣问题。自1970年石油危机以后，法国社会开始出现新的交通、就业、居住等社会问题。法国政府开始推进城市更新改造，不仅改善居住环境，也实施社会整合、调整空间结构、提高运行机能、美化环境面貌等方面的内容。协议开发区制度便由此产生。为了满足改造老旧街区的实际需要，法国政府将城市更新改造的范围不再局限于对原有房屋进行必要的修缮改造和设施配套以及进行新的住房建设，而是将城市土地的综合开发作为重点，通过规划建设城市路网、配套建设基础设施、重新划分建设地块，实现对原有土地资源的再次开发，塑造崭新的城市街区，协议开发区制度得到进一步的发展。此后，为了顺应回归邻里及平等协商的社会民意，法国政府将此后一段时间内的城市建设回归传统，重视对传统的邻里结构、城市肌理和空间形态的保护和发展，重视从政府强力干预向各方平等协商转变。

（四）协议开发区制度的机制内涵

协议开发区制度的机制主要包含实施机制、规划机制以及管理机制，而根据法国《城市规划法典》，其实施运作需要经过正式成立、土地开发、项目建设三个阶段。地方政府可根据实际需要，在广泛协商、

---

〔1〕协议开发区着重借助监督检查确保全民利益、整体利益和公共利益的最大化，即协调和监督检查成为利益相关方就协议开发区建设的总体目标和基本原则达成共识，继而在不同阶段的规划设计和工程建设中加以落实，最终确保全民利益、整体利益和公共利益的最大化，并实现多方共赢的目标。

达成共识的基础上，可以地方议会决议的形式宣布协议开发区成立。但基于协议开发区的公益属性，在开发区设立的同时需要提供详细的工作纲要，因此，地方政府需要同时发布《协议开发区总体发展计划》，明确协议开发区建设所遵循的原则和最终发展目标。规划机制，指的是在协议开发区设立后，承担协议开发区开发建设的公共机构需要将编制的《协议开发区规划》交由地方议会审议。[1]管理机制，则是指协议开发区内任何建设项目的实施都需经过当地行政规划主管部门的许可，而在申请许可之前，还需要就项目设计方案征求协议建筑师的意见并获同意，此后行政主管部门才以《协议开发区规划》为依据综合考虑协议开发区情况来决定是否发放许可。

四、空间规划环境影响评价制度

（一）环境影响评价制度的概念

环境影响评价机制是重要的事前监督机制，对于政府规划和建设项目起到事前预防作用，各国都十分注重开展环境影响评价。美国于1969年便设立了环境影响评价制度，法国也紧随其后。1976年法国颁布了《自然保护法》，其中第2条确立了在法国本土范围内实施环境影响评价制度，随后颁布一系列政令，其中77—1141号政令对环境影响评价制度的范围、内容以及程序进行了具体的规定，而后在1993年颁布的93—245号政令中对相关内容进行了补充与修改，经过（1995～2015年）的实践与发展，法国的环境影响评价制度已经相对完善。[2]法国相关法律文件中虽未明确规定环境影响评价制度的含义，但可将其概括为是对规划和建设项目实施后可能造成的环境影响评价进行分析、预测和评估，提出预防或减轻不良环境影响的对策和措施，进行跟踪监测的方

---

〔1〕 经地方议会批准的《协议开发区规划》将被赋予地方立法的效力，成为地方政府针对协议开发区实施城市规划管理的依据，并为开发区内的各个建设项目提供指导。但由于规划内容复杂，其间又涉及地方政府、公共机构、土地所有者等多方利益，《协议开发区规划》的编制通过一个分阶段的规划设计流程，将复杂的规划设计任务加以分解，分别由不同的设计单位承担。

〔2〕 参见吴仁海：《法国环境影响报告书编制与审查》，载《环境保护科学》1998年第5期。

法和体系。

(二) 环境影响评价制度的适用范围及其作用

法国环境影响评价制度的适用范围，按照规模和性质的不同分为三类：(1) 必须作正式影响评价的大型项目，如以建设城市、工业、开发资源为目的的造地项目，占地面积3000平方米以上或投资超过600万法郎的有关项目等；(2) 须作简单影响说明的中型项目，如已批准的矿山调查项目，500千瓦以下的水力发电设备等；(3) 可以免除影响评价的项目，即对环境无影响或影响极小的建设项目。在项目开发建设前需要进行环境影响评价，而这只能交由具有环评资格的单位来执行，并且在环境影响评价过程中广泛听取公众及有关团体的意见，同时编写一份不同于环境影响评价的报告书的非技术性报告书简要本，以保证公众能够有效了解项目的内容以及可能带来的环境问题。除了明确环境影响评价的范围和实施主体，法国还规定了对进行环境影响评价的人员的责任追究制度，即在报告书列出编写人员名单，明确规划项目出现环境问题时相关责任的落实。环境影响评价制度是法国明确生态责任承担的基础，是落实生态问责的实施根据和制度保障。

(三) 空间规划环境影响评价制度的内容及其评价程序

法国的环境影响评价报告书内容全面、广泛，包括项目的选址及其周围的环境状况、项目选择的原因、拟采取的减缓不利影响及补偿损失的措施与费用估算、使用到的环境影响评价方法等方面，还包括在评价过程中遇到的技术困难等。具体来说，规划环境影响评价的内容包括下述几个部分：(1) 规划方案的具体实施细则；(2) 规划项目建设地点的环境本底状况；(3) 规划实施后可能对附近居民所产生的不利影响和潜在危害；(4) 规划项目的实施对环境所可能造成的影响分析预测和评估，包括自然资源环境承载能力分析、不良环境影响的分析以及与该区域内其他规划项目之间的协调性评估；(5) 防治规划项目带来的环境污染、生态破坏的措施和经济技术可行性论证意见。环境影响报告书除包括以上内容外，还应当包括环境影响评价的结论，阐明规划项目设计的合理性，以及规划草案的调整意见。[1]规划环境影响评价的程序一般则是：首先，由开发者首先进行环境调查和综合预测，或者委托专门顾问机构或大学、科研单位进行环境勘察，进行环境影响评价并提交报告书；其次，公布报告书，广泛听取公众和专家的意见，通过采取项目方案研讨会或其他公众参与的方式来进行项目方案的修改；最后，主管当局根据实际情况结合法律法规对规划项目进行审批。

第四节 法律责任和法律救济

一、法律责任

（一）空间规划法律责任的概念及其特点

空间规划法律责任，是指因违反空间规划法所规定的义务或因合同而产生的合同义务，而由行为人所承担的不利后果。根据违反法律的性质不同，空间规划法律责任一般分为三类，即空间规划民事责任、空间规划行政责任、空间规划刑事责任。

空间规划法律责任主要有以下 3 个特点：

1. 空间规划法律责任的承担是因违反空间规划法上所规定的义务关系而形成的责任关系，是以法律义务存在为前提；

2. 空间规划法律责任的主要表现形式即为承担不利后果，责任的追究由国家强制力实施或潜在保证；

3. 空间规划法律责任的承担需要满足行为人行为和受害人受有损失之间具有因果联系，即存在内在逻辑性。

（二）民事责任

空间规划民事责任，是指相关主体在空间规划中，因实施了民事违法行为，根据民法所承担的对其不利的民事法律后果或者基于法律特别规定而应承担的民事法律责任。在法国，空间规划民事责任的承担主要

---

〔1〕 参见宋胜州、郑春梅、高鹤文编著：《产业经济学原理》，清华大学出版社 2012 年版，第 264 页。

是基于违约和侵权行为，责任承担的主体分为公民和行政机关，行政机关在违反合同约定的情况下承担民事责任，行政机关若在规划编制审批的过程中存在隐瞒情况、弄虚作假而造成侵权行为，也应承担民事责任，但这种情况更多的是承担行政责任甚至是刑事责任。行为人若因违约而承担空间规划民事责任则以法国《民法典》合同编为法律依据，责令行为人承担继续履行合同或在合同已无履行可能的情况下承担损失赔偿责任。通常情况下，行为人大多是因侵权行为而承担相应责任，后文将着重介绍因侵权行为而带来民事责任承担的情形。在侵权情况下，行为人需要承担预防性民事责任和事后救济责任，采取相应行为停止侵害、排除妨碍、消除危险、恢复原状以及损害赔偿，其中，事后救济责任是空间规划民事法律责任最普遍的方式。法国空间规划法并未对民事法律责任的承担做出具体介绍，在其环境法中也未有具体介绍，侵权行为的责任承担是以法国《民法典》有关规定、某些特别法等作为判令行为人承担民事法律责任的法律依据，受害人可基于民法典并结合自己受损害的事实情况向法院提起诉讼，请求行为人承担民事赔偿责任。法国《民法典》第 1382 条和第 1383 条的有关规定是环境侵权损害赔偿的一般性法律依据，同时也是空间规划民事法律责任承担的法律依据。[1]

在法国，常用近邻妨害法理来对环境侵权行为做出认定，具体到空间规划法领域，所谓近邻妨害法理，是指土地或空间的利用人在获得正当利益时，尽到注意、谨慎的义务，合法、合理地使用自己的土地或空间，而引起近邻者的受害，该土地或空间利用人是否应当对该近邻者承担责任。[2]在认定行为人是否承担近邻妨害责任时，法国常将环境质量标准和污染物排放标准作为是否构成对相邻人权利侵犯过度的法定界限，超过这个界限的，加害人应当承担赔偿责任；否则，依据个案具体情形加以分析判断。其责任形式分为恢复原状和损害赔偿，其中，恢复原状的具体方式是法院依法向近邻妨害的加害人发布改善命令的禁止命

〔1〕 法国《民法典》第 1382 条规定：任何行为使他人受损害时因自己的过失而致行为发生之人对该他人负赔偿的责任。第 1383 条规定：任何人不仅对其行为所致的损害，而且为其过失或懈怠所致的损害，负赔偿的责任。

〔2〕 参见王明远：《环境侵权救济法律制度》，中国法制出版社 2001 年版，第 232 页。

令，也就是命令加害人采取必要措施减少或避免损害的发生，若加害人仍未完全履行或履行未达预期效果，法院则会发布禁止命令停止加害活动的全部或一部分。而损害赔偿的范围除了人格权、财产权所遭受的损害，还需依据个案赔偿精神损失，至于损害赔偿支付的方式，法院可以根据具体情况选择临时金支付和年金支付中的一种要求加害人支付，也可以责令持续性损害的加害人在其停止损害之前定期赔偿。

（三）行政责任

1. 空间规划行政责任的概念及其特点

行政责任，是指犯有一般违法行为的单位或个人，按照法律法规的规定所应承担的法律责任，其主要有行政处罚和行政处分两种方式。行政责任承担的主体不仅包含公民、法人和其他组织，也包括行政机关。行政责任的确立能够限制行政机关及其公务人员滥用行政权力；减少行政机关工作的失误，从而提高政府工作效率；同时也有利于规范公民的行为。

行政机关所承担行政责任具有以下 3 个特征：

（1）行政责任是一种责任。首先，表现为政治责任，行政机关需要对本国的民众负责。其次，行政责任也是一种法律责任，其通过法律的形式加以规范并以国家强制力作为保障，对不履行责任的行为依法予以追究。最后，行政责任是一种道义责任，有效规范行政机关工作人员，促使其在行政管理的过程中保持工作责任心，忠实履行义务。

（2）行政责任是一种义务。这种义务由法律、法规所规定，由社会公德和社会舆论所约束，表现在两个方面：（1）政府及其官员对国家权力主体承担忠实执行法律，为国家服务的义务；（2）行政下级对行政上级承担忠于职守、努力工作、提高效率、遵纪守法的义务。

（3）行政责任是一种监督手段。行政责任的核心在于保障国家权力主体对行政机关及其管理行为进行有效的监督。为了确保行政机关及其公务人员根据国民的意志和法律的规定开展行政活动，国家必须采取某种手段以促使行政机关工作人员忠实履行义务，防止滥用职权的行为发生，行政责任的设立实际上就是对行政机关及其公务人员进行监督。凡违反法律或失职的行政机关及其公务人员，都应当承担行政责任，受到法律的严惩。

2. 公众的空间规划行政责任

公众的空间规划行政责任主要表现为行政处罚，空间规划行政处罚，是指行政主体对违反空间规划法律法规的公民、法人或其他组织给予处罚的行为。在法国，行政处罚主要包含三类：精神罚、行为罚和财产罚。其中，精神罚是指行政机关对违反法律的个人或组织进行谴责、劝诫，具体表现为警告、通报和公告。而行为罚是指剥夺行为人特定行为能力的一种制裁性处罚，该项处罚一般适用于企业组织，具体表现为限期改正、责令停业整顿、降低资质或吊销证书。相对于前面两种处罚，财产罚则针对剥夺或限制公民的财产权。就公众而言，其承担财产罚的情况主要是未取得行政许可而改扩建房屋或虽已经取得行政许可但未在行政许可规定的范围内实施空间规划项目。对于这种情况，行政机关或主管部门可按日计罚，对未经批准的建筑工程处以每天高达500欧元的罚款，同时，相关行为人可能还要承担一定的刑事责任。

3. 行政机关的空间规划行政责任

在法国，行政机关违反空间规划法律所承担的行政侵权损害赔偿责任包括直接责任和间接责任两种。其中，直接责任是指行政机关或因行使公权力、提供公共服务、从事公共事业或修建公共建筑而侵害他人生命健康权、财产权所应当承担的无过失赔偿责任；而间接责任是指因行政机关的故意或过失在空间规划监察方面失职或对规划监管不力而造成他人生命健康、财产的损害而应当承担的过失责任。在法国，行政机关承担空间规划行政责任的方式主要是承担间接责任。

行政机关所承担的间接责任除了接受相应的行政处分，还包括承担行政上的赔偿责任。其主要情形包括：（1）就应为一般或绝对禁止之事项、政策，而为相反的开放性宣布，或者对应为管制的有害建筑物，而不法地核发规划许可证、执照或准许使用等非法行政行为所构成的行政过失；（2）因市长或中央环境保护委员会等的重大过失，在应作为时而拒绝采取作为措施；（3）地方首长对列管的空间规划项目设施缺乏应有的控制措施，有轻过失者即应承担行政赔偿责任等。[1]

（四）刑事责任

空间规划刑事责任，是指行为人所实施的行为违反刑法和空间规划法的规定，而承担法律上的不利后果。从涉及空间规划的不同主体出发，空间规划责任承担的主体包含公民、法人、其他组织和行政机关。法国《城市规划法典》并未明确规定空间规划刑事责任，常被包含在环境污染侵权或经济犯罪当中，相关公众承担空间规划法律刑事责任的情形主要是由于未取得行政许可而进行改扩建，同时也可能基于采取非法手段而获得空间规划的审批许可而承担非完全环境法律责任。而行政机关承担刑事责任更多的是由于玩忽职守、受贿等行为而许可不合规的空间规划项目或在空间规划审批许可监督的过程中未履行义务以致重大安全事故发生而承担相应刑事责任。

二、法律救济

（一）行政救济

在法国，行政救济被称为行政活动救济，主要分为诉讼外救济和行政诉讼，这里我们将行政诉讼归为司法救济，后文再加以论述。而诉讼外救济又包括议会救济、行政救济和调解专员三种救济方式。

1. 议会救济

议会救济，是指相关公众利用议会对行政机关的监督权作为自己救济的一种手段。法国议会对行政权的监督方式主要有4个方面：（1）财政监督；（2）通过不信任案或否决政府提出的信任案，迫使行政长官辞职；（3）议员询问部长、总理相关行政问题；（4）成立某事件专门调查委员会。前两种监督方式即财政监督和不信任监督，属于政治监督范围，难以成为相关公众对违法行为的救济手段。而对部长和总理的询问，在实际操作中具有不确定性，一般也难以起到监督作用，行政相对人当然也无法基于此寻求救济。因此，议会救济常是基于其设立的调查

---

〔1〕 参见吕忠梅等：《环境损害赔偿法的理论与实践》，中国政法大学出版社2013年版，第188页。

委员会来对公众的申诉进行调查。[1]调查委员会的直接目的是作为议会了解情况的工具，以便更好地制定法律和监督政府。调查委员会的报告并非一项决定，对相关人员亦无强制力，但该报告公开后能有效引起民众和新闻媒体的关注，从而督促有关机关采取措施，改正委员会所点明的缺点和错误。

2. 行政救济

行政救济是由行政机关所给予的救济，即当事人可以就不当和违法行为向行政机关请求矫正。根据受理机关的不同，可以分为善意救济和层级救济。

善意救济，是指行政管理相对人对行政机关作出的决定不服，仍向做出原决定的行政机关提出申请的救济。在法国，善意救济的申请人不仅可以请求改变行政机关不当行政行为，还可以请求得到宽容。原行政机关在受理当事人的善意救济申请后，可以依职权作出维持原决定或撤销原决定使其自始不发生法律效力，或废止原决定，若决定被废止则自废止之日起丧失法律效力，行政机关还可以改变原决定作出新决定。在法国，获得善意救济是公民的当然权利，除非法律对此作出例外规定，但是否受理该救济申请却由行政机关自由裁量作出。

层级救济，是指即行政管理相对人对行政机关作出的决定不服，向作出决定的行政机关的上级机关提出申请的一种救济方式。其也是当事人当然的权利，除非法律对此适用作出例外规定。层级救济所依据的是上级机关对下级机关所拥有的监督权利，在法律的指引下，上级机关对所属下级机关的违法行为和不当行为，既可以撤销、废止和变更原决定，也可以改变原来的决定做出新决定，但其所做出的的任何决定均不能损害当事人和第三者既得利益。若上级机关对所属下级机关所作出的结论认定正确，但所依据的事实或适用法律错误，上级机关可以依据正确的事实和援引准确的法律，驳回当事人的申请，以维持原来的决定。对于层级救济，法律可以对此予以限制甚至可以取消适用而采用其他救济。例如，享

---

〔1〕 在议会救济中，任何议员或议员集团可以就某一特定问题提议设立一个调查委员会，对该问题进行调查，提议设立调查委员会的提案由议会交有关的委员会进行审查，负责审查的委员会提出报告，最后由议会决定是否设立。

有自治权力的下级机关，其所作出的决定，上级行政机关并不能改变下级机关所作出的决定，只能按照法律规定的方式进行监督，责令其改正。

3. 调解专员

在法国行政活动救济中，最具特色的是行政调解专员制度，该制度设立于 1973 年，是受到瑞典议会司法专员制度和英国的议会行政检察专员制度的启发，针对法国本土的违法和不良行政管理活动而形成的产物。后文主要从特别规定、权力行使和职务范围来加以介绍。

（1）特别规定

法国的调解专员是一个具有独立地位的行政机关，调解专员由部长会议通过，总统任命，受任的调解专员不得在外兼职。法国的调解专员具有独立的地位，在行使职权时，不接受行政机关的命令，排除他人的干扰，独立行使职权，对其所从事的职务行为享有法律豁免权；调解专员在任期间可以自由任命工作人员，其任期内的经费开支只受审计院审查，不受一般财政监督，即在财政上也相对独立。在法国，对调解专员职务的解除有着专门的程序规定，除由总统提出，经最高行政法院副院长、最高法院首席院长、审计院院长一致同意为确有必要、不能执行职务外，调解专员不能提前解除职务。

（2）权力行使

调解专员有调查权、调停权、建议权、报告权、命令权、追诉权和促进行政改革权，其中调停权是其主要的行使方式。调查权，即查明当事人的申诉是否属实和具有法律依据。调解专员可以传呼询问部长和一切公共机构，行政机关也有义务配合行政调解专员的工作。调停权，即调解专员通过说服争议双方，促进彼此理解而结案。建议权，即行政机关不接受调解专员的调停时，调解专员可向行政机关提出建议，行政机关必须在规定时间内予以答复，否则调解专员可以将其建议公开发表。报告权，即以报告的形式来行使监督的权利，主要适用于特别重要的问题，相关报告发表在政府公报上。命令权，即命令行政机关执行法院判决。追诉权，即对相关行政机关公务人员进行形式追诉或发动纪律处分。这种情况通常发生在调解专员对严重违法或失职的公务人员进行公开后，行政机关的主管长官仍未对其进行必要的纪律处分或刑事责任追究。促进行政改革权，即对行政改革提出建议。

（3）职务范围

调解专员受理当事人对国家行政机关、地方团体行政机关、公务法人的机关以及负有执行公务任务的私人机构不良行为的申诉，其中包括违法的行政行为、合法但不良的行政行为以及行政机关拒绝执行已生效判决的行为。为防止调解专员滥用职权，法律对其进行了必要的限制，调解专员不能受理在职公务人员对所属行政机关的申诉，也不能妨碍法院诉讼程序的进行和否认法院裁判的效力；经由调解专员受理的案子，“申诉人认识到自己的申诉理由不充分时能撤回申诉，行政机关认识到自己的行为确有不足时，便主动修改原来的决定。[1]因此在绝大多数情况下，案件多以调停而告终”，在具体的调解过程中，法国最突出的经验是“调解专员不能向行政机关建议违反法律的解决措施，但调解专员可以对法律条文和法律事实寻求一个灵活的解释”。[2]调解专员通过说服、调停，依据法律、情理提出客观公正的解决方案，化解纠纷，推动和优化了行政机关的管理活动。

（二）法律救济

法国环境资源领域的法律渊源包括国内法、欧盟法和国际条约。法国在审理环境资源类案件时常基于“确认该指令是否确实适合本国的国情以及具体案件的情况”的原则来适用欧盟指令，目前法国在转基因生物安全、生物多样性以及气候变化方面适用欧盟指令，空间规划领域并未涉及欧盟指令。对此，后文将从法国国内法来介绍空间规划领域的司法救济。法国国内法中的《环境法典》规定了关于大气、水土、固体废弃物等污染或侵权问题，是行政法院和司法法院在处理环境污染、环境侵权类案件直接而又重要的依据。而在法国，空间规划领域的纠纷常表现为规划项目实施、建设过程中所带来的环境侵权，故后文主要从环境侵权角度来介绍空间规划法领域的司法救济。法国现行的司法体系以行政法院和司法法院共存的形式存在，普通民事案件由司法法院管辖，而

---

〔1〕 参见朱最新：《社会转型中的行政调解制度》，载《行政法学研究》2006 年第 2 期。

〔2〕 潘中乐等：《行政调解、和解制度研究 和谐化解法律争议》，法律出版社 2009 年版，第 59 页。

以行政机关为被告的行政案件则由行政法院加以管辖。因此，我们将从司法救济和行政诉讼救济两方面来加以介绍。

1. 司法救济

空间规划法领域，平等民事主体之间发生的纠纷常通过私益诉讼和公益诉讼来加以救济。私益诉讼，是指当事人为维护自己的私人利益而提起的诉讼，其主体仅限于特定人。在法国的司法实务中，并未形成专门的公益诉讼法律概念以及相应的制度，但公益诉讼在法国实务审判中切实存在。在法国，提起公益诉讼的主体以环保协会为主，环保协会可以寻求在检察官的支持下提起诉讼；在环境刑事案件中，近年来地方政府代表公众利益参与相关诉讼向污染者进行求偿，地方政府常是通过单独提起公益诉讼的方式来参与，但其也可在行政、民事或刑事案件中以申请的方式参与诉讼。环保协会提起公益诉讼后，法院常依据法国《环境法典》第 151 条的相关规定对其是否具有主体资格进行审查，审查的要素包括：（1）公益组织是否向有关部门进行过申报并取得许可证；（2）公益组织是否成立 5 年以上。如果法院审查后认为公益组织的主体资格不符合法律的规定，可以驳回起诉；如果审查合格，则由检察官与该组织进行沟通协商下一步的诉讼事宜。

2. 行政诉讼救济

法国是最早设立行政法院的国家，在法国，行政诉讼救济又被称为行政司法，是法国行政法上最主要的救济手段。法国的行政法院起源于 13 世纪时的国王咨询委员会，为国王的行政行为提供咨询意见，而后逐步发展成为现代法院。“行政法院所发挥的卓越作用真正是法国独创的。在这个国家里，政府经常变动，宪法并不持久而来回更改，行政法院却是主要的稳定因素。它所赖以建立的原则，越过成文的宪法，构成一个真实的不成文的宪法。在这个多次发生革命的国家里，行政法院以渐进的方式发挥作用，它做事既谨慎，又有效，有时也被急风暴雨所颠覆，但很快又达到恢复，就这样保持着国家的永久性和民族的连续性”。[1]

---

〔1〕［美］莫里斯·拉朗热：《国政院》，载《图莱法学杂志》1968 年第 1 期。转引自袁曙宏、赵永伟：《西方国家依法行政比较研究——兼论对我国依法行政的启示》，载《中国法学》2000 年第 5 期。

法国行政法院独立受理并审理案件，对案件的判决结果不服只能向上级行政法院提起上诉，而不能向普通法院提出上诉，反之亦然。其诉讼主要有两种类型：越权之诉和完全管辖之诉。所谓越权之诉，是指起诉人请求行政法官检查某项行政决定的合法性并在其非法的情况下撤销该决定。[1]而完全管辖诉讼则主要针对契约和责任方面的诉讼。不同于英美法系国家，法国的行政诉讼以书面审理为主，口头辩论为辅；诉讼中采取审问式程序，即法官在诉讼程序中起主导作用，法官负责调查证据、查明事实和询问证人，如果当事人想询问证人，也必须经过法官的同意。其诉讼程序主要分为起诉、预审、审理和判决。其中，预审是指在正式审理之前，开始法院的调查，双方当事人根据对审原则进行证据交换和答辩。在审理的过程中，法院主要依据以下三个原则：

（1）公平公开原则。公平原则要求法官客观公正地作出裁判，不偏不倚。由于在法国所有判决的作出需要以法国人民的名义，因此法院必须依法予以公开。但公开也是有限制的，原则上只在庭审和判决公布阶段适用，判决作出后应当送达所有诉讼当事人，若涉及相关当事人的个人隐私则采取匿名形式对外公开。

（2）对审原则。对审原则的适用是对当事人权利的保障，“双方当事人被传唤到庭，相互了解信息、证据、就对方提出的问题进行说明，双方地位完全平等，所有能够影响法官对案件的判断的证据必须通过对方质证，法官不能在没有质证的条件下做出自己的判断。”如果法官想提出案件中未提及的诉讼理由时，还需要经过双方当事人的质证。

（3）及时裁判。《欧洲人权公约》第6条中规定：“每个人都有权使其诉讼在一个合理的期限内得到审理。”法国行政法院案件数量众多，案件得不到及时裁判，导致欧洲人权法院对此大加抨击。作为回应，法国最高行政法院决定在本土范围内当事人有权要求法院在合理期限内作出裁判，否则将面临赔偿。此后，法国在司法实践中逐渐遵守该决定，并将其发展为及时裁判原则。

---

〔1〕 参见［法］古斯塔夫·佩泽尔：《法国行政法》，廖坤明、周洁译，国家行政学院出版社2002年版，第289页。

第五节 现有制度评析及其对我国的启示

一、现有制度评析

空间规划是提供一个以领土为基础的战略，作为政策制定和实施的框架。不同层级的空间规划均需要划定功能区，以实施相关分类政策。法国针对其本国实际情况，实行重点分区，实施差异化土地政策。根据不同区域的功能定位、发展规划和建设目标，实行差别化的土地利用政策和管理政策，科学合理地确定各类用地规模，实现各区域精准发展。同时，法国推进各区域之间均衡发展，以发展区域性、地区性城市为主，建立高效且集约发展的城镇体系，构建起“均衡和可持续的多中心城镇体系”。法国在其空间规划的过程中，始终坚持可持续发展、推动各地方政府协同合作，依法保障公众参与空间规划的全过程，为法国空间规划的良性发展奠定了基础。在空间规划的运行过程中，通过实施协议开发区制度，建立起政府主导下的市场化运作模式，充分保障了空间规划从编制到管理再到建设的协调，有效缓和了相关各方的利益冲突，在城市规划和领土整治中发挥了重大的作用，实现了全民利益、整体利益和公共利益的最大化。在责任追究和法律救济方面，法国通过设立行政问责制度，将环境审计和环境影响评价制度落到实处，有力推动行政机关在环境资源、空间规划领域的高效运作，对行政不作为，乱作为起到震慑作用。在法律救济方面，法国设立行政法院和调解专员，从行政救济和司法救济两方面着手，拓宽了民众的救济渠道。在法国的行政诉讼救济中，预审制度作为一项独立程序，有效地避免法国司法资源的浪费，但目前由于预审法官审判权过大且独任审理极可能带来不可避免的错误，该制度受到法国民众的质疑，很多人认为“预审法官拥有法国最大的司法权力”，应当取消预审法官独任制度。[1]但不可否认的是，法国的行政救济更多的是限制公权力的滥用，保障相关公众的合法权益。

---

〔1〕 参见金邦贵主编：《法国司法制度》，法律出版社2008年版，第162页。

具体来说，法国空间规划法律制度能有效运行有以下三点原因：

1. 通过经济发展推动空间规划体系变化

法国空间规划体系演变的主要因素包括：（1）行政体制。法国的《地方分权法》进一步强化了法国市镇基层的空间规划，在国家政策的鼓励下，市镇结合形成市镇联合体建立起区划规划。（2）经济发展水平。法国在“二战”后经历了经济快速发展的阶段，正是由于这一阶段，法国的产生规划形成了以中央集权为中心的规划体系，开始了大规模的城市空间开发和利用。而后在新自由主义思想的影响下，中央集权逐步转变为地方分权自治，城市规划进入稳步发展时期。步入 21 世纪以后，法国社会问题和环境问题不断突出，亟须进一步优化空间规划格局，加强不同地域和部门之间的合作，空间规划步入新发展阶段。（3）规划决策理论的转变。在经济发展的过程中，法国的空间管理趋于“产业—研发—空间”三足鼎立的状态，这推动中央集权管理走向地方协商治理，建立起协商合作的空间规划模式。

2. 通过清晰层级来保障空间规划体系合理运行

法国在 20 世纪 80 年代后，空间规划权体系由中央集权转为地方分权自治后，法国空间规划层级体系在探索中逐渐完善。中央政府在宏观上发挥政策指导的作用，各大区编制各区的发展导向战略规划，市镇以及市镇联合体则以《国土协调纲要》为依据，在框架范围内编制市镇土地利用规划。空间规划体系呈现出从发展导向（大区）到管控导向（市镇群和市镇）、从空间协调（市镇群）到控制（市镇）的层级特点，成为各类规划的良好运行的基础。[1]

3. 以传统的行政区域为基础，探索联合发展规划

在法国，市镇作为最基层的行政区划单位，数量众多但土地面积较小，难以跨区划进行合并，而在经济发展和城市结构优化的过程中，需要解决资源利用不统一的问题。对此，法国政府专项强化市镇间合作组织的建设，并按人口规模分为城市联合体、聚居联合体和市镇联合体等

---

〔1〕 参见蔡玉梅、何挺、张建平：《法国空间规划体系演变与启示》，载《中国土地》2017 年第 7 期。

多种类型，由市镇间联合管理机构统一管理。法国现已形成市镇联合体、城郊联合体、广域市和城市联合体，各个联合体已初具规模。

二、对我国空间规划构建以及法律体系完善的思考

（一）对我国构建空间规划体系的思考

在法国，虽然也有城市和农村的概念之分，但两者之间的不同更多的是指向具有不同社会经济特征的两种空间地域，并非严格意义上不同行政区划。法国按照大区到省再到市镇或市镇联合体的行政等级进行区划，其中市镇是法国最基本的行政单位，无论在哪个区域，各级政府均需要按照统一的城市规划规定进行开发建设。法国的空间开发政策十分重视均衡化发展，即重视城乡差异和地区差异，通常在综合规划的基础上采取分区管制的方法，在不同层面、不同专业领域针对特定地域如重点发展地区、发展相对落后地区和生态环境保护意义重大的生态敏感地区等予以特别关注，构建起空间规划分区政策，对综合规划进行补充。各级政府在空间规划的过程中，可在各自职权范围内进行编制综合性或专业性规划以履行国土空间规划职能。同时，各级政府可依据“国家—大区规划协议”“地方项目协议”等多形式的政府协议开展协作，促进各自区域内空间规划的有效管理。在法国的空间规划体系中，由于高层次的规划对低层次的规划有指导作用，即城市规划需在区域规划的框架内发挥作用，因此，底层的地方性城市规划常常成为所有上位规划的最终集合，也因而成为对包含法国不同层面的综合空间规划政策、分区政策以及专项政策在内的所有空间规划政策的最终体现。

1. 侧重不同功能规划区建设

重视和加强国土空间规划是我国建设社会主义市场经济新形势下的客观需要，通过当前的主体功能区划研究逐步使我国的国土空间规划规范化、系统化。国土空间规划是一个比较长远的、综合性的发展规划，需要有计划、有步骤地进行，在不同发展时期和不同发展阶段，应有所侧重。在目前的国土空间规划中，应突出长三角、珠三角等经济区、重点资源开发区和生态保育区的规划建设。

2. 构建“五级三类”空间规划

构建以“五级三类”空间规划为基础，用途管制为手段，覆盖全域的全国统一、权责清晰、科学高效的国土空间规划体系。构建“国家—省—市—县—乡镇”的五级规划体系，厘清中央和地方事权，建立上下通畅的反馈机制。在每一个层级上，构建“总体规划—专项规划—详细规划”组成的三类规划体系，总体规划是详细规划的编制依据，是专项规划的编制基础，总体规划要统筹和综合平衡各相关专项领域的空间需求；专项规划包括区域性专项规划和行业专项规划，专项规划之间要相互协同，其主要内容要纳入详细规划；详细规划是政府行政许可的依据，其要依据批准的国土空间总体规划进行编制和修改。

3. 完善空间规划治理体系

完善空间规划治理体系主要从规划决策机制、规划编制机制、规划实施机制、规划考核机制、规划评估机制以及规划监督机制这六个方面着手。首先，建立科学决策机制，设立专家咨询委员会，积极与国内外重要研究机构、知名专家对接，建立空间规划智库，保持规划的透明度和科学性。建立科学编制机制，对区域内的空间规划进行监督管理，积极探索建立协调、区域一体化和规划项目分类审查等机制。[1]其次，建立健全规划实施机制，加大规划实施执行力度，明确各部门分工；健全规划实施监督机制，强化规划执法监督、公众监督，防止空间规划建设中社会问题的出现。再次，健全空间规划实施第三方评估机制，加强对规划实施的跟踪管理。最后，建立规划考核机制，根据不同区域设定不同的考核机制，发挥考核的导向作用。完善考核的配套机制，建立健全行政问责制，对滥用职权、玩忽职守的责任人严格追究其责任。

（二）对我国空间规划立法的思考

1. 配套相关法律法规

就国土空间规划法律体系而言，《国土空间规划法》是“母”法，不仅需要处理该法与《土地管理法》《城乡规划法》等法律法规的协调

---

〔1〕 参见黄征学、王丽：《加快构建空间规划体系的基本思路》，载《宏观经济研究》2016 年第 11 期。

问题，还需要有配套法规保障其实施，从而使整个国土空间规划法律制度体系完整、层次分明，结构严谨、内部协调、体例科学。[1]日前，我国已经修改《土地管理法》《城乡规划法》。配套法规包括两个层次，首先是国家层次，针对规划编制、实施和管理的全生命周期，在实施手段、管理程序、政策载体等方面配套《用途管制规则》《项目预审办法》《国土综合整治条例》等法律规章；其次是地方层次，各地应在立法权力和行政权限范围内，制定实用、管用、好用的地方性配套法规，如《规划实施条例》《农田保护条例》《生态修复办法》《建设许可条例》等条例办法，以保证各级国土空间规划的有效实施。

2. 明确中央和地方的权利分工

在国土空间规划立法中，在坚持生态优先、区域统筹、分级分类、协同共治、权责明确、因地制宜、科学合理的原则基础上，应考虑各级政府的立法权力、职能设置和行政权限的差异，在国家规定的“必选动作”之外，赋予地方在法律制度框架内的“自选动作”，因地制宜地确定不同区域和不同层级政府的空间规划权限、规划任务以及监管手段，为地方管理和创新活动留有空间，从而实现国土空间规划“能落地”“能执行”“能管住”。

3. 构建国土空间规划体系的监管制度

统一开展规划编制、实施和监管，构建完善的规划实施监管机制，确保规划的权威性。明确规划审批流程与条件，建立完善的规划审批机制，提升审批效率；严格规划实施，规划一经批复，不得随意调整和修改；明确规划修改的必要条件与法定程序，符合规划修改条件的情况应当严格按照程序进行，各类各级国土空间规划经过修改后应当重新向社会公布。构建完善的国土空间规划督察检查机制，明确督察检查的职责与权限，提出监督主体、监督对象、监督方式以及对行政管理相对人的监督检查措施、执法规范、当事人的配合义务等。

---

〔1〕 参见严金明：《中国土地利用与规划战略实证研究》，中国大地出版社 2010 年版，第 85 页。

第五章　韩国空间规划法

第一节　韩国空间规划法概述

一、韩国空间规划的概念和种类

（一）空间规划的概念

空间规划在韩国称为国土空间规划。国土空间规划是为了解决国土问题并创造国土条件而编制的空间计划。韩国将国土空间规划作为中央政府调节和干预国土开发和空间秩序管制的一种政策工具，用来指导国家经济社会的发展。

1. 国土

国土，是指一个主权国家所管辖的地域空间，即领土、领海和领空。它是由资源和环境组成的庞大系统，是人类赖以生存的物质基础和活动场所。国土工作就是通过组织、协调、规划、立法、监督、管理、实施等手段，实现对国土资源的合理开发、利用有效地治理保护的任务。国土是一个庞大系统，国土工作就是促进和造就这一系统的良性循环和正常运转，以获得最佳的经济效益、生态效益和社会效益。国土资源包括自然资源和社会资源，自然资源是指土地、矿产、气候、生物、海洋能源和旅游等资源，社会资源主要是指人口劳力和基础设施等。国土工作的理论基础是国土科学。国土科学是一门新兴的科学，既是跨学科的边缘科学又是一门综合性科学。国土科学研究的对象是全部国土资源。它从整体角度出发，综合研究有关学科之间结合部位的最优模式、最优配比、最优布局、最优环境，重新组合各有关因素内在因子和外界条件。

2. 国土规划

国土规划（ national territorial plan）是国家最高级的空间规划，是国家空间发展的指南和永续发展的空间蓝图，是国土空间开发、利用、保护和修复活动的基本依据。空间规划体系中最核心的规划就是国土空间规划，可以对国土资源的开发、利用、治理和保护进行全面的规划。国土规划作为国家或地区长远性的指导决策计划，具有系统性整体性、综合性和地域性等特点。韩国对于国土规划的定义划是：对于国土的利用、开发和保护，为了应对未来经济社会的变动，也为了确定国土发展的方向而制订的计划。国土规划是一个参照面涉及经济、政策、人文、地理等多个方面的长期性、综合性计划。

3. 国土规划的具体内容

传统意义上的国土规划是为了解决国土问题而制定的空间计划。国土问题主要包括经济社会基础设施建设、生活条件改善等硬件的扩充，而现代意义上的国土规划更重视创造国土条件以及提高国家竞争力。它以协调国家和地区间经济发展且以人口、资源环境为宗旨，以国土资源的综合开发、生产力的合理布局、生态环境的综合整治与保护为主要内容，按一定程序编制的国土开发整治方案，包括经济、社会、文化、交通、环境等各方面的领域。不同层次国土规划按其特点划属于不同的空间布局规划范畴。前者是比较被动性的计划，而后者则是主动性的规划。由于国家的发展取决于国家的综合竞争力，所以国土规划不仅要考虑如何解决国土所面临的国土问题，更重要的是如何创造良好的国土条件来带动经济的发展和社会的需要。根据对国土概念的上述理解，就不能将国土规划只局限于资源规划。按国土规划的本质应属于地域空间规划的范畴。国土规划的内涵有 7 个领域：（1）合理设计和构造国土利用的空间框架，在发展中国家，还需要促进或完善全国统一市场。（2）通过政府行为确保地区间的公平和协调发展。（3）解决萧条地区和欠发达地区以及人口、经济活动过密地区的区域问题。(4) 有效地进行公共投资和诱导民间资本投资。(5) 支持产业在空间上的布局。(6) 有效地开发、利用和保护国土资源（土地、水、能源、海洋、矿产和森林等)。(7) 保护和整治国土、防灾减灾、生态系统。[1]

(二) 空间规划的种类

韩国的空间规划种类与国家行政体系相挂钩，在近50年的国土规划进程中，韩国国土规划体系逐渐完善，探索并形成了一条以国土规划推动国土开发和经济发展的道路，形成了以政府主导自上而下包括国土综合规划、道综合规划、市与郡综合规划，即与行政体系相对应的三级规划体系。此外，国土空间规划还涵盖部门规划和区域规划。其中，国土综合规划是韩国最高层次的规划，且以此为基础制定道综合规划以及区域规划、部门规划，首都圈整备规划、广域开发规划都属于区域规划。市与郡综合规划是以特别市、广域市、地方城市、郡管辖区域为规划范畴，是最低层次的国土空间规划。韩国空间规划种类体系[2]如图5－1所示：

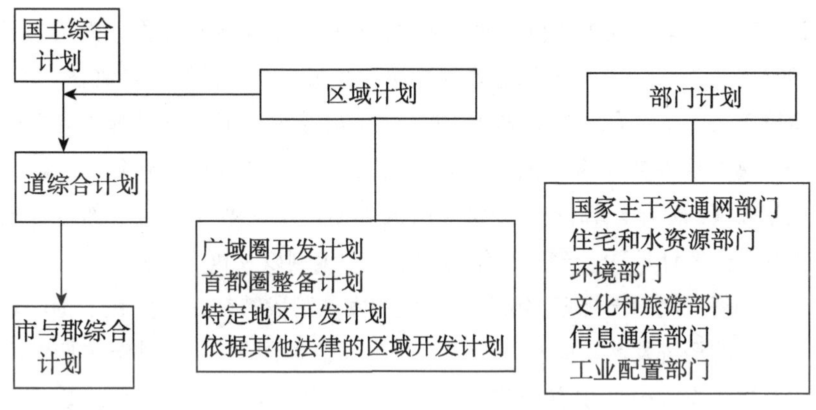

图5－1 韩国空间规划种类体系

---

〔1〕 参见金相郁：《韩国国土规划的特征及对中国的借鉴意义》，载《城市规划汇刊》2003年第4期。

〔2〕 韩国《国土基本法》第6条第2项规定，国土综合规划是以全国为规划空间范畴的，是最高层次的国土规划，道综合计划是以道管辖区域为规划范畴的，是第二层次的国土规划；市与郡综合计划是以特别市、广域市、地方城市，郡管辖区为规划范畴的，是最低层次的国土规划；地域计划是以特定区域或特定政策目的为规划范畴的，包括首都圈整备计划等，部门计划是特定部门的长期规划，包括交通、住宅、环境等。

二、韩国空间规划的立法沿革

（一）背景介绍

韩国地理位置位于亚洲大陆东北地区朝鲜半岛的南段，三面环海，国土面积为9.96万平方千米，约占朝鲜半岛总面积的45%。韩国是一个多山的国家，国土中有70%属于山地，平原所占比例不足20%，具有东高西低的地形构造，国土资源非常有限，自然灾害频发。在人口计数方面，至2019年，韩国总人口有5164万人左右，人口密度529.7人/平方公里（数据统计截至2018年），因此韩国是高人口密度国家，是世界上人口密度最大的国家之一，且人口多集中在首尔、釜山等大城市圈，人地矛盾比较突出。韩国政府从20世纪60年代开始就进行国土规划来发展经济和均衡城市两极化发展。

（二）立法过程

韩国国土开发经历了四个阶段：其中第一次计划（1972～1981年）到第三次计划（1992～2001年）为初期，被称为“韩国国土综合开发计划”，韩国于1961年设立建设部主持全国的国土规划工作，而后又于1963年颁布了基础性的国土规划法律——《国土建设综合计划法》。其中第三次国土综合开发计划于1999年提前结束，第四阶段国土规划趋于成熟（规划名称为“国土综合规划”）。现已进行到第五阶段的国土规划政策制定中。韩国于1972年开始编制国土规划（规划名称为“国土综合开发计划”），经过多年的国土规划编制以及执行，积累了大量的经验。每一次国土规划都彰显着一定的发展阶段特征，都反映了特定时期韩国的经济发展动向和社会发展的愿景。韩国早在20世纪中期便将国土规划作为中央政府调节和干预国土开发和空间秩序管制的政策工具，用来指导国家经济社会的发展。韩国国土规划体系的特征就是以政府为主导，下级规划应该服从上级规划。[1]

韩国一直强调“立法先行”，先后制定了多部法律来支撑国土空间

---

〔1〕 韩国《国土基本法》第7条明确规定各国土规划之间的相互关系：“国土综合规划是道综合规划和市郡综合规划的基础，部门规划及地域规划之间也需要与国土综合规划相互调节。道综合规划是当年道管辖区内所编制的市与郡综合规划的基础。国土综合规划是以20年为周期而编制的，编制者应当首先考虑国土综合规划的计划周期，而再制定其他规划的计划周期”。

规划的落实。韩国国土规划的法律制度基础较坚实主要包括《国土基本法》与《国土利用计划法》等。韩国现代城市规划始于日本殖民统治时期的城市建设行为。1934 年，日本为把朝鲜半岛建设成侵略我国的兵站基地而颁布了《朝鲜市区规划令》；该法在 1945 年之后的一段时间仍作为城市开发的法律依据，至 1962 年才从中分离出《城市规划法》。1963 年，韩国制定了《国土建设综合计划法》，并保障国土规划的法律地位，该法是国土规划的最高法律，同时，《大韩民国宪法》第 120 条规定“国土和资源应受国家保护，国家为均衡开发和利用而制定规划”，2002 年改称为《国土基本法》。《国土基本法》第 1 条规定其目的：“本法的目的是确定关于国土空间规划及政策制定及实施的基本原则，进一步有利于国土的健全发展和国民福利的提高。”《国土基本法》是由 6 章 33 条组成的，包括总则、国土规划的制定、国土规划的有效推进、国土信息体系的构筑、国土政策委员会、补则。

三、韩国空间规划法律体系

韩国历经多年国土规划的发展，已经构建了完整的覆盖各级空间规划的法律体系。

为了有效地利用国土土地资源，1972 年制定了《国土利用计划法》，规定土地利用计划的具体程序，并且限制国土土地资源的无秩序利用。《国土利用计划法》第 14 条将国土区分为五种“用途地域”和五种“用途地区”，并限制其他的用途转用，保障土地的有效利用。“用途地域”包括“都市地域”“准都市地域”“准农林地域”“农林地域”“自然环境保全地域”。要是土地利用需求大于供给，可以转用“准农林地域”。都市土地利用体系包括四种用途地域（再细分 13 种用途地域）、13 种用途地区和 6 种用途区域。1982 年韩国制定了《首都圈整备计划法》，抑制首都圈的过多扩散，并促进区域平衡发展。由于首都圈问题的严重性，《首都圈整备计划法》的法律地位仅次于《国土基本法》，高于其他有关国土利用的法律。另外，韩国设立专门研究机构（国土研究院）研究和编制国土规划并评价国土规划的执行。为了保障国土规划的执行，韩国政府设立专门的大型公营性企业，负责国土资源开发以及全国性的重大基础设施项目建设，如韩国土地公司、大韩住宅公司、首都圈新空港建设公司、韩国道路公司等。

韩国于2007年颁布了《景观法》，落实城市与农村景观的空间规划。韩国的《景观法》参考了很多日本的经验，规定了解决管理地域问题的政策手段和支援内容，如地区认同性，公共设施的设计水平，自然环境及历史文化环境的景观保护，避免农山渔村地区乱开发引发的农渔村景观问题，《景观法》对近郊地区的规划管控等方面展示了从整个国土到城市，再到农村的很有体系的规划制度。为韩国确定国土分类，注重城市与农村的边界规划与管理，区分行政管理边界与地方生活圈，提升合理的公共服务的落实提供了切实可行的法律支撑。

韩国在市级单元（市郡）实现全域规划。2002年以前，韩国地方城市规划仅针对城市地域制定；2002年《土地利用管理法》和《城市规划法》整合成《关于国土规划及利用的法律》（简称国土规划法），使城市规划（包括城市基本规划和城市管理规划）的规划范围从城市地域扩展到市郡全域，从而将非城市地域的土地利用方式变更纳入城市规划体制进行综合管理，缓解了多部门分散管理的矛盾。

韩国国土规划的立法程序如图5－2所示：

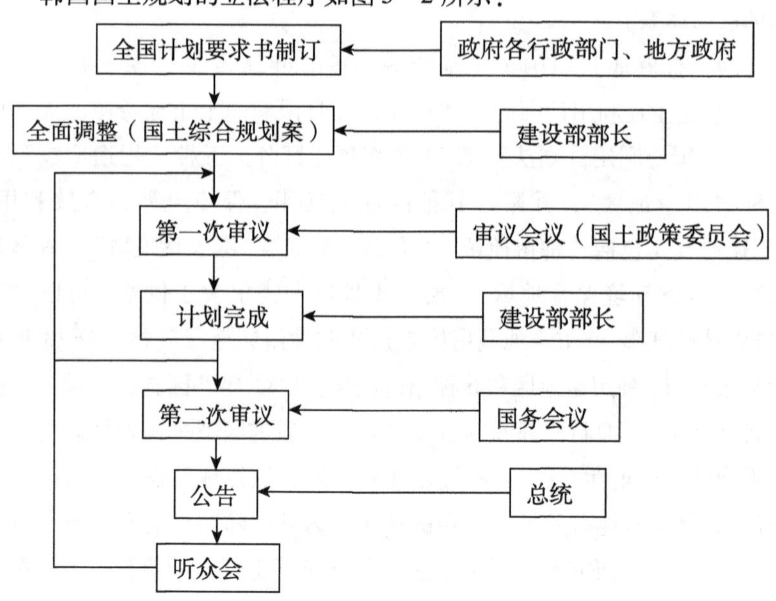

图5－2　韩国国土规划立法程序

四、韩国空间规划法的目的和任务

（一）空间规划法的目的

随着经济的不断发展，政府需要通过立法制定空间规划政策来应对国家在发展过程中出现的人地矛盾，为社会发展提供强有力的保障，使得国土资源、区域产业、文化旅游资源等符合国民发展需要，实现空间布局的可持续发展。空间规划创造了更好的国土条件，提高国家竞争力，带动了经济的发展和社会的需要。韩国将国土空间规划作为中央政府调节和干预国土开发和空间秩序管制的一种政策工具，用来指导国家经济社会的发展，而空间规划法的制定就是为其提供完善的法律支持。

（二）空间规划法的任务

韩国空间规划法的任务反映在每一次制定的国土规划中。韩国的国土规划和开发共经历了 4 个阶段，现已进入第五阶段的规划中。每一时期的国土空间规划制定都反映当时经济发展状况、社会需求和国民诉求。每一阶段的国土规划制定后并不是一成不变的，而是根据实际情况处于动态的调整中。空间规划法的任务是实现空间规划的目的的直接体现，韩国的国土综合计划是空间规划法的任务细化：

1. 第一阶段的空间规划法任务

通过制定国土空间法来实现规划的目标，主要包括三个方面：有效地使用和管理土地、建设关键性的基础设施、改善公众的生活环境。20 世纪 70 年代，韩国处于复兴期，随着产业结构变化、为了提高效率而导致社会不平衡等问题受到广泛关注，因此在制定第一次国土综合规划时便提出了“均衡发展”的概念，强调城乡有机均衡发展。规划的主要内容包括产业基础的构筑、交通通信网的扩充、城市开发和生活环境的改善、水资源开发、国土保全等。规划的发展方式是以增长据点式开发和圈域开发展开的，本时期规划的特征主要表现为基础制度的准备、最早的全国性综合性的国土规划、增长的最大化目标。

2. 第二阶段的空间规划法任务

随着工业化进程的加快、城市人口的激增，城市基础设施不足以及环境等问题越来越突出，第二次国土综合开发规划为了应对将这次规划的目标定为“全范围地扩大国土开发的可能性，诱导人口向地方流入”，更加强调首尔与地方的均衡发展。基本目标是人口向地方分散、全国展开开发、国民福祉水平的整体提高、国土自然环境的保存。本次发展战略是：创建多核心的国土结构；控制和管理首都地区的增长；地域差距的缓解和地域居民参与度的扩大。

3. 第三阶段的空间规划法任务

由于前期进行的据点式开发和生活圈构想未能有效解决实际问题，为继续促进首都圈与非首都圈的均衡发展，韩国进行了第三次国土空间规划。此次开发规划的核心是构建地方分散型国土框架，改变原来的抑制首都圈的消极均衡，积极地开发后进区域。本次规划旨在创建扩散型的国土空间结构；建立资源节约型国土利用的开发模式；同时提高公共基础服务设施、加强保护环境的力度、提升国民福祉水平，以便为国家统一奠定基础。本次国土规划的战略是：首都圈集中抑制与地方城市发展、西南部新产业地区形成与尖端化；交通、通信、流通的连接化；生活环境的改善与生活质量的提高以及地域居民参与和地方、中央的作用分工。

4. 第四阶段的空间规划法任务

第四次国土综合规划针对1997年金融危机的经验教训及韩国国内存在的问题，兼顾开发与环境的协调，构建开放型统筹国土。对外是面向欧亚大陆和环太平洋构筑开放型国土发展轴，对内是促进区域之间共同发展的多核联系型国土结构。由于20世纪90年代韩国国内外国土背景有了很大的变化，全球化、经济的快速崛起、国内产业结构和空间布局的调整、环境问题等，所以21世纪的国土规划不仅要解决这些国土问题，更重要的是要创造出良好的国土条件、提高国家竞争力。

5. 第五阶段空间规划法任务

韩国第五次国土综合规划编制的方向主要是扩大国土、健康国土、快乐国土。扩大国土，与大陆连接、与虚拟国土连接，形成统筹国土—海洋—山地的国土网络。健康国土是指确保社会、经济、环境的健康性，重视可持续国土和国民的生命、安全、生活。快乐和幸福国土，实现国土价值最大化，享受生活质量、休闲、快乐的国土。第五次综合国土规划以建立平衡国土、绿色国土、开放国土、完整国土为基本目标，提出圈域开发模式，将全国划分为十大广域圈，并规划实施“产业首都化战略”和地方中小城市的“专门机能城市化战略”，各个广域圈分别按照全国国土规划的要求编制相应规划落实发展战略。城市基本规划则在广域规划的指引下，研究提出城市的长期发展方向及主要政策目标。城市管理规划是控制性、实施性的规划，负责落实上位广域规划和城市基本规划提出的城市发展战略方向，通过用途划分、开发项目、整备规划等在空间上予以实施。第五次国土综合规划预计 2020 年年底前完成。

第二节　基本原则

空间规划法的基本原则作为空间规划法律体系提纲挈领的一种指导精神，贯穿着空间规划的整个立法、司法、执法过程，韩国国土空间规划的基本原则主要有生态科学原则，安全高效原则，整体性与地域分异性原则，长期性、预测性、公益性原则。

一、生态、科学原则

基于国土规划的运作对象是整个生态系统，因此在空间规划法的制定过程中要遵守生态科学原则。

生态原则要求我们在国土规划之初就界定好规划的范围，现代意义上的国土空间规划以协调国家和地区间经济发展且以人口、资源环境为宗旨，以国土资源的综合开发、生产力的合理布局、生态环境的综合整治与保护为主要内容。从定义中就可看出，规划将生态系统囊入其中，在政策制定时，不能只考虑经济的发展而忽视当地环境的承载能力，否则生产经营活动的负外部性将会限制城市群的正向发展；国土空间规划工作是促进和造就这一生态系统的良性循环、正常运转，以获得最佳的经济效益、生态效益和社会效益。国土空间规划要遵守生态、科学的原则，甚至应具体考虑到日常工作与生活的各种功能。生态原则也要求我们在发展工业、农业、居民生活基础建设等项目时，要因地制宜，国土空间的利用就是要建立在运用资源的基础之上，不考虑生态系统的承载能力和良好运作，只索取而不涵养，以牺牲环境为代价的非可持续性发展经济无异于饮鸩止渴。

科学原则要求考虑国土空间各个功能之间的相融合性。首先，空间规划布局应实现综合利用，国土空间是国民生产、生活的场所，一定的地域空间内，应根据自然条件和人文条件的不同进行合理功能分区，如工业区、商业区、生活服务区、休闲娱乐区等。功能区域之间也不是对立排斥的，如商业区、休闲娱乐区和生活服务区往往都是串联在一起的，这时要考虑在功能区的设置之初就兼顾各方，实现区域与区域之间最大化的融会贯通，国土空间规划需要按功能进行合理分区并有序规划布局，最大限度实现综合利用。其次，应围绕区域功能定位，做好国土空间规划调整。很多老旧城市的承载力已经跟不上社区居民的生活所需，加之早先城市群发展之初也并没有科学合理的规划，城市群在向外扩张时过于盲目，导致功能区域之间混乱，限制了城市的良性发展。因此，针对区域功能的定位，要适时调整。例如，城中村就存在区域功能定位混乱的现象，区域职能定位要与国土空间规划的布局相辅相成。

总之，国土空间规划与我们的工作和日常生活息息相关，国土空间应进行合理功能分区，国土空间要合理规划，以实现综合有效利用，更好地为我们的日常工作、学习和生活服务。

二、高效、安全原则

高效安全原则，是指在规划落实过程中既要提高效率又要兼顾风险预防。高效原则作为国土空间开发主要方式的主要原则体现在提升效率和效益方面。由于资源的有限性和各地区开发利用的不平衡性，未来相当长时期，很多国家仍将走集聚式开发道路，以点轴开发为重点，辐射、带动周边地区，最大限度地发挥集聚效应，充分提升有限开发空间的利用效率和效益。例如，韩国国土空间规划发展的初级阶段，首尔市、釜山市等大城市群就是通过点状发展，聚集最优资源集中发展，这种高效率的发展模式能够在短时间内完成国土综合计划的目标。国土规划要根据国情制定，要体现“高效国土”建设的客观要求。因此，首先必须坚持集聚开发，坚持节约集约，提升国土空间开发效率，对过去低效开发的国土、不适合生态和经济建设的国土进行综合整治，这也是提高国土空间开发与保护效率的内在要求与基本措施。坚持高效原则能促进生产空间节约集约，产出效率高，还能让生活空间安全有序，舒适宜居。生态空间丰富多彩，服务能力强，是编制和执行国土规划的第一原则。建设高效国土，必须统筹地上、地面（表）及地下国土资源的开发，统筹陆地与海洋国土资源开发，统筹“固定国土”与“流动国土”的开发。

安全原则，也即风险预防原则。起源于德国环境法的风险预防原则已广泛适用于全球环境保护，成为国际环境法的一项基本原则。安全原则意味着，如果存在可能导致严重或不可扭转的损害的威胁，行政主体就不能拖延，应采取有效措施以预防环境损害或退化，即使针对这一潜在的危险或损害缺乏充分科学结论和论证。在制定国土空间规划过程中，也应将安全原则贯穿其中，政府应当将审慎作为一种态度用来制定国土规划的政策，这对于人类社会可持续发展具有重大的意义。在国土空间规划立法、司法、执法的过程中，必须处理好开发与保护的关系，兼顾效率与安全。坚持安全原则要求各国应根据自己国家的实际情况制定与之相符合的国土规划政策。无论是从履行国际义务还是从维护国家利益考虑，政策制定者都须未雨绸缪，在综合性的国土规划立法中坚持安全开发原则并推进其适用。

坚持高效安全原则要求我们必须在立法过程中对国土空间实行分类保护，这也是被国外、国内无数实践证明了的行之有效的办法。分类保护，指的是针对不同功能区域要建立不同的保护机制，即因地制宜，如耕地保护、城市服务群规模边界的限制，农村景观改造、保障生态系统、自然资源良性运转等。坚持安全原则还要求我们加大全域国土空间调查监测网络建设力度，提升地质灾害及其他自然灾害监测预警水平，最大限度降低各类灾害影响，保障国土空间的安全。

总之，国土开发必须坚持高效与安全的原则，以提升资源环境承载能力为目标，按照不同地域特征、不同地区主体发展功能定位，加强不同国土空间单元的资源环境承载力评价，以此指导各地各类国土空间开发与保护活动。通过省级以下国土规划编制实施，统筹建立以用途管制为主要手段的国土空间开发保护制度。

三、整体性与地域分异性原则

空间规划法的立法过程中要遵循科学的国土规划原则，这就要求我们兼顾生态整体化、地域分异性原则。整体化主要体现区域可持续发展的本质和宏观目标，即社会公正、经济生态、环境优美三者的统一。在对区域进行国土空间规划时，应从系统论的观点出发，将整个区域的社会、经济、环境等诸方面作为一个有机的整体，加以通盘考虑。认识到区域有机体中任何一个环节的行动都会引起多方面的反应，尤其要认识到某些经济活动将会对环境、生态造成难以逆转的影响，把所有的社会、经济行为都限制在环境容量允许的范围内。整体性（综合性）、战略性、地域性，在这三性中，整体性尤为重要。因此，整体观、综合性是国土工作灵魂，是国土空间规划科学的生命力，也是国土空间规划事业的基本原则。

地域分异性是可持续发展在地域空间上的实施途径。运用“生态多样性决定稳定性的原理”，通过具体规划适应可持续发展的生态空间的多样性，即让不同地段分别体现生态环境景观、农业景观、建成景观、道路交通景观及其相互关联，实现区域可持续发展。地域分异性是建立在对宏观性和整体性的把控之上，在不违反总纲领的原则下，根据各地区的特点来分层制定不同细化政策。这就充分考虑到了城市与城市之间、区域与区域之间的特色化发展。地域分异性也是科学性原则的体现，不是笼统的“一揽子”制定，而是充分考虑到当地居民、土地质量、环境承载力、地理特质等自然因素和人文因素。

四、长期性、预测性、公益性原则

通过多年的实践，人们逐渐认识到，规划不应是区域发展的终极蓝图，也不应是区域发展的项目清单。随着市场经济的发展，过去那种过细、过具体的计划型规划将越来越失去其使用价值。今后的国土空间规划应由以行政手段为主转向宏观调控。在保持国土空间规划原有的综合性、地域性、战略性的同时，加强其长期性、公益性和预测性。对于规划内容尤其是产业发展要改变过去以人为安排为主的思路，在研究各方面因素基础上提出建议性的发展思路和方案。要提高规划的科学性和预测性，要将公益性考虑到规划范围中，不要短期成效，“打一枪换一个地方”，而要真正做到长期有效，让规划的有利影响持续性地造福社会和人民。许多市场经济国家的规划中一般对具体的经济行为不作明确规定，而以“不允许”来指明政策的控制底线，给行为主体一定的自主空间，却又不允许超越基本的边界，能够简单有效地实现保护或限制的目标。

预测性要求我们做好风险预防和项目评估，不仅要评估政策是否科学可行，也要从经济学角度对规划的落实预期收益和成本之间进行综合考量。同时，预测性还要求我们要坚持环境保护法当中的一些制度，如环境影响评价制度、三同时制度、风险预防原则、公众参与等。将预测性加入规划中更有利于长期规划和宏观把控。

国土资源对一国乃至世界人类具有共同的环境利益。大气、水、森林、野生生物等环境资源是地球生态系统中的重要组分，它们在其中的重要地位就是其于人类环境公益的根源，它们的多寡及品质直接影响到生态系统的质量，从而间接影响整个身处此生态系统中的个体的环境利益，人既是社会人，也是生态人。充分保护、合理利用环境资源，保存并增加其生态价值惠及整个人类。国土资源对一国国民具有共同的经济、社会利益。对土地、水、矿产等资源如何保护、利用具有战略性意义。土地是粮食之源泉，水为生命所必需，矿产等能源乃经济发展之血液。国土资源是一个社会概念。马克思曾经指出，人们为之奋斗的一切都与利益有关。不但经济工作要讲利益，立法工作也要讲利益。这完全符合马克思主义利益观。所谓利益原则，就是在国土资源立法过程中，必须反映、表达和综合绝大多数人的利益，满足绝大多数人的利益需要必须对近期利益和长远利益、国家利益和群众利益、个人利益和集体利益进行适当的与合理的协调和规范。如何坚持公益性原则，首先，必须全面贯彻，力求调动各方面的积极性。在社会生活中，人们之所以从事各种生产活动，其根本的动因在于人们为了实现自身利益的需求。其次，正确处理近期利益和长远利益、个体利益与集体利益、局部利益与全局利益。要避免或减少短期国土资源立法行为。最后，妥善处理和客观对待既得利益。既得利益是国土资源立法改革的一个约束条件，而且，它已成为国土资源立法以及国土资源管理体制改革一个难以逾越的障碍。所以，在全面、充分考察现行既得利益的基本现状的前提下，要妥善处理和客观对待既得利益，尽量减少改革的阻力和化解改革的风险，提高和完善国土资源立法的稳定性和安全性。[1]

第三节　基本制度

空间规划基本制度是整个空间规划法规范中所体现的重要的规范和运作模式，韩国在近几十年的国土规划中形成了与之相匹配的几种基本制度，主要包括国土评估制度、规划审批制度、监测制度等。

一、国土评估制度

国土的规划评估，是指国土空间规划实施期间，每隔一定期限，以规划目标为主要参照，采用有关评价方法，对规划实施情形进行定期跟踪、监测，分析规划对经济社会发展、环境变化等产生的影响及取得的成效，评估现行规划的合理性与现势性，针对存在问题提出意见和建议，并就规划是否需要修改或修编提出评估结论及相应解决方案。在国家规划体系中，土地利用总体规划覆盖全部国土空间，规划地位与作用日益凸显。因此，建立健全规划评估制度，不仅是确保规划实施的客观需要，更是完善规划体系、强化规划管控和引导作用的必然要求。首先，作为规划修编的必备环节，评估工作以现行规划实施评价为出发点，基本覆盖了国家—道—市与郡三级土地利用总体规划体系，形成了

〔1〕 参见吴迪：《我国国土资源规划与治理法律制度研究》，东北林业大学 2010 年硕士学位论文。

自上而下的规划实施评价成果；其次，国土相关主管部门通过立法、行政等手段对现行规划实施情况系统评价，促进了土地规划与地籍、耕保、利用、执法等业务的对接融合，探索了评估方法和模式，有利于规划修编中重大问题的解决。“评估是规划修改（修编）的前提、基础”这一理念已开始为政府、部门、机构和公众认知与接受。韩国设立了专门国土规划编制的专门研究机构：国土研究院。韩国国土规划由建设交通部来主管，由国土研究院（Korea Research Institute for Human Settlements，KRIHS）来研究规划。KRIHS 于 1978 年成立，由国土规划与环境研究室、区域与城市研究室、SOC 与建设经济研究室、土地与住宅研究室、CIS 研究中心、民间投资支援中心和东北亚研究中心组成。国土研究院的最主要的任务就是负责编制国土规划，并评价国土规划的执行。国土研究院的基础研究项目大部分是建设交通部的委托课题。

二、资金纳入多元化制度

中央政府投资、地方政府投资和民间投资的协调是韩国国土空间规划中资金投入多元化的体现。韩国国土规划既是以中央政府为主导的国土规划，又是一种区域开发政策。在经济发展的初级阶段，中央政府的作用大大超过其他部门，之后，随着规划的升级或经济发展水平的提高，其他部门的作用也扩大。第一次和第二次国土规划期间韩国处在快速经济发展阶段，中央政府占国土规划投资实绩的 31.7% 和 30.7%，第三次规划期间其比重降低为 16.9%。虽然国土规划执行是以中央政府为主的，但政府也大力支持民间投资的参与。民间投资（包括公司投资）占第三次国土规划投资的 74.7%（见表 5－1）。

表 5－1 韩国前三次国土规划的投资结构来源 单位：%

投资规划	第一次国土规划		第二次国土规划		第三次国土规划	
资金来源	实绩	计划	实绩	计划	实绩	计划
中央政府	31.7	39.3	30.7	30.6	16.9	28.6
地方政府	11.3	10.3	13.2	14.1	8.4	15.1

续表

投资规划	第一次国土规划		第二次国土规划		第三次国土规划	
资金来源	实绩	计划	实绩	计划	实绩	计划
其他民间	57.0	50.4	56.1	55.3	74.7	56.2
合计	100.0	100.0	100.0	100.0	100.0	100.0

资料来源：金相郁：《韩国国国土规划的特征及对中国的借鉴意义》，载《城市规划汇刊》2003年第4期。

三、监测监督制度

国土空间规划的监测监督制度，是指在一定的时间和空间范围内，间断或者不间断地测定检验国土空间规划实施的具体成效。形成完善的指标评估和实施监测体系，将总体规划中的定性发展愿景转为国土空间规划中可感知、可测量、可跟踪、可维护、可评价的量化指标，形成一套完整的指标评价和实施监测体系，是国土空间规划的未来导向。监测监督制度包括监测和监督两个方面。监测制度主要指在环境的保护与开发中，对每个因素进行定期观测，绘制数据图从而得出影响该因素变化的原因，以此来更好地开发和利用自然资源，放到国土规划的语境下，国土空间规划在实施过程中，必然会对自然资源产生影响，无论是正外部性影响还是负外部性影响，都要在项目的实施过程中运用各种科学技术手段同步检测，通过建立规划数据库和监测评估预警系统，对国土空间规划的现状数据、实施进程、趋势变化进行全面动态监测和及时预警，反映国土空间规划的实施情况及国土空间的运行体征。例如，人口流动动向、城市内部发展、农村耕地变化、工业区环境质量状况监测，绿化区域环境承载能力等。而监督制度更多的是从法律规范落实的情况来讲的。例如，韩国就派驻地方执行机构来监督规划的实施情况，并且构筑和运营国土综合规划监控系统已经成为韩国未来国土规划发展的重要方面和目标。监督制度的实施能够检验国土空间规划的履行情况、基础设施投资方向、向民间力量筹资后的实际运作情况，因此，监测监督制度作为国土规划实施的重要保障，对韩国的国土空间规划作出了重要的贡献。

第四节　法律责任和法律救济

一、法律责任

空间规划法律责任，是指因违反了空间规划指定的法定义务或者契约义务，或者不当行使法律权利、权力所产生的，由行为人承担的不利后果。由于韩国国土空间规划是由政府主导的，自上而下的依托于三级行政体系实施的一种国土规划制度，因此，在法律实施过程中最有可能出现的法律责任就是行政责任和救济金给付责任。

（一）行政责任

国土空间规划中的行政责任，是指实施主体因为违反了国土空间规划法律规范而应当承担的法律责任，行政法律规范要求国家行政机关及其公务人员在行政活动中履行和承担的义务。韩国的《环境污染损害赔偿责任与救济法》第 2 条第 1 款规定，“环境污染损害”是指因设施的设置与运营所发生的大气污染、水质污染、土壤污染、海洋污染、噪声、震动，以及因实施总统令规定这一原因而造成的他人生命、身体（包括精神损害）和财产损害（包括同一原因的一系列损害），但企业自身原因造成的损害和该企业人员业务上所受损害除外。从本条规定中可以看出，总统令规定造成的损害包括在其中，那么，国家的国土空间规划作为一种行政政策，在国土空间规划实施过程中对一切环境要素造成的损害的行为同样适用该法条。

（二）救济金给付责任

救济金制度是韩国特色鲜明的制度，目的在于通过该制度保障受损当事人的合法权益。受害人救济金，是指环境部长官对造成环境污染损害者无法得知、存在与否不能确定，或者其无资金能力，或者超过该法第 7 条规定的损害赔偿责任限度时，且受害人不能全部或部分获得赔偿，向受害人或者其遗属（受害人等）支付的救济金。在环境责任保险合同或保障合同不成立或失效、保险人不预先支付部分保险金时，环境部长官根据受害人的申请先予支付救济金。环境部长官向受害人支付救济金后，可以在赔偿责任限度和救济金范围内向责任企业求偿，为此，成立了环境部长官下属的环境污染损害救济审议委员会，对救济金的支付事项进行审查和决定。获得救济的受害人向环境部长官申请支付救济金，环境部长官收到申请后30日内调查受害人是否符合救济金支付条件并告知受害人等待调查结果，有正当理由的可以延长15日。环境部长官做出支付决定之日起30日内应支付救济金，因不得已的理由支付困难时可以延长15日。环境部长官认为，故意或重大过失导致疾病恶化或妨碍治愈者，可以中断支付救济金；环境部长官认为疾病治愈时，也可以中断支付救济金。如果中断支付，应及时告知受害人。

二、法律救济

（一）行政救济

国土规划作为一种政府主导行为，借由行政体系实施，在实施过程中可能因某些因素导致实施不当而损害公民的合法权益。行政机关及其相关人员在行政权行使过程中的不作为、慢作为等行为都会直接影响相对人或者人民群众的合法权益。尤其是国土规划关系万千人民群众的饮食起居，政策一旦落实不到位，就会影响人民的正常生活。除此之外，规划还涉及对自然资源的开发和利用，若政策没有得到科学有效的预测和评估，一旦对环境造成损害，是不可逆转的。因此，无论是从源头上建立救济制度，还是在政策实施过程中建立监督机制，对于国土规划的实施来说都是至关重要的。韩国在环境的保护与开发中设置了政府直接支付救济金制度，韩国对无法得知环境污染损害的原因、加害人不明或者无偿付能力，或者超过了法律规定的2000亿韩元的污染企业赔偿范围，[1]受害人不能得到赔偿时，环境部长官

---

〔1〕 韩国对企业故意或重大过失、企业对排污设施的设置和运营未遵守相关安全管理标准，或者企业未采取适当的损害防治措施以外的情况，规定了2000亿韩元的损害责任赔偿限度。

向受害人或者其遗属（受害人等）支付救济金。这种政府直接向受害人支付环境污染损害救济金的方式，在国际上非常罕见，体现了韩国政府对宪法第 35 条规定的公民环境权的尊重和保障，也是政府对环境质量负责的最深刻解读。政府尊重国民的环境法律救济和法律监督有利于改进国家机关工作人员的工作，提高工作水平和工作效率，有利于激发广大人民群众参与国家大事。在政策实施过程中实行监督，能提前排除问题和杜绝潜在的隐患，防止在实施过程中出现偏离目标的现象。同时，监督也要力求民主的监督、监督的公开，保证监督的质量和效果，从而达到监督与防范的目的，推动国土规划各项政策和任务的顺利完成。

（二）刑事救济

韩国对于国土空间规划的救济，在刑事方面主要指韩国检事起诉，韩国的检事起诉制度与损害赔偿相结合构成了公众对于在空间规划过程中通过刑事法律法规救济的重要途径。

在刑事诉讼案件起诉制度上，韩国实行检事起诉的独占主义，即被害人在刑事案件中没有起诉权，一般也无权请求检事提出公诉的权利，所有权利都由国家专门机关行使。环境污染破坏犯罪诉讼中最大的困难就是举证问题，大部分的环境污染破坏犯罪诉讼最后都是认定原告主张的损害因为证据不足而被驳回，实际上，环境利益被害的居民们承担的举证责任还是相当重的。再者，因果关系被认定之后，环境污染破坏利益的侵权被认定的话，其损害是否超过“忍受极限”事实就要证明，但是忍受极限的标准是不明确的。这就需要国家权力机关的介入，运用科技手段和充分的事实和证据，为环境污染犯罪被害人利益的维护搭起一座坚固的桥梁。

韩国在刑事诉讼中也规定了被害人损害赔偿制度，专门规定了赔偿命令制度，规定了赔偿责任主体、赔偿标准等相关情况。根据这一制度，法院依据事实和法律对环境污染破坏犯罪案件宣告有罪判决的时候，可以依职权或依环境污染犯罪被害人的申请，做出被告人因其环境污染犯罪行为给被害人造成直接经济损失予以赔偿的命令，从经济上对环境污染犯罪被害人的合法权益进行救济和合理保护，促进和谐社会的稳定发展。当无法从罪犯或其他来源得到充分的补偿时，为了弥补环境污染犯罪被害人因犯罪行为所受到的损害，国家应设法向其提供金钱上的补偿，以弥补其物质上和精神上的创伤。由于在具体的司法实践中，环境污染犯罪被害人所得到的损害赔偿金额是相对较少的，为了保障环境污染犯罪被害人的权益，韩国出台了相关的法律法规，规定赔偿的多种方式。[1]为进一步弥补环境污染犯罪被害人所受到的创伤，还规定了受害者应从政府、自愿机构、社区及地方等途径获得必要的物质、医疗、心理及社会援助，尽快地让环境污染犯罪被害人从被害中恢复，促进整个社会的和谐稳定。

（三）民事救济

在空间规划过程中，难免会涉及工业区搬迁到新地址进行生产经营活动，这就有可能造成当地环境的污染和破坏，韩国环境污染损害赔偿方式为金钱赔偿，对环境污染同时造成自然环境或自然景观侵害的，受害人可以请求恢复原状或者可以直接自行恢复原状，直接自行恢复原状时，可以请求侵害企业支付相应的费用。受害人可以针对加害设施，要求设施企业提供相关信息，让信息更加清晰有利于受害方及时地对受损的环境进行整治和补救。对以商业秘密为由拒绝提供信息的，受害人可以向环境部长官提出申请。企业对环境污染损害承担无过失责任、连带责任，并规定了因果关系推定，上述一系列规定都保障了当事人合法权益受到侵害时如何进行民事救济。除此之外，韩国还建立了环境污染损害救济账户，救济账户的用途有环境污染损害评价与损害减轻的调查和研究费用、维持和完善环境污染损害救济制度的必要经费支出等。

---

〔1〕 环境部长官对造成环境污染损害者无法得知、存在与否不能确定，或者其无资金能力，或者超过该法第7条规定的损害赔偿责任限度，受害人不能全部或部分获得赔偿时，向受害人或者其遗属（受害人等）支付的救济金。在环境责任保险合同或保障合同不成立或失效、保险人不预先支付部分保险金时，环境部长官根据受害人的申请先予支付救济金。环境部长官向受害人支付救济金后，可以在赔偿责任限度和救济金范围内向责任企业求偿。为此，成立了环境部长官下属的环境污染损害救济审议委员会，对救济金的支付事项进行审查和决定。

第五节 现有制度评析及其对我国的启示

一、现有制度评析

（一）韩国国土开发政策的实施效果

第一，缓解资源过度集中于首都圈的问题。在国土规划的前期阶段不可避免地出现了由于采取以经济效率为主，集中有限资源重点建设一些大城市或特定工业地区的据点式开发方式，韩国国土两极化问题突出。韩国因经济高速增长带来的资源向首都圈过度集中的现象从 21 世纪开始持续缓解，基本实现了均衡，相应的经济差距也变小。第二，缓和了地区发展差距，但又带来新的地区间矛盾，即显著地加剧了一些小城市和郡的人口流失。在第二次国土规划的过程中，延伸交通和通信等基础设施以及加快工业落后地区的开发投资仍集中在连接首尔（汉城）—釜山的极轴上，首都圈的集中和地方间的经济发展差距持续拉大。再加之这一时期，韩国在首尔（汉城）相继举行亚运会和夏季奥运会，国土开发投资的变化进一步加重了区域间不平衡的问题。韩国于 1987 年修改了第二次国土综合开发规划，虽然政府在城乡区域均衡发展的策略下向人口稀疏的小城市和郡提供了各种公共设施和基础设施，采取了各种措施，但没能阻止人口流失的趋势，而人口流失导致了小城市和郡的发展停滞。第三，对地方的非均衡投资、地方就业岗位的减少以及弱化地方经济活力，导致京釜线与非京釜线、城乡之间、大城市与中小城市之间的差距比较大。差距范畴由人口、产业、基础设施扩大到福利、医疗、教育、文化等民生领域。韩国落后地区的分布态势呈现出从京畿北部开始经过江原道、庆北、忠北、全北、全南，在济州岛点一个点的“问号”状。第四，以地方行政单位为中心的、重复性区域开发加重了地区间的竞争和重复投资。韩国在区域开发中没能实现区域开发的特性化，全国很多地区的开发都遵循了标准化和“一刀切”式的开发模式。不同区域在战略特性化产业的培育中，竞争性地把 IT、BT、太阳光、绿色产业作为战略性先导产业来推进，导致了过度竞争、恶性竞争等结果，降低了投资效果，削弱了地区发展的溢出效应。另外，韩国的区域开发基本以行政单位为中心推进，这是因为韩国目前还没有构筑地区间的合作网络，各个行政单位不具备跨区域合作开发的基础，尤其欠缺在法律、制度、人力和资金等方面的合作条件。第五，缺乏地区之间双赢或共赢的国土整合效果。虽然韩国努力要摆脱过去“抑制首都圈过分集中”和“抑制开发”的一边倒的政策，致力于“分散首都圈功能”，但首都圈与地方之间零和博弈现象严重，需要构建首都圈与地方、地方与地方之间的差别化战略和互补性分工体系。

（二）韩国国土开发政策的局限性

第一，缺乏相关政策的连续性和一贯性。目前，韩国的国土综合计划的期限为20年，但随着每五年出台的新政策而不断被修订，很难确保连续性。例如，2003～2007年的卢武铉政府，2008～2012年的李明博政府及后来的朴槿惠政府的国土空间开发政策的核心目标分别为“国土均衡发展”“广域经济圈、地区竞争力及绿色增长”“国民幸福和地区相生或双赢的城市圈及地区生活圈体系”。相应地，核心政策手段也由世宗市及创新城市建设等首都圈功能的分散转变为通过广域经济圈、先导产业的培育，转变为增进国民幸福为宗旨的地区生活圈事业。第二，缺乏综合性国土再生的相关政策与措施。虽然韩国历届政府推进了多种多样的国土再生事业，但在居住、产业、文化等领域由不同部门、按个别事业推进的项目缺乏综合性的、可持续性的地区再生政策。第三，虽然韩国对国土再生的需求不断增加，但难以保证其预算，也难以实现城市中心与城外新开发地区之间的协调与联动发展。第四，要素投入型国土开发的局限性越来越明显。韩国仍未摆脱依赖大规模资源要素投入的传统开发模式所带来的投资效率低下等问题。近几年来，韩国增加了政府和民间研究机构的研发投入，试图通过增加研发投入促进技术创新，但还没有与经济整体的联动效应相联系起来，以致其效果并不是很明显。第五，在基础设施或产业主导型区域发展陷入“瓶颈”的情况下，韩国仍以基础设施等硬件建设投入为主，缺乏对地区文化、医疗、教育等以民生基础设施的投入和以人为本的国土开发政策。经济高速增长时期的城市化，对道路、铁路、港口等基础设施的投资，对产业园区、住宅建设的投资可以大幅提升经济发展。但在经济低增长时期，过去的增长方式陷入“瓶颈”，经济增长率大幅下滑，城市化进程进入边际，基础设施及产业园区建设对人口流入、企业投资的作用大大削弱。再加上经济结构的调整和升级，就业率低下成为常态。这种现实更加凸显了增加就业和改善民生对区域发展的重要性。

二、对我国的启示

（一）借鉴韩国经验的启示

通过总结韩国历次国土规划的内容特征、变迁及新动向，可以看出，现代意义上的国土空间规划已不仅是考虑国土问题的解决，更重视创造国土条件以及提高国家竞争力。韩国国土规划的发展特征及对我国国土空间规划的启示概括如下：

1. 强化均衡国土战略，重视落后地区开发

梳理韩国历次国土规划，可以看出韩国政府一直致力于解决地区差异，强化均衡国土战略。从 2002 年“新行政首都”到推进新的“行政中心都市”设立世宗特别自治市，韩国在首都功能疏解上不断探索，形成了以中心地区（行政中心复合都市地区）、辅助地区（指定周边地区）、都市圈（广域区域规划圈）三个空间层次由内而外带动的发展战略。韩国通过首都功能疏解战略，重新配置国家经济格局，也起到发展周边地区的作用。此外，针对相对于首都圈的落后地区，韩国的开发方式称为广义落后地区开发政策，包括以促进经济增长为目标的特定地区开发制度，以均衡发展为目标的行政性落后地区开发事业（光州圈和全州圈开发事业、西海岸开发事业等），以及进入 20 世纪 90 年代以强化国家竞争力为目标实行的广域圈开发战略等。第四次国土综合规划开始的广域圈开发战略，其重点之一是强化国际性生产物流基地建设，并扩充国际机场、港口及高速信息网等现代化国际交流设施，促进广域圈外向型职能的完善，以达到均衡发展的目的。在针对局域空间的狭义落后地区的开发过程中，韩国政府采取了新村运动、“开发促进地区制”等多种形式的开发事业。参考韩国在分散首尔圈职能促进区域均衡发展方面，以及落后地区基础设施建设、产业发展和环境保护方面丰富经验的

同时，也应该关注韩国落后地区开发政策的教训与弊端。例如，早期特定地区开发事业由于大部分集中于基础设施建设上，而在改善地区居民经济和社会福利方面缺乏直接贡献；在资源有限条件下仍过分追求效率而开发过多据点城市，则政策不能发挥应有作用。

北京同样面临资源过于集中的考验，交通、环境、人口等问题突出，党的十九大报告提出以推动京津冀协同发展，强调探索建立更加有效的区域协调发展新机制。再如，广东省是我国典型的区域经济发展不平衡地区，珠三角地区与粤东西北地区间的经济总量差距悬殊，尽管省政府不断发力，政策扶持力度不断加大，但绝对差距仍然维持高位，区域经济不协调已成为广东省经济可持续发展的一个阻碍。有学者指出，城市化的未来发展路径是产业和资本跟着人才走，人才跟着公共服务走，机场、高铁等交通基础设施与公共服务协同成为高质量发展的必然要求。因此，借鉴韩国经验，区域均衡发展需要加快构建适应国土开发的、高效协同的交通基础设施与公共服务设施，国土空间规划要做好支撑交通布局的战略空间预留。

2. 重视全球化对国土空间规划的影响

韩国历经 5 次国土规划，尤其是第四次国土综合规划非常重视跨国土空间边界的全球化合作，强调开放型国土条件的建立，以开放国土为目标，提出在全球化背景下，扩大国土“软空间”的构想。韩国第四次国土规划 2006 年修改后，空间战略为“倒 π 形”国土均衡开发框架，即东、西、南 3 个海岸国土轴和“7 + 1”特化广域圈，体现了韩国致力于构筑东北亚交流中心的国土格局，加强区域合作，以提升国家竞争力。2011 年修订规划之后，韩国国土发展政策视野向北延伸，东海岸能源旅游带、西海岸产业带、南海岸太阳带、朝韩边境交流带的国土结构逐渐形成。韩国开放型的国土规划，一方面有助于优化国土资源配置效率和提高国土资源利用率；另一方面通过将经济融入全球化过程中扩大国家的软边界，提升韩国在全球的竞争力。

在国内外风险挑战明显上升、经济下行压力加大的当下，如何提高大城市竞争力、抢占全球经济竞争制高点是我国城市面临的挑战。近年来，长三角区域一体化深入发展并上升为国家战略，京津冀一体化进入爬坡过坎的关键阶段，粤港澳大湾区建设持续推进，“飞地经济”高质量发展掀起新高潮。因此，在“流动中国”成为必然的当下，借鉴韩国经验，各省（区、市）制定国土空间规划时必须考虑周边省（区、市）产业和资本转移与跨境流动等对当地国土空间格局、产业经济布局的影响。在国土空间规划过程中，做好“飞地经济”的系统化顶层设计，助力城市互利共赢，推进区域深度融合。

3. 关注城市更新

随着韩国大城市内部基础设施及建筑老化、环境污染、交通压力等问题不断涌现，韩国提出城市再生相关事业，2013 年韩国制定《城市再生活性化及支援相关特别法》，在制度层面确立了“城市再生”的概念。韩国以居民为主角、政府为帮手的“居民参与型城市再生”模式推进城市再生，在解决大城市快速发展过程中居民生活质量下降、社区认同感降低等问题上效果显著，长寿村是很好的实例。另外，韩国首尔清溪川复兴改造的案例，以水环境改善带动城市中心区活力再生，是工业化中后期城市处理人水关系的重要典范。

我国内地城市更新概念最早提出并实践于深圳，随着城镇化进程的不断深入，针对人口扩张、产业格局变动、城市规模膨胀以及区域建筑群设计年限逼近等诸多问题，进行城市更新、生态修复，减少增量、盘活存量，是未来城市发展的重要内容和必要手段。针对我国大量的历史文化保护区，未来发展如何确立其整体性，实现可持续再生，也是很多城市需考虑的问题。我国一线城市在“城市更新”领域的拓展已进入加速阶段，广州、深圳、北京、上海等城市相继出台与修订城市更新相关法规。我国城市更新、实现可持续发展可以借鉴韩国城市再生的指引策略、组织模式、技术方法等经验。

在新时期的国土规划中，既要充分、合理、有效地利用国土资源，如果因为简单地考虑国土资源安全，而把国土资源机械地“封存”起来，就丧失了国土规划的“物质基础”，这显然是不对的，但又要保证国土资源具有支撑和保障能力，具有自主力、自卫力、竞争力。国土资源安全理念，要求人们在国土规划中应该：在确保国土资源规划合理消耗资源的情况下，建立和完善国土资源储备制度，要完善和发展土地储备制度，要加强矿产资源的储备，要积极开展海洋资源储备。

进入20世纪60~70年代以后，很多国家的政府反思了过去只重视生产而忽视了把整个国土作为自然、生产、生活的综合环境而加以统一开发、利用、整治的做法，提出对国土的利用要优先考虑公共福利，谋求保护自然环境和健康而文明的生活环境及国土平衡的发展，强调以人优先，重视人的生活质量，城市建设十分注意为人们营造一种康乐、和谐的氛围。在诸多社会问题中，就业问题可谓重中之重。通过合理的经济布局和发展计划扩大就业也就成为国土规划一项重要任务。我国农业剩余劳动力接近2亿，城市下岗待业人员也很多。人力资源是我国社会经济发展的最大优势，如何利用好这一优势是我国的头号经济问题和社会问题。城市需要解决这一问题，农村更需要解决这一问题。脱贫、解决失业问题和剩余劳动力问题等都有赖于就业机会的扩大。人们有事可做，有业可就，才能够增加收入，才能脱贫。人们生活富裕了，才能有购买力。购买力提高了，消费水平自然就会提高。消费需求扩大必然会刺激生产的发展，促进供给水平的提高。这样国民经济才能进入良性循环。

具有现代意识的国土规划还须注重地域文化的创造。对此，一方面，要重视保护文化遗产和有历史意义的建筑物，重视地方性文化的创造和国际宣传；另一方面，则是完善地区文化活动环境，增加居民参加身边的运动、文化活动的机会，从而增强地方的活力和凝聚力，全面促进社会发展。

（二）我国国土空间规划实现途径的建议

1. 在规划的过程中鼓励公众参与

国土规划必然涉及不同地区、部门、集团之间的利益冲突及协调，这个问题极大地影响规划的客观性、公平性和规划的实际效力，影响着规划的制定和实施。在制定规划时，广泛吸收有关政府部门的人员和专家、学者参与，通过协商解决问题、达成共识：规划通过审批公之于众，让公众了解规划的主要意图，让更多的人参与国土开发、整治活动，是制定规划和实现规划目标的不可缺少的环节。除了听取民众意见，还要注重全方位参与政策规划，这方面可参考韩国经验，其第四次国土规划在编制过程中，民间研究机构、官方都积极参加并共同设计了未来的国土蓝图。[1]突破自上而下规划编制方式，而采取自下而上、从细节到总体的方式，积极吸纳地方政府以及各界的意见，国土规划包括不同的区域规划，其影响涉及不同区域的居民，若处置不当最终还有可能引起区域间的利益冲突。国土规划是国家级的空间宏观规划，有时难以涉及居民的需求，会造成规划和现实间的差距。为了减少矛盾，我国在国土空间规划编制过程中应当大量吸纳民间的意见，加强公众的参与。

2. 强化实施、管理手段

区域管理与决策已是现代区域经济发展的关键因素，也成为区域经济学家和管理者日益关注的焦点之一。同样，区域的国土管理与利用决策对其可持续发展也是至关重要的。国土规划的实施与单项工程不同，它有一个比较长的过程，有不少规划目标是通过规划管理控制而逐步实现的。所以，作为规划实施的一个过程，管理也就是规划的延伸。在国土管理的机构建设与其职能确定中，需要遵循等级体系—层次分权的原则。既要保持行政机构管理形式的等级明确性，更要保证各级机能的权属明确性，进而表现出整体国土管理的协调和有效性。协调人类活动，特别是经济活动与环境保护的关系，需要综合运用多种管理手段，包括法律、行政、经济和宣传教育等。国土开发整治是一向综合性活动，国土规划是一种综合规划，国土规划的实施也应采取各种手段综合并用的办法。

我国国土规划除了借助国民经济社会发展中长期计划、年度计划以及土地利用计划、地质勘探计划和环境保护计划等计划手段外，还应更好地借助法律手段、财政手段、金融手段、行政手段等，引导各经济主体的活动符合国土规划的方向和要求，这些管理手段彼此不是孤立的。2019年8月26日颁布的《土地管理法》，要确保本行政区域内耕地总量不减少（良田不能被破坏）；乡村规划应当从农村实际出发，尊重村民

---

〔1〕《国土基本法》第11条中明确规定国土规划立法过程中需要听取民众的意见、加强民众参与，要召开听证会。为了充分落实这一政策，很多项目在制定规划的过程中从村民中选出代表，代表行使表达民意，这体现了对地位的尊重。

的意愿，在规划时就应具备气象、地震、水文、环境、测绘、勘察等措施。地方各级人民政府向本级人民代表大会报告，接受监督（住房、路政、排水、防水、电路、垃圾收集、畜禽养殖场、防灾减灾、历史遗迹）。各城市发展要基于本土文化，避免“千城一面”的现象，城市特色是城市的灵魂和价值所在。1990 年以后是我国历史上城市发展规模最大的时期，西北粗放型的开发以及东南沿海开发强度超过区域承载能力，这就要求我们应该追求高质量的发展追求；要注重“源头控制”，提高城市的抗灾能力和灾后修复能力；乡村振兴和城镇之间，各得其所，统筹兼顾发展，不能割裂城市与乡村的发展。规划实施不佳是一个世界性问题，但规划实施不佳不能单纯地归咎于规划实施本身，要把规划编制和规划实施以及监督看作一个整体。

3. 国土开发要积极利用民间投资

国土规划需要庞大的投资资金。要是资金不足，规划本身就变成空谈。投资资金是规划效应的关键因素。大部分规划内容依靠中央政府和地方政府的财政，但政府的投资力量是有限的。积极利用民间投资，一方面减少了政府的财源负担；另一方面促进了民间的参与，积极利用民间投资一定会提高投资的总效率。

4. 国土规划要重视农村开发并带动国土平衡发展

我国所面临的国土问题中，农村问题和区域不平衡发展是至关重要的。韩国国土规划的成功之一就是大大缓解国土发展的不平衡格局，其重要渠道就是农村开发。韩国的“新农村运动”和农村发展的经验、农村的工业化战略值得参考，农村发展不仅要考虑农业收入，还要考虑非农业收入。全面提高农村的发展水平，最终缓解区域不平衡格局。

5. 建立开放型的国土规划

我国的国土空间规划制定应考虑全球化对我国的影响，在国土空间规划建设中充分考虑人类命运共同体和全球化的影响。建立开放型国土发展框架，考虑周边沿岸国土发展轴和东西内陆发展轴组成，我国的国土规划要充分考虑国情，东部地区应对全球化的经验比较多，可借助沿岸港口城市点状发展，沿岸国土轴在利用环太平洋地区战略优势的同时，是环黄海经济圈和环东海经济圈能够实现最短距离的国上发展轴；

西部地区开发比较落后，因此更要抓住机遇，落实好“一带一路”倡议，在国土规划时，充分考虑沿岸国家国土的特色，建立开放包容的国土规划政策。国土规划还要考虑东西部之间的发展差异。东西内陆发展轴能够促进内陆地区的均衡发展，它具有双层机能：第一机能是将国土开发的东部成果扩散到西部内地去，实现国土均衡发展；第二机能是通过内陆的发展将环海经济圈之间相互连接，从而实现整个国家的均衡发展。

6. 提升公众参与度

国土年度报告作为整理过去一年的国土变化、国土计划及国土利用的报告，根据《国土基本法》的规定，每年定期向国会提交，并向公众公开。信息的公开是公众参与决策的第一步，畅通行政救济途径是非常有必要的。公众可以通过信访、行政监察、行政复议、行政赔偿、行政诉讼等方式寻求救济，因而相关部门通过这些途径最大限度地保障相对人的正当权益。公众参与还应体现在源头上即政策制定之初，要充分听取群众的声音，采用实地调查的方法，矛盾的特殊性要求我们具体问题具体分析，因地制宜地制定符合当地实际情况的国土空间规划。

7. 设立专门性监督机构

良法是善治之前提，仅有良法并不能实现善治，对不良行政行为的治理仅依托法律制度是不可能实现的，应从本源上对不良行政行为设置防线，落实到对行为人的归责和对相对人权利的保障上。只有实现对人的权利保障，社会本位、民本位的价值观才能得以实现。正如有学者所言，历史进步的趋势是人的发展，在一国国土空间规划的制度建设中，要使监督贯穿其中。保障相对人的正当权益，是对不良行政行为进行治理的目的。通过畅通行政救济的途径，希冀行政机关的内部救济机制能够发挥对公民权利救济的便捷、高效、利民的作用。从行政法的角度来看，法律救济发展趋势是行政行为与行政管理手段的多元化复杂化，而行政救济制度的一个基本原则是，救济途径、救济方式和方法必须与被救济的行政行为相适应，因此，在行政救济领域，必然要求和必然导致多途径、多渠道地实施救济。救济途径与被救济行为相适应原则要求，对不同的行政行为应当设置不同的救济途径、解决方式和方法；救济途径、解决方式和方法应当与被救济的行为相适应，应当根据被救济行为的不同特性而设置，具有与被救济行为相适应的程序和制度。救济途径的设置与被救济行为不相适应，不仅达不到预期的效果，反而会阻碍规划的贯彻落实。法律不仅要兼顾公平也要注重效率，国土规划的政策制定是与韩国的行政体系相挂钩的，因此，韩国可以借助行政体系中的不同部门来实现制定、实施、监督的分工合作。

8. 完善立法体系

政府要增强公信力，这样有利于政策贯彻落实。基于此，应遵从以下几方面建议：注重法律之实效性、可行性以及合理性之研究；建立健全行政执法程序，借鉴相关国家之先进经验并使之本土化；建立健全行政权力之监督体系，让公民参与行政过程；提高执法人员之法治思维、法治信仰以及法治综合素质；行政主体积极履行行政立法、司法等法定职责和创新执法管理模式。

第六章　荷兰空间规划法

第一节　荷兰空间规划法概述

一、荷兰空间规划的概念和种类

（一）空间规划的概念

空间规划对于荷兰来说具有十分重要的意义。从地理状况上来看，其国土面积只有 4 万多平方千米，人口达到了 1700 多万人。地势十分平坦，大部分国土面积在海平面以下，这样一个“低地之国”深受水患困扰，急切需要通过国土空间规划来衡平发展与环境的关系。从经济上来看，“从尼德兰革命爆发到‘二战’以来的快速发展奠定了荷兰世界强国的地位，荷兰国土面积仅有 4 万多平方千米，却承担了欧洲水路运输门户、世界重要空港、国际金融中心等重要职能，使得其经济活动和城镇人口都高度集中，是欧美世界中密度最高的国家之一。”[1]因此，在“二战”结束以后，面对人口的暴增并由此带来的人口密集与土地稀缺的问题，荷兰的空间规划开始蓬勃发展起来。

在 2016 年新的《环境与规划法》草案颁布之前，

---

〔1〕 周静、胡天新、顾永涛：《荷兰国家空间规划体系的建构及纵横协调机制》，载《规划师》2017 年第 2 期。

荷兰有关空间规划的概念与《欧洲空间规划制度概要》中的定义基本一致，即空间规划是主要由公共部门使用的影响未来活动空间分布的方法，它的目的是创造一个更合理的土地利用和功能关系的领土组织，平衡保护环境和发展两个需求，以达成社会和经济发展总的目标。而新的《环境与规划法》草案颁布后，荷兰的空间规划又有了新的概念，即空间规划是一种通过公共部门对活动空间的划分来使活动空间更加宜居、安全和具有竞争力的制度。

（二）荷兰空间规划的种类

1965～2008 年的空间规划法实施过程中，荷兰的空间规划种类主要分为中央、省、市制定的结构愿景规划、控制性详细规划（荷兰的土地利用规划）以及强调跨区域合作的区域空间规划，典型代表就是兰斯塔德地区。其中结构愿景规划是战略性的、非法定的；控制性详细规划具有法定性。除此之外，由于水治理工作对荷兰城市安全和经济发展具有重要影响，因此，荷兰还有独立的水资源规划。规划将荷兰的水资源分为四大区域，分别为北海、海岸和威顿海地区，大河区和三角洲地区，埃塞尔湖地区，其他低海拔和高海拔地区。从 2015 年开始，荷兰开始寻找新的空间规划形式，在 2016 年新的《环境与规划法》颁布后，“环境愿景”取代了“结构愿景”，“环境规划”取代了“土地利用规划”，总体形成了三层两类的体系结构。

二、荷兰空间规划的立法沿革

“二战”以后荷兰就开始进行空间规划改革，是欧盟国家中开始比较早的国家，经历了多次国家级空间规划改革，在总体上主要三个立法阶段。

（一）立法萌芽阶段（20 世纪初期到 20 世纪 50 年代）

首先是初步探索立法阶段，在这一阶段，荷兰的空间规划主要集中解决经济快速增长以及人口不断增加带来的住房紧张问题。“二战”以后，荷兰经济呈现暴增的状况，人口急剧增加，开始引发住房紧张问题。在 1901 年订立了《住宅法》，但该法的目的只在于强调对城市住宅的规划，规定在法定人口数量范围内的城市要制定城市规划。后来城市发展规划逐步发展到农村，国家开始注重空间规划。

（二）初步发展形成三级规划体系阶段（1960～2008年）

空间规划体系是以空间资源的合理保护与有效利用为核心，以空间资源（土地、海洋、生态等）保护、空间要素统筹、空间结构优化、空间效率提升、空间权力平等方面为突破，探索“多规融合”模式下的规划编制、实施、监管与监督机制。“西欧的规划体系比较研究曾经试图归纳出‘国家制度’的性质，将它们汇总到一起分类并找出理想的类型以便让真实的系统能够比较，他们创建了‘空间规划模式’。研究报告指出，空间规划体系与其历史脉络、社会经济、政治和文化价值紧密联系，因而形成了政府和法律的特定形式。”“从法律和行政制度角度对规划体系的分类看，欧洲规划体系被归为两种类型——盎格鲁—撒克逊体系和大陆体系。盎格鲁—撒克逊体系以英格兰的规划体系为代表，该体系是建立在英格兰习惯法体系下的，有着高度的行政裁量权。也就是说，没有事先给出一套完整的法定规划，判断裁决基于个案。而荷兰规划体系采用的是大陆体系的思维方式，善于预先制定计划、规则和评估方法，并使之系统化，属于中央集权强控型。”在研究的五个欧洲空间规划体系中，戴维斯等认为，荷兰空间规划体系属于基于拿破仑一世或斯堪的纳维亚的大陆体系。[1]

1960年荷兰颁布了第一部国家空间规划报告，这一规划报告旨在强调公平发展，衡平不同地区的发展。因为在1960年的国家规划报告出台之前，荷兰曾经制定了兰斯塔德地区的发展纲要，而这一纲要弊端在实施过程中不断显露，上流富裕阶层不断往城市迁移，使经济发展出现严重不平衡，引起荷兰其他地区的严重不满，且集中发展城市经济使城市环境质量不断下降，导致20世纪60年代荷兰开始出现逆城市化，使得城市规划开始向农村蔓延发展，荷兰政府因此开始重新审视空间规划。1965年荷兰的《空间规划法》应运而生，为空间规划的体系建设以及制度发展奠定了法律基础。

荷兰的空间规划体系在1965年《空间规划法》中按照行政管理体

---

〔1〕 参见多米尼克·斯特德、文森特·纳丁：《欧洲空间规划体系和福利制度：以荷兰为例》，许玫译，载《国际城市规划》2009年第2期。

系来建构，分为国家级、省级以及市级三级。国家、省、市三级编制有关结构愿景的战略规划，市级政府还需要根据其地方具体情况编制土地利用规划。“三个层级规划的关系既层层推进、互相呼应，又相对独立。层层推进、互相呼应体现在，尽管国家级和省级的空间规划都是非法定、非强制性的，荷兰空间规划法仍规定下级规划必须顺应上级规划所提出的主要规划理念和战略，服从重点项目的选址安排。”这一次的空间规划立法从纵横两个角度展现了荷兰空间规划的整体结构，政府之间相互协调沟通，市级政府有极大的规划自主权，但不能违背基本政策。除此之外还设有专门的咨询委员会，为空间规划提供专业的技术指导。后来的空间规划报告以及相关法律都是在1965年立法的基础上不断改进的。

1966年颁布了第二次空间规划报告，与第一次一样都是独立的国家级空间规划报告，这次报告旨在解决荷兰出现的逆城市化问题，强调构建城市交通体系，同时解决城市化发展带来的环境质量恶化问题，保留重点发展地区的绿化地带。

进入20世纪70年代以后，荷兰的空间规划迎来了重要的转折，由注重地区经济的发展开始转向主张空间结构的优化以及生活环境质量的改善，强调可持续发展。

1990年荷兰公布第四个空间规划及其补充文件，这也是荷兰开始出现空间规划转折后的第一个体现，这次空间规划主张既要发展经济，又要处理好经济发展带来的负作用，平衡经济与环境的关系。2000年，荷兰内阁签署了标题为“创造空间，共享空间”的第五个国家空间规划草案。这一次规划草案将空间规划分为三个层次，分别是基础层、网络层和应用层。基础层是围绕发展所依赖的自然生态这一基础条件。该层面强调在空间规划发展过程中要考虑每个地区的水资源保护问题，强调坚持河流中心原则。网络层面是考虑经济发展、人口增长带来的交通问题，建立交通运输网和基础设施，同时考虑到交通建设会给环境带来的损害问题。应用层具体到人们的生活、工作场所。[1]之后，又发布了

---

〔1〕 参见孙玥：《荷兰：第五个空间规划——保持增长与环境的平衡》，载《宏观经济管理》2004年第1期。

2004 年"空间备忘录草案"，主题是"创造发展空间"。

2008 年，新修订的《空间规划法》正式颁布生效。这是由荷兰的住房、空间规划与环境部在 2003 年提议的，三年后由议会第一院批准通过该提议。自此，"结构愿景"（structure vision）取代"国家重大规划决策报告"。这意味着国家空间规划的编制审批程序也相应简化，内容更加战略化。2008 年《空间规划法》的改革，使之前的编制冗长、法规繁杂等多受诟病的传统规划模式带来的问题得到很大程度解决，新修订的规划法的编制审批程序更加简洁、内容更加具体。新修订的空间规划法使荷兰空间规划进入分权平行主导的规划体系，下级政府的土地利用规划不再需要上一级政府的批准才能生效，加大了各级政府的规划主动性，同时赋予省级和国家级"规划介入权"，这是一项硬性权力，国家级和省级不干涉市级政府的规划编制，但是可以通过"规划介入权"对市级进行直接干预。该法中的"结构愿景"取代了"国家重大决策报告"，这也是程序简化的体现。2008 年的《空间规划法》改革可以说是颠覆性的，新法强调建立以信任为基础的各级政府与公众的合作关系，不再一味强调权力的划分。同年，荷兰又提出了"兰斯塔德环型城市 2040 远景"（以下简称"2040 远景"），这一规划正是 2008 年《空间规划法》改革新理念的集中体现，十分具有前瞻性和创造性。[1]"2040 远景"提出了想要实现 2008 年《空间规划法》中强调的合作整合模式必须要进行"诱导"，"但新的空间规划方法却是以信任机制为首要先决条件而制定的所以'2040 远景'提出鼓励多方参与者提出他们感兴趣的部分与他们希望在其中所扮演的角色，共同为远景规划贡献自身力量。作为中央政府机构，我们则以沟通与鼓励的态度去支持任务的建立与项目的达成，听取多方意见并整理出具有全面性考虑的蓝图，这是一个新的经验和新的操作模式"。[2]

这一阶段的空间规划体系在这一时期随着发展的加快，不断出现的

---

〔1〕 参见王秋元：《承前启后发展荷兰整体性长期规划——专访荷兰住房、空间规划与环境部国土规划司司长汉克·欧文科》，载《国际城市规划》2009 年第 24 期。

〔2〕 王秋元：《承前启后发展荷兰整体性长期规划——专访荷兰住房、空间规划与环境部国土规划司司长汉克·欧文科》，载《国际城市规划》2009 年第 24 期。

问题也在发生变动，首先是由主张集权式的下级服从上级规划逐步演变为放权，主张建立合作关系。一方面在权力上，充分给予市级政府自主权，有权结合本地的地方特色进行规划，但是不能违背基本原则，这实际上调动了政府的积极性，虽然法律没有强制规定省市级编制自己辖区的规划，但是省市级都积极主动参与编制。另一方面在合作上，不但要求各级部门之间的规划合作，还强调政府与私人企业之间的合作关系，要求给予投资企业一定的规划任务和目标，让企业参与规划项目的建设。

在这一阶段，荷兰空间规划体系体现出了其特有的纵横协调模式，纵向政府之间以及横向各部门之间相互协调协商，合理规划。例如，农业部门发展农业经济与环保部门主张种植绿化作物之间的协商合作；交通部门与空间规划部门之间关于空间利用的妥协处理。值得强调的是，这一阶段荷兰空间规划体系真正开始注重环境质量规划，注重空间规划与环境的平衡，对规划区域保留了具有本地特色的“绿色地带”，如兰斯塔德地区和阿姆斯特丹区域。

1965～2008 年传统荷兰空间规划体系总框架如图 6－1 所示：

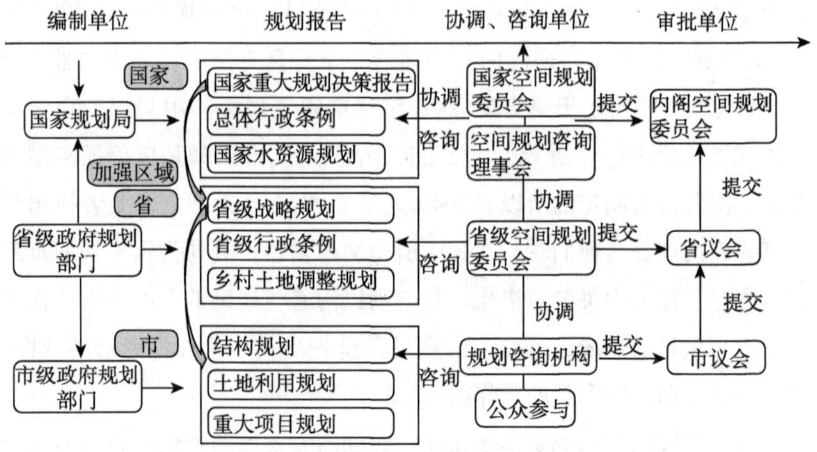

图 6－1　传统荷兰空间规划体系总框架（1965～2008 年）

图片来源：周静、胡天新、顾永涛：《荷兰国家空间规划体系的建构及纵横协调机制》，载《规划师论坛》2017 年第 2 期。

（三）简政放权、多规合一的立法阶段

在这之后，2010 年荷兰住房、空间规划和环境部正式解体，规划职能被合并到新的基础设施和环境部（现为基础设施与水管理部，Minister of Infrastructure and Water Management）。在政府部门变更后，2011 年又开始拟对空间规划法进行再一次变革，成为新的《环境与规划法》（Omgevingswet，以下简称“新法”）。原因在于：“当前的环境法不可避免地零散分布在许多不同的领域，每个法律都专注于自己领域的部分，并且有自己的系统和术语。因此，一部法律有时与另一部法律相矛盾”“环境立法包括数十项法律和数百项有关土地使用、住宅区、基础设施、环境、自然和水的法规。每个都有自己的起点、程序和要求。这使立法对于不得不与立法合作的人来说太复杂了。因此，让项目离开地面需要更长的时间。”[1]

新法从 2011 年开始编制到 2016 年草案通过，中间经历了 6 年的时间，由此可以看出，荷兰政府对此次空间规划立法的重视及谨慎，2016～2018 年开始试点实施，并且在实施过程中不断征求各方意见，充分遵循了民主协商的原则。[2]新法重新修改了空间规划的结构，将原来的“结构愿景”规划和“土地利用”规划分别改为“环境愿景”和“环境规划”。其中，环境愿景是指关于生活环境的连贯，战略性计划。该计划侧重于整体的物质生活环境，因此它考虑了对该地区重要的所有发展。《环境与规划法》规定，政府、各省市均应建立一种环境愿景。环境远景取代了基于区域的结构远景，自然远景的某些部分，交通和运输计划，国家和省级水利计划的战略部分以及环境政策计划。环境愿景必须由国家和省级制定，地方遵循自愿原则，环境规划则仍由市级政府制定。新法改革的大胆性空前性在于其对规定和大量规划有关的法律的整合，包括空间、住房、基础设施、环境、自然、水、噪声等共 35 部

---

〔1〕 参见荷兰政府网，https：//www. government. nl/topics/spatial-planning-and-infrastructure/documents/reports/2017/02/28/environment-and-planning-act，2020 年 5 月 20 日访问。

〔2〕 参见网易网，https：//dy. 163. com/article/EENO7FHH0521C7DD. html；NTESwebSI = DBD43B55C48608D421055A65B57F430B. hz-subscribe-web-docker-cm-online-rpqqn - 8gfzd-di161 - 678598qc5xv - 8081，2020 年 5 月 20 日访问。

法律和 240 部法，真正实现了多规合一、多法合一，更进一步地解决了程序烦琐、法规冗乱的问题；另外，“新法律为居住环境、本地定制空间以及更好、更快的决策提供了一种连贯的方法。另外，促进了参与。例如，通过使公民和企业家尽可能多地参与生活环境的发展”。[1]

2016 年《环境与规划法》颁布后目前仍处于试点阶段，其体系如图 6－2 所示。在荷兰环境法信息表简述中，我们看到保护公民仍然是环境法的重要目标。此外，它还要求提出新的倡议和发展，因为在可持续发展空间方面许多规则已经过时，阻碍了针对可持续性的创新发展，新的环境法支持通过提出新的发展倡议促进了荷兰向可持续社会的过渡；新法同时要求法律必须积极和高质量地落实实施。新的环境法具有灵活性，并提供透明有效的程序。由此可以看出，这是一次真正的大刀阔斧式的创新性改革。

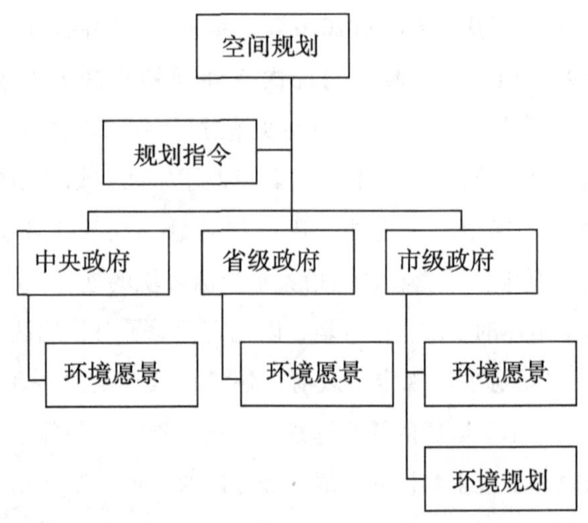

图 6－2　荷兰空间规划体系（2016 年新法）

而在步入 21 世纪后，荷兰的空间规划体系更加专业化和更具有前瞻性和创造性，第三次空间规划体系在 2008 年空间规划法修订以后开始逐步建构。这一空间规划体系仍然是以三个层级为基础，在原来立法

〔1〕 参见荷兰政府网，https：//www. government. nl/topics/spatial-planning-and-infrastructure/documents/reports/2017/02/28/environment-and-planning-act，2020 年 5 月 20 日访问。

的基础上不断寻求简政放权、简化程序，逐步确立为三层两类的空间规划体系。在这一体系构建过程中，荷兰的空间规划法重新开始修订，这一次的改革是空前的，是一次大胆的尝试。这次变革充分体现了民主协商的荷兰政治特色。之所以说这一次体系的变革是一次大胆的尝试，是因为新法对荷兰的不同领域的空间规划法律法规进行了大一统式的整合，多规合一、多法合一，最终整合了上千部法律法规，解决了之前空间规划体系繁杂、程序混乱的缺点，并且给予地方政府极大的自主权，上级政府不再对下级政府的空间规划进行审批，等级体系演变为平行体系。

此外，荷兰考虑其国家特殊地理关系，出于国家安全考虑，在空间规划中注重水资源的相关规划。由此形成了独特的水资源规划管理体系。市政当局与水务局等公共当局合作，处理水质和废水处理问题的历史由来已久。在荷兰，水务委员会在环境管理中起着关键作用，因为它们负责管理和维护全国地表水的数量和质量。作为荷兰历史最悠久的公共机构之一，26 个水务局在保护国家免受洪水和海平面上升的主要任务中独立于国家政府。[1]

在新的水资源空间规划体系中，内阁打算在空间和水之间建立更好和更有效的关系。2016～2021 年国家水计划草案对此作出规定，部长会议根据基础设施和环境部长舒尔茨·范·海根的提议批准了该草案。新的国家水计划侧重于空间规划，并且确保荷兰仍然是水管理和创新的典范，新的国家水计划草案将空间规划扩展到气候和防水领域。

除此之外，荷兰还在致力于加强区域规划协作，编制区域空间规划。荷兰通过颁布联合规定法（WGR），促进相邻市镇在住房规划、就业选址、交通规划及城市开放空间等区域性结构规划和经济发展政策方面的统筹协调。2006 年年初，荷兰在全国范围设定了 8 个“加强区域”省级政府可以强制这些市镇协同工作，但是市镇仍是独立的规划单元。区域性结构规划从 2006 年年初的省级强制市镇级政府加强合作到 2010

〔1〕 参见《省政府、市政府和水务部门的作用和责任》，载荷兰政府网，https：//www. government. nl/topics/environment/roles-and-responsibilities-of-provincial-government-municipal-governments-and-water-authorities，2020 年 5 月 20 日访问。

年取消强制性规定，由市镇政府自行决定是否继续合作。[1]

荷兰由于其特殊的地理环境，为了平衡经济发展与环境质量，不得不对国土不断进行规划，以此来应对迅速发展而带来的各种问题。荷兰除上文提到的空间规划立法沿革，还有很多对住房、环境的规划，由此看来，其空间规划的历史经验十分丰富，因此也被人称为“规划之国”。

三、荷兰空间规划法律体系

空间规划法律体系，通常是指一个国家全部现行的有关空间规划的法律规范分类组合为不同的法律部门而形成的关于空间规划的有机联系的统一整体。目前，荷兰已经形成了较为完善的空间规划法律体系。

（一）荷兰宪法中的空间规划

荷兰空间规划的合宪性是建立在荷兰《宪法》第21条的基础上的，《宪法》第21条规定：政府关心维护国家居住条件，保护和改善环境。这为荷兰进行空间规划提供了根本的法律支持。另外，还在第133条中规定了对水委员会的建立、权力划分等。因为荷兰特殊的地理原因，水资源规划对荷兰由特殊意义，所以水委员会在荷兰一直是独立存在的机构。

（二）关于空间规划的主干法

荷兰空间规划起源于城市住房紧张，后在20世纪60年代开始注重整体的空间规划立法。荷兰第一部单行空间规划法律是1965年的《空间规划法》，这部法律的诞生为荷兰以后空间规划发展提供了法律基础，在此之后的空间规划都是根据1965年的《空间规划法》进行修订的。这部法律奠定了荷兰的三层垂直型空间规划体系。第一部法律在执行落实过程中问题不断显现，后来在2008年完成对《空间规划法》的修订，在新修的法律中，仍然保持了原有的三层垂直规划体系，但是在整体上对法律进行了整合和简化。为了适应全球发展以及更好地应对荷兰当前的发展现状，荷兰政府于2011年又开始编制新的空间规划法，2016年

---

〔1〕 参见周静、胡天新、顾永涛：《荷兰国家空间规划体系的建构及纵横协调机制》，载《规划师》2017年第2期。

新的《环境与规划法》草案正式颁布，计划于2021年生效。这次的新法是荷兰规划史上一次大胆的变革，力在实现空间规划法的“大一统”。

（三）有关空间规划的其他立法及法律文件

荷兰的空间规划立法在2016年之前是十分“碎片化”的，其在不同的规划领域有不同的规划立法，如《开采法》，交通规划方面的《交通与运输规划法》《基础设施轨迹法》等。在新法草案通过之前，市级政府还需要就本地区的土地利用情况制定土地利用规划。水资源规划对荷兰具有重要意义，目前正在实施的海洋空间规划文件——《北海荷兰部分政策文件（2016～2021年）》于2015年获得批准，由荷兰基础设施和环境部负责协调实施，荷兰部门间主任咨询委员会提供决策支持。除此之外，《行政程序法》中还规定了行政机关有关空间规划的职责、权利救济等内容。

四、荷兰空间规划法的目的和任务

根据上文所述，空间规划体系与其历史脉络、社会经济、政治和文化价值紧密联系，不同时期的空间规划立法体现不同的目的和任务。

首先，在1965年空间规划法颁布施行前后，这一时期空间规划立法目的在于发展区域经济，强调通过对空间土地的规划推动经济的发展。因此，在这一时期，兰斯塔德地区的经济得以快速发展，出现了聚集性的空间住房模式。这一时期空间规划的任务就在于解决因人口暴增带来的住房紧张问题，通过区域规划加快城市化进程，拉动经济。

20世纪70年代后，在这一时期，由于前期过于偏重区域经济的发展，导致人口流动过于集中，出现经济发展不平衡现象。同时一味地追求经济发展带来了极大的环境问题，空间—环境冲突问题显现：一方面，环境污染会导致空间规划布局出现不合理；另一方面，空间规划的不合理布局可能因此会带来新的环境问题。[1]因此，20世纪70年代以后，为解决发展带来的环境问题，提高居民的生活质量，立法开始向可

---

〔1〕参见夏晶、李睿、张明：《“环境—空间冲突”背景下的荷兰环境规划政策》，“2014（第九届）城市发展与规划大会”会议论文，2014年9月23日于天津。

持续方面发展。特别是在步入21世纪之后，荷兰空间规划立法从注重区域经济发展转变为注重经济发展与环境质量之间的平衡，因此，这一时期的空间规划立法目的是通过公共部门对国土空间合理规划，高效利用土地，实现经济与环境的可持续发展。

2008年《空间规划法》修订以来，空间规划立法仍然按照可持续发展这一路线进行。这一时期的空间规划立法将发展点聚集在权力的下放与程序的简化上，立法通过简政分权、加强合作来达到空间规划的目的。立法活动在2016年通过《环境与规划法》（Omgevingswet）草案，《环境与规划法》的座右铭是“发展的空间，质量的保证”，其目的是根据新时期的发展状况，制定新的空间规划，使荷兰更具有竞争力、方便宜居和安全。《环境与规划法》主张在使用和保护物质生活环境之间取得良好的平衡。草案预计在2021年生效。政府希望合并和简化空间项目的法规，其目的是使启动项目变得更加容易。在这一时期，荷兰空间规划立法的主要任务就是根据新法的立法理念落实由中央向地方分权的原则，不断加强地方政府的规划自主权，协同各级政府、社会公众共同创造良好健康的生活空间。根据《环境与规划法》和相关的实施条例，政府此时的目标任务是实现4个改进：提高环境法的透明度、可预测性和易用性；在政策、决策方面对物理环境采取一致的做法和条例；通过积极和灵活的方法加强行政自由裁量权，以便实现物质生活环境的目标；改进和加快实际项目的决策环境。

由于水治理对荷兰国土安全具有重大意义，长期以来每个层级的水务管理机构都要编制独立的、专业的水资源规划。在水环节的立法上，新的《国家水计划》草案确立了未来六年的新政策，并展望了2050年的发展。《国家水计划》纳入了《三角洲决策》（水安全、淡水供应和空间适应）、北海政策备忘录、《能源协议》、《自然愿景》。《国际水利计划》中规定的与水有关的协议和措施将符合欧洲对水质、洪水风险和海洋环境的要求。新的《国家水计划》草案将着重于5个目标，以此来保持荷兰拥有的世界上最安全的三角洲的稳定。这个雄心壮志主要是通过更新荷兰的洪水安全标准来实现的。内阁选择增加投资以改善水质（减少使用肥料、农药、药用残留物、微塑料），以保持荷兰水域清洁健康，并确保充足的淡水供应。此外，内阁希望荷兰的空间设计具有耐气候性和防水性，从而确保荷兰仍然是水管理和创新的典范，从而有利于荷兰的经济和其创收能力。最后，内阁希望荷兰公民以节水的方式生活。所有从事荷兰空间设计工作的人员必须共同充实这些雄心壮志，这些工作人员包括所有政府机构、公司、民间社会组织和知识机构。

第二节 基本原则

一国法律基本原则，是整个法律体系或者某一法律部门所适用的、体现法的基本价值的原则。荷兰空间规划立法发展的100多年以来，法律体系不断完善，其体现的基本原则也在不断增加。

一、民主决策原则

民主决策是指在立法过程中，积极收集听取各方意见，从而作出科学决策。荷兰公众参与空间规划的历史已经非常悠久，在荷兰—德国边境沿线的空间发展规划中，政府积极倡导民众参与其中，因为空间计划会影响荷兰—德国边界两侧的人民生活。当有跨越边境的风力发电场、工厂农场、发电厂或新公路或铁路的计划时，政府会征求涉及区域内的社会公众们的意见。民主决策是荷兰传统政治理念的体现，这一原则在21世纪的空间环境规划立法活动中体现明显。“在立法草案初稿发布后进行广泛公示；之后内阁需与省市政府及区域水务局一同讨论草案及公众意见，并通过部长联席会议（ministerraad）的讨论确定递交议会第二院（Tweede Kamer）的送审稿；第二院通过后再呈交议会第一院（Eerst Kamer）（议会第一院的75名成员由省政府推举；议会第二院的150名成员由公众选举，主要职责是监督和辅助内阁制定法律法规），后者作出最终审批决定。”[1]这一审批程序旨在通过多方的参与，达到协商解

---

〔1〕《为什么荷兰的空间规划非常成功》，载网易网，https://dy.163.com/article/EENO7FHH0521C7DD.html；NTESwebSI=DBD43B55C48608D421055A65B57F430B.hz-subscribe-web-docker-cm-online-rpqqn-8gfzd-di161-678598qc5xv-8081，2020年5月20日访问。

决问题的效果。而这个过程充分体现了荷兰民主协商的传统体制特色。

2016 年新环境法的一个重要内容就是公民和公司的参与有关计划、愿景和项目的决策。“那些在某个地区生活和工作的人从高质量的决定中受益最大，因此通常愿意投入精力进行准备。一个重要的副作用是支持，因此可以更快地完成后续过程。”[1]在 2016 年颁布的《环境与规划法》中就强调要建立新的“环境柜台”，这实际就是一个环境服务台，民众从中可以了解到其所想了解的领域的空间规划计划，也可以申请环境许可证。

二、中央向地方分权原则

这一原则的出现实际反映了荷兰在空间规划方面的巨大转变。荷兰是一个单一制国家，实行地方分权，各级政府对自己管辖范围内的事务享有管辖权；上级政府对下级政府享有发布命令和监督的权力。在《空间规划法》修订以前，荷兰空间规划对各级政府都有严格的权力划分，上级政府对市级的空间规划中涉及土地利用规划的部分还享有强制介入权。在区域空间规划中上级政府有权强制要求市镇政府配合区域规划。在经过空间规划改革之后，立法开始针对前期空间规划带来的权力集中，程序复杂漫长等问题进行解决处理。

尤其是 2016 年的《环境与规划法》对各个领域的空间规划实行了大一统式的整合，权力下放、简政放权。取消了省级的强制干预的权力，保留了中央的干预。省级政府不再对市级政府的空间规划进行审批，市级政府可以根据本地方环境空间特点进行自主规划。

中央向地方分权原则直接导致了荷兰空间规划体系的改变。至此，荷兰空间规划体系由三层级垂直型转变为平行型的空间规划。

三、高效透明原则

在 2008 年《空间规划法》修订以前，荷兰的空间规划程序是十分

---

〔1〕《环境法信息表简述》，载荷兰政府官网，https：//www. omgevingswetportaal. nl/wet-en-regelgeving/documenten/brochures/2014/06/informatiebladen/informatieblad-omgevingswet-in-het-kort，2020 年 5 月 21 日访问。

繁复杂的，审批程序烦琐，审批时间长，且由于每一个规划领域都有自己的空间规划法律法规，因此，不同领域的相关法律经常会相矛盾，这给参与到空间规划当中的利益攸关方组织和公民带来很大的麻烦和困扰，因此，很多人基于这一原因放弃了主动参与规划当中去的积极性。

在新的环境与规划法中明确强调必须更简单、更高效、更好地处理每个领域的规划项目。程序应该不再是无止境的，必须是可预测的、可负担的和透明的。其中新法规定，企业申请许可证所需要的监测数据使用年限可以延长，这样研究成本可以大大降低。因为生活环境中的大多数活动是公民和公司的活动，所以荷兰政府认为在某些（更普遍适用的）地区，政府制定普遍适用的保护生活环境的国家规则可能会更有用。如果可能的话，政府在那儿按照普遍适用的规则进行规划，这样可以防止公民和公司始终必须征求政府的许可，提高行政效率。

在信息公开方面，荷兰从多方位多途径推动信息的透明化，保障民众的知情权。除上文提到的“环境服务台”之外，公民还可以通过报纸、电视等了解空间规划的文件和相关项目的实施情况。

四、可持续发展原则

可持续发展（sustainable development）的概念最先是在1972年在斯德哥尔摩举行的联合国人类环境研讨会上正式讨论。1987年，世界环境与发展委员会出版《我们共同的未来》报告，采纳了挪威首位女首相的定义，将可持续发展定义为：“既能满足当代人的需要，又不对后代人满足其需要的能力构成危害的发展。”

在适应经济全球化的过程中，荷兰在本国的空间规划中也开始注重发展的可持续，从注重区域经济发展转变为经济与环境发展的平衡。针对已经过时的规则，荷兰在新的空间规划立法中予以清除，以防止其阻碍针对可持续性的创新发展，努力营造可持续型社会。

五、公平发展原则

荷兰空间规划初期注重的是区域发展，但区域发展经济导致荷兰后期问题层出，导致富裕人口大量往这一区域集中。其他地区经济发展失衡，集中区域发展的地方也因为人口过多、过度开发而产生环境质量问题。后期荷兰在环境规划中开始整合性发展，注重不同区域的公平发展。

第三节　基本制度

100 多年的空间规划历史，使荷兰有别于其他国家而拥有自己独特的空间规划体系。在并不断构建和完善的空间规划体系中，其相关规划基本制度也在不断变化。

一、三层级空间规划制度

荷兰根据其行政结构，将空间规划分为三级：中央、省级、市级。1965 年《空间规划法》的颁布实施奠定了三级规划制度的基础，此后荷兰的空间规划一直按照这三个层级进行。

在新环境与规划法颁布以前，荷兰的三级都要编制结构愿景，市级政府还要制定土地利用规划。

后来新法颁布后，更加简化了各级政府的权力，空间规划决定在国家、区域和地方各级制定空间愿景政策文件，取代了（政府）、区域计划（各省）和市的结构愿景。权力下放，空间规划政策及其执行尽可能在市一级形成。市政当局根据对当地情况的了解制定适当的条例。中央层面由基础设施和环境部门在基础设施空间规划空间远景（SVIR）中规定涉及国家利益的部分。其他两个层级的具体职责如下：

（一）省级政府

虽然国家环境政策由国家级部门负责，但省政府负责将这些准则转化为区域背景。12 个省级政府制定区域政策，制定区域规划，制定城市、城镇和村庄内住宅、工业和商业区的区划线。环境管理政策与空间规划有关，旨在通过管制公路运输、工业和其他来源的排放，创造一个空气、水和土壤清洁的健康环境。同时要求各省注重省级利益，如景观管理、城市化和绿地保护。省级利益在省级空间远景中阐述。省当局还负责发放环境许可证，规定排放和噪声障碍等限制。各省还负责监督大公司执行环境法规。省级当局在鼓励使用可持续能源和实现风能等可再生能源生产目标以及为建设风能园区提供充足的空间方面发挥着关键作用。

除了编制非法定的战略规划，省级有义务针对辖区内的农业用地、郊区开放性空间等非建设用地编制法定的乡村土地调整规划；通过调整各功能地块边界、改变用地性质，以鼓励乡村发展的多样性。此外，省级政府有权责成市级政府就某些特定发展需要，编制其辖区内某部分的战略规划。

（二）市级政府

执行国家环境管理政策和战略基本上下放给市政府，使政策更接近人民，并坚持促进公众参与民主的原则。这些当局制定地方法规，市政当局有权力和财力来制定和执行地方空间规划和环境政策。市政当局还可与水务局等公共当局合作，处理水质和废水处理问题。市政当局负责制定执行和执行《国家环境管理法》和其他环境条例的条例。《环境管理法》涵盖诸如分离废物收集、危险废物处置、空气质量和噪声滋扰以及工业和商业活动的环境许可证等事项。

二、数字管理基本制度

这一制度是在新法颁布以来新兴出现的，新法中单列了一个《数字系统环境法案》（DSO）支持《环境法案》的实施 DSO 实际上提供了一个数字计数器，发起者、政府和利益相关者可以在其中快速查看实际居住环境中允许规划的内容。通过 DSO，他们可以：（1）申请许可证并进行报告；（2）查看哪些规则和策略适用于哪个位置。其基础是 DSO 中包含的环境文件。这其中介绍了哪些是环境愿景、环境法规和计划，哪些是项目决策和计划。政府在某处规定了什么规则，哪些行为是不允许的，并可以适时咨询有关物质生活环境质量的信息。例如，有关水或空气质量以及噪声污染的数据。DSO 为改善环境法律体系作出了贡献，其提供了高质量的连贯、明确和可访问的信息。DSO 为改善环境法律体系作出了重大贡献，为《环境与规划法》下的整体决策提供更好的基础、更大的用户便利，使公众对环境法的了解更快、更好、更深入，减少新计划所需的研究经费。

三、纵横协商保障制度

为处理好经济和环境的关系，解决多方利益冲突，就需要依靠“横向”和“纵向”的协商来保障空间规划正确高校的运行下去。可以说荷兰规划的关键就是协调。

首先，在纵向上要处理好各级政府之间的关系。荷兰作为单一制国家，权力一直由中央、省、市三级来享有。在空间规划领域，荷兰的三级政府不是等级递推的关系，而是平行性关系。

省级政府位于中级层级，起着承上启下的关键作用。它要根据中央的空间规划政策准则来制定本区域的空间规划，将省级利益融入规划中来。除此之外，省级政府还承担着监督指引的任务。随着新法的颁布，国家倡导权力下放，市级政府有权根据本辖区的环境状况来制定符合本辖区利益的空间规划愿景，拥有很大自主权。此时，就需要省级政府来负责将中央的规划政策思想贯彻落实到市级政府，确保地方政策在原则上不违背国家规划战略。2016 年新法将省级政府强制介入市级政府土地利用规划的权力取消，此时省级政府的中间协调作用更加明显，但不意味着市级政府享有完全规划自主权，上级在特定情况下还可以根据“尽可能分权，除非必要的集权”这一原则进行规划干预。

其次，在横向上，荷兰德国土空间规划一直涉及各个领域，每次编制空间规划规章制度都需要经过各个强大的部门之间的协商，因此，空间规划需要处理好各行业、各领域和各部门之间的需求与关系，要体现经济社会发展的整体需要，也要反映各行业、各领域的利益诉求。横向协商也一直是荷兰努力追求的目标。荷兰在开始编制独立的空间规划以来，“国家级空间规划的组织构架一直采取编制机构（包含研究机构）、协调决策委员会、代表公众的咨询委员会三足鼎立的形式。国家级空间规划的横向关系一直由国家空间规划委员会（National Spatial Planning Committee，RPC）负责协调。2010 年经部委调整后，规划协调机构变更为基础设施和环境政策委员会，空间规划的统领性逐渐降低”。[1]“如在交通领域的规划中，第二次国家空间规划报告（1966年）提出构造全国轨道和公交网以促成网络城市的形成，但是，交通部的规划部门坚持认为全国应优先构建密集的高速公路网。后来成立了经济发展投资部际委员会。他们的工作拉近了空间规划、交通和经济部门之间的关系。”[2]除了在中央设有协调机制，在每一个省级都有自己的空间规划委员会，主要由各省级检察员、各部门官员以及非专业民众组成。除此之外，在相关区域规划中也形成了空间管理委员会进行协调组织工作，如兰斯塔德国土空间规划委员会。

四、第三方监察评估制度

为保障荷兰空间规划立法的落实设立了监察员制度，国家空间规划局安排了5个监察员，赋予监察员向省级空间规划委员会和市级政府部门提出空间规划方面建议的权利。代表政府的议会第一院和代表民众的议会第二院都设有部委规划的监督委员会，他们负责对政府制定的空间规划制度进行分析，发现规划中的不足，同时还对相关政策文件的落实情况进行监督，以此来推进空间规划工作。

荷兰还设立了与编制部门平行独立的智库机构——国家生存环境规划局（Planning Bureau for Living Environment，PBL），负责提供环境、自然和空间领域的战略性政策研究年度报告，为编制国家级空间规划提供依据。

同时，学界、政界和商界的成员组成独立的规划咨询机构，代表社会对国家空间规划、环境、能源、交通等议题进行分析评估。咨询机构分别设立在各个层级，负责为每一级政府提供科学、合理的规划政策。从荷兰的相关法律法规指令来看，荷兰的评估工作划分的十分细致，例如，在畜牧业农业环境活动中需要对动物房屋中的排放量进行评估计

---

〔1〕周静、胡天新、顾永涛：《荷兰国家空间规划体系的建构及纵横协调机制》，载《规划师》2017年第2期。

〔2〕周静、胡天新、顾永涛：《荷兰国家空间规划体系的建构及纵横协调机制》，载《规划师》2017年第2期。

算；在外部安全规则方面，他们会找到一种计算方法，用于确定具有外部安全风险的活动（如含有有害物质的管道）的安全性，其中，是否会引起火灾、爆炸和有毒云是主要关注区域。对建构建筑物的可持续性、能源标签和空调系统的检查，提供专业指导。

这三方机构的加入让荷兰的规划政策更加合理高效，同时也增加了政策制定的透明的和民主性。

五、合作制度

在荷兰国内，荷兰与政府机构、利益攸关方组织和公民协商与合作有着悠久的传统。在这一框架内，关于国家和国际问题的政策由中央政府制定，并构成荷兰议会批准的立法的基础。2008 年《空间规划法》的修订大力倡导政府与利益相关方组织的合作关系的构建。“作为中央政府机构，我们以沟通与鼓励的态度去支持任务的建立与项目的达，听取多方意见并整理出具有全面性考虑的蓝图这是一个新的经验和新的操作模式”，“有一个比喻可以形容荷兰传统的规划态度，如果我们有 一块饼，我们会将饼分成均匀的大小然后每人分得一块，结果皆大欢喜。但在‘2040 远景’中，我们不再强调作出一块饼然后均分，我们要的是不一样的具有不同样式与口味的饼。所有的参与者都能作出他们自认为更好的饼。然后与他人共享，此我们强调品质的多样性及其所产生的力量”。[1]

荷兰住房、空间规划与环境部国土规划司司长汉克·欧文科在采访中提到，为了激活社会公众对合作规划的活力，政府正在尝试“诱导”式的合作，通过赋予利益相关组织或者企业一定的所有权来推动他们参与合作。合作关系不在于私人资金的投入，而是在全面的远景中他们对所扮演角色与任务的承诺。例如，罗森达尔市政府认为旧的繁荣笔记内容太多，里面包含太多专业语言，很难理解。所以政府改变工作方式，

---

〔1〕 王秋元：《承前启后发展荷兰整体性长期规划——专访荷兰住房、空间规划与环境部国土规划司司长汉克·欧文科》，载《国际城市规划》2009 年第 24 期。

转变为直接询问当地公民、企业家和利益集团应当如何更好规划本地空间，通过这种直接的互动产生新的财富笔记。新财富笔记紧凑（由原来的500多页变为50页）、简单，包含清晰的规则，利益相关者现在可以快速知道他们的立场。

在国际上，荷兰作为欧盟中的一员，一直积极致力于国际合作。在空间规划概念刚刚兴起时，荷兰就已经加入空间规划建设中去了。欧盟纲要中对荷兰是这样评价的：荷兰的空间规划制度是欧洲国家中最悠久的，是很完善的。荷兰也一直在空间规划上寻求国际合作，通过引进国际先进的技术和规划经验来不断丰富本国的空间规划制度。荷兰规划提出，要从欧洲整体性的角度出发，对荷兰空间布局进行合理规划，既能保持荷兰特性又能融入欧洲。欧洲整体性就是指充分利用欧盟倡导的规划框架，同德国、比利时等国家进行各方面的跨国合作。明确荷兰的国际竞争力，在对区域进行规划时要强调国际项目的合作。此外，规划还要保持荷兰的特性，要从本国家的区域出发，制定保护并开发具有荷兰特色的风景区与文化历史古迹，并明确需要保护的区域。

六、民众参与规划制度

呼吁民众参与到规划建设中来也是荷兰空间规划的一大基本制度，因为空间规划首先影响到的就是民众自身的生活。民众通过自己参与设计空间规划内容，来满足自己利益需求。

MVRDV 建筑设计事务所提出的荷兰阿尔米尔奥斯特（Almere Oosterwold）世界城市发展建议是 D. I. Y. 项目的模板，这一项目将规划的权力下放到社区手中，阿尔梅勒附近的人民自己建立符合本社区的空间规划。针对该领域制定的结构构想并未准确指示将在何处开发什么。愿景仅提供准则：必须雄心壮志实现领域发展。例如，Oosterwold 可持续发展且财务稳定。公民和公司自己决定如何实现这些雄心壮志。这一发展战略自下而上，包容各方，非常直观地满足个人及其社区的需求。它允许设计在需求变化时可以在一段时间内进行开发。MVRDV 写道，该提案“是荷兰城市规划的一场革命，因为它远离了政府的要求，并促进了城市的有机增长，在这之中倡议得到刺激，居民可以建立自己的社区，包括公共绿色、城市农业和道路”。

七、环境许可证制度

公民和公司的许多举措都会对居住环境产生影响。例如，农民想填补沟渠，或者企业家想扩大公司，这便适用环境许可制度。环境许可证制度其实是事先审查公民或者公司的举措是否符合国家规划允许。根据新法要求，审查越简单越好。还必须考虑到普遍适用的规则，以此可以防止规则冲突或妨碍。发起者可以通过一个柜台的单个应用程序快速获得其想要执行的所有活动的清晰度（如上文提到的 DSO）。政府通过环境许可制度要尽可能简单，过程也不会花费不必要的时间。市政当局和水务局的行政机关是主管当局，可以决定环境许可证的申请。《环境法令》规定了该主要规则的例外情况，明确了行政机构审批环境许可证的权利范围。

在某些情况下，项目决策也可以代替环境许可证，项目决策是指为由中央政府或省政府负责的复杂项目的决策提供统一的程序。例如，修建公路、风电场或自然保护区。

八、强制机制

强制机制是一国空间规划不可缺少的制度，能够保障空间规划的整体性，使全国的空间规划标准、规则能够统一，地方政府在规划本区域的时候能够有标准可依。

（一）规划规则

中央政府和省级政府都享有制定规划规则的权力。由中央政府制定的规划规则是为了对省和市的规划活动进行规范，其目标在于保证规划标准的统一，以及对国家生态环境、领土安全等具有重要意义的区域的保护。规划由规划部向内阁提议，以内阁命令形式颁布。其内容主要涉及土地利用规划、省级强制性土地利用规划以及为实现该等规划的工程决定。中央政府也可以针对特定区域制定专门的规划规则。

（二）规划指令

规划指令（instruction），是指为了保证国土的有序利用，由规划部或者由其他部长在与规划部长达成一致之后向省或市政府发出的涉及具体规划问题的指令。在程序上，中央政府在发布规划指令之前必须就该指令涉及的具体问题与市行政机关或省级行政机关进行磋商，只有在协商无法达成一致的情况下才能动用规划指令这一强制手段。

第四节　法律责任和法律救济

一、法律责任

在我国，法律责任有广义、狭义之分。广义指任何组织和个人均所负有的遵守法律，自觉地维护法律的尊严的义务。狭义指违法者对违法行为所应承担的具有强制性的法律上的责任。

根据荷兰的空间规划体系建构，首先在广义上，他们认为局部利益是中心利益，但整个领域都应被考虑，公民、公司和政府共同对生活环境的质量和发展负有责任。公民拥有自己的土地和家园，公司应对其公司活动对环境的影响。居住环境的质量是荷兰的一项公共责任，《环境与规划法》规定了政府必须做的事情以及政府在这方面对公民和公司的影响。荷兰这一规定强调了空间规划的社会公共性，是全民的一项责任。

而在狭义上，新的《环境与规划法》在第 10 章中规定了空间规划的责任与义务。由于新法是一部大一统式的法律，它融合了交通部门、空间、住房、基础设施、环境等领域的规划法律法规，因此，在对空间规划责任的划分上，也是对不同法律的一种汇总。

2015 年 12 月，参议院通过了《改善许可，监督和执行法》(VTH)。该法律包含了中央政府，各省市在 2009 年达成的协议，以便更好地组织许可、监督和执行环境法。VTH 法案为全国范围内的 29 种环境服务体系奠定了基础。各省市将在这些服务中执行许多 VTH 任务，从而汇集专业知识。市政当局和省级政府仍然负责这些任务，目前荷兰允许 VTH 法案纳入《环境法案》，并在这其中规定了惩罚性执法，如果不遵守规则，则可根据现行环境法对公民和公司实施制裁。实施制裁旨在通过罚款等措施结束或纠正违法行为或其后果。主要由董事会实行这些制裁，董事会在不再能够纠正侵权行为的情况下，通常会采用惩罚性制裁。此类制裁的重点是惩罚罪犯，它们还可以防止犯罪者将来再次违反法规。目前主要的惩罚性制裁措施是罚款。当前的环境法具有各种实施惩罚性制裁的手段（惩罚性措施）。这些工具之一是最近引入的所谓行政罚款。这是一部行政法工具，这意味着主管部门（如市政当局）对此负有处以罚款、收取异议、处理异议和上诉、确定罚款政策的责任。

二、法律救济

首先，针对不合理的空间规划，如果损坏了自身的利益，公民和其他社会组织可以请求损害赔偿，新法明确了直接损害和间接损害的区别，新法规的核心是赔偿实际发生的损害。索赔涵盖在所谓的统一费率方案中。

但是新法规定政府不必赔偿其造成的所有损失。在荷兰，政府都认为一部分遗留风险由公民自己承担是合理的。不仅在荷兰，而且在欧洲其他地区也是如此。当“正常”的社会发展导致损害时，这就起了作用。惠伊本解释说：“考虑到由于加固堤坝而导致房屋价值下降，或者由于在建成区的开放空间中建造一排房屋而造成的损害。由政府判断哪一部分损失应当赔偿，哪些不需要赔偿。”现在，计划损害赔偿金以2%的固定比率适用，这意味着扣除损害赔偿额至少2%的价值，剩下的即所谓的正常社会风险。该部分永远没有资格获得赔偿。然而，实际上，法官的推论通常更高。因此，政府无法预先正确估计此判决的结果以及是否应赔偿损害。所以，《环境与规划法》对此有特殊的规定：只有房屋或其他房地产的价值跌幅超过5%时，才可以要求赔偿。

其次，为保护自身利益，公民、企业和政府还可以对规划过程中出现的利益损害行为提起行政诉讼。荷兰的行政诉讼分为两大类：个别的行政决定和具有普遍适用力的决定。前者是行政机关做出的直接影响个人法律状态的具有直接法律效力的决定；后者是反复适用的规则，可针对同种类进行反复适用。关系人可以针对土地规划进行诉讼，但必须是申请人与规划造成的损害之间具有直接的因果关系，具有直接影响性，而排除间接因果关系的适用。法律对这之中的“直接影响”做了标准认定，能否属于因直接影响而产生的利益损害，应当根据申请人所在地与规划地之间的距离进行判断。一般情况下，与规划地直接相邻的申请人被视为当然的利害关系人，不相邻的则需要结合具体案件性质加以判断，一般适用可见性标准和空间影响标准。[1]

第五节 现有制度评析及其对我国的启示

一、现有制度评析

荷兰的空间规划全球著名，欧盟纲要曾经评价到，荷兰的空间规划是欧盟国家中最明确和完善的。“可以确定的是，如果裹足不前我们将永远不会知道 以达到的目标。旧有的思维是凡事保持平衡 。这是我们以贸易立国的天性，使我们的表现不会是一个糟糕的失败者，但也不会成为家。这样的特性也表现在传统的规划态度上。现在正是需要改变的时候。而我将尽个人所能迈向这个新的挑战。”在这一段访谈中，我们可以看到荷兰政府对空间规划变革的决心和信心。

根据上文中对荷兰新法改革后出现的基本原则和制度的概述，从民主决策、纵横保障机制等政策中我们可以清楚直观地感觉到荷兰制度决策的民主性。荷兰政府认为，空间规划活动最先影响的是生活在周边的居民，因此，采用最直接的方式寻求社区居民意见，或者直接通过民众来自行规划，是最有效且合理的途径。最成功的典范就是阿尔梅勒附近的人民建立出符合自身利益的社区规划，这不仅是在荷兰，在整个欧洲规划史上都是一个典例。荷兰空间规划的民主性还体现在其制定、审批、公布草案的全过程，每一个步骤都有不同的组织机构参与其中，充分发挥其机构职能，推动空间规划体系的高效运转。

2008 年至今，荷兰空间规划体系不断变革，对环境规划制度和审批程序等不断进行程序简化，多规合一，简政放权，减少规划的控制性和

[1] 参见赵力:《荷兰规划诉讼的要件与审查》，载《行政法学研究》2013 年第 4 期。

约束性，增加规划的统一性和可操作性，增强市场主体的能动性，促进国民经济发展。尤其是在2016年的新法中有所体现，新法融合了多个部门领域的法律法规，真正做到了大一统。可以说，改革后的荷兰空间规划制度，是一个十分透明高效，实施性和可操作性非常强的整合性空间规划模式。所谓整合模式，是指国家层面的结构愿景所提出的概念和目标，相对应地辅以政府政策（policy）、实施策略（strategies）、可操作的具体项目，以及基于当前和未来社会经济条件的可行性评估。[1]

从2014年起，荷兰的部分省级政府已经参与到空间规划愿景编制的学习过程中去了，荷兰政府正通过一系列的法律制度的变革来推动民众对空间规划的参与度，让空间规划热度不断提升，重新唤起了荷兰规划的生命力，从而发展了荷兰经济。

但是必须要说明的是，没有一种法律制度的制定是十分完美的。荷兰的现有法律制度仍然存在一些矛盾和问题：一方面，政府追求程序的高效和简化；但另一方面，有人认为空间规划法律制度不适合过度简化，他们认为过度的简化会导致民主的缺失。

二、对我国的启示

荷兰不是一个中央集权国家，却有着非常有效的“自上而下”和“自下而上”融合的规划体系。我国目前已经有了大量的空间规划法律文件，但还尚未形成完整的体系，无论在形式、内容上还是相互间的协调上都存在许多缺陷。而荷兰的空间规划体系和我国的层级规划是十分相接近的，因此，对于我国学习其空间规划制度十分具有借鉴意义。

（一）明确各级政府规划权

荷兰的层级规划体系分为三层，每一级政府有明确的空间规划任务。在我国虽然在《宪法》第10条规定：“农村和城市郊区的土地，除由法律规定属于国家所有的以外，属于集体所有；宅基地和自留地、自留山，也属于集体所有。国家为了公共利益的需要，可以依照法律规

[1]《为什么荷兰的空间规划非常成功?》，载网易网，https://dy.163.com/article/EENO7FHH0521C7DD.html；NTESwebSI=DBD43B55C48608D421055A65B57F430B.hz-subscribe-web-docker-cm-online-rpqqn-8gfzd-di161-678598qc5xv-8081，2020年5月20日访问。

定对土地实行征收或者征用并给予补偿。任何组织或者个人不得侵占、买卖或者以其他形式非法转让土地。土地的使用权可以依照法律的规定转让。一切使用土地的组织和个人必须合理地利用土地。”而这之中的“合理利用”具体范围并不明确。因此，有必要借鉴荷兰的空间规划制度，将权力细分到每级政府。

（二）多规合一、多法合一

荷兰国家级空间规划经历了从“国家重大规划决策报告”到“结构愿景”，再到“环境愿景/规划”三次重要转变，每次的转变，其规划结构都在不断简化。中央和省级、市级分级其管辖编制本区域内的空间规划制度，更加强调战略性。而市级政府享有法定的环境规划权力，编制过程中不再需要经过省级审批。2016 年新法融合了包括交通部门、空间、住房、基础设施、环境、自然、水、噪声等共 35 部法律和 240 部法，真正实现了多规合一、多法合一。

而我国法律审批实施程序繁杂、审批时间冗长等问题也是非常突出的问题。审批时时间太长导致很多公众不愿意参与环境规划建设。另外，在制度落实上，由于制定的程序规定太多、太繁杂，且部门在落实时容易出现偏差，因此经常会造成程序混乱，最后不了了之。因此，我们应当学习借鉴荷兰的多规合一、多法合一的改革方向。“多规合一”是国家国土空间规划改革的要求，也是解决我国目前各个规划矛盾和冲突的实际需要。“多规合一”不只是整合各个规划内容，减少规划的数量，更重要的是做好各个专项规划之间的衔接。[1]

（三）建立有效的纵横协调机制

荷兰的空间规划体系是一个“多面规划”,[2]在横向上，荷兰空间规划分为空间规划和部门规划；在纵向上，荷兰空间规划又分为三层级。其中，省级属于中间的一个协调机构，负责沟通上下两级，解决冲突矛盾。除此之外，每一个层级都有自己的协调部门。就这样在横向与

---

〔1〕参见周艺霖：《基于国际经验的国土空间规划体系重构研究》，载《广东土地科学》2018 年第 2 期。

〔2〕参见 https：//www. omgevingswetportaal. nl/publicaties/documenten/magazines/2017/10/17/e-book-invoeringswet，2020 年 5 月 25 日访问。

纵向上交叉协商，为荷兰空间规划合理运行奠定了基础。

我国国土规划类型众多，目前经法律授权编制的规划至少有 80 多种，且相互关系复杂。在国土空间规划序列中，起着主导作用的规划类型主要有主体功能区规划、国土规划、土地利用规划、城乡规划和环境保护规划等。虽然我国国土空间规划立法成效显著，但随社会经济发展，受价值取向、部门利益、专业限制和沟通不畅等多方面因素影响，空间规划问题层出不穷。在我国，由于各部位针对的是同一空间进行规划，导致不可避免的规划交叉。更为严重的是，每一各部门都有各自的规划标准、规划制度和规划期限。导致界定标准不一、规划期间不一、职能定位不一，统一规划区域出现多个标准，不利于空间规划的落实和实施。

因此，我国 2015 年中央工作会议要求规划接地气，批准后要能够严格执行。为达到这两点目的，除了需要完善规划立法和实行执法监督，在规划编制和审批过程中还需要建立沟通协调机制。我国行政体制框架需要协调的层级比荷兰多，建议在区域、省、市层面都设置纵向规划沟通平台：在区域层面协调省、市层面对国家规划战略的落实；在省层面设机构协调所辖地级市层面对省级以上规划政策的落实；在市层面设机构协调区县和乡镇层面对市级以上规划政策的落实。在横向上，要在规划体系重构中处理好各行业、各领域和各部门之间的需求与关系，要体现经济社会发展的整体需要，也要反映各行业、各领域的利益诉求。

（四）重视监管评估机制

荷兰的监督管理机构发展历史非常悠久，在中央，荷兰设立了监督管理委员会，监督政府部门对空间规划的编制和实施；同时还设有独立的智能库——PBL，为荷兰政府部门编制空间规划提供专业科学的意见和建议，指导各部门有效工作。

在省级和市级都设有专门的咨询委员院会，他们的职能和 PBL 相同，都是为本机政府部门的空间规划编制工作提供指导。

我国与荷兰十分不同，第三方监管评估机构少有耳闻。因此，在今后的空间规划改革中，我们应当增加相关监管和咨询部门。他们可以由各部门官员以及社会相关专业人士组成，这样既能增强空间规划立法工作的专业性，还能体现规划过程中的民主性。

（五）增加公众参与，建立合作关系

荷兰在新的规划改革中对公众参与规划进行了规定，他们为保证公众的广泛、充分的参与，还开设了环境服务柜台，公众可以从中了解到政府对某一区域的规划以及规划进程。另一种途径就是国土委员会组织召开新闻发布会，收集民众意愿，并在国会上讨论通过，充分反映民意。除此之外，民众还可以自己参与到本社区的规划活动中去，构建符合自身需求的社区规划。

由于我国的国体空间规划仍处于刚刚起步阶段，发展经验不足，因此在公众参与方面存在很大问题。主要表现在由于目前空间规划的热度不够大，绝大部分公众并没有认识到空间规划对其自身生活会产生多大的影响，另外，很多民众对空间规划的参与方式不了解，导致对相关法律法规认识不明确。因此，要想增加民众的参与度，就必须明确空间规划对公民利益的影响程度，让公众明白自己是空间规划的利益攸关方，另外，还可以增加社会热度，调动民众参与的积极性。

我们还应当借鉴荷兰确立的引诱型合作关系，通过对投资企业所有权力的明确，来吸引更多的社会企业加入空间规划建设中去，从而为之提供充足的资金、技术支持。但是，这一关系的确立食要建立在信赖的基础上的，“信任”是建立合作关系的基础：对发起者的信任，对政府公民的信任以及政府之间的信任。因此，政府在获得物质基础的同时，还要在一定程度上简化企业参加空间规划建设的审批程序，从而让企业基于信赖利益主动参与规划建设，才能更好地完成政府赋予其的空间规划的任务。

第七章　加拿大空间规划法

第一节　加拿大空间规划法概述

一、加拿大空间规划的概念和种类

（一）加拿大空间规划的概念

空间规划包括不同空间尺度、跨越部门和区域的政策整合，以实现经济和社会的和谐、可持续发展以及地区之间竞争力的平衡。空间是与时间相对应的存在形式，从国土和区域角度看，是指人类社会赖以生存发展的总体物质环境。加拿大空间规划目前尚无统一定义，一般认为，空间规划是根据国民经济和社会发展的总体方向与目标要求，按规定程序制定的涉及国土空间合理布局和开发利用方向的战略、规划或政策，突出特点是有明确的空间范围，规划内容包括资源综合利用、生产力总体布局、国土综合整治、环境综合保护等，规划目的是优化空间开发格局、规范空间开发秩序、提升空间开发效率、实施空间开发管制。

（二）加拿大空间规划的种类

加拿大空间规划类型不断丰富发展，初步形成包括主体功能区规划、国土规划、区域规划、土地利用总体规划、城乡规划、海洋功能区划等在内的类型多样、功能多元、层次多级的规划框架，各类空间规划逐渐成为各级政府、各主管部门实施空间开发行为管治的重要手段。

二、空间规划的立法沿革

加拿大是一个经济发达、城市化水平较高的联邦制国家。经过100多年的发展，加拿大已经形成了一套独特而高效的规划体系。每个历史阶段都有突出的特点，又具有延续性，所以今天的规划体系是历史积淀的产物。

（一）1867年前的殖民阶段

到1867年，加拿大人口已达30万人，规划的重点是规划第一批在法国和随后的英国殖民统治下的欧洲定居者的定居点。这一时期的一些大型军事禁区后来变成了大型城市公园。

（二）1867~1914年

到1914年，加拿大人口已达600万人。19世纪初，大批外国移民涌入加拿大。外国建筑师为一些新的省会城市留下了不朽的城市形象。修建铁路和港口来运输矿石、木材和小麦等初级产品。移徙工人恶劣的生活条件导致了旨在改善公共卫生和住房条件的立法运动。社会“精英”还对市政当局施加影响，以促使其改善相关设施。城市规划主要是由测量师和工程师来确定新的定居点和建设基础设施，以应对快速的人口增长。

（三）1914~1930年

到1930年，更多的移民进入加拿大，全国人口达到900万人。自然资源已变得不那么容易获得，激进的工会要求更大的利益份额。加拿大自然资源保护委员会成立，由英国花园城市协会的著名人物托马斯·亚当斯担任主席。亚当斯促使省政府在英国1909年《规划法》的基础上制定了第一部规划法。在此期间，加拿大城市规划协会成立，以促进规划职业和规划教育。当时，规划协会的成员主要是工程师、建筑师、土地测量师和房地产专业人士。与英国的模式不同，规划立法与美国的分区法非常相似。许多城市任命类似于美国的规划顾问委员会来对抗政治影响。几乎没有专业的规划师，市政府也没有规划部门。在同一时期，加拿大由咨询公司完成的第一个现代综合城市规划和土地使用分区开始实施。但很多规划工作仍在纪念性城市的设计中，很少有付诸实践的。

（四）1930～1945 年

到 1945 年，加拿大人口有 1000 万人。大萧条和第二次世界大战减缓了 20 世纪 30 年代的城市化进程，20 世纪 20 年代的规划热潮也消退了。然后是战后重建计划、“福利国家”政策导向、国家住房发展计划等，这些都需要更高效的城市规划。

（五）1945～1970 年

到 1970 年，加拿大人口增加到 1800 万人。在人口增加的同时，像多伦多和温哥华这种大都市的城市规模也随之增加了，其中多伦多率先制订了具有国际影响力的大都会区计划。由于战后经济复苏的需要，加拿大增强了对城市化的管理，首先对省级规划立法进行创新，其次城市规划也得到振兴，市政当局设立规划部门同时负责规划和执行，使规划和执行职能不再分离。除此之外，政府出资翻新 19 世纪遗留下来的老旧房屋，注重对文化遗产的保护。在城市改造中，开始更多地关注城市更新中需要的社会支持和合理化等问题。

（六）1970 年至今

目前，加拿大的人口已经超过了 3000 万人。新一代专业人员的成长和民众环保运动的发展，对加拿大之前采取的战后规划政策和政府封闭式行政体制产生了冲击，加拿大的城市政策和规划目标开始转向可持续发展，环境友好型城市逐渐成为规划的主流理念。为了满足城市设计的目标，政府在规划部门中还设立了社会文化与环境管理的专门办公室。此外政府在规划中开始更多地采取开放、参与式的咨询，考虑公众参与的必要性。

三、空间规划法律体系

加拿大是一个地方自治的联邦国家，联邦政府不参与任何一级计划的制定和批准，但联邦政府制定的环境保护等方面的法律，要求省级和副省级政府在制订计划时必须遵守。下文以安大略省为例阐述加拿大各州的空间规划法律体系，安大略省的空间规划法律体系主要由《省规划法》、《省政策宣言》和其他规划手段三部分组成。

（一）《省规划法》

《省规划法》是省议会通过的立法文件，确立了安大略省土地规划制度和规划的基本管理制度。安大略省的规划法律由省议会通过，并于1946年生效。《省规划法》建立了安大略省土地利用规划系统，规划了制定和审批程序、计划管理体系以及各级政府的计划和执行的详细职责。现行《省规划法》于1996年由安大略省议会修订通过，进一步加强了地方政府的自主权，扩大了具有规划审批权限的地方政府数量，进一步简化了规划审批程序。

（二）《省政策宣言》

《省政策宣言》是安大略省制定的关于土地开发和利用基本原则的政策文件。安大略省的《省政策宣言》生效于1996年5月22日，虽然只有11页，但它清晰而明确地规定安大略省空间利用和发展的方针、政策，明确表示省政府空间开发和利用需要实现的政策目标，并为当地政府的规划指明了方向。

（三）其他规划手段

其他规划手段，是指利用各种规划方法来实现安大略省的规划，主要包括城市总体规划方案（安大略省称为官方规划，其他省份名称不同但内容和功能相似）、分区法、分块开发规划和建筑许可证。城市总体规划方案是关于城市如何发展以及各个城市如何开发利用土地的总体政策文件。分区法和分块开发规划是对土地开发利用的具体要求和具体的开发建设规划。要开发和利用土地，必须符合《省规划法》、《省政策宣言》、城市总体规划方案、分区法和分块开发规划，还必须在建筑前获得建筑许可证，有时候还需要获得建筑拆除和迁移许可。

分区法规定了空间开发利用的具体要求，以实现城市总体规划方案确定的目标和政策。加拿大每一个城市都有其划分方法，土地利用的规定有许多要求的细节，如建筑物的位置、建筑的结构类型、地块大小、高度的建筑、到街头的距离。分区法的制定和修改程序与城市总体规划基本相同。

分块开发规划是将一块土地分成两块或更多块出售，并详细说明土地将如何使用的计划。地块开发是美国和加拿大独有的土地开发手段。分块开发规划必须经省城市事务和住房部或其授权的审批机关批准。只有在省级土地登记办公室批准并注册了地块开发计划后，开发商才能出售和建造地块。

建筑许可证是政府对在土地上建造或重建建筑物的申请的正式批准。在加拿大，新建房屋、维修或临时建筑，甚至空调、炉灶和取暖设备，都必须获得建筑许可证才能建造。没有建筑许可证的建筑会被罚款。如果施工不按照批准的规划和建筑许可证进行，有关部门将通知开发商进行整改。否则，政府将采取法律行动，如起诉。在加拿大，不仅建筑需要获得政府的建筑许可，而且房屋的全部或部分拆除也需要获得许可。改变房屋的使用也需要城市总体规划许可。

四、空间规划法的目的和任务

空间规划法律的目的主要是确保空间的可持续性发展和追求统一的经济、社会和环境效益以及人类居住的理想环境，为实现上述目的而制定全面的、系统的和不同层次的空间规划和协调各种规划政策与措施。关于规划作为改善社会工具的适当作用和目的的争论一直存在。这并不是说城市高效有序发展的基本目标受到了挑战。真正的问题是，秩序和效率是否应该是唯一的目标。加拿大国家住房管理署一直有一个明确的社会目标：所有加拿大人都应该有一个体面的住房标准。“体面的标准”必须由社会来界定。

根据加拿大《1990 年规划法案》内容，在政策范围内并通过本法规定的手段，空间规划法的目的和任务包括以下六个方面：

（1）在健康的自然环境中促进可持续的经济发展；

（2）制定由省政策主导的土地利用规划制度；

（3）将与省有关的事项纳入省和市的规划决定；

（4）通过使规划过程公开、方便、及时和有效，规定公平的规划过程；

（5）鼓励各利益团体之间的合作和协调；

（6）承认市议会在规划方面的决策权力和责任。[1]

第二节　加拿大空间规划法基本原则

一、公众参与原则

空间规划的公众参与原则，是指建立有效的公众参与程序，加强所有权意识，保护公民权利和财产的所有者，透明决策过程。规划机构需要认识到个人和团体在规划过程中的重要作用，发布相关文件以提高公众对规划体系的认识，并在推出新的规划政策前广泛征求意见。

规划机构应组织公开会议，在适当地点让公众参与讨论，为当地社区参与本社区规划做好准备。

规划分区是对具体土地开发利用的管控和限制，对土地权益影响巨大，公众参与不可或缺。加拿大在规划分区实践中，一方面十分注重公众参与的作用，另一方面也较为务实。《规划法》对规划分区附例的制定和修改程序作了详细的规定，要求地方政府必须至少召开一次公众会议，参加会议的每个人都有发表意见的机会，不能参加会议的可以通过书面形式提出意见；对于有的规划分区附例还要求在召开公众会议 7 天前至少举办一次公众开放日，为公众提供相关材料和信息，答疑解难。这些程序的主要目的是保障公众的知情权和参与权，为土地权利人参与规划过程、维护自身权益提供渠道。

二、混合使用原则

混合使用原则创造了一个活跃的城市环境，使基础设施可以得到最佳利用，“婴儿潮”后的小型家庭可以有更多的选择（而不仅是独立住宅），混合的住房类型可以通过降低专享的、隔离的地区所享有的溢价来提高负担能力和产权，通过在商业和城市活动附近提供住房，使人们能够居住在可以购物、工作或娱乐的地方，同时也增加大众交通工具的

---

〔1〕 Planning Act R. S. O. 1990 c1. 1.《规划法》1990 年条款 1. 1。

使用，减少汽车的拥有量和车辆出行次数，从而减轻与汽车使用相关的环境后果。

在第一个层面，混合使用增加土地用途的密度，在一个特定的土地用途类别内，通常是住宅用途，规划师可以增加可供选择的范围。我们可以鼓励形式和租期的混合，而不是根据密度或住房类型来划分区域。住户根据生命周期阶段或收入水平选择住宅类型，混合住宅类型将不同的住宅组合在一起。另一个层次的混合包括通过鼓励可兼容的混合来增加城市结构中各种用途的多样性。例如，在商业和办公区域增加高密度的住宅用途可能是兼容的，因为住在企业附近的居民可能会光顾或在这些企业工作。混合的第三个层次涉及分离使用的整合。将不同种类的使用接近地结合在一起可能需要克服监管障碍。例如，司法管辖区通常要求重工业和其他城市用途之间有间隔或缓冲。[1]

三、可持续性原则

加拿大空间规划坚持可持续性原则，在空间规划的编制和实施中注意环境保护与经济发展的关系。例如，加拿大海洋空间规划是管理海洋空间的一种协作和透明的方法，有助于平衡人类活动日益增长的需求和保护海洋生态系统的需要。海洋空间规划是国际公认的透明、包容和可持续的海洋规划和管理的有效工具。海洋空间计划针对每个独特的地区，以帮助管理人类活动及其对海洋的影响。根据地区的不同，这些计划包括可能进行资源开发的地区和需要特别保护的地区。

第三节　基本制度

一、规划制定制度

加拿大每个省的规划制度都不太一样，以安大略省为例，在其土地

---

[1] Jill Grant, *Mixed Use in Theory and Practice Canadian Experience with Implementing a Planning Principle*, Journal of the American Planning Association, March 2002.

利用规划编制过程中有 4 个关键参与者：省政府、市政府、公众和建议人（指开发商等对现行规划提出修改意见的人）。

（一）省的职责

省的职责主要是制定规划方面的政策并作为部分地区总体规划方案的审批机关。由于规划审批的权利已通过立法由越来越多的市级政府来承担，省政府的职责已逐渐转变为侧重于从事土地利用规划方面的研究，确定土地利用的发展趋势，制定省关于发展经济和保护环境等方面的政策，对地方规划的制定和审批进行指导。

（二）城市的职责

城市是规划制定、审批和执行的中心环节，它的职责是：（1）对关于社区未来发展的规划作出决定。（2）制定和执行规划文件，如《总体规划方案》《区划法》等。（3）一些地级市根据省政府的授权对所辖县级市的总体规划方案和分块开发规划进行审批。

（三）公众的职责

加拿大制定规划十分注重公众参与。安大略省《省规划法》要求在制定总体规划方案时，市议会应给予公众足够的信息，在决定采纳规划前，议会必须至少举行一次公众会议让公众发表意见。市民各自有不同的价值观和目的，他们的参与可以保证规划的决定与他们的价值观和目的相一致，可以使市民更容易接受政府的决定，更有利于规划目标的实现。

（四）建议者（指开发商等对规划提出修改意见者）的职责

建议者提出修改规划的申请时，应与政府的规划官员进行前期协商，并在申请中考虑《省政策宣言》、总体规划方案及区划法等规划文件的要求。

二、规划管理制度

加拿大基本上是一个四级政府管理体制的国家，即联邦政府、省政府、地方直辖市和地方直辖市。

联邦政府没有土地利用规划管理的职能，土地利用规划由省级以下的政府制定实施。安大略省在内阁有 7 个部门涉及土地利用规划的管理，这7个部门包括城市事务和住房部、交通部、自然资源部、环境部、农业和农村事务部、民政和文化娱乐部、北部开发和矿业部。城市事务和住房部主要负责管理安大略南部城市的土地，其中大部分是私人土地。

自然资源部专注于管理安大略省北部和农村地区的土地资源，其中大部分为王室所有。省政府的主要职能是制定规划政策，有时也作为下级政府制定总体规划的审批机关。地市级政府是规划制定、审批和实施的主体。截至目前，80%的区域规划由地方政府或地方规划局负责审批。安大略北部和南部的规划管理系统是不同的。在一些地区，规划是由当地规划委员会批准的。在北部地区，由于面积大但人口稀少，社区之间距离远，公众参与规划问题比较困难；此外，北方的大部分土地都属于国王。所以在安大略北部，政府区域的土地使用规划是由市政府或几个小城市的联合地方规划机构管理的。没有市政组织的，规划问题可由规划主管部门、城市事务和住房主管部门、自然资源主管部门3个部门管理。

三、规划审批制度及生效制度

依据加拿大 Planning Act R. S. O. 1990 第2.1条，当审批机关或法庭根据本法作出与规划事项有关的决定时，批准当局和法庭应考虑以下事项：市议会或审批机构根据本法作出的与同一规划事项有关的任何决定；和市议会或批准机构在作出第13条[1]所述决定时考虑的任何信息和材料；相同的，当法庭作出决定在这个行为，涉及规划问题的上诉，因为市政委员会或批准机关未能作出决定，法庭应当考虑任何信息和材料，市议会或批准机关收到的关系。

审批机关应当作出批准总体规划的决定。审批机关应当自收到全部所需材料之日起90日内完成规划方案的审批工作。在规划豁免审批程序中，由市议会发出规划通过通知书，主要通过互联网、电视、报纸、

[1] Any municipality within a planning area may make grants of money to the planning board of the planning area. R. S. O. 1990, c. p. 13, S. 13.

邮件等方式向公众公布。逾期不复议的，复议期满继续有效。在规划豁免程序中，由省城市事务和住房部作出批准规划的决定，并公告该决定。20 日内不申请复议的，总体规划生效。

1996 年的《规划法》确立了两种规划审批制度，一方面简化了规划程序；另一方面赋予城市更大的自治权。一个是市级规划审查，另一个是省级规划服务的窗口。这两个系统的目的是一致的。

两者都是为公众提供“一站式”服务，即快速高效的规划服务。两者都要在保护省利益的基础上审查、修改和批准规划。两者的根本区别在于谁是规划审批机构。“城市规划审批”，是指市政府或规划局作为规划审批机关的制度。在这种审批制度下，省政府不对规划申请进行审查和评论，市政府和地方规划局对规划申请拥有最终决定权。“一窗规划服务”，是指省级城市事务和住房部作为规划审批机关审批规划申请的系统，还包括在市政府和规划局审批权力，省政府通过城市的“一站式”服务和规划局的内容提供各种支持和帮助，支持和帮助不仅包括城市事务和住房技术帮助，还包括其他方面参与土地利用规划技术来帮助相关部门。该系统的建立进一步提高了效率，因为它将以前由 7 个部委提供的与土地规划有关的服务转移给城市事务和住房部之一。与两种审批制度相结合，对规划的制定和修改实行免审批和不免审批两种审批程序。(1) 免征审批手续后，省城市事务和住房主管部门对总体规划的部分或全部修改不予审批。当市议会通过该计划并发出通过通知时，任何团体或个人可在收到市议会决定通知的 20 日内，向安大略省市政委员会提交审查报告。无人复议的，复议期满后，方案生效。(2) 不免除审批手续，市政府制定主计划并不是最后的审批机关，市议会采取总体规划时，规划计划将被发送到省级城市事务部门和住房审批，审批后，如没有人在其规划审查批准，决定规划效果。

四、总体规划制度

总体规划的功能和内容由省政府批准，指导社区意识到社会的最大利益。总体规划的制定是地区规划的一项核心活动，其根本目的是管理和充分利用城市的土地和资源，并帮助社区制定发展目标和制定实现这些目标的措施。虽然总体规划不是法律规定，但它具有法律功能。所有的分区法律和公共建设计划必须根据总体规划制定。总体规划一般包括三个基本要素：土地利用、交通和社会设施。此外，还可以增加城市外观设计、基础设施、历史建筑、旅游设施、大学校园等特殊内容。具体包括以下内容：(1) 市政府关于土地利用的总体政策。确保经济发展及满足社会需要。城市的土地现在和将来是如何使用的。确定道路、给排水系统、垃圾处理站、公园等公共设施的施工场地。(2) 城市建设的基本规划要求，如各建筑面积范围、建筑高度等。实现规划目标和实施规划政策的手段。(3) 解决土地使用冲突的方法。市议会在规划区域发展方面的责任。总体规划一旦制定，并不总是会改变。

计划可以随着社会发展的变化进行修改和补充，修改需要经过复杂的程序，以确保其稳定性。规划修改可以通过两种方式提出：一是由政府提出对规划进行修改。经批准的总体规划可以随时进行审查，规划法要求议会至少每五年举行一次听证会，以确定该规划是否需要修改。二是由公众修改。

由于有关土地的发展及建设图则与总纲图则不一致，公众可提出修改总纲图则的建议。计划变更的程序与准备计划的程序相同。总体规划修订文件是对总体规划内容进行修改的官方文件，具有与总体规划相同的效果。

第四节　法律责任和法律救济

一、法律责任

根据加拿大 Planning Act R. S. O. 1990 的规定，违反第 41 条地盘规划控制区法案，第 46 条流动住房、土地租赁社区住房法案，第 52 条禁止依未登记图则出售土地：(1) 首次定罪，罚款不超过 25, 000 美元；(2) 其后被定罪，在首次被定罪后继续违反有关规定，则每一天罚款不超过 10, 000 美元。

二、法律救济

（一）调解

当空间规划存在矛盾时，可以通过调解程序解除其权利，保证空间规划活动的顺利进行。

当根据第 39 条〔1〕临时使用规定、牌照发出错误问题提出上诉通知书时，批准机关可使用调解或其他争议解决手段解决争议。

（二）诉讼

如市政当局符合规定的条件，市议会可就某些地方土地使用规划事宜，依附例组成及委任一个上诉机构，由市议会认为适当的人士组成。当地上诉机构应遵守规定，包括但不限于对当地上诉机构的惯例和程序规则的要求。根据市议会章程规定，上诉人应向当地上诉机构支付相应费用。〔2〕

第五节　现有制度评析及其对我国的启示

一、现有制度评析

加拿大空间规划制度有两大特点。特点一：法律效力高，实施有力。加拿大《规划法》明确授权由地方政府制定规划分区附例，同时对规划分区附例的性质、内容、程序、罚则作出了具体的规定，为规划分区的制定与实施提供了明确的法律依据。在加拿大的规划体系中，省政府宣言、官方规划都是政策性文件，只有规划分区附例是法律性文件。地方政府不论是制定或修改规划分区附例，都必须由地方议会以地方性立法的形式通过。由于加拿大高度重视地方自治，通过地方性法规实施行政管理是加拿大地方政府运作的重要特点，而规划分区附例是地方政

---

〔1〕 The council of a local municipality may, in a by - law passed under section 34, authorize the temporary use of land, buildings or structures for any purpose set out therein that is otherwise prohibited by the by - law. R. S. O. 1990, c. P. 13, s. 39 (1).

〔2〕 Planning Act R. S. O. 1990 c8. 1.

府法规体系中最为重要的组成部分，具有较高的法律效力。在实施过程中，包括规划部门在内的各相关部门都有义务执行和实施规划分区附例。在土地细分、建筑许可、场地规划审批等行政审批过程中，审批机关必须严格遵守规划分区附例的规定。特点二：内容具体，可操作性强。加拿大地域广阔，辖有 50 个县级行政区，各地的经济状况、地理条件、历史沿革等存在很大差异，因此，规划分区并没有统一的模式与内容。在符合相关规划法律法规规定、省政策宣言和官方规划的前提下，各地可以根据自身实际决定规划分区附例的模式与内容。此外，各地所采取的分区技术以及对土地、建筑物用途的定义也各不相同。但它们都有一个共同的特征，即内容十分具体，可操作性很强。每个地方的规划分区附例都由文本和图则组成。规划分区的实质就是通过文本与图则相结合，实现对具体地块土地利用控制的标准化，即将土地划分成层次结构清晰的控制区，对不同控制区实施不同标准的控制。这种标准化的地块控制不仅使土地利用管理具有很强的可操作性，而且为实现市场化、法律化奠定了基础。

二、对我国的启示

1. 提高规划意识，确立规划在土地利用中的“龙头”地位。加拿大的国土面积居世界第二，而人口只有 3000 万，地多人少，但仍注重科学规划和合理使用土地。规划具有很强的约束力，一经批准，必须无条件执行。规划方案的制定和修改有着十分严格的程序，并且经过详细的论证，制定的规划不仅科学而且实用性强，规划真正起到了指导和控制土地合理利用的目的。在我国，尽管新的土地管理法确立了土地用途管制制度在发利用中的“龙头”地位，但是以往那种“纸上画画，墙上挂挂”的规划意识仍然存在，违反规划和随意修改规划的现象仍时有发生，人们的规划意识仍有待进一步的提高，规划的制定程序也有待进一步完善。

2. 正确处理好土地利用总体规划与城市规划及其他专业规划之间的关系。加拿大的土地利用规划没有我国土地利用总体规划和城市规划之分，两者有机地结合在一块。在我国，由于管理体制的原因，土地利用总体规划和城市规划是分开的，而且由土地行政主管部门和建设行政主管部门分别管理。虽然土地管理法规定城市总体规划应当与土地利用总体规划相衔接，在法律上解决了两者之间的矛盾，但在实际操作中，正确处理好土地利用总体规划与城市规划及其他专业规划的关系并不是一件易事。由于管理体制造成的土地管理和城市规划管理的分割状态在客观上容易导致规划的内容及规划的执行发生利益上的冲突，也人为地增加规划的成本。要彻底解决这一问题，只能在规划管理体制的改革上寻求突破。

3. 正确处理好各级规划之间的关系。在加拿大，联邦政府没有管理规划的职能，规划完全由省以下各级政府管理。从 1996 年安大略省省规划法修改的情况看，省政府越来越多地将规划的制定和审批的权力下放给各城市政府，而将其职责定位于制定规划的总体政策，对地方制定规划进行指导。省政府制定的规划政策十分简单，仅有 11 页，但城市总体规划方案的内容十分详细，往往是很厚的一本书并附有分类很细的规划图。在世界很多其他国家，包括美国也是如此。因为这些国家认为，由各城市自己决定城市土地未来的开发和利用是更为经济和有效的方式。我国是五级规划体系，国家、省、市、县、乡都有土地利用总体规划。从总体上说，这与我国的实际情况是相符的，但从降低决策成本和更好地发挥各级规划作用的角度，我们必须对各级规划的地位和作用进行正确定位，借鉴国外的经验，国家和省的土地规划应作为战略性的规划，将其职责定位在对市、县、乡制定规划的指导上。市、县、乡的规划则应该是非常详细的、可操作性强的、能够真正实现用途管制的具体的控制性规划。

4. 提高公众在规划制定中的参与程度。加拿大在制定规划过程中十分注重公众参与，要求市政府在就规划问题作出决定前必须至少举行一次公众会议，听取公众的意见。吸收社会公众参与土地规划的制定，有利于提高规划的科学性，增强社会的规划意识，也便于规划的实施。但是，公众参与也可能造成规划制定花费更多的时间和金钱，而且公众参与的程度与公众的民主意识有很大的关系。从我国的国情出发，完全效仿国外的公众参与制度是不现实的，但从社会发展的角度，从实现社会公平的角度，从提高规划科学性的角度，提高公众在规划制定中的参与程度是必然的趋势。1998 年 5 月 15 日，深圳市人民代表大会通过的《深圳市城市规划条例》第一次就公众参与规划制定在法规中作出了明确的规定，虽然这种参与仍然是十分有限的，但这是在公众参与规划管理方面迈出的十分可喜的一步。如何结合我国的国情，改“专家规划”为“专家 + 平民规划”，探索建立规划制定和审批的新机制是土地利用总体规划和城市规划主管部门面临的共同课题。

5. 适应市场经济条件，强化国土空间规划宏观调控的职能。国际经验表明，不论国家处于工业化、城市化的哪个阶段，国家层面的宏观空间战略都是必要的。各国的经验表明，国土空间规划有助于改善落后区域发展条件，促进国土均衡发展，符合国家社会经济发展整体利益要求。虽然我国一直把区域发展战略的制定和实施作为国家发展总体战略的重要组成部分，但同发达国家相比，我国在空间发展的有序性方面，仍存在显著的差距。长期以来，忽视在空间布局方面的规划，是造成我国空间开发无序的重要原因。因此，重视和加强国土空间规划是我国建设社会主义市场经济新形势下的客观需要，通过当前的主体功能区划研究，逐步使我国的国土空间规划规范化、系统化。

6. 空间规划应张弛有度，确立阶段性的主攻目标对环境和空间要素的控制，有利于社会经济的可持续发展。例如，荷兰的“绿心”概念对我国正在开展的主体功能区划具有重要的借鉴意义。主体功能区划中划分的禁止开发区不能因任何发展目标而改变，而其他类型区域则可根据发展背景适时调整社会经济目标和布局。由于国土空间规划是一个比较长远的、综合性的发展规划，需要有计划、有步骤地进行，不同发展时期和不同发展阶段，应有所侧重。在目前的国土空间规划中，应突出大都市经济区、重点资源开发区和生态保育区的规划建设。

7. 紧跟经济全球化新趋势，探讨国土规划的新空间、新理念。随着我国改革开放的不断深入，经济全球化进程的加快，要求以新的视角探索国土规划的新理念，破除封闭式国土或区域的概念，重点关注跨区域甚至跨国的大尺度空间规划的研究。目前，正在进行的长三角地区、京津冀地区区域规划就是跨区域规划的重要实践。在新一轮国土空间规划中，应根据经济全球化发展的新形势，除重视沿海大都市经济区空间发展规划之外，将新的国土空间理念（开放的国土）纳入规划体系中，充分考虑与周边国家的联系和协作。

8. 统筹理顺各部门规划，完善综合性国土空间规划体系。世界上国土规划做得比较好的国家，都有相对完善的国土规划体系。而我国长期以来规划体系很不完善，存在多头管理、多套体系。目前的空间规划就有国家发改委主管的主体功能区划和区域规划，建设部主管的城市规划（包括城镇体系规划和城乡统筹规划），自然资源部主管的土地利用总体规划和国土规划。其规划内容重复及规划目标彼此不协调等问题突出。因此，需要借鉴国外国土规划的经验，在空间系列上整合统筹各部门的规划，建立相对科学、完善的综合性国土规划体系。

第八章　美国空间规划法

第一节　美国空间规划法概述

一、美国空间规划的概念和种类

（一）空间规划的概念

国土空间规划作为一种有效的经济和法律手段，一直被各国广泛使用。美国最早在 1909 年开始进行局部空间规划，至今已发展了百余年，其空间规划制度非常成熟。尽管如此，美国还是没有一部统一的空间规划法典，也没有适用于全美国的某种具体规划法，联邦层面仅有一些针对特定区域和环境的单行立法。同大部分部门法一样，美国空间规划法律制度的核心仍是州法。美国空间规划法中的空间规划权属于行政性权力，该权力包括规划、分区和许可等，一般由州法律授权各级政府行使。这是因为根据美国《宪法修正案》第 10 条的规定，本宪法未授予合众国也未禁止各州行使的权力，分别由各州或由人民保留。而空间规划的权力不在宪法授予联邦的权力清单范围内，因此，空间规划的权力由州保留，由州通过法律授权给地方政府或州政府。同样，地方政府是根据州立法产生的，而不是联邦立法，因此，从法理的角度看，地方政府的规划权力也是不受联邦管辖的。这从各个州的立法情况也能看出，大约 1/3 的州没有依据联邦指导进行州规划立法。1964 年，美国《土地分类和多用途使用法》颁布，为决定土地应该作为保留地或开发地提供了标准。1976 年《联邦土地政策与管理法》明确规定“公共土地保留为联邦所有，对土地的处置要服务于国家利益”。该法案的颁布结束了美国国有土地管理在法律层面的混乱现象，堪称国有土地管理中最具综合性的法律。国会命令土地管理局负责管理公共用地，以便开展能源开发、牲畜放牧、娱乐和木材采伐等各种用途，同时确保自然、文化和历史资源保持现在和将来的使用。《联邦土地政策与管理法》要求土地管理局在其土地利用计划中“使用并遵守多种用途的原则。”《联邦土地政策与管理法》本质上是一种规划过程，旨在让所有社会阶层有机会去解释，将某一特定用途（或者多个用途，如果可以兼容的话）分配给某一特定土地，是这块土地最有利益的用途。多种用途的授权使土地管理局能够尝试为所有相互竞争的使用者提供服务。

（二）空间规划的种类

美国国土空间规划的主要种类涵盖三类五级的国土空间规划体系，联邦与地方都为国土空间规划提供法律保障。美国的国土空间规划分为总体规划、专项规划、用地增长管理规划三类，涵盖区域级、州级、亚区域级、县级、市级 5 个等级。迄今为止，美国还没有制定统一的涉及全美的国土空间总体规划。专项规划，是指针对某一领域的规划，如专门针对水资源的水质规划，专门针对特定地区海岸带的加利福尼亚州海岸线规划。区域级规划，是指跨越至少 2 个州的土地空间规划，总体范围涉及面可能很广。州级规划，是指针对某一州范围内的土地空间利用规划，规划内容主要涉及土地资源的开发与利用计划。亚区域级规划，是指包含一个州范围内几个县的土地利用规划。县级与市级国土空间规划对县或市辖区土地利用数量与空间定位方面进行调整。美国对国土空间规划没有统一的总体规划，因此分散管理是必然的选择，针对国土空间规划的管理系统表面上看起来是不集中的，国家不强制性地要求地方各级政府必须制定土地空间规划。国土空间规划事务由地方政府负责，大部分权利也由地方政府进行控制。联邦政府在土地规划中密切关注对土地进行宏观控制，科学进行开发，土地资源集约利用，在经济与社会高速发展的进程中兼顾国家安全等问题。联邦政府对地方政府的土地规划管理与利用进行规制，主要体现在通过制定相关的法律法规及政策等行动中。

在国土空间规划中，联邦与地方都为其提供法律保障。各个城市自主决定其未来发展和土地利用的政策，是更加经济、有效的方法，和民众是最直接、最密切相关联的，这也是最重要的地方性规划。区域规划、土地利用规划和空间规划、土地规划、城市与乡村规划等，它们之间并不是独立的，各规划之间需要协调与衔接，国土空间规划已经位居空间规划的核心地位，同时也是各种其他规划的精髓。这是形成系统完善的规划和立法体系的基础。美国各级规划的核心是法律法规以及政府制定的各种规范和标准。联邦政府主要通过制定相关的法律、法规和政策来制约、引导和影响地方的土地利用和规划管理。例如，1933 年通过了《田纳西河开发法》，这是一部针对特定区域的国土开发整治规划法，同年成立了田纳西河流域管理局，制订了流域综合开发与整治计划。1974 年，美国议会通过了《森林和牧场可再生资源规划法》，其中包括国家森林系统的土地资源管理和规划条例，并规定了土地规划的一些内容和程序。此外，在美国，虽然没有具体的规划法律体系的土地资源规划，但是《联邦土地政策和管理法案》已经颁布，规定了国家土地管理局内政部在规划公共土地利用、公众参与和规划进程中应当遵循的一些基本原则。依据美国环境与资源规划法律、法规和条例的相关规定，土地规划编制过程分为调查、预测、形成规划方案、公开讨论、听证、地方议会批准等步骤。土地规划过程通常需要数年时间，一旦获得议会批准，规划就会以具有法律效力的法案的形式颁布，不需要获得更高一级政府的批准。因执行规划发生的争议，由人民法院按照规划的规定处理。

二、美国空间规划的立法沿革

美国南北战争后，城市化进程加快，美国政府更加重视城市规划。在 1909 年举行的第一届全国城市规划大会上，丹尼尔·伯纳姆完成了美国第一个综合性城市规划——《芝加哥计划》，因此，1909 年被称为城市规划的转折之年。自 1909 年以来，根据不同层次规划的出现，美国规划体系的形成和演变可分为 4 个阶段：启动阶段、形成阶段、延伸阶段和稳定阶段。

（一）1909～1930 年：制定城市综合规划，启动空间规划体系

在此期间，美国人口从 7600 万增加到 1.23 亿，城镇化水平从 45.6% 增长到 56.1%。城市化水平超过 50%，汽车的广泛使用开始了美国郊区化的进程。1916 年，纽约市完成了美国第一个分区规划，其他城市也开始进行总体规划和分区规划，并取得了实际成效。在此背景下，商务部出台了《州分区规划授权法案标准》（1922 年）和《城市规划授权法案标准》（1928 年），城市规划和分区规划全面开展，成为空间规划体系形成的基础。[1]

（二）1930～1960 年：州和区域规划的兴起，空间规划体系逐渐形成

在此期间，在大萧条的罗斯福新政和第二次世界大战后的快速发展下，美国人口从 1.23 亿增加到 1.8 亿，城市化水平从 56.1% 增长到 69.9%。新政的规划转向了公共项目，增加了联邦投资，建立了规划机构。1933 年，在内政部成立了联邦国家规划局（NPB）。1935 年更名为国家资源规划局（NPRB），1943 年正式解散。1933～1943 年，州规划机构从 12 个增加到 42 个。美国田纳西流域管理局河流流域开发规划常常被作为国土规划的经典案例，但事实上美国从未存在国家规划，甚至在 1943 年国土资源规划委员会撤销后，没有一个负责国土空间规划的机构，但这并不影响联邦政府通过各种政策和规将定居与产业分布格局确定下来。"二战"后，廉价石油的使用、高速公路建设及技术革新再次促进美国的郊区化发展，区域规划不断发展，空间规划体系初具雏形。[2]

---

〔1〕 Stuart Meck, *Growing Smart Legislative Guidebook*, Chicago: American Planning Associatioin, 2002.

〔2〕 Gale D., *Eight State-sponsored Growth Management Programs*, Journal of the American Planning Asso-ciation, 1992 (4): 425－439. Calthorpe P., *The Next American Metropolis: Ecology, Community, and the American Dream*, New York: Princeton Architectural Press, 1993. Calthorpe P., Fulton W., *The Regional City: Planning for the End of Sprawl*, Washington, DC: Island Press, 2001.

（三）1960～1980 年：各类社区规划不断增加，空间规划体系向下延伸

这一时期美国人口由 1.80 亿增加到 2.27 亿，城市化水平由 69.9% 增长到 73.7%。1968 年美国联邦政府出台《政府间合作法案》，赋予州和区域规划机构审查与评价联邦基金使用情况，以及与州和区域规划的目标及政策的关系的权利，以推动州和区域的可持续发展。同时，民权运动（1964 年通过《民权法》）和环保运动（1969 年通过《国家环境政策法》）的兴起，政府对城市更新计划、社区行动计划及社区发展计划等社区规划给予资助，空间规划体系向纵向延伸。[1]

（四）1980 年至今：注重城市设计，空间规划体系基本稳定

从 1980 年到 2015 年，美国人口从 2.27 亿增加到 3.22 亿，城市化水平从 73.7% 增长到 81.6%。在此期间，里根带动了新自由主义时代，联邦政府主张发展自由经济，发展目标由地方政府决定。政府的规划资金减少，更多地关注与市场相关的城市设计。经过 1 个世纪的城市化，大都市区逐渐形成，国家空间格局基本稳定，规划体系趋于稳定（见图 8－1）。空间的发展是从物质规划到科技、社会、艺术相结合的精细规划，新城市主义、可持续城市等理念成为主导城市设计的因素。

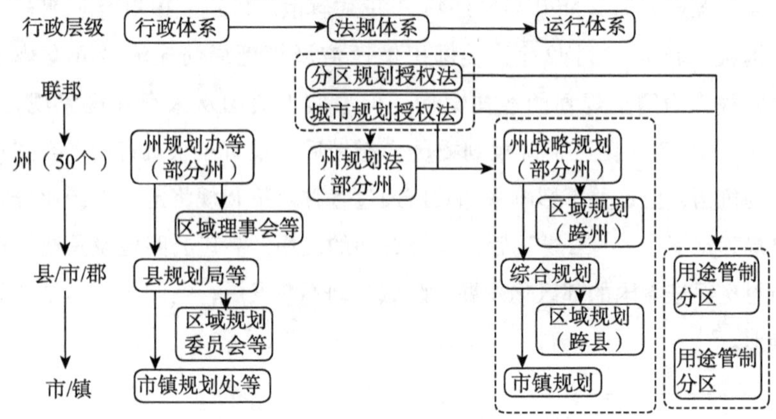

图 8－1　美国空间规划体系框架

[1] Sies M., C. Silver, Eds., *Planning the Twentieth Century American City*, Baltimore, Johns Hopkins University Press, 1966.

三、美国空间规划法律体系

美国长期以来采取的是联邦政府与各个州分权治理的政体，地方政府是根据各个州的立法产生的，而不是联邦宪法。相应地，联邦政府相较于州政府对地方的影响就会弱一些。最终形成的局面就是地方政府依照州立法框架限定范围建立地方的规划法规，联邦层面规划立法较少。由于美国各州空间规划各不一样，本章主要以俄勒冈州为例进行阐述。

俄勒冈州位于美国西北太平洋沿岸，总面积约 25 万平方千米，人口约 420 万（2018 年）。俄勒冈州自然地理资源丰富，拥有海洋、平坝、山地、高原、沙漠、森林面积超过全州一半。受太平洋和喀斯喀特山脉（Cascade Range）的影响，山脉西部的威拉米特河谷气候温和，土地平坦，集中了全州 70% 的人口，成为全州人口和耕地最密集的地区。东部全为高原，景观资源价值极高。

美国的行政管理体制分为联邦政府、州政府、地方政府 3 个层级，其中地方政府包括县政府和城市政府。在俄勒冈州，全州划分为 36 个县，县下设市，县政府对辖区范围内的农村地区和非建制市（城市型社区）进行管理，市政府管理城市增长边界内的城市建设地区。俄勒冈州空间规划包括两级参与主体：州政与地方政府。州级层面包括州土地保护与利用委员会（LCDC）和州级专业机构。州级层面主要行使规划管理与服务职能，包括制定各类政策，开展自然资源登记，行使监督权和审查权。地方层面包括县政府（County）和市政府（City），地方政府在行政管理范围上有所重合，规划事权上具有清晰的划分。地方层面主要负责各类空间规划的编制和实施。

俄勒冈州是美国城市郊区化开始爆发式发展的典型代表，俄勒冈州于 1947 年立法授权县政府在城市辖区之外、县辖区范围内开展规划工作，对土地使用进行管理。在此背景下，俄勒冈州各县政府开始筹备成立规划委员会（planning commissions），制定《发展模式》（Development Pattern）［于 1963 年更名为《综合计划》（Comprehensive Plan）］，并依据《发展模式》编制区划规划，以此作为土地使用管理的法定依据。1969 年，俄勒冈州议会通过参议院 10 号法案（Senate 10），要求各城市和县必须编制辖区内的综合土地使用计划和区划导则，首次将土地用途管制法定化。为了加强资源保护，俄勒冈州在20世纪60～70年代，采用立法、制定标准、成立州级机构等形式，严格保护全州的农用地、河谷、森林、海洋等自然资源。在农业用地管理方面，俄勒冈州于1961年确定农用地标准，授权划定排他性农业区（exclusive farm use zone），对农业区内的税收减免、土地开发模式、非农产业限制等做了明确规定。为了保护森林资源，州议会于1971年通过《俄勒冈森林法》，将私人和州属土地上的森林资源纳入统一管理。在海洋利用与保护方面，州议会于1967年通过《俄勒冈海岸线法案》，确定全州的海岸线及沙滩都是公共资源，私人不得在此区域开展建设。1971年，海岸线保护与利用委员会（Coastal Conservation and Development Commission）成立，负责州海岸线的规划与管理工作，该委员会成为俄勒冈州第一个州级空间管理机构。按照法律法规、特别机构的要求，俄勒冈州确定多个特别自然型地区，组织编制专项规划，指导相关保护和利用工作。

四、美国空间规划法的目的和任务

（一）空间规划法的目的

美国土地利用规划的目标是促进土地资源的可持续利用和开发，使私有制引起的土地利用矛盾最小化，鼓励对土地资源的合理利用，优化社会福利。虽然美国没有独立的土地利用规划体系，但土地利用规划是美国各级总体规划的一部分。它认为土地规划是公共规划和社会控制的一个方面，是其社会和经济规划中最重要的规划。

自1973年以来，俄勒冈州保持了一个强有力的全州土地利用规划项目。该计划的基础是俄勒冈州范围内的19个规划目标（见表8－1）。这些目标表达了国家关于土地使用和相关主题的政策，如公民参与、住房和自然资源。大多数目标都伴随着“指导方针”，指导方针是关于如何应用目标的建议，指导方针不是强制性的。当地的综合规划必须与全州的规划目标相一致。该州的土地保护和发展委员会（LCDC）审查当地的综合规划，以确保与全州的规划目标相一致。当LCDC正式批准地方政府的计划时，该计划被称为“认可”。“然后，它就成为该计划所覆盖地区的土地使用的控制文件。”俄勒冈州的规划法律不仅适用于地方政府，也适用于特殊地区和州机构。这些法律强烈强调协调，使计划和计划彼此一致，目标一致，并与公认的地方计划一致。克拉特索普县的综合规划目标和政策文件，于2012年6月23日编纂完成，分为两部分：全县要素和社区计划（完整的文档参见 Comprehensive Plan-Goals & Policies-Updated 2013[1]）。

《克拉特索普县综合规划》描述了未合并的克拉特索普县的长期远景，展望了未来20年该县的发展方向。它包含指导全县发展的共同目标，包括土地利用、环境、交通、经济发展、住房和资源利用等领域。以全州规划目标为基础，克拉托普县于1979～1980年实施了原有的综合规划。该计划包括6个社区计划和18个目标，社区计划涵盖东北、西南沿海、Elsie-Jewell、海边农村、Lewis & Clark-Olney-Wallooskee、克拉特索普平原六大部分。2019年，该县对综合规划和6个社区规划进行全面审查和更新。社区计划包括：克拉特索普平原社区计划、Elsie-Jewell 社区计划、Lewis & Clark Olney-Wallooskee 计划、东北地区计划、海滨乡郊社区计划、西南沿海社区规划等。《克拉特索普县综合规划》目标包括：（1）公民参与；（2）土地利用规划；（3）农业用地；（4）林地；（5）开放空间、风景名胜区和自然资源；（6）空气、水和土地资源质量；（7）遭受自然灾害和危害的地区；（8）休闲需求；（9）经济发展；（10）住房；（11）公共设施及服务；（12）运输；（13）节能；（14）城市化；（15）N/A（只适用于威拉米特河地区）；（16）河口资源；（17）海滩和沙丘；（18）海洋资源（俄勒冈州近海水域）。从1981年到2007年，俄勒冈州法律要求所有市县对其综合计划进行定期审查。2007年，立法机关修订了定期审查的要求，只包括那些人口超过1万的城市。该县最后一次定期审查是在2003年。然而，2003年的审查并没有重新审视所有18个目标，而是选择将重点放

---

〔1〕 Comprehensive Plan - Goals & Policies - Updated 2013（综合计划—目标和政策—更新2013年），载 https://www.co.clatsop.or.us/sites/default/files/fileattachments/land_use_planning/page/609/comp_plan_-_goals_and_policies_updated_2013.pdf. 2020年6月1日访问。

在对这些目标的修订上，这些目标将允许创建 Knappa、Svensen、Miles Crossing、Jeffers Gardens、Westport 和 Arch Cape 等乡村社区。虽然《全面计划》在过去 40 年中已多次修订，但自 1980 年该计划通过以来，还没有进行一次全面审查和修订。

表 8-1 俄勒冈州规划土地利用目标

俄勒冈州规划目标		克拉特索普县综合规划
目标 1	公众参与	克拉特索普 1
目标 2	土地使用计划	克拉特索普 2
目标 3	农业用地	克拉特索普 3
目标 4	林地	克拉特索普 4
目标 5	开放空间、风景名胜区和自然资源	克拉特索普 5
目标 6	水、空气和土地资源质量	克拉特索普 6
目标 7	遭受自然灾害和危险的地区	克拉特索普 7
目标 8	休闲需求	克拉特索普 8
目标 9	经济发展	克拉特索普 9
目标 10	住房	克拉特索普 10
目标 11	公共设施和服务	克拉特索普 11
目标 12	运输	克拉特索普 12
目标 13	节能	克拉特索普 13
目标 14	城市化	克拉特索普 14
目标 15	威拉米特河绿道（只适用于威拉米特河地区）	N/A
目标 16	河口资源	克拉特索普 16
目标 17	沿海海岸土地	克拉特索普 17
目标 18	海滩和沙丘	克拉特索普 18
目标 19	海洋资源—（仅限俄勒冈近海水域）	克拉特索普 19

俄勒冈州的《克拉特索普县综合规划》中关于国土空间规划的 18

个目标具有典型的代表意义。公众参与目标作为第一个目标，目的在于保持公众参与的连续性，由一个 7 名成员组成的计划委员会组成，每个成员代表该州不同的地理区域，从而提供一种确保农民、行政部门和县专门委员会之间沟通的方法，只有西南沿海规划区仍然保留 1 个活跃的公民咨询委员会（CAC）。如果其余 5 个指定规划领域中任何一个确定公民咨询委员会对于确保公民、行政部门、规划委员会和专员委员会之间的沟通是必要的，他们可以重新组成一个公民咨询委员会。理事会应任命反腐败委员会专员。只要表现出持续性的参与和积极地参与，反腐败委员会就可以继续发挥作用，成为克拉特索普县规划进程的一个积极、综合的部门。

（二）空间规划法的任务

在美国的现代土地利用规划过程中，广泛运用了地理信息系统、遥感和全球定位系统等现代科学技术手段。地理信息系统（GIS）是一种以计算机硬件和软件为支撑的计算机技术系统，各种地理信息按空间分布，以一定的格式进行输入、存储、检索、更新、显示、绘制和综合分析。通过对多个因素的综合分析，可以快速获取满足应用需求的信息，并将结果以地图、图形或数据的形式显示出来。空间图形的完整保证了图形数据的集成，满足了土地利用规划管理的需要。《俄勒冈州地理数据兼容性指南》（Oregon Geodata Compatibility Guidelines）在愿景说明（vision statement）部分介绍，在 2000 年秋季，来自俄勒冈州地理信息系统社区的各种个人和组织参加了在俄勒冈州塞勒姆举行的地理信息系统（GIS）问题论坛。这次论坛的结果是，俄勒冈州地理信息理事会制定并通过了以下七个愿景，以指导今后的活动。俄勒冈地理信息委员会（OGIC）为了开发和管理俄勒冈州土地空间资源设想了一种开发和管理环境的体系，其中包含 7 个方面：（1）鼓励和支持地理信息社区中每个人的贡献；（2）利用地理信息社区的人力、技术和信息资源来完成可衡量的州内和地方目标，并解决实际问题；（3）提供一个有组织的框架，使空间和非空间的应用程序和信息能够进行数据集成和共享；（4）提高该州所有公民和企业对所有地理空间技术的使用和惠益的认识和了解；（5）在地理空间技术和更广泛的信息技术领域之间发挥促进作用；（6）防止或阻止滥用或滥用公共数据；（7）广泛和公平地传播地理信息和地理空间技术的好处，以改善俄勒冈州公民的生活质量和环境。另外，在2019年克拉特索普县关于国土空间规划的全面更新计划中，其指导原则包括：（1）利用现有的工作，而不是发明新的过程；（2）通过建立绩效指标来跟踪计划的实施并确定责任方，为所包括的目标和政策建立问责制；（3）纳入最新的信息和政策，以支持经济发展；（4）考虑和处理气候变化的影响，并纳入适应战略；（5）广泛而频繁地沟通，接触到县的所有部门的团体；（6）在整个更新过程中提供可访问的、引人入胜的和易于理解的信息。更新后的计划考虑未来20年的增长，预计到2040年。全面更新计划的特点在于绩效指标问责制更好地确定责任归属，通过政策信息带动经济发展，兼顾土地气候因素，适时转变土地规划策略，调动公众积极性参与规划环节，并考虑到了未来20年的发展，具有前瞻性。

第二节　基本原则

美国关于国土空间规划的原则包括公共信托原则、公众参与原则和生态保护原则。在美国联邦土地的管理中，运用公益信托原则确定管理机构作为受托人的权力和责任，强化了管理机构的责任，从而达到维护公共利益的目的。公众参与权利是法律授予公众的一项法定权利，因此，公众参与原则是空间规划的一项基本原则。此外，吸取历史上环境灾害的教训，生态保护原则在土地规划中的重要性同样不容忽视。

一、公共信托原则

将公共信托原则应用于联邦土地的司法先例是1968年的红木国家公园（Redwood Park）诉讼案。红木国家公园位于加利福尼亚州尤里卡市。公园里的树很古老，这些红木为长期萧条的加州北部海岸提供了宝贵的就业机会。但这个公园是由几个独立的地块组成的，其中一些地块非常小，以至于有些树木生长在地块的外围。强风、山体滑坡、泥石流以及对邻近私人土地的砍伐导致的淤塞河流严重威胁着这些植物的生命，使它们变得脆弱。于是塞拉俱乐部起诉了内政部及其官员，要求他们利用自己的权力保护红木国家公园不受某些私人开发项目的影响。本案的焦点是内政部及其官员保护公园的职责，以及履行是否合适。法院认定“内政部是美国人民公地的守护者。它的义务要求他检查法律是否得到执行，没有公共土地被浪费或非法分配给个人”。除了这些一般的信托责任外，部长对红木公园还有某些特殊的权利和义务。为了防止公园遭受周围伐木活动的损害，红木国家公园法明确给部长和管理机构授予一些特殊的权力，采取措施保护红木，但没有依照法律规定履行法律义务，管理机构不合理使用自由裁量权，随意或滥用自由裁量权的行为，导致没有采取、拒绝采取措施保护公园；或者非法延迟履行义务虽然有些已经采取保护措施，但是还不够达到保护公园的目的，所以，法院在判决中命令管理机构采取有效行动来保护红木资源，履行保护公园的义务。至此，公共信托原则在联邦土地管理中得到确认。

信托包括设立基础、信托财产、受托人、受益人和信托目的 5 个要素。美国的公益信托也是如此，但随着公地法的发展，公益信托也发生了一些变化。美国共益信托最初是美国法院根据衡平法中的公平和正义原则建立的一种虚构信托。当前的公共土地信托是一种法定信托，管理公共土地的信托已经成为公共土地立法的趋势，这些法律通常需要公共资源受托人的关注，由于许多的内容具备参考价值，公共土地法律也显得更加全面。信托财产是信托关系的核心，最初被认定为可通航水域下的土地、海岸和湿地。虽然 1892 年的中央铁路判例第一次证实了公共信托理论，但它明确区分了湖底土地和联邦政府和州政府拥有的内陆土地。随着法理学的发展，一些与水没有直接关系的内陆公地逐渐被纳入信托财产的范畴并得到法律的承认。在美国联邦土地管理局中，政府管理机构作为公共土地信托的受让人，接收公共土地和资源，并代表其管理和处置这些资源。对于不同的公地，其管理和处置权的具体形式不同，包括土地置换、出售、租赁、公地和资源保护。《联邦土地政策和管理法》第 1716 条明确规定，交换必须以平等的价值为基础，并以公共利益为目的。联邦监管机构出售土地的权利受到不同法律的限制，土地管理机构必须根据《联邦土地政策和管理法》出售土地。联邦土地除了由管理机构经营和出售外，还可以出租。承租人在进行公地的开发和经营活动时，必须提交申请。公众作为受益人，可以亲自或委托第三人行使监督权，防止受托人经营管理信托财产的活动偏离受益人的目标。共同信托的目的由法律直接规定。以前的《公地法》中指出，理事机构的宗旨是“多样化使用和可持续产出”，重点是公地和资源的有效利用。由于法律目的不明确，政府机构被赋予了很大的自由裁量权，“在实践中，机构官员在解释和实现这些目标方面发挥着重要作用”。

二、公众参与原则

美国的土地利用规划是从下到上，在公众的参与下，从基层社区、城市地区开始，逐步向上融合。专家学者和社会公众通过公告、听证会等形式，反复讨论协商，努力达成各方都能接受的方案。该计划主要考虑公众利益和可持续发展的需要。它可能不会让每个人都满意，但通常只有经过半数以上的人的讨论和同意才会被批准。公众参与是法律明确规定的，公民有决定和参与土地利用规划的权利。在规划过程中，必须多次举行听证会，并根据听证意见及时修改规划。当计划提交审批或公布时，会再次举行公众听证会，让公众有机会进行审查和发表意见，并为规划者提供回应剩余批评的途径。在充分接受公众意见后，该计划将由专家审查机构进行审查，并最终获得议会批准，具有法律效力。即使规划实施后，公民也可以在规划实施阶段提出修改意见。

三、生态保护原则

20 世纪 30 年代中期，在美国西部爆发沙尘暴之后，联邦政府开始立法划定自然保护区和土壤保护区的范围。1960 年后，人口增长和郊区化趋势加剧，导致大面积的农田转变为城市建设用地，这一转变引发了反对城市过度扩张和保护基本农田的运动。大多数州都制定了基本农田保护的规定，县和市开展了更广泛的活动来确定基本农田面积，保护耕地、牧场和果园。为了更好地保护生态环境，美国还形成了独特的保护缓冲区：在河、湖、溪岸边、城市外围设置防护林带，在农业地区保护草原汇合区，构成农林复合耕作体系。这样既可以为野生动物提供栖息地保护，又可以满足景观农业、生态农业的要求。美国的农田和生态保护充分体现在土地利用规划中。例如，圣何塞市目前的土地使用规划是该市 2020 年总体规划中极其重要的核心部分，所有建设项目在获得建设许可之前都需要对土地使用规划进行审查。首先要考虑的是是否要超出规划中的 5 条绿线：城市增长边界、城市服务边界、山坡绿带、农业保护区和海湾土地保护区。城市增长边界与城市服务边界大部分重叠，部分局部增长边界超出服务边界。这两条线主要是控制城市的延伸。山坡绿化带主要是保护山景不受破坏，对建设有严格的要求。禁止农业保护区和海湾土地保护区用于建设用地，限制用于农业生产和生态保护。

第三节　基本制度

美国关于土地规划的比较具有典型代表意义和新颖特色的基本制度主要是规划审批制度与定期评估制度（以波特兰都会区政府为代表），土地开发权转移制度以及美国联邦政府视觉资源管理（VRM）计划。

一、规划审批制度与定期评估制度

美国的地方政府中有个特殊的政府主体：波特兰都会区政府（Metro）。波特兰都会区政府的行政范围包括波特兰都会区范围内 3 县 24 市。都会区政府的工作主要包括两个部分：一是负责该片区的废弃物处理、部分自然公园及数个大型公共设施的运营；二是承担都会区范围内的规划管理和规划协调工作，核心任务是编制都会区发展战略和管理都会区的空间增长边界（UGB）。规划程序包括审批、定期评估、诉讼 3 项。

审批程序（acknowledge）是总体规划合法化的过程。地方政府将编制完成的总体规划提交州土地保护与利用委员会，委员会将规划内容与全州共同规划愿景的条款进行对照，对符合共同愿景的规划予以审批确认。定期评估程序（periodic review）是对已经审批的总体规划进行持续跟踪与监督。评估形式包括州政府审查合规性、地方政府之间审查协调性、地方政府内部审查操作性。根据审查结果，作出是否对原规划进行修改的决定。诉讼程序（appeal）是规划参与方的相互监督过程。土地使用诉讼理事会由州巡视法庭授权，执行规划相关的司法监督，处理规划相关的诉讼案件，在州内有“监察者”（watchdog）的绰号，是全州共同规划愿景和州法律的坚定执行者。

二、土地开发权转移制度

开发权转移（transfer of development，TDR），就是指将土地的开发权从其所属的土地产权体系中剥离出来，在相关利益主体之间进行独立交易的市场行为。开发权转移至少包含两个方面的内涵：一是经济层面的市场交易，期间伴随开发权所有人的变更；二是区域层面的空间转移，期间伴随开发权归属地的转换。

开发权转移制度的运作思路可以大体概括为，将土地开发权从土地所有权当中独立出来，赋予其一定的交易功能，使其在相应规划法规的约束下，按照市场交易规则，在特定区域范围内，得以自由地流动。通过构建适宜的交易平台，就可以将保护区所拥有的开发权转移（销售）至增长区，增长区只需要为此支付相应的经济补偿。在这种市场化的“权—钱交易”中，政府、农地拥有者和开发商均能够从中获益。通过将经济活动引导至环境承载力较强的地区，政府实现了对特定区域开发容量的有效调控，达到了保护农业用地和生态环境敏感地带的公共目标；农地拥有者在放弃土地开发权、承担土地市场价格大幅度贬值损失的同时，也将会得到可观数量的虚拟开发权，通过在市场上进行销售，即能获得价值不菲的经济补偿；开发商则通过向农地所有者支付相应补偿费用，购买额外数量的开发权进行异地开发，从而满足了项目建设更高强度的开发建设需求。开发权转移作为一种规划调节手段，从空间层面对土地的开发强度和开发容量施以行政干预，试图扭转并重塑单纯市场条件作用下的土地开发强度与土地利用格局所带来的对空间环境资源的不合理占用局面，引导市场开发力量与空间发展重心的转移。通过开发权在不同地域空间的流转，使开发容量在更为广阔的地域空间得以优化配置，在极大减轻对自然环境干扰的同时，整体开发容量甚至还会有所提升。这种做法既释放了接收区的旺盛开发需求，又保护了发送区的自然环境景观，达到了集约利用土地、减少资源损耗、节省财政支出、平衡各方利益等多维目标。

三、美国联邦政府视觉资源管理（VRM）计划

风景对美国人来说是一种重要的资源，具有重要的价值，包括对人类身心健康和福祉的益处，以及对许多依赖旅游业的地方和地区经济的益处。随着越来越多的大型能源设施的建设，以及更多的管道、输电线路和道路的建设，将这些新能源与能源消费者连接起来，景观影响正在上升，利益相关者对这些影响的担忧也在上升。同样，城市和其他发展也在不断地重塑美国的景观，气候变化和入侵物种等其他力量也是如此。美国联邦机构在允许和管理发展以及保护重要资源不受发展的环境影响方面发挥着关键作用。这些机构制定了一系列的视觉资源管理方案和流程，用于盘点、管理或评估开发和土地管理活动对视觉资源的影响，并通过减缓视觉影响来避免或减少这些影响。美国国土管理局怀俄明办公室已经开发了视觉资源信息交换中心，为利益相关者提供方便访问与联邦机构提供的视觉资源管理项目、指导和研究相关的关键信息和文件。视觉资源交换所提供有关美国联邦政府视觉资源管理计划和由美国联邦政府机构赞助的相关研究的关键文件。

美国国土管理局（BLM）将视觉资源管理定义为识别视觉资源价值、建立管理这些价值的目标以及为实现视觉资源管理目标而采取的管理行动而采取的库存和规划行动。大多数美国联邦机构的视觉资源项目不符合本定义中包含的所有标准。虽然有些国家可能已经制定了视觉影响评估的程序，或可能有视觉资源清查程序，但大多数国家并没有积极管理土地，因此，它们没有列出确定的资源价值和确定的管理目标，以及实现管理目标的程序或做法。两个视觉资源项目符合这些标准的机构是 BLM 和美国农业部森林服务（USFS）。

美国国土资源管理局主要管理美国西部的大片公共土地。其管理的土地按照批准的资源管理计划（RMPs）进行管理。资源管理计划确定

如何将公共土地用于不同的目的和分配；它是在公众参与和协作下发展起来的。资源管理计划决策为资源管理建立目标和目的（期望的结果），以及实现这些目标和目的（管理行动和允许的使用）所需的措施。国土资源管理局开发了视觉资源管理（VRM）系统，用于视觉资源盘点、管理和影响评估。VRM 类目标被指定用来建立视觉资源的预期未来状态。允许的使用和管理行动必须按照这些预期的未来条件来计划。VRM 类别为每一类别的土地设定了 VRM 目标，并描述了景观特征中可容许的视觉变化的限制，而拟议的管理活动必须遵守这些限制。

美国农业部林业局（USFS）的风景管理系统（SMS）为国家森林土地的风景目录、分析和管理提供了一个框架。利用 SMS，USFS 对所有 USFS 管理的土地进行编目，并在采用森林计划时为这些土地设定景观特征目标和景观完整性目标。该系统在 USFS 网站的视觉资源目录页面上进行了总结，并在 USFS 农业手册 701《景观美学：风景管理手册》（1996 年发行，第 264 页）中进行了详细描述。

美国内政部国家公园管理局（NPS）在 NPS 单位内管理土地和水域，但目前尚未确定资源价值，并为 NPS 管理的土地和水域制定 VRM 目标。国家公园管理局已制定了视觉资源清查程序，以确定和清点重要的景观，以达到保育的目的，但这些土地可能在国家公园管理局单位内部或外部，而目前并无要求所有国家公园管理局管理的土地和水域必须就景观价值进行清查。在某些情况下，个别 NPS 单位已经开发了他们自己的视觉资源清单、视觉资源管理工具和数据，用于他们的单位。

视觉资源管理的决策是通过土地利用规划过程作出的。指导视觉资源管理的土地利用规划决策是通过指定 VRM 类目标来建立的，该目标描述了土地利用规划实施时景观的预期未来状况。VRM 级目标是为所有 BLM 管理的公共土地指定的。VRM 类目标适用于在土地利用规划过程中为所有 BLM 公共土地指定的空间划分视觉管理单元。每个 VRM 类目标都是明确的、权威的和可测量的。它们确定了景观特征允许视觉变化的阈值，并规定了土地利用许可应符合的标准。这些特定地区的目标为规划、设计和评估土地利用计划实施时的未来管理行动提供了标准。在土地利用规划过程中，VRI 是作出可能保护或影响景观特征及其景观完整性的 VRM 决策的主要考虑因素。在评价土地利用规划备选方案和作出土地利用规划决策时，将盘存值作为一个单元（VRI 级）和独立的（风景质量、敏感性和距离区的个别因素）加以考虑。BLM 的 VRI（视觉资源清单）是一个系统的过程，目的是：（1）通过景观质量评价过程，对某一特定区域的自然景观质量进行评价和评价；（2）通过敏感度水平分析，衡量公众对景区景观质量的关注程度；（3）通过对距离区域的划分，对景观最常看到的距离进行分类。（4）根据 VRI 的结果，BLM 管理的土地被分配到 4 个 VRI 等级中的一个。VRI 第一类土地具有最大的相对视觉值，而 VRI 第 IV 类土地具有最低的相对视觉值。VRM 第一类管理的目标是保持景观的自然特征，并允许人类活动产生最小的视觉变化。VRM 第Ⅱ类和第Ⅲ类土地允许对现有景观逐步进行更多的视觉变化，而 VRM 第Ⅳ类土地则提供管理活动，这些活动需要对景观的现有特征进行重大修改，而对特色景观的变化程度可能很高。一旦在 RMP 中为一片 BLM 管理的土地确定了 VRM 类，BLM 策略要求在该区域上拟议的管理活动，如建造和运营能源设施，必须满足 VRM 类的要求。有关 BLM 的 VRM 类目标的指南载于 BLM 手册 8410《视觉资源清单》（1986 年发行，第 28 页）。

第四节　法律责任和法律救济

一、法律责任

美国法律明确规定，每个公司对自己所拥有（购买）的土地的环境问题要负一切责任，包括现有的和以前的环境问题。因此，任何公司在签订土地买卖合同前，都会做环境尽职调查，以分清环境责任，利于自己在今后的法律诉讼中占据有利位置。环境尽职调查主要发生在土地（工业设施）买卖交易前，土地买方聘请专门的环境评估公司对土地的环境状况进行调查，如是否有污染、是否有废弃物沉积等，为土地评估奠定基础，也为买方决策提供依据。环境尽职调查主要是调查环境责任，具体包括：（1）所购土地上的直接污染（最主要的）；（2）周围土地的污染是否对所购买土地造成危害；（3）周围的居民或其他单位（第三方）是否因为买方的存在和活动而起诉买方；（4）买方的活动对环境造成的后果（如排污许可）是否符合当地法律法规。环境尽职调查涉及空气污染排放、化学品在场区内的存放、有害废物的管理、工业卫生与健康、废水处理以及所有当地法律要求上报的情况。根据美国国家标准局的规定，环境尽职调查的程序主要分4步：第一步主要是前期调查（内业调查），指收集整理美国或欧洲有关环境方面的法律法规，回顾评价该块土地的所有相关信息，包括该块土地历史上的所有买卖记录、使用者及使用情况、环境违规记录等；第二步是实地调查，咨询专家到现场进行详细的勘察；第三步是咨询和问卷调查，咨询专家到实地向土地所有者、环境官员以及周围的居民进行了解和咨询该块土地的历史情况、环境状况或者进行问卷调查；第四步是对土地、地下水以及空气等进行采样分析，最后将所有情况汇总成调查报告。调查报告必须包括5个方面：一是政府机关和有关管理部门所有数据库的调研情况；二是以往这块土地的环境尽职调查报告简介；三是公司所有涉及环境问题的文件资料的调研报告；四是本地主管部门对该块土地的规划、审批等材料的调研报告；五是对该块土地历史问题的调研报告。调查费用从2000～20,000美元。

美国的土地征用有严格的限定，不得随意进行。在美国宪法中，其第5修正案专门规定："非依正当程序，不得剥夺任何人的生命、自由或财产；非有合理补偿，不得征用私有财产供公共使用。"联邦宪法第14修正案要求州政府依据正当法律程序取得私有财产并保证不得拒绝法律对公民的平等保护。美国联邦宪法第5修正案关于有偿征收的规定具有决定性的意义，它规定了征收的3个要件：一是正当的法律程序；二是公平补偿；三是公共使用。完善的土地征用程序主要有以下步骤：（1）预先通告；（2）政府方对征收财产进行评估；（3）向被征收方送交评估报告并提出补偿金的初次要约，被征收方可以提出反要约；（4）召开公开的听证会说明征收行为的必要性和合理性，如果被征收方对政府的征收本身提出质疑，可以提出司法挑战，迫使政府放弃征收行为；（5）如果政府和被征收方在补偿数额上无法达成协议，通常由政府方将案件送交法院处理，为了不影响公共利益，政府方可以预先向法庭支付一笔适当数额的补偿金作为定金，并请求法庭在最终判决前提前取得被征收财产，除非财产所有人可以举证说明该定金的数额过低，否则法庭将维持定金的数额不变；（6）法庭要求双方分别聘请的独立资产评估师提出评估报告并在法庭当庭交换；（7）双方最后一次进行补偿金的平等协调，为和解争取最后的努力；（8）如果双方不能达成一致，将由普通公民组成的民事陪审团来确定合理的补偿金数额；（9）判决生效后，政府在 30 天内支付补偿金并取得被征收的财产。由此可以看出，美国在土地征用程序上是非常严格、非常细致的，它充分体现了现代行政程序的原则和要求：公开性、公正性与参与性。程序的完善可以有效遏制土地征用权的滥用，为公民实体权利的实现提供有效的制度性保障机制。

二、法律救济

针对开发权的转移带来的建设容量的盲目扩大，接收区域公共服务的压力将显著加大，甚至会造成当地市政设施不堪重负（Jareed B. Shlaes，1974）等问题。开发权转移制度在设计时已经有所考虑，并对接收区开发强度的增加额度进行了相应限定。例如，纽约都铎城市公园（New York's Tudor City Park）的建设案例就曾经规定，开发权接收区的开发强度不得超过当地基准建设强度的 20%（Donald H. Elliott，Norman Marcus，1973）。而且，开发权的接收区域也一般选择那些商业区和居住区等开发密度较高、公共服务能力较强的区域，以避免开发权的注入对当地产生明显危害。可见，为了防止接收区被过度开发，当地开发容量的提高幅度也有着严格限制，而且还会根据用地类型来选择适宜的接收区。

美国土地征用方面的法律救济体现为公平补偿。根据美国财产法，公平补偿，是指赔偿所有者财产的公平市场价格，包括财产的现有价值和财产未来赢利的折扣价格。美国土地征用补偿以征用前的市场价格为计算标准，充分考虑到土地所有者的利益，不仅补偿被征土地现有的价值，而且考虑补偿土地可预期的未来价值；同时，还补偿因征用而导致相邻土地所有者、经营者的损失。这样就充分保障了土地所有者的利益。公平补偿主要体现在三个方面：一是主体的公平，即有权得到补偿的不仅包括财产的所有人，还应当包括财产相关的收益人，如房地产的承租人；二是客体的公平，即取得补偿的对象不仅包括房地产本身，还应当包括房地产的附加物以及与该房地产商有关的无形资产；三是估价的公平，这是指法律要求补偿的价格应当以公平的市场价值为依据。公平的市场价值是在稳定而成熟的市场体制下通过市场交易来确定的。法官只依法主持司法程序，从不代替市场来确定。其测定的最有效的方式是：双方分别聘请独立的资产评估师提出评估报告。如果各自的评估报告结论相差悬殊，则由法庭组成的陪审团裁定。在司法实践中，法院通常都认定高出政府补偿价格的评估报告。所以，在美国征用土地，关键不是看其目的是公众利益还是私人利益，私人利益和公众利益没有道德上的高下之分；关键是看是否公正，公众利益在要求民众做出让步的时候，必须有合理的补偿。没有合理的补偿，所谓的为公众利益而征地，既是违宪的，也是非法的。

第五节　现有制度评析及其对我国的启示

一、现有制度评析

19 世纪 20 年代，美国商贸部咨询委员会出台的《州区划授权法》（A Standard State Zoning Enabling Act）和《城市规划授权法》（A Standard City Planning Enabling Act）的样本为美国区划和城市规划奠定了基本框架。1922 年颁布的《州区划授权法》样本进一步明确了各州要在其行政范围内实施区划条例，通过对土地进行区划以方便确定采用统一的用地分类标准。《城市规划授权法》样本首次颁布于 1927 年，这个样本条例对总体规划编制程序作出了规定，对城市政府规划委员会应有的权利进行了明确。美国城市区划管制规则以《区划决议》（Zoning Resolution）的形式呈现，并通过立法机关市议会审批生效成为具备法律效力的区划法规，所有城市用地开发利用行为都受到严格管制。美国区划不是简单意义上的用地规划，其本质上是法律，是城市用地分区利用中唯一可依的法律依据，城市总体规划与其他专项规划等仅对《区划决议》的编制起参考作用。

美国区划法规从内容编制到修改程序上，均采取了“自下而上”、多层次吸收民意的逐步审查模式，既体现了对个人财产的保护，又可确保管制内容被广大居民更好地接受并得以顺利实施。各地方《区划决议》的颁布与修订最终生效皆由市议会决定，并受法院的司法监督。以纽约为例，其《区划决议》的执行需由城市规划署、城市建筑署、城市规划委员会等多个行政部门协作实施。具体来说，《区划决议》颁布生效后，作为城市土地利用规划与管理的主管部门，城市建筑署负责《区划决议》内容的解释与执行，同时履行为《区划决议》的编制、修订、研究、提供技术支持等职能；城市规划委员会负责城市在住房、商业、工业，交通、配送、娱乐、文化、卫生等方面的资源配置工作，委员会根据区划条例的规定对不动产使用、开发和改造申请举行听证会并进行表决，在法律规定范围对以上申请进行环境影响评估。在管制内容修改方面，纽约《区划决议》自 1961 年重新修订以来一直处于不断修改更新中，由于区划文本（zoning text）及区划地图（zoning map）内容会通过地理信息管理应用程序“Zola”以可视化形式向社会公开，公众可随时了解到规划管制信息及土地利用情况，行政部门亦可随时根据公众需求调整区划内容。但区划内容的修改必须经过法定的统一土地使用评审程序（uniform land use review procedure），经公众审议通过且城市规划委员会批准后，由市议会颁布生效。

经过近百年发展，美国形成了以城市总体发展规划为统领，以各种专项规划为指导，以区划等执行工具为核心的土地利用管制体系。区划在美国各地方政府的城市规划与管制实践中起着极其重要的作用。美国联邦法律明确界定了联邦、州、地方三级政府对城市用地利用管制的内容和权限。其中，地方政府以区划法规为主要手段，对城市用地实施“精细化”“地块化”管制以引导土地利用和开发。从权利配置来说，地方政府的授权受美国宪法严格约束，在不违背宪法基本原则下，只要保证与城市整体规划发展一致，即可自行规范行政范围内的城市用地开发利用。

美国区划管制范围只包括城市私人土地的开发建设，其以地块（plot）为核心管制单位，对全市用地空间的管制建立在对城市三大基本功能区（居住区、商业区和工业区）划分的基础上，管制内容则相当综合，主要集中在用途性质、建筑体量、环境景观等方面。管制载体为具有法律效力的《区划决议》，由区划文本和区划地图组成。20 世纪 60 年代后，为适应城市更新与市场变化对城市用地布局及开发强度的影响，区划管制除了原有的三大基本用地功能分区外，以纽约市为代表的地方政府将特别目的区、浮动分区、激励性分区、发展权转移等弹性用地管理机制也被纳入现行区划体系中，以实现对全市重点政治、商业、自然及历史文化保护地区的灵活用途管制。

二、对我国的启示

对于中国城市来说，尽管《城乡规划法》明晰了包含原控制性详细规划在内的城市规划体系，但是从本质上说，先前的控制性详细规划成果依然属于行政部门编制的技术文件，审批权力由地方人民政府掌握，而不是立法机关。在过去，控制详细规划的编制是一个行政过程，其结果通常只是作为具有普遍约束力的行政规范发布，强制力度和严肃性有限。在我国目前的规划体制下，城市需要先编制总体规划和分区规划，然后再根据这两个上位规划编制控制详细规划。根据以往城市控制性详细规划的编制经验，由于各地区控制规划完成时间序列的滞后，通常每一轮控制详细规划需要 4 ~6 年时间。正是由于控规编制的滞后性，使各类专项规划在编制时往往不能与控规有机结合，导致控规需求频繁，传导性差。在规划审议方面，我国控规的制定和实施均采用城市规划委员会的审议制度。城市规划委员会是地方政府制定城市规划决策的审议机构。它由政府及其相关职能部门的代表、专家和公众代表组成。控规经城市规划委员会审查批准后，报市人民政府批准后公布，由城市规划行政主管部门组织实施。总体来说，城市控规的编制和实施步骤在我国仍然有明显的计划经济色彩，缺乏社会组织和公众参与的有效途径，公众参与程序和公众监督机制不能有效地实施。此外，行政部门对城市用地的管制行为的透明度普遍较低，特别是缺乏一个平台来协调政府、开发商和公众的利益，又由于控制指标的灵活性差，经常出现因冲突而进行规划调整的现象。

在国土空间规划制度改革之前，控制规划是我国原城市规划体系的重要组成部分。我国原城市规划体系由城市总体规划—城市分区规划—城市详细规划组成，城市详细规划又包括控制性详细规划及修建性详细规划。控制性详细规划处于中层，其编制在总体规划框架下设计并指导修建性详细规划的编制。《城乡规划法》实施以来，控制性详细规划已成为在实践中主导和控制城市土地开发利用的核心技术手段。控制性详细规划的逻辑虽然源于对美国区划管制体系的借鉴，但是在编制和实施管理上却是自上而下的计划管理。中共中央国务院《关于建立国土空间规划体系并监督实施的若干意见》（以下简称《意见》），在“五级三类”保留详细规划。详细规划是针对特定地块的使用途径和开发强度的实施性安排，也是开展国土空间开发与保护活动、实施国土空间用途管制、核发城乡建设项目规划许可、开展各类建设项目的法律依据。控制性详细规划作为详细规划的一种类型，在国土空间规划体系中仍发挥着重要作用。

在原城市规划体系中，控规以城市总体规划为依据，并在其基础上对城市用地进行地块划分，通过指标量化、条文规定等方式对地块的用地性质、建筑建造、建筑容量等方面进行控制。与美国区划法规对城市用地管制效力的排他性与权威性不同的是，在构建实现“多规合一”的国土空间规划体系前，除控规外，我国城市土地用途管制还会来自土地利用总体规划、主体功能区规划等规划的多重管制。在这些编制部门不同、权威效力有别、功能重点各异的各项规划中，均存在以“分区”为单元的管制规则。

目前，我国的国土空间规划已经进行到实践阶段，控制性详细规划作为一项核心技术工具，既可以实现对城市的精细化治理，也是国土空间规划体系的一项重要组成。《意见》明确“五级三类”国土空间规划框架，横向三类规划体系之中详细规划属于被暴力流的规划类型，作为中观层次的管制工具，在体系定位、管制内容编制与实施程序等方面都需要做出适应性的调整。美国的区划管制作为控制性规划的前身，其与我国的控制性详细规划已有实践成果具有一定对比价值，下文从四个方面总结我国国土空间规划借鉴性的特点：

（一）实施对城镇开发边界内外全域全要素的综合管控，探索“地块化”综合分区管制机制

在上一轮我国控规实践中，虽然在技术上实现了地块化管制，但其管制内容和深度上较美国区划的地块化管制差距较大，综合性、精细化程度不够。顺应国土空间规划体系“多规合一”对空间管制内容立体化、综合化的要求，需同时认识到控规的管制内容亦从“城市用地空间”管制到“全域国土空间”管制所发生的转变：在原城市规划体系中，控规的主要职责是确定城市用地的管制规则，对地块开发属性、强度、密度等建设内容进行指标化控制；如今，国土空间规划体系管制范围为全域全要素，既包含了行政区域内全域城乡国土空间，又涵盖了以国土空间为载体的交通、能源、水利、农业、信息、公共服务基础设施等在内的全要素布局统筹。如此一来，控制性详细规划管制范围需适应性地扩展为覆盖广大农村及非建设区的全域空间，并对空间内各类资源配置制定科学合理的实施性安排。为落实总体规划的管控内容，充分体现控制性详细规划的传导性，依据《意见》对城镇开发边界内外详细规划的编制及审批规则，在城镇开发边界内的城市地区，控规需在延续对城市建设用地开发管制功能基础上，将全域空间内各要素纳入管控内容。在城镇开发边界外的乡村地区，村庄规划在国土空间规划体系中的地位被首次明确。被视作城镇开发边界之外的乡村地区详细规划（村庄规划)，其应是涉及当地社会、经济、文化和生态发展等方面的综合性管制规划。村庄规划编制中亦应相应设计控制性引导规则，在地块层面上管控乡村空间全要素开发用途及利用强度。总结而言，为适应国土空间规划“多规合一”对城市开发边界内外全域、全要素的管控要求，建议在全面、科学整合城市及乡村用地空间范围内各类规划基础上，参照美国区划“地块化”管制模式，以控规为分区管制载体，丰富以地块为分区单元的管制规则，探索以全域全要素为管制对象的综合化、精细化管制模式。

（二）探索多样化弹性管制工具，提高控规管制动态灵活性，促进控规从“空间覆盖”向“时空覆盖”转型

过去我国城市规划体系中控规的编制和实施过程中存在诸多矛盾，如政府与市场矛盾、公平与效率矛盾、规划刚性与弹性矛盾等，都是在我国特色经济体制下对美国区划管制规则引导认识不足与管理水平欠缺的集中反映。以往控规在城市建设空间的管控过程中，几乎只关注其“营造过程”,〔1〕虽实现了空间上的“全覆盖”管控，但缺乏对建设空间开发后可持续利用的管控规则。传统控规编制过程中为追求快速“空间全覆盖”，约束指标科学性不足，常常出现规划成果与实施管理脱节问题。一方面，当面临旧城改造、城市更新等新的城市建设需求时，由于留有的弹性空间不足，控规在各地被频繁修改的现象屡有发生。另一方面，由于原控规的上位规划为城市总体规划，其与土地利用规划、环境保护规划等衔接不足，导致控规在编制时忽视了建设空间开发后对生态环境的影响，不具备可持续性。自上而下编制的各级国土空间规划作为国家空间可持续发展的蓝图，其既是“多规合一”改革的核心成果，又是落实自然生态空间国土用途管制的纲领性依据。基于未来空间开发保护的预期与目标导向，能否科学地将时间与空间置于一个整体框架下进行统一谋划，编制出具有前瞻性的时空管控策略是空间规划是否成功的关键。作为面向实施建设的传导性规划，控规所描绘的并不是只一种空间开发建设终极状态，更应是一种对空间从开发建设到利用保护的过程性、周期性导控。因此，在编制各类要素控规的过程中摒弃路径依赖，提高控规的可持续观，从实施性安排层面充分承担国土空间规划体系“时空覆盖”的传导任务。美国区划具有法规及规划功能的双重性质：作为法规，其需保持稳定性与权威性；作为规划，又需适应城市建设的动态发展，保持一定灵活性。〔2〕美国地方政府通过设立包括特别目的区、激励性分区等在内的一系列工具实行弹性用地管制，以调节法规与规划属性间的矛盾。因此，为适应未来我国高质量城镇化转型发展以及

---

〔1〕 参见《“空间治理体系下的控制性详细规划改革与创新”学术笔谈会》，载《城市规划学刊》2019 年第 3 期。

〔2〕 汤黎明、庞晓媚：《地方城市规划法规的两种模式》，载《规划师》2006 年第 2 期。

国土空间规划于全域全要素时空管控的需要，有必要在未来控规编制中留有一定弹性空间。美国区划体系中的弹性管制工具，如激励性分区、叠加/浮动分区、发展权转移等可被有选择性地纳入控规管制体系中来，并值得进一步研究。

（三）“用地管理”与“空间治理”多元参与

党的十八届三中全会、十九大、十九届四中全会均明确了党中央对推进国家治理体系和治理能力现代化的决心。同传统意义上的管理相比，治理更为强调多元主体的参与，对正确处理政府、市场、社会间关系提出了更高要求。[1] 国土空间规划体系的建立是实现新时代治理能力现代化的重要组成部分。在空间产品的规划与供给过程中，权利配置与执行方式也应从原来单一、计划性的行政过程逐渐向政治过程转变。控规作为国土空间治理体系中的管控工具，其管控成果作为法定技术文件直接决定着空间产品供给在多元主体间的利益分配。其不仅是实现国土空间规划终极蓝图的管控工具，更是实现多元主体协同、促进国土空间治理体系转型升级的重要组成部分。然而，在以往包括控规在内的我国各类规划编制与执行实践中，参与主体的政府单一化特征仍明显，尚未形成政府、市场和社会等多元主体协同共治的机制。[2] 以美国为代表的西方发达国家空间治理体系参与主体则更为多元化。比如，在纽约区划管制的变更程序中，业主、政府机构、社区成员、普通民众等都可成为区划管制内容变更的申请主体，“自下而上”的公众审议也被视为区划变更通过的重要法定程序。因此，为顺应国土空间改革体系改革思路，控规也在升级原有编制技术时相应调整实施管理路径，提升治理效率和层次，有必要在各环节探索各利益相关者表达及协调机制，深度引导市场、社会等多元主体参与到空间治理中来。

（四）完善规划法律形式，提升规划成果法律地位

美国空间规划成果是具有法律效力的文件，对各地块利用管制具有

---

〔1〕 周晓菲：《从“管理”到“治理”一字之差，其内涵有何区别》，载中国共产党新闻网，http：//theory. people. com. cn/n/2013/1204/c40531_ 23738656. html。

〔2〕 许景权：《基于空间规划体系构建对我国空间治理变革的认识与思考》，载《城乡规划》2018 年第5 期。

强制力，在严格保护了居民私有财产的同时，大大减少了区划制度运行成本。由于政治经济体制不同，我国的城市用地归国家所有，在之前出台的《城乡规划法》中，虽然法规条文确立了包括控规在内的城乡规划，但并未具体明确真正引导、管制城市用地空间利用的控规成果的法律地位。为确保空间规划成果的权威性和有效性，国土空间规划法的立法工作具有必要性和紧迫性。考虑到控规作为实施性规划在国土空间规划体系中的传导性地位，建议在未来提高相关规划成果的法律效力。同时，可借鉴美国区划法规的立法框架，制定相应的地方性法律、法规或规章，从而丰富详细性规划的立法层次，借助具有法律强制性的规划成果平衡好政府部门与私人利益。

第九章　日本空间规划法

第一节　日本空间规划法概述

一、日本空间规划的概念和种类

（一）空间规划的概念

一个国家的国土空间规划体系建设涉及协调和带动区域资源，关系国家的经济、资源和社会服务的高质量发展。国家的政权组织形式、国家的经济发展形势以及空间规划体系的发展沿革，都有可能影响国家空间规划体系的建设。就定义上而言，国土空间规划是指由法定的国家机关、编制单位、审批机构、公众参与者等主体依法对国土规划进行制定、审批、修改和公众参与的过程。“二战”以后，日本逐渐从建立单一的城市规划，演变到全国层面的空间规划体系，并配有相应的法律法规支撑，这对我国空间规划体系改革有着一定的借鉴意义。在深入学习日本空间规划法之前，我们首先要对日本空间规划的概念进行了解。

空间规划作为一种规划，是根据经济社会发展需要对国土空间实行的一种管理方式。在不同阶段，各国对空间规划的概念界定各有不同。日本更倾向于将空间规划界定为国土规划，日本《国土综合开发法》第2条中就将国土规划定义为国土或地方公共团体所实施的综合的、基本的规划。《国土形成规划法》第 2 条中将国土空间战略定义为是促进国土利用、整治和保护的综合的并且基本的规划。在具体规划上，国土规划根据日本国土的自然条件，从经济、社会、文化等措施的综合角度出发，在综合利用、开发和保全国土资源并使产业布局合理化的同时，以提高社会福利水平为目的。[1]在《国土综合开发法》中涉及天然资源的利用；与水灾、风灾及其他灾害的防治；调整城市和农村的规模和配置；工厂的合理造厂选址；与重要公共设施的规模配置，文化、社会、旅游观光的保护与规模配置 5 个方面。在《国土形成规划法》中涉及天然资源利用与保护；新增海域利用和保护；灾害的防范和减缓；城市与农村规模配置；产业布局配置和安排及调整；新增交通、信息和通信等重要公共设施的改善和保护；资源、文化、福利和旅游设施的使用和改善；细化环境保护事项 8 个方面。根据学者对日本城市规划法的研究，日本的规划制度由来已久，1888 年“东京市区改造条例”可称为日本近代城市规划最早的法律条文。[2]但根据日本现有空间规划体系的内容来看，其主要还是发展于“二战”之后，在这一阶段，工业化的飞速发展促使国家制定综合型的开发和规划战略。随着人们对经济和工业的发展提出了更高的要求，人口的增加、生态环境的破坏、公共卫生事件的发生，推动了日本空间规划的实行。根据不同时间段需求的不同，日本空间规划的内容也随之进行调整变化，形成了较为完整的空间规划体系。以第七次国土利用计划（国土利用计划）为例，其主要涵盖了国土利用的基本构想、国土利用的目标，以及关于文化旅游、防灾减灾、国土资源与海域保护、广域地方规划等措施的基本方向。由此可见，日本的国土空间规划是一种发展型规划，具有内容翔实、多规结合、层级分明的特点。

（二）空间规划的种类

到目前为止，日本的国土空间规划从纵向来说可以分为 4 个层级，

---

〔1〕 参见蔡玉梅、高延利、易凡平：《发达国家空间规划的经验和启示》，载《中国土地》2017 年第 6 期。

〔2〕 参见刘武君、刘强：《日本城市规划法的变迁——日本城市规划法研究》，载《国际城市规划》1993 年第 2 期。

从横向而言可以分为3种类别。在规划的层级上主要可以分为“国家、都道府县、市町村”3个层级，相当于我国的国家、省、市县的行政层级。此外还包含了广域规划的协调层级。在规划的对象和内容上大致可以分为：国土综合开发计划、国土利用计划、土地利用基本计划3个种类的规划。通过将规划体系与行政体系相对应，形成了有日本特色的空间规划体系。具体而言：

1. 以规划的对象为标准的分类

国土综合开发计划，即国土形成计划，主要用于国家、都道府县和特定的区域规划层级，它属于日本最高层级的国土空间规划，涵盖了综合利用、全面协调、开发和保护国土空间资源等的编制内容，是立足于全国的国土开发综合规划。目前为止，日本已经编制了7次全国综合计划。随着日本国家发展战略的改变，7次全国综合开发计划的目标和侧重点都不同。例如，一全综强调地域间的均衡发展，三全综注重人口居住和都市圈改造，到五全综开始强调合作，建设多轴型国土结构，六全综强调可持续发展，直至七全综开始强调形成对流促进型国土规划。[1]从7次综合规划中我们可以看到，虽然没有设立具体的量化指标，但它具有宏观战略指导作用，是其他计划制定和实施的基础。

国土利用计划，主要用于国家、都道府和市町村三级。该计划是以国土综合开发计划为基础，对国家和地区层面上国土的综合利用制订计划，同时按照地域和用地类型两个内容划分具体指标和建设措施。国土利用计划是在国土综合开发计划的指导下进行的较为具体的规划，为各级设定指标，因此，相较于国土综合开发计划而言，该计划更为量化和有可实施性。

土地利用基本计划，主要用于全域和地区两级。其中，全域的土地利用计划由都道府县级负责制定，具体的地区土地计划，可由都道府县、市町村制定。全域的土地利用基本计划是用于明确城市、农业、森林、自然公园和自然保护地5类地域的空间规划，同时配有相应的法律

〔1〕 参见李国平：《均衡紧凑网络型国土空间规划：日本的实践及其启示》，载《资源科学》2019年第9期。

和管理部门。地区的土地利用计划主要是依据地区的专项法律，对特定地区进行专项编制。

2. 以规划的层级为标准的分类

国家规划，主要包括确定国家空间结构、土地利用、环境保护、资源可持续利用以及防灾等基本原则，为各部门提供国土开发利用指导的全国国土空间规划，以及确定国土利用基本构想，确定农地、森林、原野、水域、道路、住宅用地、工业用地、其他用地、公用及公共设施用地等地的规模、目标和措施的土地利用计划。

都道府县规划，主要包括该层级的国土利用计划和土地利用基本规划，其中，土地利用基本规划将全域分为了城市、农业、林业、自然公园和自然保护 5 个地域，分别通过城市规划法、农业振兴地域整备法、森林法、自然公园法、自然环境保护法来编制城市规划、农业规划、森林规划、自然公园规划和自然保护规划。

市町村规划，主要是对都道府的土地利用规划的细化和具体实施。土地利用规划的内容包括土地利用的基本理念、不同用地类型的规模和目标，以及必要的实施措施。城市规划包括城市总体规划和城市详细规划，内容主要确定了城市发展方向、目标和远景以及用途分区、公共设施建设、城市开发项目。[1]

二、日本空间规划的立法沿革

在明治维新时期，日本的工业化起步，对于国土空间的规划也随之开始。在受到西方国家经济体制影响之后，城市人口急速增长，使日本开始注重对于城市规划的建设，并于 1919 年颁布了属于空间规划性质的第一部法律《城市规划法》(《都市计划法》)，该法承继了 1888 年的市区改造条例，明确规定了城市规划的范围、对象和概念，成为日本空间规划的萌芽和产生阶段的产物。

在“二战”之后，随着工业经济的迅速发展，人口数量的增加和集

〔1〕参见蔡玉梅、郭振华、张岩、于林竹：《统筹全域格局，促进均衡发展——日本空间规划体系概览》，载《资源导刊》2018 年第 5 期。

中，日本开始从真正意义上建立并完善国土空间规划法律体系。陆续出台了《国土综合开发法》、新《城市规划法》以及《国土利用规划法》等重要法律。其中，1950 年颁布了《国土综合开发法》，1950 ~ 1961 年，由于国土规划与其他规划无法合理衔接，使国土规划进展放慢。到 1962 年，日本正式出台了第一部国土规划：《第一次全国综合开发规划》（一全综），此后每间隔 7 ~ 10 年就会进行一次国土综合开发规划的编制，作为国土空间规划的宏观指导依据。1968 年颁布的新《城市规划法》，是在 1919 年《城市规划法》的基础上在用地管理以及规划审批等方面做了一系列变革，成为日本现代城市规划编制体制的基础。1974 年制定了《国土利用规划法》用于配合国土综合开发规划的实施，同时对土地利用做出更具体和可控的计划，在内容上，该法为国土利用规划和土地利用基本规划提供法律依据。此外，还陆续为土地利用基本规划中的 5 类地域配置了相应的《农业振兴地域整备法》《森林法》《自然公园法》《自然环境保护法》等作为地域规划的法律依据。

1998 年第五次国土规划，日本将该次《国土综合开发规划》（五全综）改为《21 世纪的国土宏伟蓝图——促进区域自立与创造美丽国土》，这意味着日本正从大规模的国土开发规划模式向可持续的国土形成规划模式转变。2005 年，日本将《国土综合开发法》正式修订为《国土形成规划法》，成为国土形成计划的法律依据，内容覆盖了经济、社会、文化、环境资源等方面，强调地区的自立协作，为其他层级的规划提供了宏观指导目标。[1]

2015 年 7 月，日本出台了最新的第七次国土规划，学界沿用称呼为“七全综”。七全综立足于 2014 年 7 月出台的《日本 2050 国土设计构想》，就对地区完善、产业政策、文化旅游业、交通通信、防灾减灾、资源保护、共助社会等 9 个方面进行规划。提出了对流促进型国土空间新理念，注重知识、信息与物理空间的国际对流。

---

〔1〕 参见姜雅闫、卫东黎、晓言、鲍荣华、侯一俊、袁志洁、周起忠：《日本最新国土规划（“七全综”）分析》，载《中国矿业》2017 年第 12 期。

三、日本空间规划法律体系

（一）日本空间规划法律体系的概念

日本的空间规划法律体系，是指日本在一定的历史时期以日本《宪法》中关于空间规划的相关规定为依据，以空间规划的主干法和专项法为主体，以其他空间规划法规和其他部门法中关于空间规划的规定为补充，组成的对内在内容上的互相补充，对外在法律部门上的互相协调的有机整体。

（二）日本空间规划法律体系的构成

目前，日本已经形成较为完备的空间规划法律体系，主要由以下几个方面构成：

1. 《宪法》中有关空间规划的法律规范。日本的空间规划法律体系依然是以《宪法》为基础。1947 年《宪法》就在其中明确了地方政府的自治准则，同时在 1999 年《地方自治法》中作出了更为具体的规定。《宪法》和主干法、专项法的有机统一，构成了上下协调的空间规划法律体系。

2. 有关空间规划的主干法。日本的国土空间规划法律体系中，《国土形成计划法》（《国土综合开发法》）、《国土利用计划法》、《土地基本法》作为三大主干法成为法律体系中的重要内容。就纵向层级上而言，2005 年修订的《国土形成计划法》作为国土形成计划的法律依据，主导国土规划。而国土形成计划又可分为全国层级规划和广域层级规划，包括三大都市圈计划等。1974 年的《国土利用计划法》主导着国土利用规划和土地利用基本规划。其我国土利用计划可以分为全国、都道府、市町村三个层级，层层递进。土地利用基本规划主要在都道府层级，用于规划五类地域。这五类地域同时又有专项法律作为编制和管理的法律依据。1988 年颁布的《土地基本法》是土地使用和实施的重要准则，其中规定了土地使用的基本原则、土地实施的相关政策和审议程序、政府的责任和义务。

3. 有关空间规划的专项法。有关于国土空间规划的专项法用于指导专项规划的实施。专项规划主要包括城市规划、区域开发规划和土地利用类的具体规划。例如，土地利用类的《森林法》《自然环境保护法》《自然公园法》《农业促进法》等，分别对森林、自然环境、风景地和农业用地提出相应的政策和措施指导。通过利用专项法与专项规划进行更为紧密有效的衔接，在一定程度上能够明晰各部门的权责，缓和了地域间重叠的灰色地带矛盾。在广域层面还针对三大都市圈分别制定了整备规划法。

4. 关于空间规划的其他法律、法规。日本空间规划还存在于其他法律条文中。例如，日本《环境基本法》第三章关于环境审议会的设立，在宏观上系统地规定了涉及环境规划等事务的各级审议会及审议会职责。该章第 41 条规定审议会掌管的包括 15 条第 3 款环境规划在内的事务，第 43 条、第 44 条规定了审议会的层级可以到都道府、市镇村。日本的《行政程序法》中规定的诉讼程序问题和行政救济，也同样适用于日本空间规划相关的单行法中，与单行法相辅相成。而关于规划民事侵权责任和规划刑事责任认定的法律法规也存在于日本的民法典和刑法典相关条文中。空间规划相关法律法规中的罚则和救济方式也与刑法、行政法相互联系。

四、日本空间规划法的目的和任务

（一）空间规划法的目的

总体来说，日本空间规划法的目的是指通过立法为空间规划的制定提供强有力的保障，使国土资源、区域产业、文化旅游资源等符合国民发展需要，实现空间布局的可持续发展。在日本空间规划法律体系中，每部法律都各自规定有较为细化的目的，具体而言，主要为以下几个方面：

1. 综合地、有计划地利用国土，构建均衡可持续发展的国土空间格局。地理因素使日本的土地资源十分有限，随着人口的增加、产业的发展和经济的转型，日本对于国土空间的需求量越来越大，功能划分的种类越来越多。因此，资源的可持续开发、利用和保护一直被贯彻于日本空间规范法律体系中。例如，基于《国土综合开发法》指定的国土综合开发计划中，提到了可持续发展理念，实现资源的可持续利用。《国土利用计划法》第 2 条也明确了“国土为有限资源”的属性，提出要使国土的利用得到均衡发展的目的。在日本《国土利用计划法》第一章第 1 条介绍了该法的目的即通过对策划制定国土利用计划所必要的事项进行规定，达到综合地、有计划地利用土地的目的。

2. 提高国民的生活、健康地发展国民的经济。土地作为有限资源应用之于民，因此，空间规划立法的目的也要着眼于国民的生活。日本《土地基本法》的第一章第 1 条介绍了该法的目的即综合地推进对土地采取的对策，从而不断保障土地得到恰当的利用、形成正常的供求关系和合理地价，为稳定地提高国民生活、健康地发展国民的经济作出贡献。

3. 解决环境问题，实现公共福利。日本的空间规划法总是将公共福利和保护环境放在首位。在《土地基本法》中强调了土地的价值和公共利害关系之间有密切联系，因此，土地应优先用于公共福利。日本《国土综合开发法》第一章第 1 条介绍了该法的目的即力求对国土的综合利用、开发和保护，对社会福利的提高做出贡献。此外，《国土利用计划法》还强调要优先公共福利的同时要保护自然环境，保障国民健康文明的生活环境。

（二）空间规划法的任务

空间规划法的任务是将空间规划法的目的细化成各个可操作的具体事项，通过结合上述目的，可以将任务细化成以下几个方面：

1. 制定相关政策和土地利用计划，以保障土地得到恰当、综合和有计划的利用。在日本《土地基本法》《国土综合开发法》《国土利用计划法》等法律中，明确提到了要保障土地被恰当地利用，要从国土的自然条件出发，立足于经济、社会和文化等政策，通过制定关于土地利用的基本事项，对产业设施合理布局规划，以达到综合、有计划地利用土地的目的。

2. 协调土地与其他社会经济条件的关系，构建合理的供求关系，以保障国民经济健康发展。《土地基本法》第 2 条介绍了土地与其他社会经济条件存在密不可分的关系，空间规划法的任务之一就是限制土地交易，调整好功能性土地与其他私有财产的关系，以保障国民经济的健康发展。

3. 制定环境保护、灾害防控等相关措施，以保障公共福利优先。从各区域的自然、经济、社会发展条件出发，对特定区域制定相应的规划法律法规，加强地方活力，使社会资源得到合理配置，土地空间资源符合国民生产和生活需要，对交通、信息技术、产业设施等进行综合规划，以到达实现公共福利的目的。

第二节　基本原则

一、空间规划法基本原则的概念与特征

（一）空间规划法基本原则的概念

空间规划的基本原则应该能够反映空间规划的本质，体现出日本空间规划法律体系的精神，反映空间规划法特点，贯穿于空间规划过程的始终，并且要能够指导空间规划的立法、执法、司法，是调整并决定一切环境法律关系主体行为的基本准则。

结合日本现行法律法规，本书认为，日本空间规划法的基本原则主要有可持续发展原则、公众参与原则、协调发展原则、预防原则。

（二）空间规划法基本原则的特征

日本空间规划法基本原则具有以下三种特征：

1. 效用上的普遍性。空间规划法或法律体系应作为空间规划的基本方针、政策在法律上的体现。对于空间规划的具体事项具有法律上的指导作用。因此，日本空间规划法是对所有空间规划法律的整合，对空间规划应具有普遍的指导作用。

2. 功能上的特殊性。空间规划法作为日本国土空间规划的法律依据，在调整领域上具有区别于其他部门法的特殊性，其功能也应和其他法律所具有的功能作区分，在资源保护、区域设施和产业调整、文化社会发展等方面具有独特的功能价值。

3. 内容上的高度概括性。空间规划从层级上来说涉及国家、都道府、市町村等，从内容上来说涉及土地管理、区域规划、产业布局、人文旅游、国际合作等，内容涵盖范围广，涉及学科多。因此，空间规划

法在内容上也具有高度的概括性，是将各领域知识高度有机地整合，形成系统的空间规划法律体系。

二、可持续发展原则

（一）可持续发展原则的含义

1980年在世界自然保护同盟、野生动物基金协会与联合国环境规划署共同发表的《世界自然保护纲要》文件中首次提到了可持续发展的概念。1987年布伦特兰女士在世界环境与发展委员会（WCED）的报告《我们共享的未来》中正式提出可持续发展概念，并将其阐述为“既满足当代人需要，又不对后代人满足其需要的能力构成危害的发展”。该句话已普遍被学界接受并将其认定为可持续发展原则的定义。

往后可持续发展原则在各种领域被广泛运用，对其具体内容的探讨也颇为丰富。在环境资源领域，较为经典的学说有桑兹的“四要素”说，即将可持续发展原则具体阐释为：代际公平、代内公平、环境与发展一体化和可持续利用。其中，代际公平理论来源于1984年美国学者爱迪·B. 维思提出的行星托管理论，他认为每一代人都是后代人地球权益的托管人，并提出了要实现每代人之间在开发、利用自然资源方面权利平等的观点，认为每一代人既应当为后代人保存自然和文化资源的多样性，以避免不适当地限制后代人在解决他们的问题和满足他们的价值时可进行的各种选择，又享有拥有可与他们的前代人相对应的多样性的权利。[1]代内公平，是指同代人之间享有平等利用自然资源和享受良好环境的权利，是一种横向上的公平。国内学者王曦将同代人之间的公平定义为“代内所有的人，不论其国籍、种族、性别、经济发展水平和文化等方面的差异，对于利用自然资源和享受清洁、良好的环境享有平等的权利”。[2]当然，有学者认为由于发展水平不同，代际公平和代内公平都不能做到绝对公平，并提出对相关理论的重构。环境与发展一体化则是指要将保护环境与经济社会发展有机结合、协调统

---

〔1〕 参见方行明、魏静、郭丽丽：《可持续发展理论的反思与重构》，载《经济学家》2017年第3期。

〔2〕 王曦：《论国际环境法的可持续发展原则》，载《法学评论》1998年第3期。

一。不能为保护环境而否定发展，也不能因为发展而牺牲环境。可持续利用，是指通过使用可持续的方式利用自然资源，实现资源的永续利用。

在空间规划领域，可持续发展原则更多体现的是在规划的设计和实施过程中，既要满足当代人对空间发展的需求，营造健康文明的生活环境，也要协调好和自然环境、经济社会、文化旅游、国际合作的关系，满足后代的利益需求。

（二）可持续发展原则的贯彻

由于地理因素，日本国土资源十分珍贵，随着“二战”后工业的发展，人口的增长、中心城市的形成以及环境问题的出现，日本在可持续发展理念的实践上一直走在前列。在环境保护领域，日本在 1994 年颁布的《21 世纪行动纲领》中，通过实施环境资源政策，贯彻了可持续发展原则，其目标就是建立一个可持续发展型的社会。在环境方面，《21 世纪行动纲领》中就气候变暖问题在环境保护、能源供给和经济发展等方面提出了相应的政策，实现“三位一体”的可持续性发展。在资源方面，该纲领提出要开发可再生的新能源，提高资源的利用率，力求环境资源保护与经济发展的协调统一。

在日本空间规划运用和实施过程中，可持续发展原则也一直贯穿始终。纵观日本的 7 次国土综合开发计划，从一全综的地域均衡发展开发、二全综的人与自然和谐发展目标、三全综的对国土资源有效利用和保护、四全综的多极分散型国土结构构建、五全综的区域可持续管理措施、六全综的国土资源可持续发展目标，到最新的七全综的实现经济社会可持续发展和区域均衡发展目标，都离不开可持续发展这一基本原则的指导。除此之外，日本国土交通省向 162 届日本国会提交了《为了提升国土可持续发展对国土综合开发法案和其他法律予以部分修改的预算》报告，将以前的全国综合开发规划修改为“可持续国土规划”，增加需要规划的内容，吸纳来自都府道县政府的提案和建立地区性规划，该预算案建议以国土可持续规划法案取代国土综合开发法案，并于 2005

年7月22日由国会通过，于同年12月22日开始实施。[1]在日本国会2008年7月通过的国土可持续发展规划中，为日本未来10年的国土发展提出了基础目标和措施。该规划鼓励形成可持续发展的广域地区，提高国土利用效率，完善城市交通网络。对林业实现森林管理的周期性机能，推进水产资源的恢复与管理，实现自然资源与经济的协调发展。同时重视人类与自然之间的和谐共生，形成合理的国土管理体制，推进"3R"制度[2]的发展，构筑循环、可持续的社会模式。

三、公众参与原则

（一）公众参与原则的含义

公众参与原则，是指居民、社会组织、企业等公众群体，在政府决策和其他公共事务管理时，通过各种开放的途径参与到决策和管理过程中，使公众充分了解决策，同时使决策者或管理者充分获取民意，扩大交流协商渠道，及时消除由于信息缺失造成的误解，完善互通互信机制，并最终影响公共事务决策的方向和施行。

公众参与原则主要的理论来自公共选择理论和市民阶梯理论。公共选择理论最早于20世纪40年代末被提出，该理论运用经济学知识解释政治学，展现了公共物品的内涵，演示了人们提供公共物品、分配公共物品并创设相应规制的过程，并研究如何实现资源的有效配置。这也正是空间规划法所要解决的问题之一。市民阶梯理论来自雪莉R. 阿恩斯坦（Sherry R. Arnstein）的著作《市民参与阶梯》，该理论认为公众参与赋予了市民进入政治经济领域的机会，是公民权力的体现，使原本没有权力的公民能够参与其中。该理论为公众参与空间规划的具体设计和实施过程提供了理论框架，也构造了公众与政府分权管理和直接管理规划的权力框架。

---

〔1〕参见叶敏：《日本制定新的可持续国土规划草案》，载《国土资源情报》2008年第7期。

〔2〕"3R"制度：即Reduce（减量化），在生产生活过程中减少物质和能量的消耗；Reuse（再利用），在生产过程中制造产品和包装容器能够以初始的形式被反复使用；Recycle（再循环），物品能够在完成其使用功能后重新变成可利用的资源。

（二）公众参与原则的贯彻

在日本，公众参与被运用在社会管理的各个领域，其中以环境治理和空间规划领域尤甚。20 世纪 60 年代日本为实行城市改造计划，大力兴建垃圾焚烧厂等公共设施。随着之前“在征求周边自治会同意之后向其支付一定的补偿金，以此获得全体居民的认可”的征用土地方式的失效，日本再次推进公众参与深入发展，要求全体居民而非仅受影响地区的部分居民都具备当事者意识投入利益协调和政务的横向管理中去。同时，公众还要求行政部门积极推行信息公开制度，在协商过程中邀请专家学者和其他组织加入其中，使决策更加专业。早在 1969 年日本通过对《地方自治法》的修订，从而在法律形式上完善了公众参与原则。《地方自治法》扩大了居民参与地方自治的范围，使基本计划、实施计划、综合计划和其他各种计划的制定都有了居民参与的方式并得到了延续。在 2000 年以后，在一些地方自治体制定的综合计划中，关于各个具体政策的实施方案也都会强调“积极发挥市民的作用”。[1]

在空间规划领域，公众参与原则也被贯彻运用到各个规划法律实践中去。例如，日本《土地基本法》《国土利用计划法》《土地征用法》等和国土空间规划有关的法律文件中，都规定了公告公示制度。《国土利用计划法》第五章规定了转让土地相关权利的申报、劝告和公示情形。《土地征用法》第 22 条规定：“建设大臣或都道府知事在认定时，如果有必要，可以听取有专业知识和有经验的人关于事业计划问题的意见”。第 23 条规定：“建设大臣或都道府知事在认定时，如果有必要，必须召开意见听证会征求公众的意见，同时必须向公众告知事业人、事业种类和听证会的时间地点”。第 24 条规定了事业认定申请书的送交与向公众的公开阅览。第 26 条规定了事业的认定公告，即在对事业计划进行认定后，对创业人名称、事业种类、创业地进行公示，并公开查阅地点图示。在城市规划中，日本规定市民可以参与到街区规划中，即政

〔1〕［日］今川晃：《日本地方自治的基本原则》，俞祖成、周石丹译，载《政治学研究》2016 年第 1 期。

府没有财力进行改造的街区，一些受法规影响，改造比较困难的街区，如传统建筑保护区。一般由地方政府和老百姓签协议来做街区规划。通过法规或者与市民商量后制定社区营造条例。政府可以与市民签订协议，参与制定和规划，同时也可以和市民一起出资对划定的街区进行保护和环境改善。[1]

四、协调发展原则

（一）协调发展原则的定义

协调发展原则在学界的定义可以被总结为：在遵循客观规律的基础上，通过系统内各个要素之间的协调，使整个系统朝着正向发展。在空间规划领域可以定义为：在遵循客观规律的基础上，通过经济、社会、环境等诸多因素的协调，使国民或一定区域内的居民能够享受到相对公平的公共服务，并使规划内的经济、环境、社会人文等因素形成良性互动，实现正向促进。

协调发展原则的主要理论来源有“帕累托最优理论”和“环境库兹涅茨曲线理论”。其中，“帕累托最优”体现了规划协调发展的一种状态，也即规划区域内的资源配置与经济补偿达到了一种平衡，经济产业发展与社会资源实现了有机统一。这也是空间规划的设计和构想中所需要实现的动态平衡，代表了规划的最初目的。“环境库兹涅茨曲线理论”是将库兹涅茨曲线理论运用到环境保护理论中去，认为经济发展水平较低时，环境的污染程度也低；当人均收入增加，经济增长，环境污染程度也随之增加，环境质量随之恶化。但当经济发展到一定水平到达拐点时，人均收入增加，环境污染程度会随之降低，环境质量改善。该过程总体呈“倒 U 形”发展。该理论阐释了规划设计过程中经济产业发展与环境质量的关系，促使规划者为实现地区最优发展制定合理的规划指标。

（二）协调发展原则的贯彻

日本在空间规划领域注重区域经济与环境资源、人文旅游、信息技

[1] 参见沈振江：《日本的城市规划体制与空间管制》，载《城乡规划》2019 年第 2 期。

术等的综合发展。在法律制定层面上，日本为了协调发展，制定了一系列全域或区域性的法律文件以保障规划实施。例如，《国土综合开发法》第一章规定了国土的综合开发计划五大事项。这五大事项涉及天然资源的利用、灾害的防治、调整城市和农村规模和配置、工业的选址建厂以及重要公共设施和文化旅游设施配置等，都与经济、文化、社会公共福利、环境保护的有机协调有关。根据《国土综合开发法》制定的7次国土综合开发计划中，对于都市圈建设、城乡边界管理、自然资源的保护等关于全域经济协调发展的规划都有更为具体的措施和目标。此外，为了实现城乡发展的协调，日本制定了一系列特定区域的开发法律，如1950年制定的《北海道开发法》，以及之后的《东北开发促进法》《孤岛振兴法》《过疏地区振兴特别措施法》《水资源地区对策特别措施法》等，以及1962年制定的《新产业城市建设促进法》，以实现区域产业布局的合理化。《国土利用计划法》第三章具体规定了土地利用基本计划，对于城市、农业、森林、自然公园和自然保护地区根据地区需要进行相应的开发、配置和保护工作，做到因地制宜地搞开发、搞经济。

五、预防原则

（一）预防原则的定义

目前在理论上预防原则有广义和狭义之分，狭义的预防原则是指在科学确定的情况下所进行的预防，广义的预防原则既包括科学确定情况下的预防又包括科学不确定情况下的预防。预防原则目前被运用在多个学科领域，在国内外环境立法中，预防原则包含两层含义：一是运用已有知识和经验，对开发和利用环境行为带来的可能的环境危害事前采取措施以避免危害的产生；二是在科学不确定的条件下，基于现有的科学知识去评价风险，即对开发和利用环境行为可能带来的尚未明确或者无法具体确定的环境危害进行事前预测、分析和评价，促使开发决策避免这种可能的风险存在。[1]在日本《环境基本法》中规定的环境管理预防原则（precautionary principle）目前依旧是以科学的不确定性为前提。

---

〔1〕 参见汪劲：《环境法学》（第3版），北京大学出版社2014年版，第101～102页。

在空间规划领域，尤其是城市规划领域，由于规划不合理所引发的社会性事件频发，预防原则也显得越来越重要。例如，我国的厦门 PX 事件、造纸厂事件、日本早期出现的一系列环境公害事件也多与工业布局和污染物排放不合理有关。

（二）预防原则的贯彻

日本作为地处太平洋地区、板块交界处自然灾害频发的国家，对于自然灾害的预防制度在各个规划性法律法规中都得到了一定程度的贯彻。此外，随着“二战”后日本工业经济的发展，不合理的产业布局和急速发展的城市化导致一些环境、社会等人为事件的发生，预防原则也随着日本社会经济的发展得到了新的运用。在自然灾害预防领域，日本以东京为首成立并扩大了广域防灾危机管理对策会议。在灾害预防规划领域，日本防灾规划现已形成了《震灾篇》和《火山与风灾水灾等灾害篇》，后者又被细化和扩充为《风水灾等再燃灾害对策规划》《火山灾害对策规划》《大规模事故等对策规划》《原子能灾害对策规划》等，并且根据地区的防灾基本规划，制定了具体落实到行政层面和投资层面的计划等。[1]在空间规划领域，日本的 7 次全国综合开发规划分别从自然资源利用、地区发展差距、资本劳动力资源配置等方面提出有预防性的目标和基本措施，使日本朝向建设安全高品质的国土环境发展。

第三节　基本制度

一、空间规划法基本制度概述

空间规划法基本制度是调整国土空间规划中出现的社会关系的一系列法律规范和规则的总和，是空间规划基本原则的具体化呈现。这些规范和规则对规划过程中的不同利益主体形成约束，使规划参与者

---

〔1〕 参见赵成根主编：《国外大城市危机管理模式研究》，北京大学出版社 2006 年版，第 209 页。

之间的争端和行为得到制约，从而维护公共福利，合理配置资源，实现公共利益最大化。因此，空间规划法的基本制度有以下特征：一是对空间规划法具体的实施和操作具有指导作用；二是基本制度所规制的对象有特定性；三是空间规划法的基本制度在实施中具有很强的操作性。

本书认为，日本空间规划法基本制度主要包括空间规划审议会制度、空间规划环境影响评价制度、空间规划申报公示制度等。

二、空间规划审议会制度

（一）空间规划审议会制度的概念

日本的审议会制度由来已久，它作为对日本政府决策提供科学咨询和监督的制度，对战后日本政府的高效决策提供了很大帮助。空间规划审议会制度，是指有规划权的行政主体对有关空间规划的行政事项经过法律规定的审议会进行组织、调查、咨询和审议，并在有必要时进行公示的制度。根据规划的内容不同，空间规划审议会制度可以分为国土审议会、都道府综合开发审议会、地方综合开发审议会、国土利用计划地方审议会、土地政策审议会等。

（二）空间规划审议会制度的主要内容

1. 国土审议会、都道府县综合开发审议会和地方综合开发审议会。日本《国土综合开发法》第二章中规定了国土审议会、都府县综合开发审议会和地方综合开发审议会的主要内容。国土审议会是对综合开发计划及实施的必要事项进行调查审议，并将结果报给内阁总理大臣或向其提出建议。其调查事项包括：制定综合开发计划的标准、特定区域的标准、对工业合理选址的标准以及与综合开发计划有关的资金材料问题的调查等。国土审议会在认为有必要时，可以通过内阁总理向相关行政机构长官申诉意见。都府县综合开发审议会是由都府县根据条例设置的，对都府县综合开发计划和实施的必要事项进行调查审议。相关都府县缔结的协议也要经都府县审议会通过。此外，都府县可以通过协商，制定规章来设置地方综合开发审议会，以此来对地方综合开发计划和实施计划的必要事项进行调查审议。除上述规定外，都府县综合开发审议会和地方综合开发审议会的设置、组织和运作等必要事项，必须通过条例或规章来规定。

2. 国土利用计划地方审议会和土地利用审查会。日本《国土利用计划法》第七章规定了国土利用计划地方审议会和土地利用审查会相关内容，都道府县中设置国土利用计划地方审议会和土地利用审查会。国土利用计划地方审议会除了对本权限内的事项进行调查审议以外，还要根据都道府县知事提出的咨询，调查审议该都道府县内关于国土利用和土地利用的基本事项。土地利用审查会根据《国土利用计划法》的规定，对其权限范围内的事项进行审议。审议的委员应从对土地利用、地价，以及其他土地相关事项具有丰富经验且对公共福利能够作出公正判断的人中挑选，并由都道府县知事在都道府县议会同意后任命。

3. 土地政策审议会。日本《土地基本法》在第三章规定了土地政策审议会制度。土地政策审议会在国土厅下设，并依据《土地基本法》《国土调查法》《促进国土调查法》《国土利用计划法》规定其调查审议事项。此外，还可根据内阁总理大臣的咨询调查审议综合性、基础性的土地政策事项和有关国土利用的基本事项。相关行政机构的长官可以就自己部门管辖的、有关土地的政策事项和有关国土利用的基本事项，听取审议会意见。审议会有必要时，可以要求相关机构长官提交资料、陈述意见、进行说明和其他必要的合作。[1]

三、空间规划环境影响评价制度

（一）空间规划环境影响评价制度的概念

在1993年日本通过的《环境基本法》第19条中规定了环境评价原则，即国家对于评价可能对环境造成影响的项目要督促加强环境保护，同时，各个具体计划的制定也必须遵循基本法进行环境评价。此后，1997年正式出台《环境影响评价法》，对此前的各个计划条例进行整

〔1〕参见《日本的国土利用及土地征用法律精选》，姜贵善译，地质出版社2000年版，第5页。

合，在第2条中将环境影响评价定义为对于因事业的实施而波及影响环境（包含相关事业实施后的土地或建筑物进行预定之事业活动），进行有关环境构成要素的每一个项目的调查、预测及评定之同时，检讨有关事业的环境保全措施，对环境影响做综合评价。[1]由此，空间规划的环境影响评价制度可理解为对因空间规划事业的实施而影响环境的，进行有关环境构成要素的每一个项目的调查、预测和评定，并对环境影响做出综合评价。除此之外，日本还制定了战略环境影响评价制度，对政策、规划和计划进行前期的系统考量。环境影响评价制度和战略环境影响评价制度中涉及空间规划的内容共同构成了空间规划环境影响评价制度的主要内容。

（二）空间规划环境影响评价制度的主要内容

1. 规划环境影响评价的对象。日本《环境影响评价法》中将评价对象（事业）分为了两种：一种是必须进行环境影响评价的事业项目，包括高速公路、一般国营公路等道路、河川、铁路、飞机场、电气建筑物、废弃物处理设施、土地处理整理事业、新住宅街道开发事业、新都市基础维护事业等规模大且规划将对环境造成较大影响的事业项目。另一种是在第一种事业的基础上未达到第一种事业的规模，需要单独根据各地区环境状况标准判断是否必须进行环境影响评价的事业项目。[2]规划环境影响评价的对象涉及在环境影响评价对象的基础上，在规划层面需要进行考量的事业项目。

2. 规划环境影响评价的具体内容。环境影响评价法中界定是否需要进行环境影响评价以及评价所涉及的项目主要包括：规划内的大气环境质量是否可以保持良好的状态；规划内的水质、土壤环境情况；规划区域内动植物生态系统的保护范围；规划内人类与自然环境广泛接触的场所和范围；规划建设产生的废物、污染物对环境会造成负担的预测范围等。

3. 规划环境影响评价的程序。要进行规划环境影响评价一般要经

〔1〕 参见《日本环境影响评价法》（平成九年法律第八十一号）第2条。
〔2〕 参见《日本环境影响评价法》（平成九年法律第八十一号）第2条。

过4项步骤。首先，根据日本《环境影响评价法》的规定，对项目是否属于必须进行环境影响评价的事业项目采取判断。其次，在相关事业项目实施前，需要提交环境影响评价报告书。再次，将开发项目的信息向政府、居民、专家公布并听取意见，最终由都道府县知事综合意见给出项目报告书的评价结果，并将结果再次进行公示。最后，将前述报告书制作成评价书交由有行政许可权的机关递交给环境大臣审批。

4. 规划战略环境影响评价的主要内容。战略环境影响评价制度，是指国家在战略层面上对基本政策、基本规划和构想进行的环境影响评价。相较于传统的事业项目环境影响评价，战略环境评价的对象更具有社会影响性，其目的是实现经济社会的可持续发展，是对宏观性政策、上位性计划的初步评价。在空间规划层面，战略环境影响评价所占比重尤为突出，目前日本已经将土地利用计划等纳入为国家级的战略环境评价。在战略环境影响评价上，日本通过学习欧美战略环境评价制度而走在前列，但在具体实施上也面临着对宏观政策评价程序和手续的缺失问题，规划战略环境评价相较于传统的个别性环境影响评价制度而言是一套更为系统的评价体系，因此依然有许多需要完善的地方。

四、空间规划申报公示制度

（一）空间规划申报公示制度的概念

空间规划申报公示制度，主要是指相关责任人对土地资源的流转依照相关程序进行申报，并将各阶段与土地资源流转的相关处理结果进行公示公告的制度。其目的是对土地利用进行严格审批，防止因资源紧张造成土地投机问题的出现。该制度贯彻到土地管理相关法律中，可以衍生出更多具体的制度，如地价公示制度、土地交易登记制度、土地征收制度等。

（二）空间规划申报公示制度的主要内容

1. 关于转让土地相关权利的申报公示。日本《国土利用计划法》第五章特别规定了转让土地相关权利等的申报内容和程序。在准备签订土地买卖合同时，当事人必须根据总理府令规定，通过土地所在地的市町村长将以下事项向都道府县的知事进行申报：（1）当事人姓名、名称、住址；（2）与土地有关权利转让的土地所在地及土地面积；（3）与该土地相关权利的种类及内容；（4）与该土地相关权利的预定等价数额；（5）转让该土地相关权利后的土地利用目的等；（6）其他事项。同时，还规定了不适用以上规定的土地区域情形。提交申报的人，自提交申报当天算起至第六周止，不能在与申报有关的土地上签订买卖合同。〔1〕都道府县知事在收到申报后，如果认为对土地及其周围土地的合理利用会造成明显妨碍，可以向申报人提出中止该土地买卖合同的签订并对相关事项进行劝告。〔2〕若在都道府县按规定进行劝告后，被劝告人不服劝告的，都道府县知事可以将情况进行公示。〔3〕

2. 对闲置土地计划的申报公示。《国土利用计划法》第六章对闲置土地的申报和确定土地利用计划进行了一系列规定。第二十八条规定了闲置土地的确定范围，对于市町村中有符合规定的土地时，市町村长可向都道府县知事发出通知；都道府县知事对于市街区域内的土地发出通知后，必须向土地所在地的市町村长官通报。收到通知的人，自收到该通知之日的六周内必须将该通知所涉及的闲置土地利用或处理计划，通过该土地所在地的市町村长官向都道府县知事申报。〔4〕对于闲置土地的收购协议和价格应该按照地价公示法的规定，对价格进行公示并以此作为交易标准。同时力求对该土地进行有效和恰当的利用。

3. 对土地征用保留程序的申报公示。日本《土地征用法》第三章第二节特别规定了事业项目创业人对事业认定后的创业地保留征用或使用的程序。创业人准备保留征用或使用的程序时，必须按照相关格式在申请事业认定的同时提交申报书。建设大臣或都道府知事在收到申报书后，必须公布事业认定和事业认定后征用或使用程序的保留情况以及允许保留的范围。在创业人在开始准备执行程序时也应按照规定提交申报

---

〔1〕 参见《国土利用计划法》第23条。

〔2〕 参见《国土利用计划法》第24条。

〔3〕 参见《国土利用计划法》第26条。

〔4〕 参见《国土利用规划法》第28条、第29条。

书并对开始执行的情况进行公示公告。[1]

第四节　法律责任和法律救济

一、法律责任

空间规划法律责任，是指违反了空间规划法律所规定的义务而形成的由责任人承担不利后果的责任关系。在日本空间规划法领域可以分为：空间规划民事责任、空间规划行政责任和空间规划刑事责任。

（一）民事责任

1. 空间规划民事责任的概述

空间规划民事责任，是指空间规划的民事主体对于自己因违反空间规划相关法律而侵犯他人合法的民事权益，依法应当承担的民事法律后果。通过对日本法律法规和相关司法实践的研究，日本空间规划民事责任主要涉及适用环境民事责任的规划环境民事责任和适用土地管理相关法律的规划物权责任。

2. 空间规划民事法律责任构成

根据日本相关法律规定和空间规划司法实践，在涉及适用环境民事责任的规划环境民事侵权责任的案件中，空间规划民事法律责任的构成要件主要包括：损害事实；行为人主观上存在故意或过失的过错；该过错与损害结果之间存在因果关系。[2]其中，主观上的故意，一般是指在规划事业项目的建设过程中，明知道规划行为可能会造成严重损害，即对损害结果有认识，同时对自己行为的违法性也有认识。过失，一般是指行为人对结果的发生有预见可能性。关于是否存在因果关系的判断，尽管在目前的司法实践中要举证证明因果关系仍然十分困难，但是根据日本以往对于因规划问题造成的环境公害事件的判决结果来看，利用疫学和统计学上的因果关系来证明存在法律上的因果关系的应用在一定程

---

〔1〕 参见《土地征用法》第32～34条。

〔2〕 参见日本《民法典》第709条。

度上减轻了原告的举证责任，并得到了学界的认可。

关于适用土地管理相关法律的规划民事法律责任，一般涉及土地买卖等物权纠纷。日本在《土地征用法》中规定了与土地征用或使用有关的优先权、质权、抵押权、扣押债权等纠纷的赔偿责任。同时，如果在规划合同的订立和履行过程中出现违法行为，行为人也需要承担与合同法有关的违约责任或侵权损害赔偿责任。

（二）行政责任

1. 空间规划行政责任的概念

空间规划行政责任，是指空间规划行政法律关系主体违反空间规划行政法律义务构成行政违法而应承担的法律后果。日本空间规划行政责任的承担主体主要分为两种：一是违反空间规划相关行政法律规定的个人，即行政相对人；二是违反空间规划相关行政法律规定的行政主体，如政府机关及其工作人员。

2. 空间规划行政责任的主要内容

根据日本《行政案件诉讼法》和空间规划相关司法实践的规定，对于行政相对人来说，空间规划行政责任主要是行政相对人违反了行政法等相关规定，须承担行政处罚的法律后果。具体而言，是指行政相对人在规划的申请、建设、开发等过程中违反了行政法关于规划许可、规划标准、规划环境影响评价等相关行政法律文件的具体规定，并造成了行政法上的损害后果，由此受到行政处罚。

对于行政主体来说，日本空间规划的行政法律责任更为广泛。第一，行政主体需要承担由于对空间规划事业者错误的行政处罚而受到的行政责任。实践中，对于认为规划设施可能会影响环境或居民健康的事业者，行政机关会作出相应的行政处罚。但当事业者向法院提起诉讼申请撤销该处罚并被法院同意时，行政机关就要承担败诉的行政法律后果，撤销其所作出的行政处罚。第二，行政主体还需要承担由于对有环境和健康风险的规划项目作出行政许可决定而带来的行政责任。实践中多发生于规划选址的错误、事业项目建设排污不符合要求等造成的环境污染公害事件中。居民可对这样的行政许可提起行政诉讼，要求取消行政主体做出的许可。第三，由于日本早期经济发展迅速，公害事件影响重大，在与规划有关的环境污染事件中，公民还可以向行政机关提起国家赔偿诉讼。作为行政机关在有能力防止损害发生或扩大的情况下，因为疏忽或怠慢使损害发生或扩大的，公民可以此提起诉讼，要求其承担行政责任并申请国家赔偿。

（三）刑事责任

1. 空间规划刑事责任的概念

空间规划刑事责任，是指行为人因为实施犯罪行为违反了日本刑法和空间规划法相关内容的规定，造成了特定的社会危害性，并由此应当承担的法律后果。空间规划刑事责任的构成要件主要包括：有关单位或个人在行为时具有主观上的故意或过失；在客观上侵害了有关空间规划的管理秩序或社会公共安全；并且造成了特定的严重后果。根据日本刑法三阶层的归责理论，空间规划刑事犯罪的成立主要需经过三层认定：有关规划的行为符合刑法犯罪构成要件；有关规划的行为具有刑法上的违法性；有关规划的行为具有刑法上的有责性。

2. 空间规划刑事责任的主要内容

日本空间规划刑事责任的承担主要存在于两部分法律中：一是由日本《刑法典》直接规定的犯罪，包括贪污腐败类犯罪、重大环境污染类犯罪等。二是规定在空间规划相关法律的罚则中。例如，《国土利用计划法》第九章专门对国土利用的罚则进行规定：对于违反第 14 条第 1 款规定，不经批准签订土地买卖合同的人，处 3 年以下徒刑，或 200 万日元以下的罚款。对违反第 23 条第 1 款、第 29 条第 1 款规定，不经申报签订土地买卖合同或进行虚假申报的人，处 6 个月以下徒刑或 100 万日元以下罚款。对违反第 23 条第 3 款规定签订土地买卖合同的人，处 50 万日元以下的罚款。对进行虚假汇报，不按规定汇报，拒绝、妨碍和逃避检查的，处 30 万日元以下的罚款。法人、个人的代理人或其他工作人员做出前述行为的，除对行为人本人进行处罚外，还要对法人或个人按照相关条文进行处罚。[1]

---

〔1〕 参见《国土利用计划法》第 46～50 条。

二、法律救济

（一）行政救济

1. 行政救济概述

行政救济是空间规划领域最常见的法律救济途径，它能够在公民的权益受到侵害或可能受到侵害时提供防御或申诉机制。行政救济相较于司法救济而言更为便捷，形式更为丰富，并且分散地存在于各个空间规划相关法律条文中。目前，在空间规划领域主要的行政救济方式有：行政调解、行政裁决、行政申诉等。

2. 空间规划行政调解

空间规划行政调解主要是指根据当事人的申请，空间规划相关行政主体依据相关法律规定对与规划有关的个人、法人以及其他行政机关之间的纠纷进行调解。根据《国土利用计划法》第27条的规定，在转让土地相关权利申报时，依据第24条第1款规定的劝告使土地买卖合同的签订被中止后，都道府县知事认为有必要时，必须尽力对该土地相关的权利问题进行调解。[1]根据《土地征用法》第15条关于调解委员会的设立规定，在获取第3条各项所列举的事业用地的问题上，有关当事人无法达成协议时，双方当事人之一可以书面方式向争端地所在地的都道府县知事申请通过调解委员会来调解争端。调解委员会有5人，每一个案件都由征用委员会中推选1名，由都道府县知事任命和有学识经验的人一起组成。[2]

3. 空间规划行政裁决

空间规划行政裁决，是指空间规划行政机关依据法律的授权，依当事人申请对当事人之间发生的与行政管理有关的活动进行审查并作出裁决。日本《土地征用法》第四章第二节专门针对土地征用或使用的裁决程序作出规定。其中，第39条第1款规定，依据第26条第1款规定的事业认定被公布后，自公布之日起1年内，创业人可以向准备征用或使

---

〔1〕 参见《国土利用计划法》第27条。

〔2〕 参见《土地征用法》第二章之二第15条之二、第15条之三。

用地所属的都道府县征用委员会提交征用或使用的裁决申请。第四节又特地规定了关于驳回申请、对征用或使用土地、出让土地、获得土地权利等的裁决受理和程序。同时，在第 50 条规定了征用委员会可以依权劝告当事人达成和解，并制作和解协议书。

4. 空间规划行政申诉

空间规划行政申诉，是指空间规划双方当事人发生权益纠纷后，可依据相关法律向行政机关申请解决纠纷。空间规划行政申诉也是处理规划争端问题中高效便捷的解决方式。在《国土利用计划法》第 20 条中规定有对转让土地权利批准不服的申诉：对依据第 14 条第 1 款规定作出处理进行审查时，要向土地利用审查会提出请求。土地利用审查会在受理后 2 个月内必须作出裁决。在作出裁决时，必须事先要求审查申请人、作出处理的机关和其他关系人作出口头审理。对于不服土地利用审查会裁决的人，可以向内阁总理大臣提出再审查的申诉。

（二）司法救济

1. 空间规划行政诉讼

空间规划行政诉讼，是指个人、法人或其他组织认为行政主体或法律授权的组织做出的关于空间规划的具体行政行为，侵犯了其合法权益而向法院提起的诉讼。行政机关在空间规划的具体实施过程中扮演重要角色，因此，空间规划的行政诉讼对于相关规划争端的处理而言，显得更高效、更有力。通过诉讼的监督也可以使相关行政主体更积极地履行职能。在日本空间规划行政诉讼司法领域，主要有事业者基于《行政案件诉讼法》提起的诉讼，周边居民针对行政许可争议提起的诉讼，对于行政计划本身提起的诉讼以及针对因规划导致的环境公害事件提起的国家赔偿诉讼等。[1]

2. 空间规划民事诉讼

空间规划民事诉讼，是指规划当事人因民事权益纠纷而向法院提起的诉讼。因空间规划往往涉及行政主体与私人之间的利益纠纷，但当规

---

〔1〕 参见［日］交告尚史、［日］臼杵知史、［日］前田阳一、［日］黑川哲志：《日本环境法概论》，田林、丁倩雯译，中国法制出版社 2014 年版，第 237 ~ 245 页。

划内容涉及民事权益或者涉及平等主体之间关于土地买卖合同关系时，规划领域的民事特征就显现出来，此时可以依据民事诉讼法相关规定对规划纠纷进行解决。在司法实践领域，空间规划民事纠纷主要涉及因规划导致的环境侵权纠纷以及与规划土地有关的土地抵押权、质权、转让买卖等物权法、合同法领域纠纷。此外，日本《地方自治法》还特别规定了居民诉讼来对公共资金的支出进行监督。

3. 空间规划刑事诉讼

空间规划刑事诉讼，是指由于规划当事人的行为违反了刑法规定，危及人民乃至社会公共安全被依法提起的诉讼。在司法实践中，空间规划刑事诉讼的涉案主体主要有：在规划过程中违反空间规划法律规定，对他人乃至社会公共安全或空间规划管理秩序造成严重影响的个人；在规划过程中利用职权，严重影响规划管理秩序和公职人员职业准则，对人民生命财产安全造成影响的行政主体及其工作人员。该类案件除由空间规划相关法律对罚则进行规定外，一般由日本刑法和刑事诉讼法进行处理。

第五节　现有制度评析及其对我国的启示

一、现有制度评析

目前日本已经形成较为完备且多规纵横的国土空间规划网络结构，在制度层面通过借鉴欧美国家关于空间、环境规划的制度成果，在公众参与、规划环境评价、规划环境行政补偿制度等领域形成了有本国特色的规划制度体系。在空间规划宏观结构上，纵向上，日本推进地方行政主体的自主权建设，在规划用地的审议上各层级有通知和知情的义务和权利，但上下级部门之间干涉减少。横向上，日本的规划用地通过用途进行分类，不同类别的规划由不同行政部门负责编制，各部门之间互不干涉。通过对土地用途和部门职能的明确划分，有关空间规划政府管理的灰色地带减少，大大提高了土地利用率和规划效率。

当然，日本现有的具体制度也存在一些需要完善的问题。一是有关环境风险防控的规划主要落实在国家层级的宏观综合计划及城市规划中。在具体的国土利用计划和土地管理法律中，依然以土地的转让买卖和事业开发利用为主。有关土地财政方面的法律制度依旧占土地规划的主流。二是日本的土地利用基本规划在层级上是对各类地域的土地利用起主导和综合调控的作用。日本通过对土地类别进行划分并制定相关法律，各个地域再依据地域个别法进行土地利用限制。但日本依据个别法制定的规划如城市规划、森林规划等先于土地利用基本规划，因此，这些规划所划定的地域在空间范围上存在重复的可能，制定重复的土地地域利用计划也在一定程度上增加了规划协调的难度。[1]

二、对我国的启示

目前我国也在大力推行“多规合一”的国土空间规划体系建设。尽管在规划层级上已经实现了多个层级和多种规划类型并行的空间规划体系，但由于各个规划管理编制所属部门的不同，规划层级之间的权责并不十分明晰，协调统筹的管控制度依旧有待完善。结合以上日本的相关经验，可以为我国建立“多规合一”的国土空间规划体系提供一些建议。

（一）厘清规划层级关系，明确各级规划部门权责

日本在“二战”后就已经开始建立从国家到都道府县、市町村以及广域的四级国土综合开发计划，并且明确了每个阶段各级的基本目标和基本措施。因此，虽然日本的空间规划体系由多部门组成，但各部门之间权责明晰。由国家层面制定战略型的宏观规划，再由各类部门和地方各级编制符合各自发展要求的空间规划，制定具体实现措施。目前，我国也在朝着机构改革和明确部门权责的方向发展。由国家发展和改革委员会负责组织编制主体功能区规划，由住房和城乡建设部负责城乡规划，由国家林业和草原局负责森林、湿地的确权登记管理，由农业农村部负责草原资源确权管理等。但是国家发展和改革委员会同时负责着国

[1] 参见王静：《日本、韩国土地规划制度比较与借鉴》，载《中国土地科学》2001年第3期。

民经济发展规划，因此在实现对国土空间规划总体布局的同时，也要注意经济发展与空间规划部门的有效衔接。同时，根据自然资源部办公厅《关于加强国土空间规划监督管理的通知》的要求，规划编审将实行“编”“审”分离，编制单位终身责任制，下级国土空间规划不得突破上级国土空间规划的约束性指标。这在一定程度上也使上下级关系更为明确，衔接更为紧密。

（二）推进空间规划立法，统筹协调各专项法

我国还没有国土空间规划性质的法律作为国土空间规划的总体法律依据。虽然各部门和各类规划之间都有不同类型的规划法律文件作支撑，但因为缺乏起统筹和指导作用的总体性法律，使各部门法律之间衔接不紧密，权力边界模糊。目前，各界都在提出加快推进国土规划立法的建议，以落实“多规合一”的要求。同时也要协调好空间规划立法与现存的《森林法》《海岛保护法》等土地类型性法律的关系，做到各专项法律为国土空间规划的具体领域提供补充性支撑，形成丰富协调的空间规划法律体系。

第十章　瑞士空间规划法

第一节　瑞士空间规划法概述

一、瑞士空间规划的概念和种类

（一）空间规划的概念

空间规划，是瑞士联邦基于可持续发展立场，根据境内有限的可利用土地资源，综合考虑瑞士国民的经济、社会以及生态发展需求，在考量生态环境的自我更新能力以及国内人口不断增长状况的基础上，对国土资源进行的一系列高效利用行为。

（二）空间规划的种类

瑞士实行联邦制，其行政区域被划分为联邦（Confederation）、州（Cantons）和市镇（Communes）3 个层级。联邦政府下辖 26 个州，各州又分管各自下辖的市镇（见图 10-1）。在不同的层级上，分别存在相应的立法机关（议会）、行政机关（政府）、司法机关（法院）。[1]

由于位置处于欧洲的中南部，境内多以高峻地貌为主，这使瑞士成为一个多山内陆国，导致瑞士联邦

〔1〕 参见蔡玉梅、宋海荣、何挺：《典型发达国家的空间规划体系》，载《中国自然资源报》2018 年 9 月 17 日。

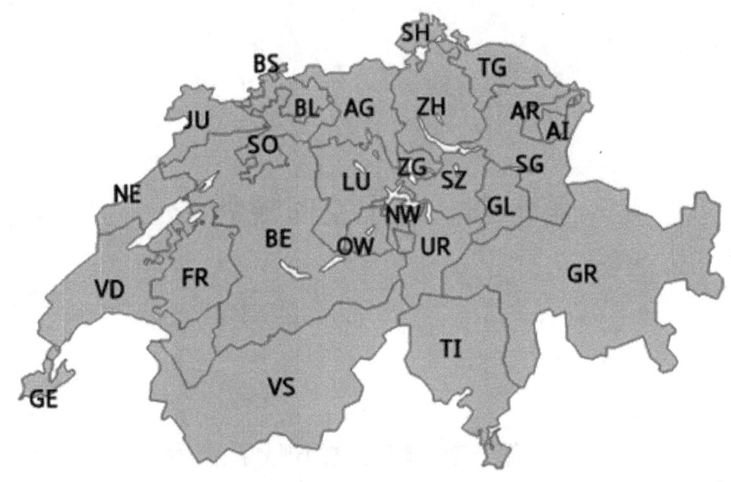

图 10－1　瑞士行政区划

资料来源：https：//www. admin. ch/gov/en/start. html。

可利用的国土资源十分有限。所以，根据行政区划的不同层级以及瑞士境内的国土资源状况，其空间规划主要涵盖三大类。

1. 联邦层面的总体原则性规划

在《联邦宪法》的条文规范下，瑞士联邦政府只能对空间规划的原则性问题进行规定，不能干涉空间规划的具体事宜。联邦层面主要制定空间规划活动的原则性框架，引导各州的空间规划方向。在空间规划可能涉及的交通、国防、通信等具体领域，制定相关的专项规划以及法律法令，规范各州的空间规划行为。[1]

瑞士于 1848 年成为联邦制国家，颁布了首部《联邦宪法》。之后，1848 年瑞士《联邦宪法》几经修订，但其核心内容却仍未改变。《联邦宪法》赋予联邦和各州相应的自治权力，州则在自己的管辖范围内赋予下辖市镇相应的自治权力，而《联邦宪法》在联邦、州、市镇的相关事务上拥有绝对的管理权威。[2] 作为行政区划的联邦一级，其对于国内空间规划的权力范围，也需要遵守《联邦宪法》的相关赋权规定。所以，

〔1〕 参见孙春强：《瑞士空间规划及启示》，载《国土资源情报》2011 年第 9 期。

〔2〕 参见 https：//www. admin. ch/opc/en/classified-compilation/19995395/index. html，2020 年 5 月 11 日访问。

联邦政府只能在需要联邦统一规制的领域，以及各州凭借自己的权力难以取得进展的领域行使权力。具体而言，联邦一级主要在外交和安全领域、海关和货币事务领域、国内立法领域和国防领域行使主导权力。除了以上几个方面，《联邦宪法》将国家管理的其他权力下放到州一层级，由各州对其内部事务自主决定、自主管理。具体到空间规划领域，联邦层面并不存在一个具体的系统性的空间规划体系。联邦政府对国土空间规划进行规划，常常是通过进行全国的土地调查，进而围绕环境、运输、能源、通信等方面，作出一些指导性原则的架构，为各州制定内部土地利用规划提供一个总的原则性框架。通过联邦层面的总体性国土空间规划架构，指导各州的具体规划行为，协调并且随时准备帮助各州实施土地利用规划。

2. 各州层面的指导性结构规划

各州按照《联邦宪法》的规定，以及联邦政府发布的国土空间规划总体原则性架构，构建本州内部的指导性结构规划。开展空间规划活动时，各州需要在遵循联邦总体原则性规划要求的基础上，明确划分辖区内部的建设区域，如居民定居点、交通设施规划区、可再生能源发电等公共设施建设区，以及禁止建设区域，如农业区域、自然文化遗迹保护区、森林公园等。各州的指导性结构规划，主要就是负责明确划分这两大区域，科学规划两大区域的空间发展方向，指明可建设区域以及非建设区域土地的预期用途，规划两大区域内部公共基础设施的具体建设位置。[1]

按照《联邦宪法》的规定，瑞士联邦下辖的26个州在国家内部拥有平等的地位，在财政预算、政治制度、征税等方面各州享有同等的权力。在不违反《联邦宪法》的前提下，每一个州都可以拥有自己的宪法、法律、议会、政府以及法院。按照权力下放原则，各州在州的内部享有较大的自主权。[2]联邦一级的总体原则性规划往往只是一个整体构想，各州需要根据辖区内部的经济、社会以及生态发展状况，制订各州内部的结构性规划。各州通过明确划分可建设区和禁止建设区，对接联邦政府的原则性规划方案，指导市镇的具体功能区空间规划，上下协调

---

〔1〕 参见孙春强：《瑞士空间规划及启示》，载《国土资源情报》2011年第9期。

〔2〕 参见蔡玉梅、宋海荣、何挺：《典型发达国家的空间规划体系》，载《中国自然资源报》2018年9月17日。

提高境内有限国土资源的利用效率。通过制定指导性结构规划，各州成了空间规划的真正施行者。虽然，不同的州内部的国土资源状况不同。但是，总体规划方向仍然大致相同。在联邦的总体性规划下，各州按照《联邦宪法》《联邦空间规划法》等法律法令，制订全州的空间利用指导性结构规划。州的结构性规划中明确土地利用的可建设区域以及禁止建设区域，为这些区域规定未来的空间利用方向。最终的规划成果，以图纸和文本的附件形式展现，约束市镇政府的空间规划行为。另外，为了提高空间规划的效率，在瑞士一些经济密集的都市区诞生了“区”这一特殊的区域。这些区，往往由若干市镇组成，而这种划分也并不是常态。典型的城市，如瑞士的苏黎世，将 117 个市镇划分为 11 个地区，其中苏黎世市本身就是一个地区。对于这类区域，也需要编制相应的区域规划，其规划成果也是以文本和图纸的形式展现。[1]

3. 市镇层面的具体功能区规划

在联邦总体原则性规划以及各州指导性结构规划的基础上，市镇在可建设区域上具体规划土地利用的功能区，划分建筑建设、交通规划、通信设施规划、公用设施规划、垃圾废弃物的回收利用等区域，严格追求“有限土地，集约利用”的规划目标。

市镇是瑞士联邦最小的政治实体。目前，瑞士联邦的社区总数在 2300 个左右，这些社区中的每 1/5 会组成一个市或者大一点的镇，公民推举形成市镇的行政机关，负责辖区内的日常事务，其他公民则通过公民大会行使直接民主权利。[2]这些市镇也拥有相应的自治权，除了可以行使联邦以及上级州分配的权力外，还可以在学校和社会福利方面、能源供应、道路交通规划、地方规划、地方税收等方面自主行使权力、自主决定相关事务。各市镇的土地利用功能区规划，需要在各州的结构规划基础上，根据州的空间规划指导方针，考量本市镇的土地资源具体情况，编制符合自身区域发展的土地利用规划。一般而言，各市镇的土地

---

〔1〕 参见高中岗：《瑞士的空间规划管理制度及其对我国的启示》，载《国际城市规划》2009 年第 2 期。

〔2〕 参见 https：//www. eda. admin. ch/aboutswitzerland/en/home/umwelt/geografie/geografie—fakten-und-zahlen. html，2020 年 5 月 11 日访问。

利用规划，都由各市镇按照州结构规划自行编制。但是，个别情况下也可直接由州进行编制。最终的规划成果，也是以图纸和文件的形式呈现，约束各级政府以及私人开发者的土地资源利用行为。[1]

二、瑞士空间规划的立法沿革

瑞士全境主要由三大地形区覆盖。其中，阿尔卑斯山脉覆盖境内中南部大约60%的地表面积，境内高原覆盖中部大约30%的国土面积，汝拉山脉覆盖西北部大约10%的国土面积。

瑞士联邦从东到西长348千米，从南到北长220千米，境内国土面积总计41,285平方千米。海拔193米的马焦雷湖是瑞士的地势最低点，位于格劳宾登州的一个海拔2126千米的小村庄胡弗是瑞士的地势最高点。[2]可见，高峻地貌是瑞士境内土地资源的显著特点。此外，冰川占据了瑞士境内大约1140平方米的面积。国内水资源丰富，拥有大约1500个湖泊。国土资源的7.5%被用作分散型定居点和市区建设、贸易、工业和交通、能源供应、垃圾废弃物处置、娱乐休闲区以及公园等功能区的开发利用区域，35.9%被用作农业用地，31.3%被用作森林和林地区域，余下的则是不可开发利用的国土区域。而其全长1882千米的国境线，分别与意大利、法国、德国、奥地利以及列支敦士登共享，更加凸显了瑞士联邦多山内陆国的特点，加剧了其提高土地资源利用效率的紧迫性。[3]

受到地理环境因素的限制，瑞士全境可利用的土地资源有限。为了经济、社会、生态的可持续发展，需要高效集约的规划国土空间。因此，自1848年瑞士成为一个联邦制国家，瑞士联邦就开始对境内的空间规划进行相关立法编纂活动。

（一）1848～1969年“州—市镇”两级规划立法模式

由于联邦制处于初建阶段，各方面制度设施还不成熟，1848年

---

〔1〕参见高中岗：《瑞士的空间规划管理制度及其对我国的启示》，载《国际城市规划》2009年第2期。

〔2〕参见 https：//www. graubuenden. ch/en/regionen-entdecken/geschichten/jufavers-highest-settlement-europe，2020年5月12日访问。

〔3〕参见 https：//www. eda. admin. ch/aboutswitzerland/en/home/umwelt/geografie/geografie—fakten-und-zahlen. html，2020年5月12日访问。

《联邦宪法》严格遵循权力下放原则，在不违反《联邦宪法》相关规定的前提下，把空间规划的权力全部下放各州。各州根据自己辖区具体的土地利用需求，赋予下辖市镇相应的空间规划权限。这一时期，联邦层面无权干涉各州的空间规划活动。于是，此期间空间规划的立法主体主要是州和市镇，各市镇具体的土地利用规划与各州的总体规划相协调。各州和市镇协同努力，在满足经济、社会、生态可持续发展的前提下，高效利用辖区内的土地资源。

然而，经过实践的检验，1848 年《联邦宪法》逐渐难以适应时代发展的需求。因此，1874 年对宪法进行了全面修订，加强了联邦在国家管理中的权力，并明确引入了全民公投制度。但是，并未加强联邦在空间规划领域的权限。因此，这一时期空间规划的立法主体主要还是各州以及市镇。通过构建相关建筑法规、建筑条例以及行政政策等，规范国土空间利用行为。

（二）1969 ~ 1999 年“联邦—州—市镇”三级规划立法的初期阶段

时代在发展，《联邦宪法》也在不断完善。1969 年修订宪法时，增加了“要求联邦政府协调空间发展”的规定。自此，空间规划的立法主体不再局限于“州—市镇”的两级。[1]联邦一级有权规定空间规划行为需要遵循的基本原则，为各州的指导性规划提供方向指引。此外，瑞士还制定了一些专项规划法令，如 1996 年的《全国体育设施规划》、1997 年的《全国景观规划》等。并且，为了空间规划能够良好运转，后续制定了大量与空间规划领域相关的法令，如 1983 年的《环境保护法》、1991 年的《联邦森林法案》、1991 年的《保护自然和文化遗产条例》等。

在此期间，《联邦空间规划法》于 1979 年出台，进一步提高了联邦政府在空间规划与发展中的重要地位。《联邦空间规划法》作为瑞士联邦的首部空间规划专门法案，在遵守《联邦宪法》的基础上，统筹各州以及各市镇的空间规划活动。各州不再对空间规划享有绝对的自治权，

---

〔1〕 参见高中岗：《瑞士的空间规划管理制度及其对我国的启示》，载《国际城市规划》2009 年第 2 期。

需要遵循联邦政府发布的相关法令对空间规划做出的相关规定，对各州的指导性结构规划进行修改，使各州的空间利用规划符合联邦法令所期待的空间规划发展预想。[1]1999 年《联邦宪法》被再次修订，更加明确了联邦政府在空间规划中的重要作用。自此，瑞士国土利用空间规划进入“联邦—州—市镇”三级立法阶段。

（三）1999 年至今“联邦—州—市镇”三级规划立法模式

1999 年《联邦宪法》再次修订，更加明确了联邦政府在空间规划立法中的重要地位。面对国土资源的空间规划立法需求，联邦政府可以制定空间规划需要统一遵守的基本原则，并且可以构建规划立法的总体框架结构。在空间规划的立法领域，瑞士联邦政府为了《联邦空间规划法》能够顺利实施，又相继制定了一些与空间规划领域相关的法律法令，如 2003 年的《全国公路交通规划》、2003 年的《核能利用法》、2007 年的《国家重要公园条例》、2015 年的《废弃物的减少与处置法令》等。各州以及市镇在遵守《联邦宪法》和《联邦空间规划法》相关规定的前提下，制定本区域的空间规划法令、政策，与联邦空间规划立法的预期走向相互协调，努力打造上下协调的能够可持续发展的空间规划模式。

自 1848 年瑞士建立联邦制并颁布首部《联邦宪法》，到 1979 年《联邦空间规划法》的问世以及 1999 年对《联邦宪法》进行再次修订，更加明确了联邦在空间规划立法上的重要地位。当然，遵循权力下放原则，各州和市镇依然享有空间规划立法的相关自治权，但是必须与联邦层面空间规划的基本原则以及预期走向相互协调，以此确保联邦境内有限的国土资源能够满足人口不断增长对空间利用的需求。1999 年《联邦宪法》修订之后，“联邦—州—市镇”三级空间规划立法模式逐渐成熟，并且一直沿用至今。

三、瑞士空间规划法律体系

由于瑞士联邦属于欧洲中南部的一个多山内陆国，所以规划境内的

---

〔1〕参见 https://www.admin.ch/opc/en/classified-compilation/19790171/index.html，2020 年 5 月 12 日访问。

国土资源时，往往需要考虑到国际法律中的相关规定，以便与欧洲空间利用的整体趋势走向相协调。此外，基于联邦制的政治体制，瑞士联邦、各州以及市镇对空间规划都拥有相应的立法权限。因此，瑞士联邦的空间规划法律体系主要由国际合作和国内立法两大层面构成。

（一）国际合作

瑞士联邦空间发展办公室为了境内国土空间规划能够与其他邻国以及欧洲整体土地利用趋势接轨，参与了两项空间利用的国际合作活动。一个是“关于地域发展以及凝聚力打造的欧洲土地资源观测网络项目”（ESPON），该空间观测网络项目旨在建立一个永久监测欧洲土地资源并可以实时反馈数据信息的线上网络系统。ESPON 根据项目的实际施行情况，按照年限更新项目目标以及相关规划内容，以适应土地资源监测的时代发展需求。瑞士联邦参与该国际合作项目，可以及时获取土地资源的数据信息，改善自身土地资源监测技术，加深与邻国以及欧洲地区国家的合作，为国内空间规划立法提供科学以及技术支撑。另一个是“各国空间规划部长之间的欧洲会议”（CEMAT），该部长会议一般 2 ~ 3 年召开一次，主要负责欧洲交流各国的空间规划信息，促进欧洲各国在空间规划领域的合作，集约利用欧洲大陆的土地资源。〔1〕

此外，瑞士联邦加入了一些与空间利用相关的国际条约，具体如表 10 – 1 所示：

表 10 – 1　空间规划国际条约

条约名称	相关权利义务
《欧洲统计数据利用法案》（2018 年）	瑞士联邦依据该公约，获取欧洲土地利用的信息数据以及欧洲社会、经济和生态状况数据。通过获取土地资源的地理信息数据，与欧盟合作进行区域土地状况调查，进而对土地资源做出针对性的分析与规划

〔1〕参见 https://www.are.admin.ch/are/en/home/spatial-development/international-cooperation.html，2020 年 5 月 13 日访问。

续表

条约名称	相关权利义务
《阿尔卑斯公约》(1991 年)	瑞士联邦依据该框架公约，对境内阿尔卑斯山区的土地资源进行规划。在自然资源与社会发展相互协调的基础上，科学高效的利用土地资源，促进地区发展
《关于土壤保护具体执行措施的议定书》(1998 年)	瑞士联邦在遵守《阿尔卑斯公约》的前提下，依据该议定书拟定保护境内阿尔卑斯山区土壤资源的相关方案。通过划定农业种植区域、林地栽培区域，高效集约地利用土地资源，防止土壤遭受侵蚀，也避免出现土地被无端弃置的情况，提高山区土地的利用效率

（二）国内立法

基于瑞士的联邦政体，其国内的空间规划立法也分为 3 个层级，联邦、州、市镇对空间规划都拥有相应的立法权限。虽然瑞士联邦包括 26 个州，各州下辖数量不同的市镇，但是不同行政层级内部的立法、司法、行政系统构造大致是统一的。所以，各州在瑞士联邦的空间规划法律体系结构大致相同，在此，以苏黎世州为例，梳理瑞士联邦空间规划的国内立法体系（见表 10－2）：[1]

表 10－2 空间规划国内法律体系

行政层级	空间规划F 主管部门	法律法令	法律效力
联邦	联邦环境、交通、能源、通信部（DETEC）下设的“联邦空间发展办公室”（ARE）	《联邦宪法》 《联邦空间规划法》 《全国体育设施规划法令》 《全国景观规划法令》 《第二家园法案》 ……	约束联邦、州、市镇的空间规划行为，具有最高的法律效力

〔1〕 参见 https：//www. zh. ch/internet/de/home. html，2020 年 5 月 14 日访问。

续表

行政层级	空间规划F主管部门	法律法令	法律效力
州	州建筑部下设的“空间规划厅”	《苏黎世州宪法》 《建筑法令》 《空间规划和建筑法规》 《地方政府建筑法规》 ……	在不违反基本法的前提下，在州内拥有较高法律效力，约束各州及其下辖市镇的空间规划行为
市镇	各市镇下设的“建设局”	《城镇建筑条例》 《建设项目许可法令》 《交通规划法令》 ……	不得与联邦以及州际的空间规划法律规范相抵触，法律文本只约束本市镇的空间规划行为

四、瑞士空间规划法的目的和任务

瑞士联邦是欧洲一个国土面积有限的多山内陆国，为了国内26个州的社会、经济、生态能够拥有可持续发展的活力，瑞士联邦为有限国土资源的科学化、集约化开发利用进行了立法探索。通过为空间规划行为立法，确定空间规划需要实现的目的以及完成的任务，约束国内土地资源的开发利用活动，努力构建一个具有可持续发展能力的内陆国家。

（一）空间规划法的目的

1. 协调国内空间规划活动，构建完善的定居点系统

瑞士属于联邦政体，各州享有较大的自治权。但是，在空间规划问题上，不能任由各州自主决定规划框架。瑞士联邦的国土面积是有限的，有限的国土资源要负担26个州的社会经济发展需求，还要承担人口不断增长带来的居住空间需求。瑞士联邦首部宪法曾尝试把空间规划权限下放各州，而实践也证明了空间规划需要一个最高效力的基本法约束各州的规划行为，使空间规划朝着联邦期望的集约化利用方向发展，不能让各州为了社会经济的发展而不受约束的恣意开发利用有限

的国土资源。空间规划法的出现，就是为了协调联邦与各州以及市镇的空间规划行为。而定居点作为社会生活的最基本单位，在瑞士联邦中占有重要地位。瑞士联邦大部分居民点受到地形因素的限制，往往十分分散。为了提高国民整体的幸福感，需要科学规划定居点的建设。定居点看似只是一个民众聚集空间，但是为了完善一个定居点的建设，往往还需要规划道路建设空间、公共设施建设空间以及废弃物处置区域等。此外，考虑到经济发展需求以及环境保护需要，还要规划工业区域、农业区域、林地区域等。可以认为，一个完善的定居点系统，就类似于一个整体国家层面的国土资源利用缩影。空间规划法正是为了引导联邦、州、市镇在空间规划上相互协调，努力完善定居点系统的建设而存在的。

2. 平衡生态环境承载力、人口增长压力以及经济发展需求之间的关系

瑞士联邦的国土资源是固定不变的，但是居民的人口数量却是不断增长的，人口增长带来经济发展的需求，经济发展依赖于不同土地空间类型的良性运作。比如，农业区域提供基本生活所需的物品；工业区域提供工作岗位、可以获得经济利益的商品等；良好的交通规划，可以更加方便商品的运输以及旅游业的发展。此外，住宅区域、公共设施区域、林地区域、废弃物处置区域等，都是人类生存和经济发展必须涉及的领域。这些区域的规划，都关乎国土资源的利用。然而，国土资源是有限的，经济发展需求却是无限的，不能为了发展经济而忽视生态平衡的保障。有限的土地资源如何满足无限的人口增长带来的压力？最好的解决办法就是统筹兼顾，利用国土资源发展经济、构建人类适宜生存的家园时，也要考虑到代际公平的问题。空间规划法就是采用立法手段，规制各州以及市镇的土地利用行为。通过立法约束各州以及市镇的空间规划行为，努力使生态环境承载力、人口增长以及经济发展需求达到一个平衡状态，统筹兼顾推动瑞士成为一个经济社会可持续发展的国家。

3. 集约高效的利用土地资源

瑞士联邦所处的地理位置以及面临的独特地理环境，决定了它必须

充分利用境内的每一分土地资源。因为只有集约化的空间利用方式，才能以有限的土地资源满足瑞士居民无限的社会发展需求。瑞士联邦下辖26个州，境内土地资源被中南部的阿尔卑斯山脉、中部大高原、西北部的汝拉山脉大面积覆盖。并且，瑞士联邦的26个下辖州拥有的土地资源不同，对于空间规划的需求也不尽相同。比如，瓦莱州以葡萄酒生产闻名，规划空间利用时就需要为农业区域保留相应的位置。并且，因为位于瑞士的西南部，所以辖区内拥有大量景色美丽的山谷，温暖的气候也更加适宜旅游业的发展。〔1〕所以，为了州内经济、社会的发展，需要统筹农业种植区与旅游业发展区以及相关公共基础设施建设的位置。明确可建设区和禁止建设区，将社会发展与生态平衡紧密联系起来。这样既可以为葡萄种植预留最佳的土地空间，也可以在更加合适的区域进行适宜发展旅游业的建筑活动；既有效且合理地利用了境内的有限土地资源，也避免了恣意规划空间给土地资源造成的损失，也更加有利于可持续发展型社会的构建。当然，并不是所有州的空间规划需求都同瓦莱州一样，有的州文化遗产、历史古迹比较悠久，就需要对老城保护进行相关空间规划，如苏黎世州；有的州位于中部高原，以农业种植为州内主业，就需要适当规划农业区域并禁止进行建设行为，如卢塞恩州。〔2〕为了经济社会的发展，每一个州都会对辖区内的国土空间进行规划，但是这些州自主做出的空间规划不一定是科学合理的。因此，需要《空间规划法》作为其规划行为的依据，而瑞士联邦的《空间规划法》正是为了集约利用土地资源这一目的而存在的。

（二）空间规划法的任务

对境内空间进行规划，是瑞士联邦利用有限的土地资源，实现国家永续发展美好愿景的所采取的手段，《空间规划法》则是实现这一目标的立法体现。为了国土资源的集约利用，也为了国家可以长久发展，《空间规划法》为土地利用限定了形形色色的任务。

---

〔1〕 参见《走遍瑞士全境26个州》，载 https：//www. sohu. com/a/272997935_ 395856，2020年5月14日访问。

〔2〕 参见郭卫东：《奥地利、瑞士考察体会与建议》，载《城市管理与科技》2012年第2期。

1. 保护自然资源

进行空间规划时，往往会打破一个地区生态系统的原有平衡状态。对空间利用进行规划并开发建设，会影响土壤资源、水资源、森林资源、原有陆地景观、空气等自然资源的保护。自然资源是一个国家生存与发展的重要基石，任何时候都必须受到严格的保护。[1]瑞士联邦的国土资源有限，因而各种可利用的自然资源也需要受到保护，不能因为空间规划而忽视保护自然资源。为了国家能够永续发展，瑞士联邦需要在空间规划时兼顾到自然资源的保护，《空间规划法》则通过明文规定保护自然资源的任务，约束各州以及市镇的空间规划行为。在努力保持自然资源原状的基础上，合理规划国土空间，打造人与自然和谐相处的具有可持续发展能力的生存家园。

2. 为农业区域预留充足空间

瑞士属于欧洲中南部的一个多山内陆国，境内国土资源有限，但是居民人口却是不断增长的。粮食供应作为一个国家生存发展最低线的要求，对瑞士联邦这样一个人多地少的国家而言显得更加重要。国内社会、经济需要发展，国民的后勤物质保障也要充足。所以，瑞士需要通过空间规划立法为农业区域保留充足的空间，禁止在农业区域进行建设活动。农业区域要适宜发展农作物的种植活动或者用作园艺用途，并且必须为其保留较大且可持续利用的空间范围。为农业区域规划充足空间，不仅是满足瑞士居民基本生活的需要、维持生态系统平衡的需要，更是瑞士联邦国家安全战略的重要支撑。

3. 保障各行政层级的空间规划自治权

《空间规划法》明确将空间规划的相关权力下放，努力使联邦、州、市镇在空间规划上都能够独立地处理相关事务，避免出现上下级权限交叉、同级空间规划事务管理权限混乱的情况。针对空间规划事宜，《空间规划法》规定联邦制定原则性规范，不能恣意干涉各州的空间规划行为。联邦发挥立法者以及监督者的作用，各州在不违反《联邦宪法》以及《空间规划法》等基本法律的基础上，可自行制定本州的空间规划立

〔1〕 参见赵鹤平:《瑞士国土规划简介》，载《地理学与国土研究》1993 年第 3 期。

法及空间发展战略。通过空间规划立法，加快联邦—州—市镇三级空间规划管理体系的构建进程。通过空间规划权力下放，优化土地资源利用结构，完善各州居民社会、经济、文化生活的空间类型，努力构建权责明晰的空间规划体系。

4. 优化功能性定居点结构

构建完善的定居点系统是空间规划法的目标，而这一目标的实现依赖于优化功能性定居点结构这一任务的执行。通过空间规划立法，优化定居点的空间规划构造，同时保障居民住房的质量，提高居民生活的舒适度。瑞士联邦的定居点，是瑞士居民最基本的生活单位。由于地理环境的原因，瑞士境内部分定居点较为分散，且居民人数较少。由此造成各州、各市镇所面临的规划需求各不相同的情形，但是构建功能性定居点的理念是相通的。规划建设一个定居点时，往往需要统筹兼顾公共基础设施建设、交通规划建设、通信设施建设、集聚建筑区建设、废弃物处理区域建设等一系列配套功能区的空间规划。《空间规划法》明确定居点结构优化的任务，是科学集约利用土地空间的表现，也是可持续发展要求的本质体现。

5. 打造有潜力的经济产业园区

为经济发展创造机会、挖掘各州的经济发展需求，是瑞士联邦空间规划的重要任务。瑞士国土面积有限，需要满足经济、社会、生态发展的需求。而一些自然保护区、农业耕地区等禁止建设区的存在，大大削减了瑞士国土的可利用范围。所以，需要对有限的国土空间进行规划，打造高效集约且便于可持续发展的经济产业园区，推动国内工商业的发展，同时吸引国外商业资本的进驻，利用有限的土地空间，创造出最大的经济效益。

6. 为国防工程及其基础设施建设规划空间

瑞士联邦需要进行空间规划促进国内的经济发展，努力为国民打造一个具有可持续发展特性的适宜人类生存的社会。为此，也需要加强国内国防力量的建设。虽然，瑞士联邦对外是一个中立国的模式，但是作为一个国家而言，仍然需要拥有防患未然的理念。所以，《空间规划法》确立了国防工程及其相关基础设施建设的空间规划任务。有剑不用，是一种底气；但是，无剑可用，却是一种风险。因此，通过空间规划立法推动国防工程的建设是非常必要且科学的。

7. 兼顾外国人利益，提高社会凝聚力

当今世界，是一个全球化的时代。瑞士联邦拥有优美的生活环境、享誉全球的世界性银行以及著名的电子机械行业，吸引了来自世界各地的外国人。因此，瑞士《空间规划法》规定，在利用土地资源进行空间规划时，要统筹兼顾外国人的利益以及需求。在空间规划时，适当征求外国居住者的意见；在规划交通线路时，细心设置外语语种的路标提示等，提高国内居住者的社会凝聚力，提升国民的生活幸福感。

第二节 基本原则

国土空间规划，关乎瑞士联邦有限土地资源利用效率的高低。在进行空间类型的划分时，往往需要遵循既定的原则，以保障有限的土地资源能够被集约的利用。遵循空间规划的基本原则，不仅是《空间规划法》的要求，更是构建可持续发展型国家的本质要求。具体规划原则如下：

一、权力下放原则

瑞士属于联邦政体，各州在相关事务的管理上享有较大的自治权。但是，国土空间规划行为，关乎瑞士联邦永续发展的可能性。所以，经过立法实践的检验，瑞士联邦最终收回了各州在空间规划上的高度自治权，由联邦、州、市镇三级权力层级统一管理空间规划事宜，以便打造国家层面上统一的科学的空间规划体系。对此，瑞士联邦坚守权力下放原则，联邦层面除制定基本立法以及提供相关救济之外，不干涉各州的具体空间规划事务。各州只要不违背《联邦宪法》《空间规划法》以及其他基本法的规定，可自主行使权力规划本州的国土空间。[1]各州再通

---

〔1〕 参见孙春强：《瑞士空间规划及启示》，载《国土资源情报》2011 年第 9 期。

过赋予下辖市镇具体规划国土空间的权力，允许各市镇在法律规定以及政府授权的范围内，规划土地利用事宜。通过权力下放原则，联邦、州、市镇形成一个上下垂直的空间规划权力层级，避免上下级空间规划的权限出现混杂，也避免空间规划事宜受到不相关权力的干涉。这种权力下放原则，极大地明晰了各行政层级的空间规划权限，避免了上下级、同级空间规划权限的混杂，有利于高效、集约的利用国土资源，便于科学高效的空间规划体系的形成。

二、“三权分立”原则

瑞士联邦遵循“三权分立”原则，联邦、州、市镇在遵循《联邦宪法》的基础上，都可以设立自己的立法、司法、行政机关。在空间规划事务上，立法机关可以制定相关法律、法令；行政机关可以负责具体的空间规划事宜，并制订相关计划、战略；司法机关可以为空间规划事务提供相关救济，保障国民的土地利用权益。通过“三权分立”原则，立法、行政、司法机关相互制约，为空间规划的实施、救济提供途径，保障空间规划的顺利施行。

三、可持续发展原则

瑞士联邦地理环境独特，使境内可利用的土地资源有限。为了国家的长久发展，土地利用必须坚持可持续发展原则。[1]可持续发展原则，最早正式出现于1987年世界环境与发展委员会发布的《我们共同的世界》报告中。报告强调了坚持可持续发展原则，对代内以及代际公平的重要性。人类的生存发展不仅要考虑同一代的资源利用限度，更要为后代子民的生存发展预留足够的资源。因此，随着人口的不断增长，空间利用的需求渐渐增加，土地资源的高效利用逐渐成为国民的共识。为了贯彻可持续发展原则，瑞士联邦通过制定可持续发展战略，及时更新并完善国内的空间规划体系。瑞士联邦议会可以制定可持续发展的方针、

---

〔1〕 参见郭卫东：《奥地利、瑞士考察体会与建议》，载《城市管理与科技》2012年第2期。

政策，联邦空间发展办公室（ARE）负责可持续发展战略的具体实施。联邦空间发展办公室不仅负责可持续发展战略的实施事宜，还要在联邦层面监督以及评估整体空间规划举措的可持续发展可能性，与各州、市镇相互协调，构建能够可持续发展的空间规划体系。无论是哪一层级的空间规划行为，都要坚守可持续发展原则，以可持续利用为目标，集约高效的规划并利用有限的土地资源，兼顾后代子民的生存发展需求。

四、乡村景观风貌维持原则

瑞士境内中南部有阿尔卑斯山脉、西北部有汝拉山脉、中部有大高原，这种高峻的地形地貌使境内自然环境资源多样且丰富。然而，也正是因为这种地理环境，瑞士国内居民的定居点一般都较为分散。分散的定居点虽然不是常态，但是，这些定居点周围的自然环境资源往往却是十分丰富的。为了居民的日常生活需要以及乡村经济的发展，需要对这些乡村定居点进行空间利用规划。为了科学高效地利用土地资源，必须尽量维持乡村地区的自然风貌。根据历史发展传统，在乡村地区保留适宜农耕的区域，避免农业区域遭到开发建设的破坏，维护国家粮食供应根基。此外，乡村地区自然资源丰富，在进行空间规划时必须保护自然景观以及一些可供休闲娱乐的公园区域；湖泊、河流等水资源丰富的区域，在保护的同时也要向居民适度开放，让居民享受到优美环境带来的利益；森林区域要严格保护，禁止滥砍滥伐、恣意开发建设，发挥森林自身净化环境的作用。居民点、建筑区以及其他公共基础设施的空间利用规划，应当与这些自然景观风貌达成整体上的统一，在保护乡村风貌的基础上满足居民的发展空间需求。

五、居民点集约且定向规划原则

瑞士联邦的市镇一般都是由大大小小的居民点组合而成，而一个居民点的规划必须按照居民的需要进行。并且，规划时需要限制居民点的空间范围，不能恣意地无限扩张。为此，需要集约利用土地空间。提高居民住宅区建筑的利用效率，可以考虑地下空间的利用，避免出现闲置或者利用效率低的建筑区群。而居民日常工作区域则应与住宅区相互毗邻，但要保持适当距离。尽量把工作区域规划在交通便利的空间，并且时常维护交通道路，保障商品和服务能够及时有效地输出。定向规划居民点，远离可能产生空气污染、噪声污染或者其他环境污染问题的区域，保护居民点附近的绿化植物，为定居点居民提供可休闲娱乐的空间。在进行空间规划时，坚持集约定向规划居民点的原则，打造完善的定居点功能化空间体系，避免国土资源的浪费，提高国民生活的幸福感。

六、公共基础设施建设适当规划原则

公共基础设施对瑞士居民的生存与发展而言十分重要，适于其建设的土地空间也应当合理规划。应按照区域的实际需求以及国民对基础设施的欢迎程度，规划公共基础设施的建设区域。比如，一些休闲娱乐场所、学校场所、大众公园等公共基础设施区域，应当以便民作为规划主旨，在适宜的空间进行开发建设。并且，在规划公共基础设施的建设空间时，应综合考虑建设行为对生态环境、人口增长以及经济发展可能造成的不良影响，避免或者尽量降低这种不良影响。在适当的位置规划建设服务于民众的基础设施，满足居民生存与发展对公共基础设施的需求。

七、交通运输空间科学规划原则

一个科学系统的交通运输体系，在满足瑞士联邦未来社会、经济发展需求的问题上，发挥着最为关键的作用。时代在改变，人口增长的总体规模也在扩大，瑞士居民的日常生活、瑞士联邦经济的发展都离不开完善的交通运输体系，交通运输空间规划的需求也随之增加。兼顾国内经济发展需求、公共服务设施的需要、不同居民定居点的地理环境，瑞士联邦需要科学的规划交通运输空间，使交通运输体系既可以服务于国内经济发展需要，也可以满足老年人以及残疾人等群体的行动自由需求。[1]规划国土空间的本质，就是为了打造一个可持续发展型的国家，

---

〔1〕 参见郭卫东：《奥地利、瑞士考察体会与建议》，载《城市管理与科技》2012 年第 2 期。

满足瑞士国民幸福生活的需求。瑞士联邦在避免破坏自然资源的前提下，坚持科学规划交通运输及其基础设施建设原则，打造安全且系统的交通运输体系，努力实现经济发展、人民幸福的目标。

第三节 基本制度

瑞士联邦空间规划基本制度，是在空间规划基本原则的基础上，形成的一系列规制空间规划行为的制度规范的总称。具体如下：

一、公众参与制度

瑞士联邦最显著的特点就是直接民主，这一特性体现在瑞士联邦大大小小的政府管理行为中。无论是哪个领域的哪种政府行为，只要涉及瑞士国民利益，居民即可通过参与政府决策过程，表达意见、提供建议，发挥直接民主的作用，保障自身的权益。在空间规划领域也是如此，国土利用关乎瑞士国民的生存发展权利。所以，瑞士《空间规划法》规定公众参与制度，保障民众对空间规划行为的知情权、参与决策权，满足民众对空间规划发展的预期，便于空间规划在民众中顺利施行。瑞士联邦《空间规划法》要求空间规划的权力主体，应当及时向公众披露每一个空间规划行为所想要实现的目标，以及与土地利用相关的空间规划进程。通过座谈会、投票、公民大会等直接民主形式，确保公众能够充分参与到空间规划的进程中。并且，通过立法赋予公众监督空间规划实施行为的权力，确保能够高效利用有限国土资源，以此保障国民的生存发展权益。

二、环境承载力评估制度

空间规划对环境会造成一定的影响，所以，任何一项空间规划活动都必须经过环境承受力评估的检验，才能被赋予实施规划的资格。在作出任何规划土地利用空间、建造或者改建基础设施的决定时，权力机关都必须最先对空间规划可能给环境造成的影响进行评估，鉴别生态环境能否承载一个未知的空间规划活动。针对那些可能给自然环境带来持续污染现象的空间利用行为，必须编制环境影响报告书。[1]如果环境承载力评估结果显示，生态环境难以承载某个空间规划行为带来的影响，那么该空间规划行为则不能被批准实施。反之，则可以按照法律的规定自行实施空间规划行为。

三、建设许可制度

瑞士联邦的建筑区一般要满足15年的使用预期，建筑区的位置以及规模大小，往往需要按照空间规划法的目的和原则进行设计。因为受到可持续发展原则的限制，一些规模非常大的建筑群必须在空间规划时缩小规模，而地下空间也因此在规划时被高效利用。此外，在进行建设活动时，需要为一些耕作区域预留空间，自然景观区域也需要受到严格保护，禁止在这些特定区域进行建设开发行为。[2]由于一些建筑群及其基础设施建设，可能会因为不符合整体空间发展理念或者出现其他新型空间规划需求，而需要被移除或者重建。建筑区空间规划的变动，往往又会影响自然环境、社会经济发展形势，一般需要谨慎对待建筑区的空间规划利用行为。所以，《空间规划法》规定建设许可制度，由不同行政层级的权力机关审批不同性质的空间利用行为，确保在适宜的区域进行建筑区的开发利用行为。新建或者重建建筑区，都必须得到空间规划权力机关的许可。只有当建筑区的使用预期符合土地利用目标，而空间区域也适宜进行基础设施和公用建筑的建设时，空间规划权力主体才能发放建设许可证，允许相关人员对国土空间进行开发建设活动。

四、跨区合作制度

瑞士联邦空间规划具体实施的责任，由各州统一承担。然而，各州的空间规划活动可能存在规划信息不对称的现象，或者出现空间规

---

〔1〕 参见 https：//www. admin. ch/opc/en/classified-compilation/19830267/index. html，2020年5月16日访问。

〔2〕 参见 https：//www. admin. ch/opc/en/classified-compilation/19790171/index. html，2020年5月16日访问。

划跨区影响的情况。所以，需要规定空间规划各层级相互协调、合作的制度，促使各州共享空间规划信息，避免国土资源的浪费，也避免空间规划产生跨区损害的不利后果。[1]各州必须与联邦政府以及相邻州政府相互合作，在空间规划可能产生影响且各州难以自主决断的情况下，可以向中立第三方申请调解。在一些可能会产生跨区影响的土地利用活动中，各州必须与相邻的州政府相互合作，共享空间规划信息，确保一州的空间规划行为不会对另一州的生态环境、经济发展造成不良影响。

五、规划补偿制度

国土利用的空间规划行为，可能会给一个地区的自然环境、经济发展带来一定的影响。无论这种影响是好是坏，瑞士联邦空间规划法都规定空间规划权力主体，必须对这些受到影响的地区进行财政补偿。如果一个空间规划行为对一个地区环境、经济带来良好的效果，一般以所利用土地的预期产出利益或者土地出卖所得利益的20%进行补偿。此外，还要考虑一块土地永久性被分配为建筑区域时可能产生的附加价值，以及把农业区域转换为私人使用目的时可能对周遭环境带来的影响，对这些空间规划行为带来的影响都必须进行补偿。此外，瑞士联邦也存在土地征收行为，但是仅限于军事、环境保护等公共利益目的，征收后必须严格按照土地用途进行财政补偿。“原则上国家征收土地的补偿款额，由土地所有者定价。但是双方当事人协商难以达成一致时，可申请进行仲裁。”[2]通过对不同土地利用行为，进行财政补偿，维持瑞士经济、社会、生态环境的可持续发展能力。

第四节　法律责任和法律救济

瑞士空间规划行为，是瑞士联邦建构可持续发展型国家的重要举

---

〔1〕 参见孙春强：《瑞士空间规划及启示》，载《国土资源情报》2011年第9期。

〔2〕 徐贤：《瑞士国土资源管理的特点与启示》，载《中国土地》2016年第7期。

措。大体而言，联邦、州、市镇三级空间规划权力层级的权限划分明确，上下级权力机关相互制约，但互不干扰具体的空间规划活动。具体而言，每一空间规划行为不仅仅涉及区域土地资源的利用，往往还会影响区域环境保护、水资源利用、林地资源保护、自然和文化景观的保护、渔业以及畜牧业的发展以及生物资源的保护等多个方面。在这些环节中，可能出现空间规划行为违法的现象，对此，瑞士联邦空间规划法规定了相关的法律责任和法律救济内容。

一、法律责任

法律责任类型如表10－3所示：

表10－3 瑞士法律责任类型

类 型	内 容
民事责任	赔偿因空间规划行为对瑞士居民人身、财产等造成的损失，一般采用过错责任原则判断民事责任是否成立，赔偿数额则根据国土空间利用的预期收益确定
行政责任	缺乏环境承载力评估报告的建设项目，空间规划权力部门依法通知相关人员补足，通知后仍然继续不补足者，责令停止空间利用活动；空间规划活动缺少建设许可证，则会被取消规划实施资格，严重违法者会受到罚款处罚
刑事责任	空间规划行为严重违法阻碍社会、经济秩序的维护以及国家安全的保障，则依据具体情形判定行为人轻罪或者重罪，维护社会发展秩序

来源：笔者整理。

二、法律救济

（一）请愿

瑞士《联邦宪法》第33条规定，任何人都有不带任何偏见的、可以请愿的权利，[1]权力机关必须接收境内居民的请愿书。在瑞士联邦，

〔1〕 参见 https：//www.admin.ch/opc/en/classified-compilation/19995395/index.html#a33，2020年5月17日访问。

基于直接民主的广泛普及程度，无论请愿人的性别、年龄抑或国籍是否相同，都可以就一个问题、自身需求或者是某个建议发起请愿。但是，这些请愿的内容必须涉及瑞士联邦的相关国内活动，或者与请愿人自身生活密切相关。请愿书一般需要请愿人进行签名，以便权力机关进行后续回复工作。请愿人签名不存在截止时间的规定，也不存在最低签名人数的要求。一旦请愿书完成，可通过纸质版邮寄或者互联网线上提交，便于市镇、州、联邦的权力机关收悉。请愿人发出的请愿书，一般不具有法律效力，但是权力机关原则上还是会谨慎查看并回复的。因此，空间规划当事人可以通过行使请愿的权利，表达自己的权利诉求，请求相关权力机关救济自己利益。

（二）仲裁

对于因空间规划事务产生的纠纷，瑞士联邦仲裁委员会可以针对当事人的请求对纠纷进行仲裁。各州在进行空间规划活动时，必须与联邦政府权力机关以及相邻各州的空间规划行为相互一致。瑞士空间利用根据有限空间、集约利用的理念，每一分土地一般都会被规划利用。因此，面对一个可能对土地利用产生影响的规划项目，各州内部空间规划权力机关难以达成一致决议，并且州议会也难以提出一个合理的解决方案时，往往会交由联邦仲裁委员会仲裁。此外，如果一个空间规划行为可能产生跨区影响的话，当事人也可向相邻州的地方政府权力机关请求仲裁，以便及时有效地解决纠纷问题，避免国土资源出现闲置现象，保障土地空间的高效利用。

（三）调解

当在空间规划问题上产生矛盾时，可以通过调解程序救济权利，保障空间规划活动的顺利进行。一般而言，各州之间出现的空间规划纠纷，或者是各州与联邦之间的空间规划纠纷，都可以通过协商或者调解的方式进行解决。对空间规划纠纷进行调解，是一个听取多方意见进而整合的过程。调解的过程不能出现偏见性行为，必须保障公正。如果当事人通过调解达成一致协议，则可以按照当事人的调解协议处理空间规划问题。如果调解失败，则可以寻求其他救济方式。

（四）诉讼

联邦政府和各州政府有权制止空间规划违章行为，如果违章者不服，可以向联邦法院起诉。如果一个空间规划活动涉及建筑区域的新建或者改建问题，而对此问题的批复涉及 2 个或者 2 个以上权力机关的权限时，多个权力机关之间应当就同一空间规划问题达成一致意见。如果这种原因出现纠纷，当事人则可提交联邦法院进行起诉。对于私人报建的项目，如果对规划结果有异议，则可诉至各州的法院，或直接上诉至联邦法院。受诉法院要对纠纷内容进行全面审查，最终由法院法官裁判案件，解决国土空间利用问题。

第五节　现有制度评析及其对我国的启示

一、现有制度评析

瑞士空间规划的现有制度，贯穿了空间规划建立以及实施的整个过程。在空间规划建构的初期阶段，公众可以通过民众参与制度，直接参与到空间规划的制定进程，发表个人意见、维护居民的环境权益以及生存发展权益；在空间规划建构的中期阶段，则可以通过环境承载力评估制度、建设许可制度，在规划即将完成阶段，综合考量某一空间利用行为可能对生态环境带来的影响，是否会阻碍瑞士联邦对可持续发展原则的贯彻。在不影响自然环境资源永续发展的前提下，对可建设区域内的空间开发利用行为，审慎地发放建设许可证，在不损害自然资源的基础上，科学高效地规划国土空间；在空间规划的后期执行阶段，通过跨区合作制度以及规划补偿制度，加强各行政层级之间空间规划信息的交流力度，避免一州的空间规划行为造成跨区损害的现象。此外，转变土地利用用途时，补偿土地所有者，弥补空间规划行为给地区生态、经济等带来的不良影响。

瑞士空间规划法律制度，全面地囊括了空间规划建构的整个进程，便于空间利用行为人作出科学合理的土地利用计划，进而提高土地资源的利用效率。但是，缺乏国土空间利用相关信息披露、交流的制度规定。互联网化的当下，便捷且全面的空间规划信息交流十分重要，可以提高规划效率与水平。这一方面，瑞士联邦可以考虑建构一个互联网化的空间规划信息披露与交流制度，促使空间规划体系更加完善。

二、对我国的启示

瑞士联邦较为完善的空间规划制度及其空间规划实践经验，给我国空间规划建构带来了一些有益启发，具体如下：

（一）空间规划权力下放地方

在瑞士联邦，新建、改建、重建的建筑物都需要办理建筑许可手续。没有建筑许可证，则不得开工建设。一般而言，具有可持续发展特性的空间规划能够促进经济发展，减小土地利用行为对自然资源的损害，保持生态环境与经济发展的总体平衡状态。然而，具体哪种空间规划活动优先进行，则需要由具体的空间规划需求决定。因此，瑞士各州大多将该发放建筑许可的权力下放市镇，便于市镇直接规划空间利用事宜。我国幅员辽阔，各省、市所处的地理位置不同，自然和人文景观资源也各不相同。由此，导致各地居民生存发展的空间规划需求不同。而我国省、市、县、乡众多，如果空间规划权限仅集中于中央，则不便于具体空间具体规划，可能会浪费土地资源。因此，中央可以下放部分规划权力给地方政府，使地方能够根据本地区具体情况，制定符合自己发展特点的土地利用空间规划。

（二）明晰中央和地方的规划权责

瑞士空间规划中，联邦制定全国性的空间概念发展规划以及一些专题规划。各州则主要负责制定结构性指导规划，市镇负责制定功能性土地利用规划。联邦与地方之间重视协调与合作，各级政府的空间规划目标统一。瑞士联邦各行政层级协调、分责，避免空间规划权限交叉，高效集约的规划土地空间。联邦与各州空间规划管理权限各自分立，各阶段空间规划权责分明，提高空间规划的行政工作效率。[1]我国空间规划

---

〔1〕参见张勤：《事权明晰　主体明确　责任落实——瑞士城乡规划体系的启示》，载《国际城市规划》2009年Z1期。

可以借鉴这种权责明晰的管理体系，明确中央和地方政府的空间规划管理权限。中央和地方在空间规划事宜上相互协调，努力构建科学且系统的空间规划体系。

（三）多元化民主评议的公众来源

瑞士实行直接民主，《空间规划法》规定建设和开发活动都必须得到公众许可，必须在民众意见的基础上，按照法定程序审慎批复国土空间利用活动。[1]1985 年《联邦环境保护法》，规定环境承受力评估审查（UVP）。在评估环境承载力的过程中，开发商、政府有关部门、环保专业组织都可以参加评议，最终由政府部门评定审议结果。[2]在进行有关空间规划影响的评估活动时，瑞士联邦把可能与空间规划有利害关系的主体都纳入征纳意见的对象范围。从与土地利用直接相关的开发商，到管理空间利用活动的政府部门，再到可能涉及环境影响问题的环保专业组织，这些不同来源的征纳意见对象，可以从不同角度评议某个规划是否能够得以建构、实施。这种多样化的意见征纳来源，便于科学高效地评估规划是否具有施行的意义，避免之后的空间规划具体执行行为给土地资源带来不可修复的损害。在我国空间规划的建设项目审批中，可以多元化公众参与对象，汇集多方不同意见，全面考虑空间规划可能带来的经济、社会、生态影响，进而决定是否批复建设项目，科学合理地利用每一分土地资源。

（四）“户口化”林木资源

瑞士联邦注重经济、社会、环境的可持续发展，瑞士民众也具有极强的生态保护意识，瑞士居民每个人都会为生态保护自觉尽力。对此，瑞士联邦还对境内的成年树木实行“户口制”，进行数字化的管理。对于建设区域规划需要占用林地的，必须先进行补植，用这种方法保持林木资源的总量，保护生态平衡。[3]生态环境保护在我国土地利用的问题

---

〔1〕参见陈烨：《瑞士：以先进的城市规划打造最宜居国家》，载《山西政协报》2012 年 7 月 27 日。

〔2〕参见高中岗：《瑞士的空间规划管理制度及其对我国的启示》，载《国际城市规划》2009 年第 2 期。

〔3〕参见徐贤：《瑞士国土资源管理的特点与启示》，载《中国土地》2016 年第 7 期。

上逐渐变得越来越重要，在某些交通道路规划、建筑区规划等空间利用上，往往都会或多或少占用一些林地资源。对此，我国可以借鉴瑞士联邦的林木管理体系，空间规划时必须坚持用一补一，以此保护生态环境平衡状态，保护绿色植被免遭恣意毁坏，降低土地资源因植被破坏而浪费的概率。

（五）合理利用地下空间

瑞士空间利用规划，往往是按照土地以及其他自然资源对人口承载力的程度进行编制的。区域内人口数量的多少以及可利用空间的面积，是空间规划的主要依据。由于境内地势高峻，瑞士联邦在空间规划时需要严格限制建筑物的高层建设，但是鼓励强化地下空间的综合开发利用。比如，在瑞士联邦的洛桑工业园区内，仓储区域大多利用地下空间。并且，日内瓦市的莫布镇内，部分市镇政府举行会议的地方也是在办公楼的地下空间，每户瑞士家庭基本也都会拥有地下车库。[1]为了高效集约利用我国的国土空间，也可以在空间规划时利用我国地理环境的优势，对地下空间进行开发利用。但是，需要注意地理特质的存在，避免出现塌方等事故，做好空间规划的准备工作，高效利用土地资源。

（六）完善空间规划救济机制

瑞士联邦为空间规划活动规定了较为全面的救济机制，保障不同类型纠纷问题能够得到及时有效的解决，以此优化国土空间的利用效率。瑞士联邦拥有直接民主的历史传统，空间规划纠纷可通过请愿方式，申请权力机关予以解决。此外，联邦仲裁委员会还可以依据当事人的申请，对纠纷事务进行裁决。并且，瑞士联邦空间规划法还规定了调解、诉讼等机制，便于规划纠纷的顺利解决。借鉴瑞士联邦的空间规划救济体制，我国可针对空间规划中可能出现的问题，完善系统的调解、仲裁和诉讼等救济机制，保障合理的规划诉求可以得到及时有效的救济，科学高效地提高国土空间利用率。

---

〔1〕参见徐贤：《瑞士国土资源管理的特点与启示》，载《中国土地》2016年第7期。

第十一章　新加坡空间规划法

第一节　新加坡空间规划法概述

一、新加坡空间规划的概念和种类

（一）新加坡空间规划的概念

1. 空间规划概述

空间，从广义上讲，是描述物质存在和运动的场所，[1]物体与物体之间的界线，或是物体与物体之间的相对位置等。因为空间的存在，所以事物才可以发生变化。规划，是融合多要素、多人士看法的某一特定领域的发展愿景，意即进行比较全面的、长远的发展计划，是对未来整体性、长期性、基本性问题的思考、考量和设计未来整套行动的方案的思维或过程，以实现特定目标并使用某些科学方法和技术。[2]对于空间规划的概念，迄今为止没有一个明确的定义，对

---

〔1〕 空间是与时间相对的一种物质客观存在形式，但两者密不可分。按照宇宙大爆炸理论，宇宙从奇点爆炸之后，宇宙的状态由初始的"一"分裂开来，从而有了不同的存在形式、运动状态等差异，物与物的位置差异度量称为"空间"，位置的变化则由"时间"度量。空间由长度、宽度、高度、大小表现出来，通常指四方（方向）上下。

〔2〕 规划，即筹划，计划，尤指比较全面的长远的发展计划、长期规划。规划是实际行动的指导，具有综合性、系统性、时间性、强制性等特点。

于其具体内涵也尚未达成共识。不同的组织机构基于不同的视角对空间规划有着不同的见解（见表11-1）。综合来看，虽然空间规划的定义尚未统一，但对空间规划性质的理解已基本达成共识，即空间规划应当具备综合性、协调性、政策性和长期性等主要特征。[1]基于以上分析，空间规划，其实质可以理解为“通过研究并把握空间变化发展的运行规律，引导国土资源的开发、利用、整治按照科学的规律，有序、可持续地发展，为协调资源、经济、人口和环境四者之间的关系，实现人和自然和谐共生的科学方法和技术，是为了实现共同发展目标而对各个利益相关者进行协调的一个政治性的治理过程”。[2]

从生存主导的农业空间开发、生活主导的工业空间利用到品质导向的生态空间保护，是各国社会经济发展过程中，国土空间发展变化的共同规律。通常城市化水平到50%以后，国土空间问题凸显，空间规划继土地利用规划、城市与区域规划之后产生，并逐步形成国家空间规划体系。[3]从第二次世界大战以后，根据土地整治与开发建设的实践需求，主要发达国家经过了几十年的空间规划历程，形成了一定可供借鉴的经验。

表11-1 一些重要机构对“空间规划”的定义[4]

机构	定义
欧洲理事会（COE）	区域空间规划是经济、社会、文化和生态政策在空间上的体现。它的目标是实现区域的平衡发展以及空间安排，它是一种库领域的综合性的规划方法
欧盟大纲（Compendium of the EU）	空间规划是公共部门用以影响各种行为为未来在空间分布的一种手段。它的目的是对用地空间进行更理性的安排，包括它们之间的各种联系，促进各区域的平衡发展以及对区域环境的保护

[1] 参见魏广君：《空间规划协调的理论框架与实践探索》，大连理工大学2012年博士学位论文，第4～5页。

[2] 参见吴顺民、李进：《新时期国土空间规划的思考》，载《城市勘测》2020年第1期。

[3] 参见蔡玉梅、Jessica A Gordon、谢秀珍：《主要发达国家空间规划体系的经验与启示》，载《中国土地》2018年第8期。

[4] 参见钱慧、罗震东：《欧盟“空间规划”的兴起、理念及启示》，载《国际城市规划》2011年第3期。

续表

机构	定义
欧共体委员会（CEC）	空间规划的目的通过制定区域整体的发展战略来实现各个部门政策的整合与协调
英国首相办公室（ODPM）	空间规划超越了传统的用地规划，致力于用地空间和影响空间功能和本质的各类政策和项目的协调与整合

2. 新加坡空间规划的概念

新加坡是一个城市国家，在历史上曾经沦为英国殖民地，1959 年摆脱了英国的殖民统治，1965 年又脱离马来西亚联邦，成为一个独立的主权国家。由于历史原因，新加坡在“二战”前的城市规划体系明显地受到英国的影响。[1]尽管如此，如今的新加坡已经才形成了一套独立成熟的空间规划体系。新加坡的空间规划可以简单概括为，规划主体通过系统研究各种政策和措施的相互影响和作用，在考虑新加坡本土特征的前提下制定适用于新加坡的空间规划战略并用于指导新加坡未来的发展。

（二）新加坡空间规划的种类

作为一个土地容量有限的小国，长远的规划对平衡新加坡土地用途需求、优化国内有限的土地并确保人民当前和未来的需要得到满足，发挥着重要的作用。在具体职能分工上，新加坡主要由城市重建局通过利用数据分析和地理空间技术以帮助决策者作出更加稳健、数据驱动的决策，平衡考虑经济、社会和环境的发展需要，从而创建一个可持续的、高质量的生活和工作环境。在这样的理念指导下，新加坡城市规划十分注重连续性，在编制规划的基础上，还有确切的实施计划，针对未知因素以及新的需求做出适当调整。[2]

1. 概念规划（concept plan）

概念规划是一个广泛的战略规划，侧重于解决宏观层次的问题，制

〔1〕 参见唐子来：《新加坡的城市规划体系》，载《城市规划》2000 年第 1 期。

〔2〕 参见黄继英、黄琪芸：《新加坡城市规划体系与特点》，载《城市交通》2009 年第 6 期。

定长远的发展目标和原则，协调和指导公共建设的长期计划。概念规划的职能主要体现在形态结构、空间布局和基础设施体系等方面。具体而言，包括城市发展的原则、策略、总体城市结构和确定重大的公共开发计划，考虑人口增长及各大类用地如居住、工业、商业、休闲娱乐、绿地、交通、基础设施和国防等方面的需求等。[1]

为了指导新加坡在未来半个世纪的发展，概念规划被用来制定长期战略土地利用和交通计划。它的主要目的是指导新加坡未来 40 ~ 50 年为维持经济和人口增长应采取的土地利用策略，同时确保人民继续享有优质的居住环境。[2]因此，该规划每隔 10 年修编一次，以确保有足够的城市用地满足人口和经济增长的需要。为应对发展中的挑战，概念规划已历经几轮审查和修订，但定位和整体空间结构一脉相承。它对实施性规划的指导主要体现在确定全局性的功能分区、各级中心设置、道路交通安排、环境绿化以及干线基础设施布局等方面，这些都为实施性规划的制定提供了依据。但是，概念规划只是示意性的，并不是详细的土地利用区划，不足以指导具体的开发活动，因而并非法定规划。

在概念规划指导下，新加坡的城市布局经历了不断的演变。1967 ~ 1971 年，新加坡编制了第一个概念规划：环状发展方案（ring plan），定位为国际性的经济、金融、商业和旅游中心；沿着快速交通走廊（大容量快速交通体系和高速公路），形成兼有居住和轻型工业的新镇（new towns），市中心的人口和产业将疏散到这些新镇；一般工业集中在西部的裕廊工业区；国际机场位于本岛的东端。以上基本上造就了新加坡现今的格局。1991 年重新编制概念规划，确立 2000 年、2010 年发展目标，人口达 400 万。全岛共建 4 个中心区，在交通节点和地区中心周围发展由科学园区（science parks）和商务园区（business parks）构成的高科技走廊（high-technology corridors），提升居住环境品质，提供更多

〔1〕 参见新加坡城市重建局官方网，https：//www.ura.gov.sg/Corporate/Planning/Concept-Plan，2020 年 5 月 26 日访问。

〔2〕 参见王川：《新加坡城市设计与公共空间规划借鉴——重庆市巴南区的建设实践与思考》，载《重庆行政》2016 年第 4 期。

的低层住宅，并将更多的绿地和水体融入城市空间体系。目前的概念规划，仍沿用2013年编制的版本。

2. 总体规划（master plan，MP）

总体规划（MP）是新加坡的法定土地使用规划，指导新加坡在未来10～15年的中期发展。规划大纲每五年检讨一次，并把概念计划的长远策略转化为详细的规划，以指导土地和物业的发展。总体规划显示了新加坡允许的土地使用和开发密度。[1]

为了将概念计划和总体规划付诸实施，然后通过政府卖地计划，释放国有土地用于开发。在进行任何开发工作之前，开发控制部门对项目须进行评估和许可，确保其符合规划策略和指导方针。发展的速度一般由不同的因素决定，例如市场需求、主要的市场条件和场地周边的发展状况。在具体内容上，总体规划制定土地使用的管制措施，包括用途区划和开发强度，以及基础设施和其他公共建设的预留用地等。它反映了每个地块的用途、容积率等重要规划指标，保证投资开发明确、透明。自1991年起，总体规划的制定开始采用一套被称为“发展指导图”（DGPS）的体系。在这一体系下，新加坡的5个规划区域又被分为55个区域，每个区域编制一份规划，55个区域的规划拼合起来就成为总体规划，分别制定用途区划、交通组织、环境改善、步行和开敞空间体系、历史保护和旧区改造等方面的开发指导细则。[2]政府通过该细则和土地征用计划对城市开发进行控制管理。在制定概念规划和总体规划的过程中，市区重建局与其他涉及社会、经济和环境建设的相关机构携手合作，提供及时发展所需的基础设施和公用设施，如公用事业局、建屋发展局、国家公园局、陆路交通管理局、贸工部等。[3]这种综合性的规划方式观谨慎地审视主要政策和决策，确保在战略层面平衡各个发展目标。同时，各单位必须充分商讨各项与用地规划相关事宜并达成一致，

---

〔1〕 参见《新加坡2019年总体规划草案》，载https：//www.ura.gov.sg/Corporate/Planning/Master-Plan，2020年5月26日访问。

〔2〕 参见《“花园城市”新加坡——城市规划与建设治理的模板》，载http：//www.gdupi.com/Common/news_detail/article_id/1875.html，2020年5月26日访问。

〔3〕 参见新加坡国家发展部官方网，https：//www.ura.gov.sg/Corporate/Planning/Master-Plan/Introduction，2020年5月26日访问。

避免日后在实施中面临冲突与矛盾。

在2019年公布的总体规划草案中，新加坡最新的总体规划蓝图划出了以下几个重点领域：

（1）营造一批包容、绿色的街区，为人们提供社区公共空间和服务设施；

（2）创造就业，打造本地枢纽和全球门户；

（3）重视历史文化，复兴人们熟悉的地方；

（4）提升公共交通水准，建立便捷高效交通体系；

（5）创造面向未来的能力，发展可持续和韧性的未来城市等。[1]

3. 开发指导规划（development guide plan）

第三级为开发指导规划DGP，它主要出现在20世纪80年代之后，编制、修改、审批程序与总体规划相同，大部分由URA全面协调，少量地区可以由规划事务所编制，再上呈URA审批。DGP将新加坡划为5个规划区域（DGP regions）和55个规划分区（planning areas）。

到1997年年底，全市完成了每个分区的开发指导规划，取代1985年总体规划的相应部分。由此，开发指导规划和总体规划呈现出融合的趋势。每个分区的详细规划批准以后，就更新总体规划成果，为后续的行政审批和执法提供保障。[2]

分区的DGP类似详规，以土地使用和交通规划为核心，根据概念规划的原则和政策，针对分区的特定发展条件，制定用途区划、交通组织、环境改善、步行和开敞空间体系、历史保护和旧区改造等方面的开发指导细则。DGP的应用主要就是为了涵盖总体规划和其他非法定的地区规划的所有内容，便于灵活地进行修编调整。例如，20世纪80年代末期新加坡的发展规划演化趋向是战略性规划更为远景，实施性规划更

---

〔1〕参见《新加坡2019年总体规划草案》，载https：//www.ura.gov.sg/Corporate/Planning/Master-Plan/Introduction，2020年5月26日访问。

〔2〕参见http：//mp.weixin.qq.com/s？biz = MzA5MTI0NTEyMA = = &mid = 2655092128&idx = 1&sn = d5980796ad6351b24120cc1f631d0cd5&chksm = 8bca828fbcbd0b99a54bb0dee3776fef98782f93a646 aefdacd4963c902be30100e6cdc8e2cd&mpshare = 1&scene = 23&srcid = 1221Uke1s5woGw7aIfp661 mX&sharer_ sharetime = 1576917893485&sharer_ shareid = 58e1d2b60760058b1c88c17c7f19e393#rd，2020年5月26日访问。

为具体化。[1]尽管DGP是开发控制的法定依据，但并不意味着对开发活动的许可性事先约定，开发控制部门还可以附加其他条件，因而更具针对性和灵活性。这一做法与英国相似，主要得益于新加坡给规划主管部门很大的权力，在规划开发中占有主导地位。在中国，这样的规划体系并不容易达到。

在DGP的基础上，城市重建局进行进一步的土地销售与开发控制工作。其中开发控制的内容包括：开发类型定义、授权豁免规划审批、颁发规划许可、征收开发费、强制征地、[2]公众参与上诉。

二、新加坡空间规划的立法沿革

（一）新加坡城市简介

1. 地理位置

新加坡位于东南亚，是一个城市国家。它北隔柔佛海峡与马来西亚为邻，南隔新加坡海峡与印度尼西亚相望，毗邻马六甲海峡南口。该国国土面积目前约715平方千米，其中约133平方千米是通过填海造陆的方式增加的。而在这样狭小的国土上，集聚了500多万的人口，这对城市空间规划提出了很高的要求。也由于此种原因，城市空间规划在新加坡体现更多的是政府的意志。

2. 行政区划

新加坡市在行政上作为一个城市国家，全国分为东区、东北区、北区、西区、中区共5个区域。其中，中央区域内又包含新加坡的核心发展区，称作中心区。东区、北区、西区3个区因距离中心区相对较远（15千米~20千米），故分别设置了3个片区级公共服务中心。由于国土面积狭小，新加坡行政区划也基本以符合城市空间规划的方式进行划分。[3]历史上，在英国殖民政府时期，殖民政府以邮政编码01~83将新

---

〔1〕 参见唐子来：《新加坡的城市规划体系》，载《城市规划》2000年第1期。

〔2〕 1965年之后，为了促进发展，新加坡一度把80%的国土强征为国有，然后再慢慢开发。

〔3〕 参见郭素君、姜球林：《城市公共设施空间布局规划的理念与方法——新加坡经验及深圳市光明新区的实践》，载《规划师》2010年第4期。

加坡分区。1948年新加坡举行议会选举后，政府遂以选举区作为行政区划，每区由一位国会议员代表该区选民。自20世纪90年代起，新加坡市区重建局将新加坡分为55个规划区。规划区是固定的，不会因各届选举导致的选区范围更动而改变。[1]这55个规划区的范围大致与后述空间规划布局相一致。

（二）新加坡空间立法的演变

新加坡空间规划体系的发展，经历了从无到有、从零散到系统的过程。根据不同的发展时期，大致可分为三个阶段，如表11－2所示：

表11－2　新加坡空间规划体系的发展阶段

<table>
<tr><th>阶段</th><th>特点</th><th>措施</th><th>机构</th></tr>
<tr><td>1819年至“二战”前</td><td>法令＋SIT
无体系</td><td>1827～1856年城镇发展图
1887年《市政法令》（Municipal Ordnance）
1927年颁布《改善法令》（Singapore Improvement Ordinance）</td><td>SIT（Singapore Improvement Trust）</td></tr>
<tr><td rowspan="2">“二战”后至1989年</td><td rowspan="2">逐步呈现半体系化，处于职能部门、条例、法令共同管制时期</td><td>1951年修订总体规划
1959年《土地征用法令的暂行条例》（The Land Acquisition-Temporary Provisions Ordinance）
1959年正式确立《规划法令》（The Planning Ordinance）</td><td>1947年住房委员会
1959年规划局（Planning Department）
1960年房屋管理局（Housing Development Board）
1990年城市重建局（Urban Redevelopment Authority）</td></tr>
<tr><td>1964年规划修正案［The Planning（Amendment）Ordinance］
1989年颁布两项修正案
1990年颁布规划法</td><td></td></tr>
</table>

〔1〕 新加坡的行政区划大体上基于英殖民政府时期的分区，并结合独立政府对于国家发展的要求进行了完善。

续表

阶段	特点	措施	机构
1990 年至今	体系化管制	以 1990 年颁布规划法为标志，新加坡的空间规划开始走向体系化管制	

1. 1819 年至“二战”前：在殖民统治下基本没有体系可言，处于法令 + SIT 管制期

1819 年，新加坡沦为英国殖民地。莱佛士爵士来到新加坡宣布建立新加坡港，并为这座城市制订了最初的发展规划。此次规划理念除了体现莱佛士作为实际政治统治者其个人理想主义与实际政治需要的结合，也对新加坡未来一百多年的城市发展产生了重要的指导意义，其划定的城市基本格局成为新加坡现代化城市发展的基础。到了 1827 ~ 1856 年，新加坡以城镇发展图的方式，通过规律布置的街道将不同的种族与社会族群隔离，设置了种族分类居住区。1887 年，诞生了新加坡第一部有关城市建设的《市政法令》（Municipal Ordnance）。它规定了公共卫生的各项建筑法规，包括建筑通风、垃圾处置、街道宽度、建筑高度、建筑物周围的开敞空间和建筑物的后巷（用于清除生活垃圾）等。但是，在当时的条件下，并未设置正式的规划机构。到了 20 世纪初期，随着开港后港口业的发展，大量移民涌入。但是城市建设速度远跟不上爆炸式的人口增长，经济发展伴随而来的是城市中心区过度拥挤。再加上缺乏维护，居住条件变得日益恶劣。鉴于这种原因，政府于 1927 年颁布了《改善法令》（Singapore Improvement Ordinance），并建立了相应的管理机构 SIT（Singapore Improvement Trust），负责编制总体规划和局部改善计划，改善公共卫生，提供大量住房，并进行土地功能划分。不过，这样的监管机制运行手续烦琐，权力有限，并缺乏资金推动规划实施。新加坡的战前规划在很大程度上受到英国的影响，并在战后时期继续受到这种影响。[1]

〔1〕 参见唐子来：《新加坡的城市规划体系》，载《城市规划》2000 年第 1 期。

2. “二战”后至1989年：逐步呈现半体系化，处于职能部门、条例、法令共同管制时期

“二战”期间，大量城市建筑由于战争原因遭到破坏，全岛进行了重新统一规划。这时期的调整主要体现在三个方面。首先，在部门管制方面，1947年首先成立了住房委员会；1959年在确立规划法令的同时，建立了规划局（Planning Department）取代SIT；1960年成立房屋管理局（Housing Development Board），5年之内建了5万多套房；到了20世纪70年代，在“居者有其屋”口号的响应下，保障了大部分居民均有房。其次，在条例规定方面，1951年SIT编制新的总体规划，1959年殖民当局颁布《土地征用法令的暂行条例》［The Land Acquisition (Temporary Provisions) Ordinance］，以防止总体规划可能引发的土地投机，确保规划目标的实施。最后，在法令规定方面，1959年正式确立《规划法令》（The Planning Ordinance）作为新加坡的第一部规划法，为新加坡的现代城市规划体系奠定了基础。该法案的核心是制定规划机构设置、规划编制和开发控制的条款，授权规划部门每5年编制一次总体规划，可以在任何时候修编，土地使用者开工前必须取得规划部门的许可。新加坡城市规划体系沿革1964年《规划修正案》［The Planning (Amendment) Ordinance］增加了开发费征收和规划许可有效期限两个条款。1989年，颁布了两项修正案，1990年继而颁布规划法，设立城市重建局（Urban Redevelopment Authority，URA），规划局成为其下属机构。URA的职能主要为发展规划、开发控制、旧区改造和历史保护。

3. 自1990年至今，开始体系化管制时期

1990年颁布规划法后，新加坡的空间规划开始走向体系化管制。该规划法涵盖了已有的各项法规，主要包括相关概念与规划机构设置、总体规划编制和报批程序、开发控制规定及开发费的核定与征收4个部分。其中，总体规划编制和报批程序每5年进行一次，可随时修编，每次调整必须公示，针对意见举行公众听证会。主管部长派人主持公众听证会，并将听证结果呈报部长，在此基础上提出修改建议。在规划被批准后，由规划机构公布并将批文复印件送至提过不同意见的公众。也就

是说，公众只有建议权而没有决策权。规划局可编制局部地区详细规划（detailed plans），详规只需通过规划局审批即可实施。开发控制规定即，所有活动都要获得开发许可证（planning approval），开发定义基本参照英国城乡规划法，包括建造、工程、采掘、建筑物和土地用途变更、土地和建筑物细化等。此外，规定规划当局和土地业主的权利和义务，还包括了规划执法和历史保护方面的有关条款。

三、新加坡空间规划法律体系

根据前述演变过程，随着城市规划法的可操作性在实践中得到不断的加强，后期新加坡空间规划法系（见表 11－3）的建设进入了主干法与从属法相结合的阶段。主干法即 1990 年《规划法令》，从属法规包括《总规编制内容和报批程序》《开发申请规划条例与实施细则（1981 年）》《用途分类的规划条例（1981 年）》《关于开发授权的规划通告（1963 年）》《关于开发费的规划条例（1989 年）》等。其中，从属法规分为五种：一是前述总体规划编制内容和报批程序。二是《开发申请规划条例与实施细则》[The Planning（Development）Rules]，1981 年颁布。三是用途分类的规划条例，1981 年颁布，涵盖商店或食品店用途、办公用途、轻型工业用途、一般工业用途、仓库用途、宗教用途 6 项。四是《关于开发授权的规划通告》[The Planning（Development of Land Authorization）Notification]，1963 年颁布，用于授权特定的开发活动可以免予规划许可。这些被授权的开发活动往往是政府部门为执行法定职能而进行的建设活动。例如，1987 年，国家发展部授权新加坡港务局在其用地范围内，进行与法定职能（如航运和装卸）有关的开发活动，而这些开发活动则不需要规划申请。1964 年，新加坡将 58 个外岛实施规划豁免，1984 年取消该豁免通告，将其中 38 个岛纳入开发控制范围。五是关于开发费的规划条例，1989 年《关于开发费的规划条例》[the Planning（Development Charge）Rules]，规定了开发费的核算和支付的细则，以及申诉的程序。[1]

---

〔1〕参见李晨晨、韩源：《新加坡城市规划法系解析》，载《建设科技》2011 年第 17 期。

表 11-3 新加坡空间规划法规体系

类别	制定主体	作用	内容
主干法	议会	“核心”	《规划法令》
从属法	政府主管部门（国家发展部）	“实施细则”	《总规编制内容和报批程序》 1981 年《开发申请规划条例与实施细则》[The Planning (Development) Rules] 1981 年《用途分类的规划条例》1963 年《关于开发授权的规划通告》[The Planning (Development of Land Authorization) Notification] 1989 年《关于开发费的规划条例》[The Planning (Development Charge) Rules]
专项法	各相关机构	特定事件立法	

关于上述法律的制定主体，规划法作为城市规划体系的核心，由议会制定颁布，为城市规划及其行政体系提供法律依据。从属法规则由政府主管部门即国家发展部制定，作为规划法的实施细则，主要是编制发展规划和实施开发控制的规则和程序。此外，还存在一些专项法，专门针对城市规划有重要影响的特定事件进行立法。

四、新加坡空间规划法的目的和任务

新加坡国家发展部作为新加坡主管城市规划工作的部门，将其发展目标描述为“一个可爱的家，一个与众不同的国际化城市”。[1] 新加坡国家发展部的愿景反映出，其空间规划不仅重视实体基础设施，也越来越重视和吸引全球人才和企业为其创造情感依托的软实力发展。同时，它也阐明了新加坡空间规划的目标，即在新加坡特色的基础上，将新加

〔1〕 参见新加坡国家发展部官方网站对部门工作的介绍，载 https：//www. mnd. gov. sg/who-we-are/our-vision-mission，*An Endearing Home*，*A Distinctive Global City*，2020 年 5 月 26 日访问。

坡发展成为适宜居住、工作与休闲的国际化卓越城市。

关于新加坡空间规划的任务，可以概括为以下三个方面：

第一，开发世界一流的基础设施。通过与公共和私营部门的合作，为国家提供高质量的物质基础设施。

第二，创造充满活力和可持续发展的生活环境。“活力”表达了新加坡要使其成为一个更有活力和激情的城市的目标，而“可持续”表达了新加坡的发展愿望，是在不损害后代满足其自身需求的情况下，以满足当代人的需求的方式发展。这意味着，在促进当代城市发展的同时，也注意保持城市建筑和自然环境的质量，这样后代才能继续享受现今的高水平生活。正如在 2020 年的供应辩论委员会（the Committee of Supply）上，戴斯蒙德·李（Desmond Lee）提出了将新加坡变成一个自然城市的构想：“我们要建设一个新新加坡，让下一代过上比上一代更好的生活。……这种精神也激励着我们努力使新加坡在本质上一个城市，我们努力改变我们的城市中心。”〔1〕

第三，建立具有强大凝聚力的社区。鉴于新加坡的历史背景，保持新加坡的社会凝聚力是很重要的，尤其是在外国人才大量涌入的情况下。同样重要的是，在土著公民中通过爱国文化挖掘国家和城市的吸引力，避免人力流失。〔2〕

第二节 基本原则

一、空间规划法基本原则概述

空间规划法的基本原则，是表述空间规划法的基本属性和基本价值、由空间规划法确认并对空间规划立法与司法活动具有最高指导意义

〔1〕 参见 https：//www. mnd. gov. sg/newsroom/speeches/view/speech-by-2m-desmond-lee-at-the-committee-of-supply-debate-2020—transforming-singapore-into-a – city-of-nature，2020 年 5 月 26 日访问。

〔2〕 参见新加坡国家发展部官方网站对部门工作的介绍，载 https：//www. mnd. gov. sg/who-we-are/our-vision-mission，2020 年 5 月 26 日访问。

的标准。空间规划法的基本原则贯穿整个空间规划法的领域，具有普遍的约束力和指导意义。

本节根据新加坡空间规划法的特征，将新加坡空间规划法划分为以下 4 个原则，分别是可持续发展原则、保育原则、科技创新原则和公众参与原则。

二、可持续发展原则

可持续发展是近年来全球发展面临的重要课题之一。新加坡前领导人李光耀吸取了欧美国家工业化进程中产生的各种城市问题的教训和经验，在新加坡建设的初期就开始引入“花园城市”的理论，并坚持予以实施，很好地处理了城市发展规划与自然保护相结合的问题。从 20 世纪 60 年代提出建设“花园城市”理念至今，新加坡在不同的发展时期提出新的目标。从起步阶段简单的树木种植到尝试期的道路绿化，从成长期单纯的增加休闲娱乐设施到前进时期建设生态平衡公园、修建步行林荫道网络，新加坡为建设花园城市做了精心科学的规划。21 世纪的新加坡提出了更高的目标，努力向城市空间立体化景观的方向迈进。

花园城市的成功建设离不开政策的保障，健全的组织机构是实施花园城市建设的前提与基础。早在 20 世纪 70 年代初新加坡就成立了花园城市实施委员会，与政府一起监督和组织实施城市的绿化过程，并且通过立法制定了一系列有关公园和树木的法律法规，如《国家公园条例》《公园与树木法令》《公园与树木保护法令》等。一系列强制性的措施都保证了“花园城市”这一理念有条不紊地实施。

三、保育原则

新加坡在土地规划中也致力于平衡发展与文化遗产保护的需求，适当保留特色建筑和成立历史保护区保护新加坡的建筑遗产是我们城市规划和发展努力的一个组成部分。建筑质量的恢复不仅保留了建筑的外立面或外壳，还旨在保持历史建筑的原始氛围。市区重建局和国家遗产委员会在过去三四十年中协助保护的文物，展示了新加坡的历史和进步，培养了更强的民族特性，并增添了鲜明的新加坡特色。这有助于新加坡年青的一代更好地了解新加坡历史建筑的重要性。

保护建筑遗产是新加坡发展和城市规划的重要组成部分。历史地区的修复增加了城市肌理的多样性，并在城市中创造了视觉对比，同时帮助将破旧的地区改造成繁荣的地区。新加坡的保育工作于 20 世纪 70 年代展开，至今已保存超过 7000 幢楼宇。在不断变化的城市景观中，新加坡的历史建筑和街区保护不仅强调保护建筑的立面或外形。同样重要的是，它要求尽可能地保留这些历史建筑的内在精神和原始氛围。[1]这要求指定作保育用途的建筑物，应通过研究建筑物及其建筑结构、良好的管理以及保护建筑物的实践，落实“3R”原则：最大限度保留，敏感修复，精心修复。

首先，无论建筑物的规模大小，在业主、建筑师、工程师和承包商进行保护项目使应尽可能应用“3R”原则，并以此进行质量恢复。其次，历史建筑的原有结构和建筑元素应尽量保留和恢复，而不应对整个建筑进行改造。只有在绝对必要的情况下，才能更换部分建筑物。在进行任何保育工作前，必须对保育楼宇进行彻底的研究和文件编制，以确保修复工作符合“3R”原则的理念。另外，对于建筑物的加建与改造，均规定了有关申请程序、规划参数及修复指引。拟议的工程必须符合《保育指引》及《特定的建筑物外墙修复指引》（the Specific Facade Restoration Guidelines）；所有加建、改建工程及新用途的运作，均须事先取得保育许可；自然保育区包括历史街区、历史住宅区、二级住宅区以及廊房，根据其历史意义、周围发展环境和每个地区的长远规划意向，在不同程度上采用保育指引。[2]

在决定新的保育区、政策及指引时，政府会与社区合作，确定对新加坡遗产具有重要意义的建筑，并为建筑业主提供指导方针，使其可适应再利用。这使新加坡在保留传统建筑的同时，可以继续满足现有的发展需求。

---

〔1〕 参见新加坡国家发展部官方网，https：//www. mnd. gov. sg/our-work/conserving-our-heritage/built-heritage，2020 年 5 月 26 日访问。

〔2〕 参见新加坡国家发展部官方网，https：//www. mnd. gov. sg/our-work/conserving-our-heritage/built-heritage，2020 年 5 月 26 日访问。

四、科技创新原则

新加坡是从殖民地逐渐独立发展起来的城市国家。随着世界各地的城市面临日益复杂的城市可持续发展挑战，新加坡认识到科技研发对新加坡未来发展的重要性，并与研究界和工业界的合作伙伴密切合作，推动研发工作，有效应对国家面临的关键挑战。[1]新加坡将这一原则融入了国土空间规划过程中，十分注重增强国家的科技实力及向现实生产力转化的能力。

在这一原则的倡导下，新加坡提出了以下 3 项国家政策。第一，土地和宜居性国家创新项目（The Land and Livability National Innovation Challenge，L2NIC）。L2NIC 是由国防部和总理办公室下属的国家研究基金会（National Research Foundation）牵头的一个多部门项目。它利用研发，创造创新的技术解决方案，优化新加坡的空间能力，以满足长期发展需求，为子孙后代提供选择。第二，城市可持续发展研究与发展大会（Urban Sustainability R&D Congress）。城市可持续发展研发大会是由 MND 和合作机构联合举办的两年一次的活动，整合研究界、产业界和政府机构，共同讨论应对国家可持续发展挑战的研发对策。新加坡城市可持续发展大会于 2011 年启动，是新加坡城市可持续发展领域主要利益攸关方展示研究能力和促进跨部门伙伴关系以取得切实成果的国家平台。第三，明日之城项目（The Cities of Tomorrow，COT）。该项目旨在通过利用研发，来维持新加坡未来几十年的发展成就。通过 4 个关键领域的研发整合发展，将新加坡建设成为一个高度宜居、可持续和有复原力的未来城市：（1）先进的建筑；（2）有弹性的基础设施；（3）新的空间；（4）更大的可持续性。[2]

---

〔1〕 参见新加坡国家发展部官方网，https：//www. mnd. gov. sg/our-work/improving-lives-with-science-technology/research-development-projects，2020 年 5 月 26 日访问。

〔2〕 参见新加坡国家发展部官方网，https：//www. mnd. gov. sg/our-work/improving-lives-with-science-technology/research-development-projects，2020 年 5 月 26 日访问。

五、公众参与原则

在新加坡城市规划中的公众参与体现在两个方面。其一，在部门职能设置上，强调相关政府部门及各方面的专家参与其中。相关委员会及其协商机制，确保相关主体的意见都能纳入各层次规划的编制和执行中。其二，新加坡还鼓励公众对这些建议提出反馈意见。和许多经济发达国家一样，设置了公众参与和规划申诉的法定程序，并由规划法做出明确规定。无论是编制战略性的概念规划还是实施性的总体规划和开发指导规划，都要通过公众评议，并将公众意见呈报国家发展部部长，做出妥善处理。如果对于开发控制（包括征收开发费）的审理结果不满，可以向国家发展部部长提出上诉，由其进行最终裁决。[1]在2019年制定总体规划的过程中，由URA举办了一场规划展览，详细向公众展示2019年新加坡总体规划草案的内容，并在其官方网站提供在线反馈服务。公众可通过网页提出意见和建议，鼓励全民参与2019新加坡总体规划草案的讨论。

以上举措使新加坡的城市规划具有了一定的民主性和公众性。但是，这并不是意味着国民的决策参与，而只是向公众提供咨询参与的空间。原因在于，作为一个城市国家，由于国土面积贫瘠导致政府更注重效率在规划中的地位，因此，三级运作体系在前述三级管理体系下，全面深度掌控了整个新加坡的规划设计与建设，以保证强势政府对其规划意志的贯彻。

第三节 基本制度

一、空间规划行政管理制度

作为一个城市国家，新加坡的规划职能，包括发展规划和开发控制，都归属中央政府，地区政府不作为规划当局，镇议会（Town

---

〔1〕 参见唐子来：《新加坡的城市规划体系》，载《城市规划》2000年第1期。

Council）亦不具备规划职能。新加坡主管城市规划工作的部门是国家发展部。[1]国家发展部下设城市重建局全权负责全国空间规划的编制与实施管理。此外，国家发展部下设总体规划委员会（Master Plan Committee，MPC）和开发控制委员会（Development Control Committee，DCC），分别讨论政府部门的公共建设项目和非公共部门的重大开发项目。

（一）国家发展部（Ministry of National Development，MND）

国家发展部负责包括制定与规划法相关的实施条例和细则，任命规划机构的主管官员，审批总体规划，受理有关规划的上诉，并可直接审批开发申请。[2]其下设具体职能部门如城市重建局、市镇理事会、建屋发展局、建筑业发展局等，分别负责特定智能。城市重建局负责新加坡城市规划管理；建屋发展局负责新镇、邻里单位的规划及组屋的设计和建设；市镇理事会主要负责城市管理工作，主要对公共环境进行日常清洁、园林保养、维修工程等。

（二）城市重建局

URA 采用长远和全面的规划方法，制订策略计划，以可持续的方式指导新加坡的可持续发展。其计划和政策重点在于为新加坡创造优质的生活环境。主要负责发展规划、开发控制、旧区改造和历史保护，其最高行政主管是总规划师。此外，URA 也是新加坡主要的政府土地销售代理，通过出售国有土地吸引私人投资开发，以支持经济和社会发展目标；通过国际认可的保育计划，对片区而非单一的建筑物进行保育；与社区合作，活跃公共空间，努力创造一个车少、人多、宜居的城市。在塑造一个与众不同的城市的过程中，新加坡提倡卓越的建筑和城市设计，并通过创新来建设一个充满机遇的城市。[3]

城市重建局下共有 5 个署，各司其职，分为城市规划署、保护与城

---

〔1〕 参见唐子来：《新加坡的城市规划体系》，载《城市规划》2000 年第 1 期。

〔2〕 参见新加坡国家发展部官方网，https：//www. mnd. gov. sg/home，2020 年 5 月 26 日访问。

〔3〕 参见新加坡城市重建局官方网，https：//www. ura. gov. sg/Corporate/About-Us，2020 年 5 月 26 日访问。

市设计署、发展管制署、土地行政署、企业发展与项目发展署。五大部门分别对应总体规划编制、城市设计、发展控制与策略制定、规划发展协调、日常用地规划、土地售卖、基础设施建设、物业市场研究、历史文化保护等业务，与土地利用局和房屋管理局等不存在权力交叉。

（三）总体规划委员会和开发控制委员会

这两个机构是城市重建局下属机构，由总规划师兼任主席，成员则由部长任命。其中，MPC 的成员包括主要公共建设部门的代表，如国家发展部、环境部、贸工部、国防部、社会发展部、土地管理局、建屋发展局、经济发展局、裕廊镇管理局、陆路交通管理局等。每隔两周召开例会，讨论政府部门的公共建设项目，提交部长决策。MPC 的作用是协调非公共部门，但又隶属于公共建设计划的用地要求，使之尽快得以落实。DCC 的成员包括有关专业组织（新加坡的规划师协会和建筑师协会）和政府部门（公用事业局和环境部）的代表，同样每隔两周召开例会，讨论非公共部门的重大开发项目。DCC 可以修改 URA 的开发控制建议，参与制定或修改与私人部门开发活动有关的规划标准、政策和规定。

（四）其他管理部门、团体

除了上述部门外，还存在一些其他相关的政府管理部门及团体。具有代表性的是概念规划工作委员会。该委员会属于临时性组织，只在编制概念规划期间有效，负责概念规划的编制和审定。概念规划工作委员会由国家发展部部长任主席，下设人口与居住、交通、商业、市区中心、环境、工业、康乐等小组委员会，总共涉及 40 多个政府部门和法定机构，以便概念规划将相关政府部门和法定机构的长远计划纳入其中，并协调其矛盾之处。此外，住房发展部（House Development Bureau，HDB）和公用事业局（Public Utilities Board，PWB），负责住房、新镇建设和公共道路的规划、建设和管理。总体规划委员会主要就是为了协调这些部门制订的公共建设计划的用地需求。此外还有裕廊工业区管理局（JTC），[1]专门负责其工业园区的各类建设和管理。美国

---

〔1〕 新加坡裕廊工业区是亚洲最早成立的开发区之一。为了改变“二战”后破落的发展局势，新加坡建立了开发区，选择以吸引跨国公司投资为主的发展道路。其工业园区的成功建立使新加坡实现了快速工业化，且时至今日依然保持发展活力。

“9·11”事件后，该工业园区已经实行军事化管理，以保证工业园区内企业的安全，因此拥有较为独特的权力。

在这种管理框架下，各部门职权明确，避免了相互交叉扯皮，可实现高效率的决策和科学的管理，形成部门协调、动态修订、联合审查、法定图则的规划工作机制。

二、组屋制度

组合房屋，简称“组屋”，是专门建给新加坡人居住的公共房屋。组屋制度始于20世纪60年代，当时新加坡刚刚脱离英殖民统治获得独立，整个社会发展比较落后，政府财力有限，民众住房条件比较差。为了促进有限国土的充分利用，新加坡在立国之初将住房纳入空间规划的轨道，并提出了“居者有其屋”的理念。在借鉴英国祖屋制度的基础上，在全国范围内兴建政府组屋。如今，全新加坡有100多万套组屋公寓，占新加坡常住人口的80%以上，使新加坡成为世界上住房拥有率最高的国家之一。[1]

（一）“居者有其屋”计划

根据祖屋制度，新加坡针对不同生活阶段的居民，制定了不同的组屋申请政策和补贴制度以满足他们的住房需要。

其一，是针对家庭群体的住房补贴政策，以支持婚姻和生育。按照“首次置业家庭”（First-timer Families）和“二次置业家庭”（Second-timer Families）的划分，实施不同的住房津贴。首先，对于首次置业的合资格家庭如购买新单位，可享有“长者住屋津贴”。首次购买转售单位的家庭，亦可享有房屋资助，包括长者住屋津贴、公积金住屋津贴及近距离住屋津贴。其次，“二次置业家庭”群体，指的是那些此前已拥有一套政府补贴住房的家庭。除了现有房主，还有一些目前住在出租公寓里的二代家庭。一些家庭在生活发生重大变化（如离婚或家庭成员去世）后，可能需要帮助才能更快地入住公寓。由于首次置业补贴大部分

〔1〕参见新加坡HDB官方网，https://www.hdb.gov.sg/cs/infoweb/about-us/history，2020年5月26日访问。

属于首次购房者，作为二次购房者，他们不再有资格获得该补贴。为了解决这部分群体的购房需求，政府制定了一系列的优惠政策，以帮助这些低收入和弱势家庭。例如，申请第二套补贴房屋（a second subsidized flat）的屋主，如欲由未到期屋苑的两室资助单位升级至三室资助单位的，可获得额外增加的15,000美元公积金住屋津贴；若有18岁或以下子女，还可基于“二次置业家庭援助计划”（the Assistance Scheme for Second-Timers）获得优先申请权；21岁或以上的未婚父母亦拥有未到期屋苑三室资助单位的购买权等。另外，针对有子女的人士，制定了专门的“新起点住屋计划”（the Fresh Start Housing Scheme）。在该计划资助下购买的公寓租期较短，45～65年，以保持价格可承受。还有一个较长的最低占领期，即20年，以确保儿童有一个稳定的家。公屋租户优先配屋计划（租者置其屋计划）亦可让有需要的租住家庭受惠，该计划可预留不超过两室及三室BTO及SBF单位供应量的10%。此外，在非成熟期屋苑购买两室或三室单位的租住公屋租户，亦可申请续加公积金住屋津贴。[1]

其二，针对老年人制定了特定的住房及交易政策，帮助低收入和弱势群体。首先，老年人可以申请两居室公寓，并允许他们根据其年龄、需求和偏好享受选择灵活性的租赁期限，只要剩余租期可以持续到至少95岁。租期为15～45年，以5年为单位递增。为了保证老年人的住房需求，至少40%的两室流动单位会预留给年长申请人。在这其中，又有一半预留给“优先配屋计划”（the Senior Priority Scheme）。该计划优先为那些希望在熟悉的环境中安享晚年，或希望住在父母或已婚子女附近的长者，提供一套两居室公寓。其次，对于老年人房屋出售，规定了鼓励政策。一方面，出售房屋的老年人，可领取一定的住房补贴。根据住房补贴的规定，当老年人将从住房交易中获得的部分收益存入公积金退休账户时，他们将获得一定数额的现金奖励。另一方面，希望将公寓套现以增加退休基金、同时继续居住的老年人，可以参加“租赁回购计

〔1〕参见新加坡HDB官方网，https://www.hdb.gov.sg/cs/infoweb/residential/buying-a-flat/new/eligibility&rendermode=preview，2020年5月26日访问。

划”（the Lease Buyback Scheme）。然后他们可以把剩余的房屋租给建屋发展局。但同时，老年人必须将租赁销售所得的部分收入存入他们的CPF退休账户，并加入“CPF LIFE”以获得终生的每月收入流。

其三，针对单身人士，制定了两项不同的住房计划，充分提高住房和土地利用率。首先，单身人士可以通过“单身新加坡公民计划”（Single Singapore Citizen Scheme）自己购买公寓。同时，也可以通过“联合单身计划”（Joint Singles Scheme，JSS）与自己的亲朋一起购买公寓，并且可获得新单位住房补贴以及转售单位住房补贴。根据孤儿计划，孤儿也可以购买公寓。为保障隐私，组屋还为JSS住户提供房屋分隔改造服务。在前述计划政策下的津贴规定如下：单身人士如在组屋购买新单位或购买转售单位，可享有“长者住屋津贴”，包括“长者住屋津贴”“长者住屋津贴”“长者住屋津贴”。另外，根据JSS购房者，可获得相应的新单位住房补贴以及转售单位住房补贴。

（二）组屋的维护与管理制度

毫无疑问，新加坡组屋制度是承托这个国家独立40多年来有效运转的机制，其中政府的支持、相关建屋机构的执行、民间对此机制的信赖，都是不可或缺的部分。

首先，在过去的40多年间，政府对组屋进行定期维修，以使整个城市面貌保持长新。通过采用涵盖规划设计、土地整合与建设的整体方法，组屋任务作为一个无缝的整体进行分配、管理和维护。[1]对于组屋的维护，不仅对其外立面和室外铺地进行更新，而且结合土地分配和使用密度优化增加组屋面积或改善其功能，满足居民需求，使居民住宅不断适应社会进步和人们生活水平提高带来的变化。

其次，为了城市中心地带的发展，新加坡于2007年提出了关于“重塑中心地带”的计划。这是一个全面的复兴蓝图，以更新和进一步发展现有的HDB城镇和房地产。通过这个计划，相关部门制定了一系列政策计划以更新组屋规划，配合社会不断转变的需要，并发挥每个地

---

〔1〕参见新加坡国家发展部官方网，https：//www. hdb. gov. sg/cs/infoweb/about-us/history，2020年5月26日访问。

区的特色。此后，陆续有一大批地区被纳入了该计划。

最后，组屋的管理和服务等主要是通过市镇理事会执行的。〔1〕新加坡约80%的人居住在全岛23个新镇内的政府组屋。这23个新镇属于相对独立的23个规划区。这些新镇经过全面性的规划，为居民创造自给自足的居住环境。镇一级公共设施的配置模式经历了从水平组合到功能高度复合的转变。新镇内除了高质量、可负担的住房，还就近提供相应的配套设施，如学校、公园、诊所、民众俱乐部、图书馆、体育设施、商场等。〔2〕新镇周边也规划低污染的工业区，为居民提供就业机会。日常所需的基本设施都近在咫尺并有便利的交通系统相互衔接。另外，新镇设计也考虑了街道景观、步行系统连通性等，以创造高品质的生活环境。每个新镇为一个镇级单元，设置镇中心，是一个相对平衡的独立功能区，人口规模约为15万~20万人；镇一级公共设施的配置内容包括医院、图书馆、体育中心、商业中心等，占地规模一般在10公顷左右。

三、住房公积金制度

政府以政治和财政承诺的形式提供支持，辅以立法，推动了早期的公共住房迅速走上正轨，使国家住房建设的道路更加富有成效。其中核心的枢纽在于公积金制度。通过政策性金融，将国家发展福利与居民共享的方式，不仅解决了政策融资，也使居民享受到住房福利。新加坡中央公积金局最初负责整个公积金的管理运行。公积金制度所包括的劳动者是指受雇于同一雇主、时间在1个月以上的工人，不包括临时工及独立劳动者，也只是一个强制性的储蓄计划，保障的范围也只涉及公积金会员退休或因伤残丧失工作能力后的基本生活。随着时间的推移，新加坡政府在原有储蓄计划的基础上，又推出了一系列公积金计划，包括的范围除养老保险外，还包括住房、医疗、教育、投资增值等多个方面，

---

〔1〕 参见杨沐教授在2011年燕山大讲堂第100期的讲话，载 http://fxy.cupl.edu.cn/info/1088/1707.htm，2020年5月26日访问。

〔2〕 参见黄继英、黄琪芸：《新加坡城市规划体系与特点》，载《城市交通》2009年第6期。

1968 年推出的“公共组屋计划”就包括在内。[1]

四、开发税费制度

开发收费主要针对可增加土地价值的开发项目，缴费义务主体为土地所有者或申请规划许可的行为人。行为人为实施增加土地价值的开发项目，应在获得规划许可后应按照规定向主管部门缴纳税款，即为开发费，如重新分区到更高的价值使用，增加土地容积率等。除另有规定外，就任何土地发展而须缴付的任何发展费，须为该土地的发展基线与发展上限之间的差额。是否需缴纳开发费用，取决于发展最高限额是否高于发展基准。开发收费标准，每 6 个月（3 月 1 日和 9 月 1 日）由主管当局与新加坡税务局首席协商审查一次。此外，《规划法令》还规定了一系列开发费用豁免项目清单，包括加强保护区内的保守建筑物、重建或扩展现有的单独立、半独立或露台房屋等。

第四节　法律责任和法律救济

作为历史上英国的殖民地，新加坡的法律传统受其影响较深。然而，英国的法律制度是其历史文化发展的产物，对于刚刚独立的新加坡，其教育程度及民众自觉性远未达到英国社会的程度，因此，英国“谦谦君子及行为端庄的淑女”的法律规范，对其并非完全适用。[2]因此，基于自身实际，新加坡因地制宜，采取了更加符合国情的高度威权主义统治，对民主和公民的政治自由进行一定限制。由于新加坡独特的地理和历史文化背景，威权统治可以有效维护社会秩序，促进经济增长。这在新加坡空间规划法律机制中，主要体现在赋予行政部门较大的

---

〔1〕 新加坡中央公积金局（CPFB），是专门负责公积金管理的政府部门，成立于 1955 年。起初的中央公积金制度只是一种为雇员提供退休保障的强制性储蓄计划，后开始扩展中央公积金的功能。

〔2〕 参见张新宇：《东方的法治主义——新加坡法治模式及其启示》，载《中山大学研究生学刊》（社会科学版）2013 年第 4 期。

权力控制。新加坡现行的规划法主要规定了行政部门和社会公众在空间规划中的各种权力（利）和责任义务。

一、法律责任

空间规划法的法律责任，是指违反空间规划法的行为人对其违法行为所应承担的具有强制性的法律上的责任。在新加坡，基于严刑峻法的法律传统，空间规划法赋予了主管机关较大的权力。而对于违反规划管理的行为规定了较严格的法律责任，主要集中在刑事责任与行政责任两方面。[1]首先，一旦违反规划管理进行开发，即构成刑事犯罪。同时，根据不同的犯罪情节，还规定了不同层级的罚款。此外，主管当局可采取相应的行政强制措施。关于民事责任部分，

（一）刑事责任

1. 土地开发商的法律责任

第一，违反规划许可申请的责任。新加坡《规划法令》第 12 条规定，除非第 12 条第 4A 款及第 4B 款另有规定，任何人未经规划许可在保育区以外或在保育区内进行开发或细分土地，即构成犯罪；土地承租人或承建商若有证据证明犯罪是由于另一人的行为或过失造成的，且自己已采取一切合理的预防措施，那么，无论承租人或承包商是否已根据该条的规定对所有权人提起诉讼，土地所有权人即构成犯罪。

第二，未履行说明义务的责任。针对委托的合资格人士未能履行职责的情形，开发商未委托其他合资格人士也没有进行合理解释说明的，即属犯罪。若发展商被定罪后仍未遵守相关规定，则构成新的犯罪；针对主管当局的执法活动，行为人故意阻碍或未能遵守规定向其提供相关信息（故意隐瞒重大事实、作出虚假陈述）的，构成犯罪。

2. 合格人士[2]的法律责任

《规划法令》第 24 条对合格人员及其法定义务进行了详细的规定。根据该条规定，合格人员分为两种。第一种是根据《规划法令》第 13

---

〔1〕 由于新加坡《规划法令》主要规定的是刑事责任与行政责任，故本节主要围绕这两种责任形式展开论述。

〔2〕 参见《规划法令》第 24 条规定。

条通过申请许可而委任的合格人员，负责拟备规划及相关许可申请；第二种是根据《规划法令》第 19 条委任其履行监管职责的合格人员，负责监管和审查开发建设工程。根据授权的不同，《规划法令》分别规定了这两类合格人员的法律责任。对比而言，后者的法律责任更为严苛。

首先，根据《规划法令》第 13 条授权的合格人员，负有以下法定责任。第一，在申请许可阶段，合格人员必须确保拟制的工程计划及程序符合《规划法令》和相关行政许可等的规定，否则构成犯罪。一经定罪，可处罚金或监禁，或两者并处。拒不履行的，则构成累犯，针对未履行的部分可另处一定数额的罚金。第二，针对建设施工过程中的违法违规行为，合格人员负有通知义务。任何违反《规划法令》或其他合格人员知道或应当知道的违法行为，合格人员应当通知主管部门，否则构成犯罪；一经定罪，可处以不超过 20,000 美元的罚金或不超过 12 个月的监禁，或两者并处。此外，《规划法令》还规定，针对上述情形，合格人员提出反驳的，应承担证明其不知情且不可能合理发现违法违规行为的举证责任。第三，合格人员怠于履行或不能履行法定职责的，应在停止履职后 14 天内通知主管部门，否则构成犯罪。一经定罪，可处罚金不超过 10,000 美元。

其次，根据《规划法令》第 19 条授权的合格人员，负有以下法定责任。第一，合格人员必须依照法定程序监管和审查开发建设工程，否则构成犯罪。一经定罪，可处罚金或监禁，或两者并处。第二，就工程建设中违反《规划法令》及其他相关规定和要求的行为，合格人员除履行通知义务外，还应采取必要措施制止或停止该违法行为，否则构成犯罪。一经定罪，可处罚金或监禁，或两者并处。针对前述情形，《规划法令》同样规定由被指控的合格人员承担举证责任。第三，合格人员怠于履行或不能履行法定职责的，应在停止履职后 14 日内通知主管部门，否则构成犯罪。一经定罪，可处罚金或监禁，或两者并处。第四，《规划法令》单独规定了该类合格人员的声明义务及虚假声明的法律责任。合格人员必须依法向主管部门提交报告和声明，以其专业知识和专业素养担保开发建设工程符合《规划法令》及相关法律法规的规定。若其因故意或过失导致作出虚假或误导性声明的，即构成犯罪。此外，若发现该合格人员符合《规划法令》第24条第C款第3项规定的情形，则构成累犯。这意味着，在履行监督审查义务的过程中，合格人员的责任和义务较申请许可阶段都更加严格、全面，若其不能尽到忠诚勤勉等义务，将承担更大的法律风险。

（二）行政责任

1. 行政罚款[1]

行政罚款是新加坡空间规划主管当局依照法定程序，强制违反空间规划法又尚不构成犯罪者缴纳一定数额金钱的处罚。作为行政处罚的一种主要形式，行政罚款在新加坡空间规划管理中主要体现在以下两个方面：

第一，关于违反规划许可申请的罚款情形。新加坡《规划法令》规定了三种违反规划许可申请的情形，包括在自然保育区以外、自然保育区内进行或准许进行任何工程，未经分割许可对土地进行细分或允许细分。其中，对于违规修建工程或非保育类发展用途的行为，《规划法令》规定了罚款，并应用于所有开发类型。根据下列三个级别（见表11－4[2]），政府部门会根据违规建筑的数量，对违例建筑作出处罚金。违规建筑的保留范围越大，所征收的处罚金便越高。

表11－4 民事处罚金级别

级别	违例建筑工程所占用的楼面总面积（平方米）（以下表示为S）	民事罚款（手续费的倍数）	
		a. 没有执法记录	b. 有执法记录
Ⅰ	0S ≤ 50	1 ×	2 ×
Ⅱ	50S≤ 150	4 ×	8 ×
Ⅲ	S >150	6 ×	12 ×

〔1〕 行政罚款在新加坡法律文本中的表述为“civil penalty”，该词直译为“民事罚款”。事实上，新加坡空间规划法中有权进行罚款处罚的法律关系主体主要是城市重建局等政府行政部门，结合法律关系的性质和特征等，将其归为行政责任较为妥当。

〔2〕 参见新加坡城市重建局官方网，https：//www. ura. gov. sg/Corporate/Guidelines/Development-Control/Related-Matters，2020年5月29日访问。

对于更改处所使用用途的情形，民事处罚金会根据第Ⅰ级分类。同样，对于可在临时许可下批准的保留申请，不论因临时许可期限而导致的未获授权保留工程的程度如何，都会根据第Ⅰ级征收民事处罚金。

第二，关于违反如实说明和报告义务的罚款情形。若城市重建建局认为申请人有欺诈行为（例如，在视察期间隐瞒工程或提交虚假文件），不论保留工程的规模如何，均会被处以最高达处理费用25倍或150,000美元的民事罚款（两者以较低者为准）。在决定民事处罚的实际数额时，应当考虑情节和情节严重程度。一旦行为人支付了罚款，那么不得就第12条所述罪行对其提起或采取进一步的诉讼。

2. 其他行政强制措施

除行政罚款以外，新加坡空间规划主管当局还可以根据《规划法令》的授权实施以下行政强制措施。

首先，《规划法令》规定了两种取消书面许可的情形：第一，若根据合资格人士的声明而提出申请，其提交的任何文件、图表等资料存在虚假或具有误导性，以及不符合法律规定或主管当局的要求的情形，主管当局可随时撤销已批准的书面许可，书面许可被撤销后，在保护区内或分块土地内（视情况而定）进行的任何土地开发或建设工程，即被视为未经必要的书面许可而进行。第二，如任何人未能遵守任何规划许可或保育许可所施加的任何条件，主管当局可取消有关许可。

其次，针对可能违反规定进行的开发建设活动，主管部门有权发出通知书要求其提供有关土地活动信息。若在主管当局通知书送达之日起21日内未提供有关信息或故意隐瞒重大事实、做出虚假陈述的，即属犯罪。

另外，根据《规划法令》，行为人应向主管当局支付的任何款项，主管当局可以选择扣押令或售卖通知书的强制措施以追回款项。如果被执行土地存在任何动产或作物，或该动产或作物的销售收益，已经或已经根据主管当局无法行使本条赋予他的权力，主管当局可将应付款项通知有关法院，其有权在未获得判决的情况下，从出售土地、动产或作物的收益中优先判决债务人、判决债权人和任何其他债权人获得该款项，但政府除外。为收回本法规定的任何应付款项而发生的所有费用和开支，可视为应付款项的一部分予以收回。

除前述措施外，主管当局如果认为有必要或适宜通过强制令限制任何违法行为，还可向高等法院申请强制令，且不影响其不行使任何其他权力。根据前述申请，高等法院可发出法院认为适当的强制令，以制止违法行为。

二、法律救济

空间规划的法律救济，是指公民、法人或者其他组织认为自己的财产权等法律权利因行政机关的行政行为或者其他单位和个人的行为而受到侵害，依照法律规定向有权受理的国家机关申请并要求予以补救，有关国家机关受理并作出具有法律效力的活动。关于新加坡的法律救济程序，其《规划法令》作出了详细的规定。

首先，实施法律救济的主要机构为上诉委员会，具有准司法法庭的地位。

其次，在适用条件上，上诉通常适用于医疗紧急情况或错误发出的通知，但申请人必须对此提交证明文件。新加坡《规划法令》在“土地的开发与划分”（development and subdivision of land）部分第 21 ~ 22 条规定了以下三种上诉情形：第一，针对主管当局根据第 22 条做出的施加部长指示以外的条件的任何决定，均可按照主管当局根据第 14 条第 4 款施加的条件提出上诉；第二，针对主管当局对申请人根据《规划法令》第 13 条提出的规划许可申请做出的决定，如有异议，可向部长提起上诉；第三，针对主管当局根据第 15 条第 4 款取消规划许可或保护许可的决定，任何对该决定感到不满的人可就该决定向部长提出上诉。《规划法令》在“开发费用”（development charges）部分规定，在关于开发费用的临时命令或最后命令发出后 30 日内，或在第 39 条第 6 款允许做出最后命令的时间届满后，主管当局仍未发出最后命令的，行为人亦可向部长提出上诉做出最终决定。

再次，在上诉程序上，上诉应以规定的形式和方式提出，并应在决定通知之日起 60 日内提出；提出申请后，部长就申请人的上诉可以做出无条件允许或驳回的决定，或决定在他认为适当的条件下提出上诉；

部长对上诉的决定应通知主管当局和申请人，部长也可以指定国务部长等公职人员审理上诉案件。

最后，在法律效力上，上诉委员会的决定为最终决定，如果上诉被驳回，则不得在任何法院提出异议或质疑，再次上诉将不予受理。

第五节 现有制度评析及其对我国的启示

一、现有制度评析

经过近几十年的探索和发展，新加坡的国土空间规划整体呈现系统化与可持续的特点。

（一）紧凑型城市

一个城市的可持续性与其发展形态有密切的关系。由于国土面积有限，面对持续增长的人口压力，新加坡因地制宜采取了“集约紧凑型”的城市建设模式。除了公交导向式的建设，也优先发展已开发地段，使每个开发地段的建设达到规划可容许的最高密度，尽量节约土地，保存未开发地段。这样既减少了居民出行时间和距离，更有效地利用已建成的交通系统、公共与基础设施，有效利用有限的土地资源。

在紧凑型城市理念下，新加坡不断追求可持续的交通策略。一方面，在总体规划初期即优先确定主要高速公路、干路和轨道交通网络，预留其所需用地以减少实施时可能面临的用地矛盾。此外，为支撑商业和住宅密集地区，在进行详细交通规划时选择在该地段建立主要交通车站及设施，以有效连接这些重要枢纽，保证换乘的便捷性。用地规划方面也同步配合，在公交枢纽周围规划较高密度发展，以推进公交导向型的发展。另一方面，新加坡通过提供便捷、票价低廉的公交服务并不断扩大公交网络，大力鼓励市民使用公共交通工具。在交通管理方面，通过拥车证制度控制车辆增长、实施电子公路收费系统管理道路使用。这些多管齐下的措施有效地降低了道路系统的负荷，保持道路交通通畅，将道路用地控制在12%以内，确保国家持续发展。[1]

（二）经济社会全面发展

由于新加坡缺乏天然资源，因此经济的发展大多依赖第二、三产业。通过管齐下的商业发展规划方式，新加坡建立了中央商业区以及其他区域商业中心和周边商业中心。在全岛各地提供活动中心，吸引企业和人才入驻。同时，在进行规划的过程中同步配合工业发展模式的转型，制定了一系列绿化政策和措施，最突出的是"绿色和蓝色规划"；[2] 在概念规划中预留一定的土地为未来主要工业的增长提供服务。这样不仅能避免城市中心过度拥挤，减少对交通系统的需求，也在全岛范围内提供就业机会和服务设施，确保在长期发展中能满足经济发展的需求。

二、对我国的启示

（一）进一步完善现行空间规划立法体系

虽然我国空间规划立法成效显著，但也存在各规划法规内容有重叠且散乱、有关规划法规立法级别不高、各类规划之间的地位以及相关关系不明确、公众参与不充分等特点。[3] 在现有的法律法规体系下，应明确土地利用规划、城乡规划等相关的法律法规与其法律之间的关系；将主体功能区规划以及区域规划纳入立法轨道；促进法规的体系化进程，以进一步适应规划工作的需要。

（二）推动跨部门之间的合作与协调

新加坡的政府部门中与城市规划关系密切的有国家发展部、交通部、贸易与工业部等部门。由于政府部门职权明确，形成了高效率的决策和科学管理机制。在这些机构中，规划部门处于重要的龙头地位，行

---

〔1〕 参见黄继英、黄琪芸：《新加坡城市规划体系与特点》，载《城市交通》2009 年第 6 期。

〔2〕 "绿色和蓝色规划"，是指通过合理利用绿地资源和水体资源，保障良好的城市生态环境，类似于我国的城市绿地系统规划。主要特点在于城市绿化带网络化，打造由点到线由线到面的生态系统；在水环境建设（蓝色规划）方面，新加坡规划修建多个蓄水池、自然保护区和生态湿地公园。

〔3〕 参见邱宇飞、孔令苏：《基于"多规合一"的国土空间规划体系探析》，载《现代农业科技》2020 年第 10 期。

使着引导和控制城市建设合理发展的综合职能。我国可借鉴新加坡空间规划管理框架，进一步整合并完善空间规划行政管理体系，建立科学高效的管理机制。加强各部门之间以及地区之间的协调与配合，促进规划管理信息共享，明确各部门分工，避免职权交叉。[1]

（三）提高空间规划的公众参与程度

随着社会主体的多元化发展，公众参与对于促进国土空间规划决策的监管具有重要的意义和价值。只有重视公众参与，倾听公众的意见和建议，才能保证建设更加宜居、更加可持续的空间布局。而行使参与权的前提是知情权，因此首先要做好信息公开。提高具体规划编制过程的公众参与度、专家参与度，完善规划修改制度，以缓解具体规划过程中面临的各种挑战；此外，在规划制定的各个阶段，应及时与民众建立沟通渠道，对公众的意见和建议及时做出反馈。提高公众参与程度，有利于促进监管机制从“单一化”向“多元化”进行转变，通过强化社会多元主体之间的持续对话与协商、公众的监管力量，建立适宜当代发展的更加科学有效的现代监管技术和监管体系，在很大程度上促进国土空间规划的不断完善和发展。

[1] 参见李晨晨、韩源：《新加坡城市规划法系解析》，载《建设科技》2011 年第 17 期。

第十二章　英国空间规划法

第一节　英国空间规划法概述

一、英国空间规划的概念和种类

（一）空间规划的概念

在考虑给英国空间规划的下定义之前，可以先从以下三个方面对空间规划的特质进行思考：一是空间规划与哪些学科相关，空间规划加强了不同学科之间的融合，涉及空间规划的专业学科包括土地利用、渔业、森林、城市、区域、交通和环境规划等；二是空间规划是否支持可持续发展，空间规划本质上为可持续发展创造了一个有利的环境，这是因为空间规划反复进行运作时的目的便是有利于土地、渔业和森林的可持续发展，并满足人们的需求；三是空间规划时哪些主体应当参与其中，联合国欧洲经济委员会的报告显示，空间规划是一项各级公共部门的活动。空间规划在地方、区域、国家和国际各级进行，在制定一项空间规划时，需要在各级行政部门之间明确分配责任。

威尔士政府在2004年将空间规划定义为“考虑在哪里可以和应该发生什么”，但是这个简单的定义没有充分体现空间规划的特点。与传统的土地利用规划相比，空间规划更加灵活，它不仅促进可持续的、包容的城乡发展模式，且更加注重社会所有成员的参与，因为每个人都与他们生活、工作和娱乐的地方有利益关系。英国政府将空间规划定义为："超越了传统的土地使用规划，将土地开发、使用政策以及其他可能会影响规划地区性质和功能的政策与方案（如可持续性、交通、经济和文化）结合起来。"由于空间规划中最重要的是"规划地点"的选择与确定问题，故据此进行简单定义，英国空间规划，是指规划主体在研究不同政策和措施在各区域空间的相互作用后，在更广泛的背景下考虑在英国的什么地方可以以及应该发生什么，并制定一个战略框架用以指导与规划地区有关的未来发展和政策干预。

（二）英国空间规划的种类

英国是由英格兰和其他 3 个拥有不同形式权力下放的地区组成：威尔士、苏格兰和北爱尔兰，故根据规划的地区不同，将规划分为英格兰空间规划、威尔士空间规划、苏格兰空间规划和北爱尔兰空间规划。根据《1987 城镇和乡村规划（使用类别）令》[Town and Country Planning（Use Classes）Order 1987] 中规定的土地及建筑物用途，将空间规划分为"使用类"（use classes）空间规划和"特殊类"（sui generis）空间规划。"使用类"中包括 4 组，分别是涵盖店铺及其他零售场所的 A 组，涵盖办公室、车间、工厂和仓库的 B 组，涵盖住宅用途的 C 组和涵盖非住宅机构和集会和休闲用途的 D 组；"特殊类"用以涵盖其他用途，包括博彩办公室等。根据英国空间规划覆盖的区域级别不同，分为区域规划（regional plans）、地方发展规划（local development plans）和邻里/社区规划（neighborhood /community plans）。

二、英国空间规划的立法沿革

虽然英国 4 个地区空间规划的发展各不一样，但是大体上可以分为以下 4 个阶段，若差异较大，则主要以英格兰为主分析英国空间规划的发展情况。英国于 2004 年颁布了《2004 年规划和强制购买法》（Planning and Compulsory Purchase Act 2004）作为英国空间规划的新起点，标志着英国开始正式实行"以空间规划为导向"的新规划体系。在 2004 年之前，英国的规划体系可以分为 3 个时期：第一个是只存在"地方规划”的初期阶段（1909～1964 年）；第二个是英国认识到改进空间资源的配置在引导产业资本上的重要性，将土地利用规划与经济发展结合起来的形成“区域—地方”两级规划体系的中期阶段（1964～1988 年）。第三个时期以英国在 1988 年颁布第一部规划政策指引（Planning Policy Guidance Notes，PPGs）为开端，规划政策指引涉及环保等多个方面国家层面的综合规划方案，这一时期为“国家—区域—地方”三级规划体系正式形成前的雏形阶段（1988～2004 年）。基于《2004 年规划与强制购买法案》的颁布，英国先是构建了国家—区域—地方空间规划三级体系，后在“地方主义”的影响下，《2011 年地方法案》（Localism Act 2011）的出台，空间规划又重新进行调整，国家层面出台了纲领性文件，区域发展开始进行自下而上式的改革，地方层面规划重心仍然下移，出现邻里规划，这一时期“国家—区域—地方”三级新空间规划体系开始正式形成（2004 年至今）。

（一）只存在“地方规划”的初期阶段（1909～1964 年）

英国早期的规划法案有《1909 年住房与城市规划法案》（Housing，Town Planning，etc. Act 1909），该法表明城市规划是地方政府职能的一种，地方政府的规划权来自中央政府的授权，且中央政府未保留任何直接的规划控制权。随后在《1932 年城乡规划法案》（Town and Country Planning Act 1932）中，中央政府进一步授权了地方政府关于地方空间的规划权，地方政府也由单一的城市规划转向多维的城乡规划。但是当时英国在“一战”的影响下，经济萧条，南北方的发展出现了明显的差异，为了平衡区域发展，国家开始明确了国土内不同空间地区的规划控制权，鼓励地方开展自主合作，然而由于当时规划的制定权和决策权都由地方政府掌控，中央政府难以进行有效监督和协调，导致本时期规划政策难以发挥预期作用。随着“二战”的开始和进行，中央政府为了加强集权，发布了《1943 年城镇大臣法案》（Minister of Town and Country Act 1943）对规划的编制权和决策权采取部分上收的措施，设立政府大臣对规划总体负责，同时有权制定政策引导地方和区域规划的发展。之后的《1947 年城乡规划法案》（Town and Country Planning Act 1947）不仅使地方政府的规划权法定化，同时也正式形成了地方发展规划，由政府享有规划权力，主动进行土地建设安排并享有土地增值后的法定收益，土地开发权开始逐渐国有化。“二战”后，英国经济萎缩严重，为了充分引导产业资本，激活市场，英国开始改革空间资源要素的配置问题。由于之前英国政府在《1947 年城乡规划法案》中过度强调政府的规划权，实现土地开发权的完全国有化，使政府过度使用政策性工具并直接导致当时市场的压抑，故在《1954 年城乡规划法案》（Town and Country Planning Act 1954 ）中废除了土地开发权的国有化。

（二）存在“区域—地方”两级规划体系的中期阶段（1964 ~ 1988 年）

1960 年前后，战后重建的英国经济逐渐回升，但是同时带来了由于城市人口膨胀导致的城市容量超载这一问题。基于这层背景，区域层面规划的改革逐渐被政府提上日程。在 1964 年，英国首先将英格兰划分 8 个经济规划区（Economic Planning Region，EPR），中央政府层面也由多个发展部门代表组建区域经济规划委员会（Economic Planning Boards，EPB），在每个经济规划区内，都有地方企业家、政治家、学者等组成的区域经济规划议会（Economic Planning Council，EPC），区域经济规划是由区域经济规划委员会和区域经济规划议会共同编制，并对区域层面上规划的编制进行指导。本时期规划最主要的特点是不再仅以土地利用为目的，而是在规划中更多地纳入经济因素的考量。区域层面规划的法定改革是在《1968 年城乡规划法案》（Town and Country Planning Act 1968 ）中确定的，该法形成两大法定规划体系，分别是负责宏观层面的结构规划（Structure Plan，SP）和具体到实施层面的地方规划（Local Plan，LP），结构规划包括区域规划和次区域规划，主要由郡政府或区级政府联合编制。地方规划仍然以土地利用为核心，并由各区级政府自主进行编制。1980 年，为了推进私有化改革，振兴英国经济，撒切尔政府进行一系列的改革，其中包括减少中央对地方财政的补贴，从而减少政府对地方发展的干预，强化市场在地方经济发展的作用。政府更是通过废除郡级市，将原有郡属区、城区、乡区全部改为区等一系列操作，进一步削弱区域规划的重要性，其规划权下放到区级政府，打破了原先的两级规划体系。各区政府主要负责单一发展规划（Unitary Development Plan，UDP），同时设立城市发展合作组织（Urban

Development Cooperation，UDC）以及地方企业区（Enterprise Zone），但是这样过于割裂各区各郡空间规划的连通性，导致英国地区发展不均匀，南北差异大。

（三）“国家—区域—地方”三级规划体系的雏形阶段（1988～2004年）（见图12－1）

英国政府在1988年颁布了第一部规划政策指引（Planning Policy Guidance Notes，PPGs），该项指引涉及总体原则、绿带、住房用地、工商业发展与小企业、简化规划区、主要零售业发展、乡村企业发展、电子通信、东南部战略引导和环保9个方面的内容，是属于国家层面的综合规划，从总体上对英格兰发展[1]中规划政策的制定提供了概括性的引导。同时，在全球化的浪潮和欧盟推进区域发展政策的影响下，区域层面规划又开始重新受到重视。1994年开始进行自上而下的区域发展规划改革，中央层面由12个部门组成区域政府办公室（Government Offices for the Region，GORs）。更是在1998年颁布了《1998年区域发展机构法案》（Region Development Agencies Act 1998），在地方建立区域议会（Regional Assembly，RA）与区域发展机构（Regional Development Agencies，RDA），区域议会与区域发展机构都并非民选机构，多数成员都来自政府或利益集团的指派，[2]区域议会的主要职能是编制区域政策指引（Regional Policy Guidance，RPG），区域发展机构的主要职能是编制区域经济

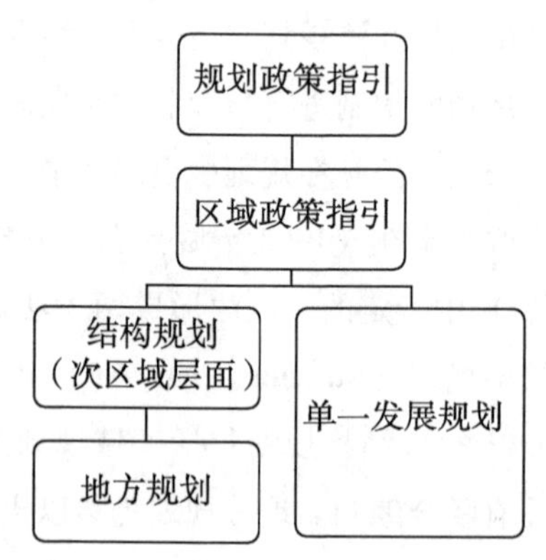

图12－1 “国家—区域—地方”三级规划体系的雏形阶段（1988～2004年）

〔1〕 当时威尔士地区也将此文件作为规划方面的顶层指引。

〔2〕 区域议会的多数成员来自当地政府及利益集团的指派，区域发展机构的主席及人员构成来自国务大臣的指派。

战略（Regional Economic Strategy，RES），推进区域政策的落实以及引导区域发展，这就形成了区域议会指导区域发展机构编制规划的局面。

（四）“国家—区域—地方”三级新空间规划体系的形成（2004 年至今）

2000 年前后，受新自由主义和新管理理论的影响，政府和市场关于土地利益的博弈愈加激烈，英国空间规划结构失衡严重，英国政府开始尝试在规划领域进行全面改革。改革的趋势是形成以公共利益为主导的目标多元化、规划方法一体化、理论制度完善的新空间规划体系。英国先是通过《2004 年规划与强制购买法案》取消《1968 年城乡规划法案》中形成的结构规划和地方规划两大结构体系，提出由地方议会制定“区域发展战略”（Regional Spatial Strategy，RSS）取代之前的区域政策指引，空间规划的想法也第一次进入立法层面，地方政府制定“地方发展框架”（Local Development Framework，LDFs），地方发展框架由发展规划文件和程序性文件构成，是较为散乱的空间发展政策的整合，使地方层面规划可以和上位规划相衔接，形成一个系统化的规划体系。区域发展战略和地方发展框架不仅都被赋予法定发展规划的地位，而且还是地方规划当局决定规划许可管理制度基础的一部分。

2005 年，英国在“可持续发展”思想的指引下，将土地利用开发政策和对空间资源配置有影响的其他部门政策整合起来，形成了由 25 个方面组成的《规划政策文件》（Planning Policy Statement，PPS）。这些文件明确规划制定所依据的准则、规划的范围、区分规划的制定权和决策权等，开始形成包括土地利用规划、公共服务、环境等不同领域的空间规划。至此，英国正式形成包括规划政策文件、区域空间战略和地方发展框架的国家—区域—地方三级空间规划体系。

区域议会于 2007 年被废除，区域空间战略的编制权由区域发展机构享有，然而，区域发展机构带有很强的政府色彩，区域规划体现较强的中央政府意志。2008 年前后，英国民众普遍指责现有规划损害了经济复苏，一些区域空间战略甚至陷入了住房数量的争议。2010 年，新联合政府取消了区域战略，英格兰地区除《伦敦规划》外其他的区域空间战略均被废除，政府通过建立“合作责任制”（duty to cooperate），明确地方规划的制定机构具有法定的合作义务，即要求在编制地方规划时充分考虑跨区域的合作性，这意味着规划机构需要在跨行政区域的规划问题上与相邻的规划当局和有关组织合作，特别是与《国家规划政策纲要》[1]（National Planning Policy Framework，NPPF）中规定的战略优先事项有关的问题。这种地方合作责任制度的建立提高了地方层面的互动，使地方政府在区域发展中起到关键作用。同时，为了提高市场参与度，推动自下而上的区域发展改革，区域发展机构被撤销，形成的是由地方政府代表、企业代表、科研人员等组成的地方企业团体（Local Enterprise Partnership，LEP），英格兰原有的 9 个区域行政单元被重新分为 39 个地方企业团体，单一地方企业团体可覆盖多个地方行政单位，如有必要各个地方企业团体之间可以重复。其他地区的区域规划，发展情况也各不相同。苏格兰的区域法定规划主要是战略发展规划（Strategic Development Plans，SDPs），该规划注重苏格兰 4 个主要城市地区（以阿伯丁、邓迪、爱丁堡和格拉斯哥为中心）的长期发展愿景，重点关注住房用地、主要商业和零售业发展、基础设施供应和绿化带等问题。战略发展计划由战略发展规划机构（Strategic Development Planning Authorities，SDPAs）起草，其成员资格由法定指定令确定。每个被指定的战略发展规划机构都有法定义务发布并至少每五年更新一次战略发展规划。威尔士目前没有法定的区域规划，但是《2015 年规划（威尔士）法案》[Planning（Wales）Act 2015] 规定威尔士政府有确定战略规划区（Strategic Planning Areas，SPAs）的权力，这些地区的战略规划区比个别地方规划的规模要大，并为这些地区设立战略规划小组。北爱尔兰行政当局有在政府方案的指引下，根据可持续发展为北爱尔兰制定了长期规划发展目标的义务。一般来说，在北爱尔兰制定规划政策是负责制定政策和立法部门的责任，并且在单个区域（北爱尔兰）上有

[1] The National Planning Policy Framework（NPPF）于 2012 年 3 月 27 日首次公布，后经 2018 年 7 月 24 日和 2019 年 2 月 19 日两次修改。

效。但是，区域战略规划和发展政策（regional strategic planning and development policy）是区域发展部（the Department of Regional Development，DRD）的职责。北爱尔兰目前存在的是《2035年区域发展战略》（Regional Development Strategy 2035，RDS），该战略为北爱尔兰到2035年的未来发展提供了战略和长远的视角，因此是北爱尔兰区域规划的框架。

“邻里规划”的出现标志着地方规划重心的进一步下移，使社区居民成为邻里空间发展的主要决策者。邻里规划的出现也扩大了社区的发展自主权，根据法律规定，在不违背上位规划的情况下，邻里社区的空间发展可以由居民自行决定。北爱尔兰是根据《2014年地方政府（北爱尔兰）法案》[The Local Government（Northern Ireland）Act 2014] 中的规定，议会有法定义务为其所在地区制定和实施社区规划，社区规划以与社区的互动为基础。比较特殊的是苏格兰和威尔士，虽然邻里/社区规划并不是苏格兰正式规划体系的一部分，但是苏格兰已经建立了一个社区规划系统，目的是使公共机构和地方社区聚集在一起，改善社区服务系统。威尔士目前也并不存在像英格兰那样的邻里规划，但是威尔士政府正在试点地区规划（place plans），将由涉及的社区和镇议会与地方规划当局合作共同制定地区规划，并为他们的社区确定补充规划指南，同时也针对地方发展规划中的政策问题进行解释以便社区地方执行，但是这些规划不会成为正式“发展规划”的一部分。

至此，英国开始正式形成国家—区域—地方三级规划体系（见图12－2）。英国形成的多领域、多尺度、多层次的新规划体系，从只关注土地利用开发作用转到对人的关注上，强调可持续发展，打破行政区划的限制，使地方自治和多机构协调合作。英国空间规划体系的演变也反映了英国政府在应对经济发展与可持续发展中的制度创新。

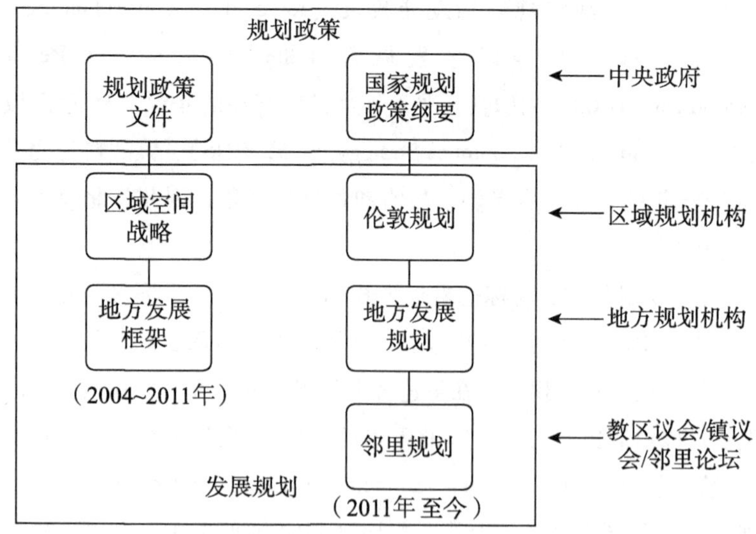

图 12－2　“国家—区域—地方”新空间规划三级体系（以英格兰为例）

三、英国空间规划法律体系

尽管英国是单一制国家，其领土由英格兰、苏格兰、威尔士和北爱尔兰四个不同区域组成，但由于历史文化等差异，英国中央政府与苏格兰、威尔士以及北爱尔兰当局存在着传统上的分权关系，即苏格兰、威尔士以及北爱尔兰三地均享有地方自治权（home rule）。现代英国的“地方分权[1]（devolution）”性质的国家治理模式主要是通过 3 个专门针对威尔士、苏格兰和北爱尔兰地区的专门宪法性法律[2]来确定它们各自的地方分权体制，并据此建立起各自的议会和政府系统，明确各自在法律范围内的政府结构与职能，从而构建起中央政府与 3 个地方之间

〔1〕 地方分权，把上级单位的权力转交给下级单位的做法；把由一个由国家的立法机关或部长们行使的职权转交给次一级的由选举产生的地区性机构。参见［英］戴维·米勒等：《布莱克维尔政治学百科全书》（修订本），中国政法大学出版社 2002 年版，第 209 页。根据《不列颠百科全书》，权力下放，是指从中央政府到地方（如州、地区或地方）当局的权力转移，这通常是通过相关法规进行转移的，而不是通过更改国家宪法来进行的。因此，以这种方式下放权力的单一政府制仍被视为单一制，而不是联邦制，因为中央政府可以随时撤销地方政府的权力（较联邦制而言）。

〔2〕《1998 年威尔士政府法案》（Government of Wales Act 1998），《1998 年苏格兰法案》（Scotland Act 1998），《1998 年北爱尔兰（选举）法案》［Northern Ireland（elections）Act 1998］。

的法律关系。将立法权下放给苏格兰、威尔士和北爱尔兰，但是英格兰（除了伦敦的市长和议会）的立法权却没有下放，仍然是英国的中央政府享有对英格兰的治理权，故在英格兰地区也不存在一个所谓的英格兰政府。

在空间规划领域，英国的四个地区都各自有一个“计划主导”（plan-led）的规划系统，“计划主导”是指地区和地方的规划政策在载于正式的发展计划时，应当明确规划的种类、土地的保护问题，并设法确保发展与环境保护之间的平衡，以符合公共利益。虽然4个地区的规划系统的基本结构相似，但在细节上和每个系统的运作方式上均存在差异，且法律依据也各不相同。在英格兰，法律由英国议会制定，政策由英国社区和地方政府部（前副首相办公室）制定。在苏格兰，法律由苏格兰议会制定，政策由苏格兰行政部门制定。威尔士的法律基础大部分是与英格兰相同的，威尔士的规划政策是由威尔士议会政府制定的。在北爱尔兰，法律由英国议会制定，政策由北爱尔兰行政和规划局在北爱尔兰议会的监督下制定。

（一）英格兰现行的主要空间规划法

英格兰现行主要空间规划法有：

《1990年城乡规划法案》，该法整合了以前的城乡规划立法，并规定了规划的发展规范相关问题。

《2004年规划和强制购买法案》，该法对开发控制、强制购买和相关规划法律在皇室土地上的适用情况进行了更改。

《2008年规划法案》为国家重大基础设施项目的规划过程设定了框架，并规定了社区基础设施税。

《2011年地方主义法案》为邻里规划权和与邻里当局合作的义务提供了法律框架。

（二）威尔士现行的主要空间规划法

威尔士空间规划方面的主要立法框架与英格兰大体相同，尽管适用于威尔士的主要和相关附属法律存在一些差异。《2004年规划和强制购买法案》要求威尔士议会制定威尔士空间规划，《2006年威尔士政府法案》（The Government of Wales Act，2006）将此规划视为一项政策，

2015 年5 月，《规划（威尔士）法案》获得御准（royal assent），[1]该法是威尔士“复兴战略规划”的基础。威尔士规划系统现行的法律主要有以下4 个：《1990 年城乡规划法案》《2004 年规划和强制购买法案》《2008 年规划法案》《2015 年（威尔士）规划法案》。前两项法案所载的大多数行政职能和次级立法权力由1999 年《威尔士国民议会（职能转移）令》［National Assembly for Wales（Transfer of Functions）Order 1999］移交给威尔士国民议会。根据《2006 年威尔士政府法案》，这些权力随后移交给威尔士大臣。威尔士规划系统还与其他两项法律《2016 年（威尔士）环境法案》［Environment（Wales）Act 2016］和《造福子孙后代法案》（Wellbeing of Future Generations Act）相结合，旨在支持威尔士资源的可持续利用，管理和开发。

（三）苏格兰现行的主要空间规划法

苏格兰规划系统的运作主要与两部法律有关：第一部是《1997 年（苏格兰）城乡规划法案》［Town and Country Planning（Scotland）Act 1997］，该法是苏格兰规划系统运作的基础，并规定了苏格兰大臣和地方当局在发展规划、开发管理和执行方面的作用。该法后来被《2006 年（苏格兰）规划法案》［Planning etc.（Scotland）Act 2006］作了实质性修正。第二部法律是《1997（苏格兰）规划（建筑和保护区）法案》［Planning（Listed Buildings and Conservation Areas）（Scotland）Act 1997］，该法主要涉及对所列建筑物和保护区的选定和保护。该法后被《2011 年苏格兰历史环境（修正）法案》［Historic Environment（Amendment）Scotland Act 2011］和《2014 年（苏格兰）历史环境法案》［Historic Environment（Scotland）Act 2014］修正。

（四）北爱尔兰现行的主要空间规划法

北爱尔兰与英国其他地区相比，制度安排有所不同。各部门的部长在各自的职责范围内享有充分的行政权力；然而，他们在行使时必须获得北爱尔兰行政当局的同意，以确保团结一致。1931 年《规划和住房

---

〔1〕 Royal Assent：（in Britain）the signature of an Act of Parliament by the king or queen so that it becomes law.

法》是北爱尔兰第一部规划立法，规定由 37 个地方政府部门行使规划的职能，这些部门包括县自治区议会、县议会、市和区议会。1970 年宏观委员会对地方政府进行审查后，根据《1972 年规划（北爱尔兰）令》[Planning (Northern Ireland) Order 1972]，使规划成为中央政府的职责。1991 年的《规划（北爱尔兰）令》规定了北爱尔兰空间规划的基本内容。2015 年 4 月 1 日，新的两级规划制度根据《2011 年（北爱尔兰）规划法案》[Planning Act (Northern Ireland) 2011] 生效，取代了《1991 规划（北爱尔兰）令》[Planning (Northern Ireland) Order 1991] 规定的旧制度，不再由环境部负责北爱尔兰的规划工作，而是由 11 个地方议会与环境部共同分担规划责任。根据《2011 年规划法案》，每个地方议会都是其区域的地方规划当局，负责地方发展规划、发展管理和规划执行。环境部仍然对区域内重大和“被召回”的规划申请（“called-in” applications）负责，并确保区域规划政策大体上符合区域发展战略，以促进可持续发展，还对地方议会的工作进行监督和指导。

从北爱尔兰的整体规划法律来看，主要由 5 个部分组成，分别是：

1. 初步规划立法（primary planning legislation）：《2011 年（北爱尔兰）规划法案》于 2011 年 5 月 4 日获得御准，并规定于 2015 年 4 月 1 日将大部分规划职能从中央政府移交给区议会，该法目前是北爱尔兰地区规划法的基础。除此之外，还有《2001 年（北爱尔兰）规划（补偿等）法案》[Planning (Compensation, etc.) Act (Northern Ireland) 2001]、《1991 年规划（北爱尔兰）命令》[1] [Planning (Northern Ireland) Order 1991] 等。

2. 附属规划立法（subordinate legislation）：附属规划立法均是在《2011 年规划法案》的基础上制定的，如最新的《2020 年（北爱尔兰）规划（开发管理）（临时修改）（冠状病毒）条例》[The Planning (Development Management) (Temporary Modifications) (Coronavirus) Regulations (Northern Ireland) 2020]、《2019 年（北爱尔兰）规划（费用）（修订）实施细则》[The Planning (Fees) (Amendment) Regulations

[1] Only Article 2, Part 3, Part 7, Part 9, Schedule 2 remain.

(Northern Ireland) 2019]、《2019年(北爱尔兰)规划(杂项修订)实施细则》[The Planning (Miscellaneous Amendments) Regulations (Northern Ireland) 2019]等。

3. 其他附属立法(other subordinate legislation):《2015年(北爱尔兰)规划上诉委员会(上诉决定和报告编制)(修订)规则》[The Planning Appeals Commission (Decisions on Appeals and Making of Reports) (Amendment) Rules (Northern Ireland) 2015]、《2015年(北爱尔兰)规划费用(规划申请和上诉)实施细则》[The Planning Fees (Deemed Planning Applications and Appeals) Regulations (Northern Ireland) 2015]、《2006年(北爱尔兰)规划上诉委员会(关于上诉和报告的决定)(第2号)规则》[Planning Appeals Commission (Decisions on Appeals and Making of Reports) (No. 2) Rules (Northern Ireland) 2006]等。

4. 立法指示(legislative directions):这种指示具有法律约束力,并由各部门根据主要和附属法例的授权条款发出。例如,基础设施部根据《2015年(北爱尔兰)规划(总体发展程序)令》第17条和第18条[1]授予的权力,作出的《2017年规划(申请通知)指南》[Planning (Notification of Applications) Direction 2017];环境部根据《2011年(北爱尔兰)规划法案》第23(3)(f)条和第(g)条[2]授予的权力,做出的《2015年规划(拆除—建筑说明)指南》[Planning (Demolition –

---

[1] S. R. 2015 No. 72.

Art. 17: The Department may give directions to a council restricting the grant of planning permission by a council, either indefinitely or during such period as may be specified in the direction, in respect of any development or any class of development, as may be so specified.

Art 18: The Department may give directions requiring a council to give to the Department, and to such other persons as may be specified in the direction, such information as may be so specified with respect to applications for planning permission made to the council, including information as to the manner in which any such application has been dealt with.

[2] The Planning Act (N. I.) 2011 c. 25.

Art. 23 (3) (f): The demolition of any description of building specified in a direction given by the Department to councils generally or to a particular council;

(g) A structural alteration of any description of building specified in a direction given by the Departmentto councils generally or to a particular council, where the alteration consists of demolishing part of the building.

Description of Buildings) Direction 2015] 等。

5. 档案文件（archive），主要包括一些2015年北爱尔兰空间规划改革前的已存档的立法文件。例如，《2006年（北爱尔兰）规划改革令》[The Planning Reform (Northern Ireland) Order 2006]、《1982年（北爱尔兰）规划（修订）令》[1][The Planning (Amendment) (Northern Ireland) Order 1982] 等。

四、英国空间规划法的目的和任务

空间规划法的任务和目的区别在于任务是作为职责的一部分是必须要完成的，而目的是被动地想要达到的目标。关于空间规划法的目的，主要旨在通过制定综合性的、系统性的和各种层次的空间秩序规划以及协调各种规划政策和措施，以此来确保空间发展的可持续，并追求经济、社会、环境效益的统一和人类居住的理想环境。具体而言，空间规划法的目的是决定如何安排和发展一个特定区域内所包含的所有资产并为此提供法律基础，这些资产包括该区域内的城镇、房屋、学校、大学、道路、铁路、机场、办公室、工厂、医院、能源以及休闲活动。具体可分为以下几个方面：(1) 均衡区域社会和经济发展，促进区域凝聚力，提高竞争力；(2) 鼓励城市多功能发展，改善城乡关系；(3) 减少对环境的破坏；(4) 增强对自然资源的保护；(5) 确保充足的土地，渔业和森林等空间资源适应未来的需求；(6) 实现规划地区的愿景；(7) 促进经济社会全面协调可持续发展。

空间规划法的任务主要可以概括为：发展任务、管理任务和协调任务，这些任务应在各级行政机构（国家、区域和/或地方一级）根据特定环境下进行最合适的任务分配。

第一，发展任务，即创造新的空间发展。它包括基础设施的新城市区域的建设；自然资源的开发；旧工业区的重建；基本服务的提供等。

第二，管理任务，即规章制度的制定、实施和执行。空间规划法对土地、渔业和森林的某些用途的管制是必要的，这也是避免某些土地使

[1] 《1982年（北爱尔兰）规划（修订）令》中只有补偿条款仍然有效。

用的负外部性或促进土地使用的正外部性。

第三，协调任务，即通过确定优先顺序和一致的发展方向来协调规划中不同主体的争议。将各主体的意图和努力集中一起，以避免冲突，减少冗余，并在可能的情况下，如在气候适应计划和排水系统改造计划之间建立协同作用。

第二节　基本原则

一、空间规划法基本原则的概念

空间规划法的基本原则，是指空间规划法确认的，适用于空间规划法的一切领域的基本方针和准则。空间规划法的基本原则是《空间规划法》所确认的，而非任意确定的，或与其他部门法共有的原则，是始终贯穿于整个空间规划法领域，具有普遍指导意义和约束力，全面体现空间规划法内在本质特征并构成该法律领域的根本性准则。

关于空间规划原则的细分，联合国欧洲经济委员会将空间规划的原则细分为民主原则、辅助原则、参与原则、整合原则、比例原则和预防原则。本书在参考英国《空间规划法》的特性之后将其细分为以下 3 个原则，分别是可持续发展原则、公众参与原则和协调原则。

二、可持续发展原则

（一）可持续发展原则的含义

可持续发展原则的提出是为了在基础设施的适当支持下平衡住房的实际容纳量和迫切的住房需求，同时保持地区特有的环境资产和生活质量，即在确保高质量生活水平的同时保护和改善环境。关于可持续发展的定义，世界环境与发展委员会在 1987 年出版的《我们共同的未来》报告中将其定义为“在不损害子孙后代满足其自身需求的能力的前提下满足当前需求的发展”。1991 年，由世界自然保护同盟（INCN）、联合国环境规划署（UNEP）和世界野生生物基金会（WWF）共同发表了《保护地球——可持续生存战略》（Caring for the Earth：A Strategy for

Sustainable Living)，将可持续发展定义为：“在生存于不超出维持生态系统涵容能力的情况下，提高人类的生活质量。”

关于可持续发展的定义，不同领域中定义各不相同。具体到空间规划上，可持续发展原则，一般是指我们在进行空间规划为当代人营造最佳生活环境时，同时要考虑到后代的利益，并兼顾环境问题和社会公平。

（二）可持续发展原则的贯彻

1996 年联合国可持续发展委员会（UNCSD）提出了一个可持续发展核心指标框架，同年，英国发布国家可持续发展战略，成为全球首个公布全套可持续发展指标的国家。英国于 2005 年发布《英国可持续发展战略：确保未来》（Securing the Future— Delivering a UK Sustainable Development Strategy, March 2005)，该报告的核心是确保每个人、现在和今后几代人的生活质量。环境可持续性的概念在英国政府关于规划的论调中并不突出，但是它对于通过规划申请具有重要的影响。同时，可持续性评价已经在规划制定过程中正式建立，并且几乎默认地成为空间规划政策整合中的主要手段。可持续发展原则对英国规划的影响主要可以从规划本身和规划当局两方面探讨。

1. 可持续发展引导下的规划

《国家规划政策框架》第二章明确表示规划编制中要充分考虑可持续发展原则，具体体现为以下 3 个目标：

（1）经济目标。通过确保在适当的地点和适当的时间提供足够的适当类型的土地以支持增长、创新和提高生产力，以及通过确定和协调基础设施的提供来帮助建立一个强大、反应迅速和有竞争力的市场。

（2）社会目标。通过确保提供足够数量和范围的住房以满足今世后代的需要，并塑造一个可以提供无障碍服务和开放空间且反映当前和未来的需求，营造一个良好和安全的建设环境来支持建立强大、充满活力和健康的社区。

（3）环境目标。有助于保护和改善我们的自然、建筑和历史环境，包括有效利用土地，帮助改善生物多样性，谨慎使用自然资源，尽量减少浪费和污染，减缓和适应气候变化和转向低碳经济。

这些目标主要通过规划的制定和实施以及规划框架内政策的适用来实现。虽然规划政策和决定应当在可持续发展的引导上充当积极作用，但是这样做的同时也应当考虑到当地情况，反映每个地区本身的特点和需要。

基于上述可持续发展在规划编制中的原则性需求，《国家规划政策框架》也从编制规划和决策规划两个角度提出指引。

对于编制规划的人，编制的规划应积极寻求满足其地区发展的机会，并有足够的灵活性以适应快速变化；战略政策应至少为住房和其他用途提供客观的需求评估，包括在邻近地区不能满足的需求。

对于决策规划的人，应当毫不迟延地批准符合最新发展规划的发展建议；在没有相关发展规划政策的情况下，或在确定申请时最重要的政策已过时的情况下，应当给予许可，除非本框架中保护区域政策的应用或具有特殊重要性的资产政策对此提供拒绝开发的明确理由，或者是在对照整个框架中的政策进行评价时，同意规划的不利影响将显著超过有利影响。

2. 可持续发展原则引导下地方规划机构的职责

（1）在尊重环境目标的同时，对该地区的工商业发展、食品生产、矿产开采、新房和其他建筑物的需求进行规划；

（2）保护古迹、建筑遗产和自然资源（包括野生动植物、景观、水、土壤和空气质量）；

（3）在考虑土地的分区时，优先考虑在建成区内开发棕地，然后再有条件的考虑开发绿地；

（4）在制定政策和计划以及确定规划申请时，规划主体须遵循预防原则，即在对环境有重大损害风险的情况下，除非有迫不得已的理由凌驾于公共利益之上，否则对环境的保护至关重要。

三、公众参与原则

（一）公众参与原则的含义

空间规划的决定对公众具有广泛和直接的影响，因此，公众参与空间规划的程度应超出一般的公众活动。空间规划中的公众参与原则，是指在地方所有权意识和对公民和财产所有人权利保护的指引下，建立有效的公众参与程序，增强政策和决策的合法性，且决策过程应该是透明的，便于公民意识到决策背后的原因。所有与规划有关的公民都能获得与规划相关的发展建议、计划和政策等有关的信息，以及作出这些决定的官员和地方议会的信息，并可以对提案发表意见，必要时对规划草案提出正式反对意见，并对规划决定提出上诉。

（二）公众参与原则的贯彻

在1947年，英国首次将公众参与引入城市规划中，英国的《城乡规划法案》中规定允许公众对城市规划发表意见和看法。为了适应新时期的特点，在1968年修订《城乡规划法案》中制定了与传统的公众参与有所不同的方法和形式。具体而言，可以从以下4个方面探讨公众参与原则在英国空间规划中的贯彻。

1. 地方发展规划中的公众参与表现

规划修改后，地方规划部门必须向公众提供以下信息：该规划的最新文本、对该规划做的所有修订的副本以及显示管理局遵守或不遵守《2011年地方主义法案》中有关时间表规定的最新资料，以及地方发展框架中还需要有公众参与声明（statement of community involvement）。

2. 邻里规划中公众参与的表现

任何团体与邻里规划编制机构之间的关系，应向更广泛的公众表明。教区或镇议会可根据《1972年地方政府法案》（Local Government Act 1972）第102（4）条[1]选择设立一个咨询委员会或小组委员会，并任命当地人（不必是教区议员）加入这些机构。根据《1989年地方政府和住房法案》（Local Government and Housing Act 1989）第13（3）

[1] Local Government Act 1972 c. 70 art. 102（4）A local authority may appoint a committee, and two or more local authorities may join in appointing a committee, to advise the appointing authority or authorities on any matter relating to the discharge of their functions, and any such committee—

（a）may consist of such persons（whether members of the appointing authorities or not）appointed for such term as may be determined by the appointing authority or authorities; and

（b）may appoint one or more sub-committees to advice the committee with respect to any such matter.

条[1]、第（4）（e）条或第（4）（h）条[2]，这些委员会或小组委员会的成员将拥有投票权，同时还应公布指导小组或其他机构的职权范围，并向公众提供会议记录。

希望向独立审查员提出意见或希望给审查员提交相关证据的人，应当在法定公布期内，就提交的邻里规划或命令草案向地方规划当局提交书面陈述，陈述期必须至少为6周。陈述书应说明邻里规划或秩序建议草案是否符合《1990年城乡规划法》（经修订）附表4B第8段[3]要求独立审查员考虑的基本条件和其他事项。代表们还可以讨论公民投票区是否应扩大到邻近地区以外。任何人希望提出口头听证的理由，都应作为书面陈述的一部分。

3. 环境影响评价中公众参与的表现

必要时，环境声明可能包含复杂的科学数据和分析，其形式不易被外行理解，但是，调查结果必须用通俗易懂的语言以非技术性摘要的形

---

〔1〕 Local Government and Housing Act 1989 c. 42

Art. 13 (3) Nothing in subsection (1) above shall require a person to be treated as a non-voting member of a committee or sub-committee falling within subsection (4) below; but, except—

(a) in the case of a sub-committee appointed by a committee falling within paragraph (e) of that subsection; and

(b) in such cases as may be prescribed by regulations made by the Secretary of State,

a person who is a member of a sub-committee falling within that subsection shall for all purposes be treated as a non-voting member of that sub-committee unless he is a member of the committee which appointed the sub-committee.

〔2〕 Local Government and Housing Act 1989 c. 42

Art. 13 (4) (e) a committee appointed under section 102 (4) of the Local Government Act 1972 (appointment of advisory committees by local authorities);

(4) (h) a sub-committee appointed by a committee falling within any of paragraphs (b) to (g) above or such a sub-committee as is so prescribed.

〔3〕 Town and Country Planning Act 1990 c. 8

Sch. 4B 8 (1) The examiner mustconsider the following—

(a) whether the draft neighbourhood development order meets the basic conditions [see sub-paragraph (2)],

(b) whether the draft order complies with the provision made by or under sections 61E (2), 61J and 61L,

(c) whether any period specified under section 61L (2) (b) or (5) is appropriate,

(d) whether the area for any referendum should extend beyond the neighbourhood area to which the draft order relates, and

(e) such other matters as may be prescribed.

式提出，以确保调查结果能够更容易地向公众传播，并使非专业人士和决策者能够容易地理解这些结论。环境评价是申请前的一项关键活动，为了开展这项工作，需要与利益相关者进行接触和协商，包括英格兰自然和环境署等，确保所有问题都得到涵盖和考虑，还需要咨询当地人、企业和可能受影响的人。从《2008 年规划法案》规定的所有咨询的范围中可以看出，这项程序在申请准备阶段的重要性。

4. 公众参与原则下的规划主体的职责

规划主体需要认识到个人和团体在规划过程的至关重要的作用，为提高公众对规划系统的认识，需要发布与其相关的各种文件，并在引入新的规划政策之前进行广泛咨询。规划主体需要在合适的地点组织公开会议并让官员参与讨论，为当地社区参与其地区的发展规划做准备，对规划草案有异议的人应当有机会在公开询问中表达自己的观点。除法律规定的宣传外，规划主体还可以实施邻里间通知方案，同时，规划主体还需要继续研究改善公众咨询和参与的方法。

四、协调原则

（一）协调原则的含义

空间规划需要在不同地区和部门之间进行合作，如果各部门产生分歧，这种不协调势必使规划成本增加。协调原则在于缓解各规划主体之间的矛盾和紧张关系，并通过制定区域发展战略促进政策一致性，减少更大范围内的破坏性竞争。

协调原则主要有两个方面的含义：一是在各规划主体协商时，以稳健、明确的政策形式作出承诺，因为这有助于为投资者创造确定性和降低风险，同时也有助于保护有限的资源，如高质量的农业用地等；二是协商作出的空间规划也必须具有足够的灵活性，以适应经济、社会和技术发展趋势，并刺激创新，空间规划必须促进主动性和直觉性，而不是简单地坚持过度规定的、可能无效的措施。

（二）协调原则的贯彻

1. 规划政策的灵活性

空间规划的协调原则也应遵循一种最低限度的标准，使其能够优先考虑最迫切的问题。例如，在某些情况下为了保护脆弱的国家环境资产，需要严格地采取不可转让的指令。然而，在大多数情况下，为协调各种要素之间的关系，处理时需要更多灵活性的规划政策。在这种情况下，规划当局处理时依据标准的政策比僵化的指令更加重要，因为规划政策更多地关注预期结果以及判断政策的标准，而不是试图规定解决方案。

2. 坚持以“对话为导向”

空间规划的中心部分是“对话”，目的是使所有规划利益相关者都能表达自己的利益，使他们能够就土地、渔业和林业的未来用途达成一致，并以公平、适当的方式尊重各方的立场。所有规划利益相关者都应有代表，如本地居民、公共当局、非政府组织、私人投资者等。利益相关者的参与可以是直接的，也可以是间接的。一个有效的空间规划，不仅其规划的内容须适应当地条件，其方法也必须适合当地居民以及行政部门的技术、经济和组织能力。在规划时，当地规划当局应该考虑和重视社会内部的知识和运作机制，如农村社会或团体通常对其自然环境具有复杂的土生知识。因此，应当在规划中听取并采纳他们提供的宝贵信息，传统农村社会对有关土地、渔业和林业的问题有自己的解决方式，同样在空间规划中，也必须了解并考虑此类机制。

第三节　基本制度

一、空间规划法基本制度的概念

空间规划法的基本制度，是指根据空间规划法的基本原则，由调整特定规划中出现的社会关系的一系列空间规划法律规范而形成的相对完整的实施规则系统，空间规划法制度本身具有可操作性。英国现存相关法律法规认为，英国空间规划主要有参考《国家规划政策框架》的空间规划的编制和决策制度、国家重大基础设施建设项目相关制度、地方层面的地方发展规划制度和邻里规划相关制度、程序层面空间规划评价制度，这一系列基本制度相互配合，共同组成一个完整的英国空间规划法系统。

二、空间规划的编制和决策制度

2012 年 3 月，英国中央政府公布了《国家规划政策框架》（NPPF），阐述了英国空间规划的基本政策。虽然《国家规划政策框架》[1]中的各种规划政策只适用于英格兰，但是由于其规划政策框架 NPPF 中相关原则性的规定也为其他地区如何编制和决策规划提供了一个参考框架。同英格兰一样，其他 3 个地区都要求在编制规划的时候应当为每个地区都提供未来的积极展望，解决住房需求和其他经济、社会和环境优先问题的冲突以及为当地居民塑造适宜的周围环境。故本书主要选取了《国家规划政策框架》中的相关原则性规定概括阐述了英国空间规划的编制和决策制度。

（一）英国空间规划的编制制度

一般而言，规划在编制时应当充分考虑以下 6 个方面：

1. 为实现可持续发展做准备；

2. 以有抱负但可交付的方式积极准备；

3. 通过规划制定者与社区、当地组织、企业、基础设施提供商、运营商和法律顾问之间的早期、适度和有效的磋商来塑造规划；

4. 包含的政策需明确，决策者对发展建议的应对措施也应当是清晰的；

5. 通过使用数字工具使公众参与和政策陈述更易进行；

6. 保持明确的目标，避免对适用于特定领域的政策（包括本框架中的相关政策）进行不必要的重复。

对于规划编制机关，在规划通过后，还应当尽到审查义务。规划编制部门应当审查地方规划和空间发展战略，以评价这些规划和战略是否

---

〔1〕 National Planning Policy Framework, Paragraphs 1: The National Planning Policy Framework sets out the government's planning policies for England and how these should be applied. It provides a framework within which locally-prepared plans for housing and other development can be produced.

符合法律和程序要求，且依据的法律和程序是否还健全。审查时应当评价这些政策是否至少需要每5年更新一次，然后根据需要进行更新。审查应不迟于规划通过之日起5年内完成，并应考虑到影响该地区变化的情况或相关国家政策的变化。同时，如果适用的本地住房需求发生重大变化，则相关战略政策至少需要每5年更新一次；如果本地住房需求预计在不久的将来会发生重大变化，则可能需要提前审查。

（二）英国空间规划的决策制度

地方规划当局应以积极和创新的方式对待拟议规划的决策，应利用现有的各种规划工具，包括棕地登记制和原则上许可制，并积极与申请人合作，确保发展规划能够改善该地区经济、社会和环境条件。各级决策者应尽可能地批准可持续发展的申请，基于特定情况的慎重考虑后，地方规划当局还可以做出与最新发展规划不符的决定。

地方规划部门应公布申请规划许可所要求的资料清单，并且这些要求应保持在决策所需的最低限度，并至少每两年审查一次。本地规划当局只应要求申请人提供与相关申请相关、必要且重要的资料。决策时若涉及相关人员应当寻求他们的意见。规划法要求规划许可申请应根据发展规划确定，除非另有说明。地方规划当局应在法定时间内尽快就申请做出决定，除非申请人以书面形式同意更长的期限。

地方规划当局可根据规定在新规划的决策中考虑以下3个方面的标准：（1）新规划的编制阶段（编制越早，比重越大）；（2）与尚未解决异议的相关政策有多大程度的联系（联系越少，比重越大）；（3）新规划与相关政策的一致性（一致性越高，比重越大）。

同时，地方规划主管部门在决策时还有以下3个需要注意的方面：

1. 根据当地情况调整规划控制。在决策时，要鼓励地方规划当局利用地方发展令（Local Development Orders，LDO），为可能会产生有利影响的特定地区或发展类别制定规划框架，特别是该影响将会促进该地区的经济、社会或环境收益。

2. 规划条件和义务。地方规划当局应考虑是否可以通过确定规划条件或规划义务使不可接受的发展成为可接受的。只有在不可能通过规划条件解决问题时，才应使用规划义务。规划条件应保持在最低限度，并且与规划和发展相关，在其他方面都是允许的、可执行的、精确的和合理的，仅在必要时实施。

3. 执行。有效的执行对维持公众对规划系统的信心是至关重要的，地方规划部门应对涉嫌违反规划控制的行为自由裁量后采取行动。他们应该考虑发布一个适合他们所在地区的本地规划执法方案，说明他们将如何监督规划许可证的实施，调查涉嫌未经授权开发的案件，并酌情采取主动管理执法。

三、国家重大基础设施建设项目相关制度

《2008 年规划法案》将国家重大基础设施项目（NSIP）[1]的概念引入英国规划体系。国家重大基础设施建设项目是指与能源、运输、水或废物有关的大规模开发活动或可能产生比当地规模更大影响的一些建设项目。

同时《2008 年规划法案》为某些类型的基础设施开发规定了全国意义上的阈值，在此阈值之上，开发商必须寻求开发许可，一般这些开发项目都是大规模的，包括陆上和海上，如新的港口、公路、铁路、发电站和输电线路。根据《2008 年规划法案》获得开发许可涉及一个预先加载的过程，即申请者在提交申请前应就拟议项目的地点、形式、功能和潜在影响进行评价和咨询。然后，该申请将由一名检查员或规划检查局（审查机构）的检查小组审查。审查完成后，审查当局将向国务大臣提交一份建议报告，由国务大臣决定是否应给予发展方面的同意。如果国务大臣决定批准一个项目，通常是通过一项作为法定文书制定的开发许可令的方式作出。开发许可令不仅为项目提供规划许可，还可能包含其他许可，如强制征用土地的授权。该命令将详细说明同意开发的项目及其位置，以及在实施时必须满足的条件。《2016 年住房和规划法》对《2008 年规划法案》所做的修改，使国务大臣能够批准与国家重大基础设施项目相关的住房开发许可。

---

〔1〕 Planning Act 2008 c. 29，该法中第三部分为 Nationally significant infrastructure projects，第 14 节为 NSIP 的概述，第 15 ~ 30 节为能源、运输、水资源开发项目的有关规定。

开发许可令（DCO）的申请是根据国家政策声明（NPS）决定的，该声明规定了与不同类别的 NSIP 相关的国家政策。NPS 经过公众协商和议会审查，[1]然后由政府正式指定，目前有 12 个指定或拟议的 NPS，涵盖危险废物、供水、能源、运输网络、航空和港口等类别。新出现的 NPS 在开发许可过程中对决策者具有一定的影响力。根据下议院的常设命令表明，NPS 可以由指定的特别委员会或为此目的设立的专门国家政策声明委员会审议，但是，如果任何一个众议院就拟定的 NPS 作出决议，或任何一个众议院的委员会就拟定的 NPS 提出建议，国务大臣必须向议会提交一份声明，说明他对该决议或建议的回应。

DCO 的申请和批准通常根据 NPS 确定，但《2008 年规划法案》第 104 节中列出的例外情况除外。根据第 104 节，国务大臣必须根据相关的 NPS 决定 DCO 申请，除非他或她确信这样做会导致英国违反其国际义务、使自己违反法律规定的任何义务或开发的不利影响超过遵守 NPS 产生的相关利益。同时，《2008 年规划法案》第 105 条赋予国务大臣在没有相关 NPS 的情况下审批某一特定项目时，可以根据国家规划政策框架和开发所在地区的相关地方规划对 DOC 作出决定。以及根据《2008 年规划法案》第 35 条，可就能源、运输、供水、废水和废物领域的项目，以及国务大臣认为具有全国重要性的规定类型的商业和商业项目发布指示。

加快审批程序的一个关键步骤是引入“单一同意”（single consenting）原则，这使申请者可以在一个申请中就获得所有的许可（如海洋许可证或欧洲保护物种许可证）。当然，在提交申请前，开发商必须与相关机构就每一项许可的各个方面进行磋商。

当然，英国 4 个地区在 NISP 项目的运作中虽然各有差异，但是在大体上是一致的。比如，在威尔士，“相关开发”的同意书由当地规划局而不是规划检查局处理。

---

[1] 《2011 年地方主义法》修正的《2008 年规划法案》第二部分规定了咨询和议会要求。

四、地方发展规划制度

发展规划是规划系统的核心，同时，法律规定除非有重大考虑，否则规划决策必须与发展规划一致。地方发展规划应当提出该地区未来发展的愿景和框架，解决了住房、经济、社区设施和基础设施方面的需求，为保护和改善自然和历史环境、缓解和适应气候变化的打造良好基础。地方发展规划一般由地方规划局[1]（LPA）编制，通常是该地区的议会或国家公园管理局。

（一）地方发展规划的编制

《2004 年规划和强制购买法案》第 19（1B）～（1E）[2]节规定，每个地方规划当局必须确定其战略优先事项，并在其发展规划文件（作为一个整体）中制定解决这些问题的政策。地方发展规划应是最新的、简洁的、以本地地图为基础的，反映其所涵盖的地方和社区的特点，并使规划当局能够在正确的地方实现正确的发展。地方在编制发展规划时，应当在编制时加入战略政策，以解决每个地方规划局在其区域上土地开发和使用方面的优先问题。根据每个领域面临的问题和机遇，这些战略政策一般有两种制定方法：一是由共同或独立工作的当局（也可能包含非战略性政策）制定的联合或个别地方规划；二是根据市长或联合当局制定的空间发展战略中与规划制定权力有关的授予条款。一个地方发展

---

〔1〕在英格兰，地方规划机构包括区议会、伦敦自治市议会、县议会、广泛机构（broads authorities）、国家公园管理机构和伦敦当局；北爱尔兰主要有地方议会负责制定地方发展规划；在苏格兰，规划当局是地方议会和国家公园管理机构；在威尔士，地方规划当局是 22 个单一管理区和 3 个国家公园当局。

〔2〕Planning and Compulsory Purchase Act 2004 c.5, ss.19（1B）Each local planning authority must identify the strategic priorities for the development and use of land in the authority' s area.（1C）Policies to address those priorities must be set out in the local planning authority' s development plan documents（taken as a whole）.（1D）Subsection（1C）does not apply in the case of a London borough council or a Mayoral development corporation if and to the extent that the council or corporation are satisfied that policies to address those priorities are set out in the spatial development strategy.（1E）If a combined authority established under section 103 of the Local Democracy, Economic Development and Construction Act 2009 has the function of preparing the spatial development strategy for the authority' s area, subsection（1D）also applies in relation to—（a）a local planning authority whose area is within, or the same as, the area of the combined authority, and（b）the spatial development strategy published by the combined authority.

规划除了包括特定时间内生效的战略政策，还应当包括非战略性政策，非战略性政策是地方规划当局和社区采用的，为特定地区、社区或发展类型制定更详细的政策，一般包括在地方上场地的分配、提供基础设施和社区设施、保护和改善自然和历史环境以及制定其他发展管理政策。

地方发展规划覆盖整个苏格兰，且要求每个规划当局至少每 5 年发布一次并更新覆盖其区域的当地发展计划；北爱尔兰的地方发展规划通常为未来规划提供了 15 年的框架。英格兰的地方发展规划通常也为 15 年；反映国家规划政策的威尔士地方发展规划通常为 10 ~ 15 年。

（二）地方发展规划的相关程序问题

地方规划当局在收到关于规划草案后，应将认为合适的地方规划和任何拟议的修改，连同证明文件，代表国务大臣提交规划检查局审查。审查从地方规划提交规划检查局开始，并在向地方规划当局提交报告后结束。在审查期间，规划检查员将评估当地规划是否符合相关法律要求（包括合作义务），以及是否符合国家规划政策框架中所载的“健全性”测试。

苏格兰的规划审查，主要是在公众咨询结束后，规划局根据收到的陈述修改计划，与拟议的行动计划一起提交给苏格兰大臣。如果有未解决的问题，苏格兰大臣将任命一名审查员，对拟议的计划进行检查并出具报告，向规划局提出建议，该审查建议通常对规划局具有约束力。当局必须修改并重新发布该规划，并将其重新提交给苏格兰大臣。除非苏格兰大臣另有指示，否则规划当局将在 28 日后通过规划。在威尔士，地方规划当局在编制地方发展规划的完整草案后，由规划检查局代表威尔士政府对此进行审查。

（三）联合地方规划

两个或两个以上的地方规划当局可以统一编制一份联合地方规划，联合地方规划应当解决地区战略的优先问题、规划中的跨界问题，同时共享专家资源和降低成本（如通过组建联合规划股、共享规划基础工作或审查成本）。联合规划还可能为整个联合领域提供一个更具战略性的框架，为未来的规划制定框架。根据《2004 年规划和强制购买法案》第 29 节[1]的

[1] Planning and Compulsory Purchase Act 2004 c. 5, ss. 29.

规定，地方规划当局能够成立一个单独的联合规划委员会，以推进一项联合地方规划。各地方规划主管部门将适当的规划制定权下放给联合委员会。在联合地方规划存在的情况下，个别地方规划当局可以随后准备一个或多个包含非战略性政策和指定或分配的地方规划。这种地方规划应与战略政策相一致，除非有具体理由改变。

联合地方规划的编制和通过可由有关的个别当局或自愿的联合委员会机构监督。国务大臣也有权建立一个法定的联合委员会，成为有关指定事项的决策者。

五、邻里规划制度[1]

邻里规划为当地人民提供了一种强有力的工具，使他们能够主动参与到当地社区的规划制定和决策中，并使居民关于社区的发展欲望与地方战略需要的优先事项达成一致。邻里规划不是一项法律要求，而是英国社区可以选择使用的一项权利。他们可以选择在哪里建造新的住宅、商店和办公室，对这些新建筑的外观和基础设施有发言权。

邻里规划使社区能够在塑造他们生活工作相关地区的发展和增长模式上发挥更大的作用。这是因为，与社区可能编制的教区、村庄或城镇规划不同，邻里规划是发展规划的一部分，与地方规划当局编制的地方规划并驾齐驱。邻里规划为社区提供了一个机会，使他们能够对自己社区在未来10年、15年、20年内如何发展提出一个积极的愿景。他们可以制定有助于实现愿景的规划政策，或者为他们希望看到的开发项目授予规划许可，社区也可决定通过其他的规划来实现他们希望看到的结果。

（一）邻里规划与地方规划与政策的关系

邻里规划一旦生效，就成为邻里地区发展规划的一部分。邻里规划可以在地方规划当局制定其地方规划（或在适用的情况下，由民选市长或联合当局制定空间发展战略）之前或同时制定，但是邻里规划必须与现行发展规划的战略方针总体一致。地方规划当局应当告知社区地方规

〔1〕由于苏格兰和威尔士无法定层面的邻里规划，故本节中主要以英格兰为主叙述邻里规划的相关制度。

划的进程，尽管邻里规划草案或命令草案没有与正在形成的地方规划中的政策相抵触，但地方规划可能与邻里规划所依据的基本条件有关。地方规划当局还应采取积极主动的做法，与相关机构合作，特别是分享信息，以确保邻里规划草案在独立审查中获得最大可能的成功，同时还需要制定配套的邻里和地方规划政策。

邻里规划实施后，地方规划主管部门在编制地方规划时，应当考虑其政策和建议。地方规划政策不应重复邻里规划中的政策，也不需要取代这些政策，除非情况发生变化。重要的是，地方规划应适当参考邻里规划政策和建议，同样，邻里规划也应承认与之相关的地方规划政策。

（二）邻里规划是否需要进行环境评价

如果邻里规划草案属于《2004 年规划和方案环境评价条例》（The Environmental Assessment of Plans and Programmes Regulations 2004）的范围，可能对环境产生重大影响，则邻里规划可能需要进行战略环境评价。政府鼓励有资格的机构在早期阶段考虑其提案对环境的影响，并就是否可能适用《2004 年规划和方案环境评价条例》征求地方规划当局的意见。邻里规划可能还需要根据《2017 年城乡规划（环境影响评价）条例》[The Town and Country Planning (Environmental Impact Assessment) Regulations 2017] 进行评价。邻里规划提案必须提供足够的信息，使主管当局能够进行适当的评价或筛选，以确定是否有必要进行适当的评价。如果需要进行适当的评价，则需要进行战略环境评价。

（三）邻里规划关键阶段概述

1. 步骤 1：指定邻里区域，如果合适，指定邻里论坛[1]

（1）相关机构（教区[2]/镇议会、未来的邻里论坛或社区组织）向当地规划当局提交指定邻里区域的申请。

---

〔1〕 指定邻里论坛，是指在没有城镇或教区议会的邻里地区，有权领导邻里规划过程的组织或团体。

〔2〕 尽管法律授予教区有济贫和管理道路的权限，但这种权力是部门法授予的特定行政权。在法学上，尤其是规划分析法学，其实并不承认教区的法定地位。因此，教区尽管与地方政府一样管理地方事务，但仅是一个特定行政组织，而非地方政府。尽管《1894 年地方政府法案》创立了教区议会，但并非基层必需的组织，同时其从原来的教区委员会（vestry）手中取得的管辖权限也并不完全。

（2）地方规划局就区域申请进行至少6周的宣传和咨询（要求地方规划局指定整个教区的情况除外）。

（3）地方规划部门在法定时间内划定居民区。

（4）在没有城镇或教区议会的地区，[1]一个团体可以提出申请，[2]成为邻里区域的指定邻里论坛。

（5）地方规划局对论坛申请进行至少6周的宣传和咨询。

（6）地方规划部门决定是否指定邻里论坛。

2. 步骤2：草拟邻里规划或命令

主要由合格机构[3]制定提案（由当地规划局建议或协助）：

（1）收集基线信息和证据。

（2）与居住和工作在附近地区的人以及对提案感兴趣或受提案影响的人（如服务提供商）接触和协商。

（3）与土地所有者和开发行业交谈。

（4）识别和评估选择。

（5）确定规划或命令是否可能对环境产生重大影响。

（6）开始准备提案文件，如基本条件声明。

3. 步骤3：提交前的宣传和咨询

主要由合格机构准备以下事项：

（1）公布规划或命令草案。

（2）咨询合适的机构。

（3）将规划草案或订单的副本发送给当地规划机构。

（4）在遵守相关义务的情况下，满足相关的宣传和咨询要求。

（5）考虑咨询结果，并在适当时修改规划/命令。

---

〔1〕在一个指定的邻里区，如果包括一个镇或教区议会的全部或部分行政区域，该镇或教区议会负责邻里规划。教区或镇议会在编制邻里规划或命令的时候，应与对邻里规划建议感兴趣或受其影响的社区其他成员合作，使他们能在编制邻里规划或命令方面发挥积极作用。

〔2〕一个团体或组织必须向当地规划当局申请指定为邻里论坛（论坛申请）。提出论坛申请的人必须说明他们是如何设法遵守指定邻里论坛的条件的。要被指定为邻里论坛，必须有至少21名成员，他们可以：住在附近地区；在那里工作；和/或是包括全部或部分邻里地区的地方当局的民选成员。

〔3〕教区/镇议会、未来的邻里论坛。

（6）准备咨询声明和其他提案文件。

4. 步骤4：向地方规划当局提交邻里规划或命令建议

（1）合格机构向当地规划机构提交规划或命令建议。

（2）地方规划局检查提交的提案是否符合所有相关的法律。

（3）如果地方规划局发现该规划或命令符合法律要求，则：

（4）至少在6周内公布提案并邀请代表参与。

（5）通知咨询声明中提及的咨询机构。

（6）任命一名独立审查员[1]（经资格审查机构同意）。

5. 步骤5：独立审查

（1）地方规划局向独立审查员发送规划和陈述。

（2）独立审查员进行审查。

（3）独立审查员向当地规划机构和资格审查机构发布报告。

（4）地方规划局发布报告。

（5）地方规划当局考虑报告并形成自己的意见。

（6）地方规划当局决定是否将规划/命令提交全民公决。

6. 步骤6和步骤7：全民投票和使邻里规划或秩序生效

（1）相关委员会发布信息声明。

（2）有关委员会公布全民投票通知。[2]

（3）投票（在商业区举行额外的公民投票）。

（4）宣布的结果。

（5）如果超过半数的投票人对邻里规划投赞成票，该规划将作为该地区法定发展规划的一部分生效。

（6）如果超过半数的投票赞成该命令，该命令只有在地方规划当局

〔1〕 在考虑邻里计划或命令建议的内容时，独立审查员的作用仅限于测试邻里计划或命令草案是否符合基本条件，以及《1990年城乡规划法案》（经修订）附表4B第8段规定的其他事项。独立审查员不是在测试邻里规划的稳健性，也不是在审查其他实质性因素。独立审查员在审议已生效的修改邻里计划的建议时，必须首先决定所建议的修改是重大的还是实质性的，以改变计划的性质。

〔2〕 相关委员会［见《1990年城乡规划法案》（经修订）附表4B］必须安排举行全民投票。相关委员会包括：区议会；伦敦行政区；大都会区议会；英格兰任何没有区议会的地区的郡议会。如果公民投票的相关委员会不是地方规划当局，则两个当局必须按照《2012年邻里规划（公民投票）条例》（经修订）第16条的要求进行合作。

作出后才具有法律效力。在狭窄的情况下，如果委员会认为邻里规划或秩序的制定会违反或不符合任何人权义务，则不需要地方规划部门制定邻里规划或秩序。对不改变规划性质、符合基本条件的邻里规划进行修改时，不需要进行全民公决，地方规划部门按照法定程序修改邻里规划即可。

六、英国空间规划评价制度

英国空间规划中涉及的评价包括规划制定阶段的可持续性评价和战略环境评价，用于评价根据合理的替代方案判断规划可能产生的影响，适用于可能产生重大环境影响的单个项目中的环境影响评价制度。如果规划或项目被认为可能对栖息地产生重大影响，则还可能需要根据《2017 年栖息地保护和物种条例》（The Conservation of Habitats and Species Regulations 2017）进行适当评价。如果进行了适当评价，可持续性评价应考虑到评价结果。

（一）可持续性评价（sustainability appraisal）

可持续性评价是英国自 20 世纪 90 年代以来使用的一种评价形式，特别是用于地区和地方规划。它考虑社会、经济以及环境影响，并根据可持续发展的目标对其进行评价。根据《2004 年规划与强制购买法案》，英格兰的地方发展文件和区域空间战略以及威尔士的地方发展规划都要求可持续性评价，并且该评价完全整合 SEA 指令的要求。

可持续性评价是一个系统的过程，必须在制定地方规划和空间发展战略的过程中进行。它的作用是通过评价新规划在多大程度上有助于实现相关的环境、经济和社会目标，从而促进可持续发展。此过程是一个机会，可以考虑如何使规划有助于改善环境、社会和经济条件，以及如何查明和减轻规划中可能产生的任何潜在不利影响。通过这样做，它可以帮助确保规划中的建议是适当的，并给出了合理的替代方案。在可能的情况下，寻求减少或消除这些影响的其他选择。当重大不利影响不可避免时，应提出适当的缓解措施。

《2004年规划和强制购买法案》第19（5）节[1]要求地方规划当局在规划编制期间对规划中的每一项提案进行可持续性评价，制定规划的当局这样做的目的是促进实现可持续发展。可持续性评价是编制和制定地方规划或可持续发展战略的一个组成部分，目的是确定如何处理可持续发展问题，因此，评价工作应在制定规划的同时开始。并且应对任何构成本地规划文件都应在编制时进行可持续性评价，包括核心战略、现场分配文件和区域行动规划。本规定不包括邻里规划、补充规划文件、社区参与声明、当地发展规划或当局监测报告。

可持续性评价应只关注规划可能产生的重大影响，它应侧重于可能产生重大的环境、经济和社会影响。不需要比当地规划中的内容更加详细或使用更多资源，地方规划当局负责确保可持续性评价按照相关规划和环境评价法规进行。

《2004年规划和方案环境评价条例》第12条[2]规定了“环境报告”的正式要求，该报告可构成可持续性评价报告的组成部分，也是战略环境评价的核心产出。环境报告必须确定的描述和评价规划实施政策和合理替代方案可能对环境产生的重大影响，同时还应考虑规划的目标和地理范围。可持续性评价报告将需要说明如何满足这些要求，并记录对社会和经济影响的更广泛评价。

可持续性评价需要在主要报告中包括一份非技术性的信息摘要，并在编写时考虑到非专业读者，对过程和调查结果提供一个清晰、易懂的概述。监测规划实施后的可持续性评价中提到的重大环境影响（按照《2004年规划和方案环境评价条例》第17条[3]的要求），将使任何不可

---

[1] Planning and Compulsory Purchase Act 2004 c. 5, ss. 19 (5) The local planning authority must also— (a) carry out an appraisal of the sustainability of the proposals in each [F11development plan document]; (b) prepare a report of the findings of the appraisal.

[2] The Environmental Assessment of Plans and Programmes Regulations 2004 (S. I. 2004 / 1633) Art. 12 – Preparation of environmental report…

[3] The Environmental Assessment of Plans and Programmes Regulations 2004 (S. I. 2004 /1633)

Art. 17 (1) The responsible authority shall monitor the significant environmental effects of the implementation of each plan or programme with the purpose of identifying unforeseen adverse effects at an early stage and being able to undertake appropriate remedial action.

(2) The responsible authority's monitoring arrangements may comprise or include arrangements established otherwise than for the express purpose of complying with paragraph (1).

预见的不利影响能够在早期确定，可以按时采取适当的补救措施。规划当局负责其所在地区的发展规划，但在规划编制过程中，他们必须与其他利益相关者协商。

（二）战略环境评价（Strategic Environmental Assessment）

根据欧盟 SEA 指令第 1 条[1]的规定，实行战略环境影响评价的目标是“提供高水平的环境保护，并促进将环境考虑因素纳入规划和方案的编制和通过，以促进可持续发展”。

在英国，通常是由制定或通过规划的机构进行战略环境评价的。由制定规划的机构进行战略环境评价可以直接将环境评价和规划的制定相结合，有助于推进规划内部人员和规划无关的外部具有专业知识的人合作，最大限度地发挥战略环境评价的好处。SEA 指令主要适用于广泛的公共规划，如关于土地使用、运输、能源、废物、农业等。根据苏格兰行政长官、威尔士议会政府、北爱尔兰环境部和副总理办公室联合发布的《战略环境评价指令实用指南》（A Practical Guide to the Strategic Environmental Assessment Directive），可将战略环境评价的步骤概括为以下 5 个步骤：

1. 步骤 1：确定背景和目标，基线和范围

（1）确定其他相关规划、方案和环境保护目标。

（2）收集基线信息，基线信息为预测和监测环境效应提供了依据，有助于识别环境问题和处理这些问题的替代方法。

（3）识别环境问题，确定环境问题是改进环境目标的关键步骤。

（4）制定 SEA 目标，策略性环境评价的目标是用来帮助显示规划或方案的目标是否对环境有益，并比较不同方案对环境的影响，或提出改善建议。策略性环境评价的目标通常来自法律、政策、或其他规划和方案中确定的环境目标，或来自对基线资料和环境问题的审查。每一个单独的规划或方案都应有其具体的目标。

（5）咨询界定 SEA 的范围；有关当局必须就环境报告的范围和详

---

[1] European Directive 2001/42/EC: on the assessment of the effects of certain plans and programmes on the environment.

细程度征询咨询机构的意见主管当局在现阶段亦可以咨询其他有关机构及个人，以取得资料及意见（包括本机构的其他部门）。

2. 步骤2：开发和完善替代方案和效果评价

（1）对照 SEA 目标测试规划或方案目标。

（2）制订战略替代方案。

（3）预测规划或方案的效果，包括替代方案。

（4）评价规划或方案草案的影响，包括备选方案。

（5）考虑减轻不利影响的方法。

（6）提出措施以监测规划或方案执行的环境影响。

3. 步骤3：编制环保报告

4. 步骤4：咨询和决策

（1）就规划或规划草案及环境报告进行咨询。

（2）重大变化的评价。

（3）决策和提供信息；该指示要求在拟备该规划或方案及作出最终决定前，须考虑环境报告所载的资料及咨询结果。负责的当局必须提供大量资料，说明他们是如何考虑这些调查结果的，以及如何将环境方面的考虑纳入规划或方案，并提供足够的资料，以便清楚说明所作的任何改变或所拒绝的备选方案。

5. 步骤5：监测规划或方案的执行情况

（1）制定监测目标和方法；该指示关于监测的规定适用于规划或方案正在实施时，而不是在其编制和通过期间。但是，在拟订规划或方案时，必须考虑监测的筹备工作。

（2）对不良反应作出反应；如果监测显示有不良影响，应鼓励主管当局考虑如何作出反应。虽然指令本身并没有在环境保护方面产生新的义务，但其他法律或政策可能要求相关部门或其他机构采取行动。

（三）环境影响评价（Environmental Impact Assessment）

环境影响评价（EIA）是环境影响评价应用于工程项目的总称。环境影响评价主要是评价拟议项目可能对环境和人类健康产生的正面和负面影响，并将该信息以环境声明的形式提交给当地规划当局或相关决策者，以便在决策时和规划申请一并考虑。

对某些规划提案进行环境影响评价的要求来自欧洲立法（欧洲议会和理事会第2011/92/EU号指令）。英国4个地区都有其相应的法规来调整指令的要求。英格兰城乡规划环境影响评价过程受《2017年城乡规划（环境影响评价）条例》管辖，该条例适用于根据《1990年城乡规划法案》第三部分获得规划许可的开发项目。《2011年环境影响评价（苏格兰）条例》［The Environmental Impact Assessment (Scotland) Regulations 2011］将经修订的环境影响评价指令纳入苏格兰规划体系。而《（英格兰和威尔士）城乡规划（环境影响评价）条例》现在仍然适用于威尔士。在北爱尔兰，则主要是由《2015年（北爱尔兰）规划（环境影响评价）条例》［The Planning (Environmental Impact Assessment) Regulations (Northern Ireland) 2015］为环境部和地方议会的规划职责提供了一个法定框架。

1. 环境影响评价的目的

环境影响评价的目的是通过确保地方规划当局在决定是否授予可能对环境产生重大影响的项目的规划许可时，充分了解可能产生的重大影响，并在决策过程中考虑到这一点，从而保护环境。2017年条例将环境影响评价程序纳入《国家规划政策框架》，仅适用于可能对环境产生重大影响的项目。环境影响评价的目的还在于确保公众能够尽早、有效地参与决策程序。环境影响评价只适用于城镇和乡村规划范围内的一小部分项目，不应成为发展的障碍。地方规划部门和开发商应慎重考虑是否应对项目进行环境影响评价。如有需要，应将评价范围限制在可能受到重大影响的环境方面。申请前的参与也可以在确定何时应当对提案进行环境影响评价。

2. 环境影响评价的关键步骤

环境影响评价主要有5个步骤：

（1）步骤1：筛选。“筛选”是一种程序，通常在项目设计的早期阶段进行，由地方规划当局决定一个拟议的项目是否属于条例的范围，是否可能对环境产生重大影响，因此需要进行评价。

（2）步骤2：范围界定。确定评价中要考虑的并在环境声明中需要报告的问题范围。申请人可以向当地规划部门征求哪些信息需要被包含

（这称为“范围界定意见”）。

（3）步骤3：编制环境声明。如果决定需要进行评价，申请人必须准备并提交一份环境声明。环境声明至少需要包括《2017年城乡规划（环境影响评价）条例》环境声明[1]必须包含第18（3）条规定的信息，且必须满足第18（4）条的要求。它还必须包括2017年条例附表4中规定的与特定开发或开发类型的特定特征以及可能受到重大影响的环境特征相关的任何附加信息。且为了帮助申请人，公共当局必须提供其掌握的任何相关环境信息。为确保环境声明的完整和质量，申请人必须确保由合格的专家编制，环境声明必须附有开发商对于此类专家的相关专业知识或资质的声明。

（4）步骤4：规划申请咨询。环境声明（以及与之相关的开发申请）必须以电子方式和公告方式公布。法定“咨询机构”和公众必须有机会就拟议开发和环境声明发表意见。

（5）步骤5：决策。地方规划当局或国务大臣在决定是否同意开发时，必须考虑环境声明以及与该决定相关的任何其他信息，以及就此做出的任何评论和陈述，必须以电子方式和公告方式向公众通报这一决定及其主要原因。

（四）可持续性评价、战略环境评价和环境影响评价的区别与联系

由于战略环境评价只考虑规划的环境影响，而可持续性评价则考虑规划中更广泛的经济和社会影响以及潜在的环境影响，因此，若已经进行可持续评价，则不再要求单独进行战略环境评价。在某些不需要可持续性评价的情况下，可能需要单独进行战略环境评价，这通常只存在于邻里规划或补充规划文件中可能产生重大环境影响的情况下。战略环境评价也并没有废除环境影响评价制度。在实践中，战略环境评价通常会涉及广泛的建议和备选方案，而环评则是针对具体项目的，要求对具体建议的影响提供更详细的信息。战略环境评价有助编制环评，但并不能

---

〔1〕 The Town and Country Planning（Environmental Impact Assessment）Regulations 2017（S. I. 2017/571），arts. 18（3）An environmental statement is a statement which includes at least... 18（4）An environmental statement must... Sch. 4 Information for Inclusion in Environmental Statements...

消除编制环评的需要。

第四节 法律责任和法律救济

一、法律责任

空间规划法律责任，是指因违反空间规划的法定义务或合同义务所产生的由行为人承担的不利后果。空间规划法律责任具有以下特点：(1）空间规划法律责任具有其自身的特殊性，它是以因违反空间规划法上的义务关系而形成的责任关系，以空间规划法律义务的存在为前提；(2）空间规划法律责任还表示为一种责任方式，即承担不利后果，分为补偿性方式和惩罚性方式；(3）空间规划法律责任的追究是以国家强制力实施或者潜在保证的。

在英国，违反规划管理本身进行开发一般不构成刑事犯罪，违反空间规划有关规定产生的法律责任一般是由 4 个地区的规划当局自由裁量决定。

（一）英格兰

未经规划同意或违反规划许可的条件进行开发，一般不属于刑事犯罪，除非与已有法律规定登录入册的名胜古迹或广告有关。但是如果地方规划当局发出一份强制执行通知书要求当事人遵守规划许可后，当事人仍然不遵守为刑事犯罪。之后，如果该通知书被维持有效，则对违反该通知的处罚是，经简易判决后最高可罚 2 万英镑；或根据起诉书处罚，最高罚款不限。其他类型的强制措施还包括违反条件通知书、停止通知书、临时停止通知书或限制严重违反规划控制的禁令等。强制措施是由地方规划当局自由裁量的，对涉嫌违反规划管制的行为按比例采取行动。规划当局一般先会调查涉嫌违规行为所造成的损害程度，并审查是否有理由采取行动。如果有人认为他们所在地区的规划受到严重破坏，公共设施受到严重损害，并且地方规划当局没有采取应有的行动，那么可以向地方政府监察专员（Local Government Ombudsman，LGO）提出申诉。

《1990年城乡规划法案》规定了2个执行时效。如果违法行为是与作业开发（包括未经授权的建筑、工程、采矿或其他作业）或改变用途作为单一住宅使用，则规划当局采取强制措施的时效是4年，其他违反规划控制的执行时效是10年。

（二）威尔士

在威尔士，违反规划的相关强制措施和英格兰大体上一致，同样违反规划管理本身并不构成刑事犯罪，地方规划当局对采取强制措施有裁量权。根据威尔士规划政策，规划当局在决定是否采取强制措施时，要参考的决定性的问题是违反规划管制是否会影响公共设施。强制措施包括强制执行通知书（和英格兰一样，不遵守强制执行通知书构成刑事犯罪）、违反条件通知书、停止通知书以及在严重情况下会触发禁令的发布。如果有人认为他们所在地区的规划受到严重破坏，公共设施受到严重损害，并且地方规划当局没有采取应有的行动，那么可以向威尔士公共服务行政监察专员（Public Services Ombudsman for Wales）提出申诉。威尔士采取强制措施的时效也与英格兰相同。

（三）苏格兰

苏格兰的规划执行制度与英格兰和威尔士大致相似，强制措施由规划当局自由裁量决定，一般认为，只有在符合公共利益的情况下，规划当局才会采取行动。苏格兰规划当局大体上有7种可供选择的执法方案，分别是：

（1）违反规划通知书。规划当局可向任何与土地规划有利害关系的人发出违反规划通知书，以取得该土地上的活动是否构成违反规划管制的资料。

（2）强制执行通知书。规划主管部门认为发生了违反规划控制的行为时，可以发出执行通知。与英格兰一样，如果该通知书被维持有效，则对违反该通知的处罚是，经简易判决后最高可罚2万英镑，或根据起诉书处罚，最高罚款不限。关于执行通知的问题有权向苏格兰大臣提出上诉。

（3）违反条件通知书。此通知可用作执行通知的替代方案。

（4）停止通知书。规划当局认为违反规划管理的行为必须得到紧急处理，那么当局可以发出停止通知书。

（5）临时停止通知书。临时停止通知书类似于停止通知书，但立即生效。

（6）定额罚款通知书。对于不遵守执行通知书或违反条件通知书的情况，规划当局有权发布定额罚款通知。

（7）禁令。规划当局没有发布禁令的权力，但是若规划当局认为已经或即将发生违反规划管理的情况下，可以向治安法院或最高民事法院提请发布禁令。

苏格兰还要求每个规划当局都必须制定一套执法章程，并每2年更新一次，其中应列明执法系统的运作方式、规划当局在执法方面的作用及其执法标准。

（四）北爱尔兰

根据《2011年规划法案》，[1]移交给地方议会的职能之一便是规划的强制执行，然而，环境部也有权在地方议会未采取行动时采取执行措施。与英国其他司法管辖区一样，采取强制措施的权力由地方议会或环境部自由裁量决定。未经规划同意进行开发不一定是犯罪，在某些情况下，若开发是与地方发展规划一致的，可能只需要补上规划许可即可。但是，如果违法行为被认为是严重的，则地方议会可决定签发一份强制执行通知，以控制未经授权的开发。若违反强制执行通知书，经简易判决后最高可罚10万英镑；或根据起诉书处罚，最高罚款不限。地方议会必须在违法性的开发行为（包括地下、地面、高处或高空的建筑、工程、采矿或其他开发工作）完成后5年内采取行动；对于任何改变住宅用途的行为，地方议会必须在违法行为开始后5年内采取强制执行行动。对执行通知的上诉，一般由收到通知的人向规划上诉委员会（Planning Appeals Commission，PAC）提出，且PAC必须公开提供上诉的细节，以便任何有异议或利害关系人都能参与到上诉过程中。

---

〔1〕 The Planning Act（N. I. ）2011 c. 25，part 5 Enforcement.

二、法律救济

空间规划的法律救济，是指公民、法人或者其他组织认为自己的正当权力因行政机关的行政行为或者其他单位和个人的行为而受到侵害，依照法律规定向有权受理的国家机关告诉并要求解决，予以补救，有关国家机关受理并做出具有法律效力的活动。由于英国4个地区规划的运作系统各不一样，故英国空间规划的救济程序四个地区也各有区别。

（一）英格兰

当申请被地方规划当局驳回时，申请人均有权向国务大臣提出上诉。在实践中，通常的程序是由规划检查员以国务大臣的名义在审查书面陈述、举行非正式听证会或进行全面调查后决定是否上诉，程序的选择将取决于案件的复杂性。国务大臣也有权“收回”上诉，亲自作出决定。在特定情况下，可能会对地方规划当局的决定进行司法审查，或对国务大臣和规划检查员的决定进行法定审查。在高等法院设立的规划法庭，在一名专业法官监督下，根据民事诉讼规则及实务指引，处理所有涉及规划事宜的司法审查和法定质询。规划法庭的审查与规划申请或上诉决定本身的对错无关，而是在于作出决定的程序是否合法。地方规划的审查是由规划检查局[1]进行的。

（二）威尔士

上文说到的规划检查局是中央政府和威尔士政府的一个共同的执行机构，在威尔士运作的检查机构实际上是联合执行机构的一个分支。在威尔士，规划检查局的职责包括处理规划和执法的上诉、对地方发展规划进行公开审查，并报告需要威尔士大臣作出决定的相关规划申请。威尔士上诉的裁决程序与英格兰相似，大多数关于规划上诉的决定都是由规划检查局代表威尔士大臣作出的，也有一小部分上诉的决定是由威尔士大臣在考虑规划检查局的建议后亲自作出的。

（三）苏格兰

苏格兰有两个规划上诉系统，分别是：

---

〔1〕规划检查局是社区和地方政府部（Department for Communities and Local Government, DCLG）和威尔士政府的联合执行机构。

1. 地方审查机构

在苏格兰，要求每个规划局制定一项关于当地发展的“授权清单”（scheme of delegation），这些清单内容通常由任命的人确定，通常为与规划相关的官员，而不是议会成员。如果规划决定是由规划官员根据授权计划作出的，那么上诉都将提交给地方议会的审查机构，而不是苏格兰大臣。地方审查机构至少由 3 名没有参与最初规划决定的成员组成。

2. 苏格兰大臣

如果一个规划决定是由议员作出的，那么任何反对该规划决定的上诉应向苏格兰大臣提出。向苏格兰大臣提出的上诉是由规划和环境上诉委员会（Directorate for Planning and Environmental Appeals，DPEA）任命的一名审查员负责审议。在大多数情况下，上诉决定是由审查员代表苏格兰大臣做出的。但是，在少数情况下，审查员不发布决定，而是向苏格兰大臣提交一份报告，并提出建议，由苏格兰大臣做出最终决定。大多数上诉都是通过书面陈述来决定的。

（四）北爱尔兰

关于规划决定的上诉可由申请人或其代理人向规划上诉委员会（Planning Appeals Commission，PAC）提出，“第三方”对规划决定无提出上诉的权利。但是，当一项申请被上诉时，反对者或任何利害关系人都可以向规划上诉委员提意见。规划上诉委员会是一个根据《2011年规划法案》[1]设立的独立上诉机构，其运作方式主要有以下两种：一是决定上诉，委员会可以就针对环境部和地方议会在规划和环境事项的决定上提出的上诉作出决定，但是，这并不适用于环境部“被召回”的申请；二是听取并报告公众咨询和听证会的相关内容，委员会就部门提交给它的各种案件听取公共意见后提出相关建议，但是关于这些事项的最后决定由相关部门作出。与英国其他地方不同的是，上诉机构是以相关大臣的名义作出决定的。在北爱尔兰，规划上诉委员必须根据委员们

---

[1] The Planning Act（N.I.）2011 c.25，ss58... then if that permission, consent, agreement or approval is refused or is granted subject to conditions, the applicant may by notice in writing appeal to the planning appeals commission...

的报告做出决定，委员会的决定是终局的，但可以向高等法院申请司法审查。

第五节 现有制度评析及其对我国的启示

一、现有制度评析

《2004 年规划与强制购买法案》对英格兰的城镇和乡村规划系统进行了实质性的改革，政府在制定地方发展框架，开始尝试空间规划方法，新的区域空间战略和地方发展文件都开始采用空间规划方法。英国对这次规划改革雄心勃勃，不仅要将规划作为空间发展过程的中心，而且为了可持续的发展，还将影响空间发展的所有政策和行动整合在一起。

2010 年，随着英国中央政府的“权力下放”，规划权也随之下放给各个地区，在不同程度上，规划权下放的空间规划有助于政策协调和平衡发展，但是英国空间规划之间的鸿沟仍然存在，英国政府也一直在故意忽视地方不平等和发展不平衡的问题。例如，在英格兰，废除区域空间规划战略后，给英格兰空间规划体系留下了一个真空地带，不同规模的地方规划只是系统性地拼凑在一起，缺乏统一性和协调性。

一般而言，协调和一体化有助于制定有效的政策，在权力下放的国家，空间规划需要促进 3 种不同类型的一体化进程。第一种是横向一体化，即不同的政策和政府干预措施的协调一致，空间规划以土地利用规划不具有的方式将社会和环境事项整合起来。苏格兰的规划框架将经济、社会、环境和基础设施等事项协调一致，为苏格兰的可持续发展和繁荣昌盛奠定基础，但是英格兰的《国家规划政策框架》（NPPF）中却没有类似的规定。第二种是纵向一体化的，即根据未来的前景，协调地方和区域之间的发展活动。鉴于英国目前权力下放仍然在深化，有必要加强和更新各级治理之间的协调机制。第三种是合作一体化，即空间计划作为最广泛意义上的规划，不同规划主体之间的合作使法律法规在实践中发挥其作用。合作可以通过对话和谈判的方式进行，也可以通过形成行政惯例和工作习惯的方式进行。

二、对我国的启示

2019年5月，中共中央、国务院发布《关于建立国土空间规划体系并监督实施的若干意见》。意见提出，到2020年，基本建立国土空间规划体系，逐步实现“多规合一”。基本完成市县以上各级国土空间总体规划编制，初步形成全国国土空间开发保护“一张图”。可见我国目前正处于从多种规划并行向空间规划转型的阶段。借鉴英国空间规划法中的精华对加快我国空间规划建设具有重要意义。

（一）加强空间规划中公众参与的力度

无论是空间规划制度还是其他制度，其中公众参与原则都不可缺少。空间规划作为对空间资源的安排，与公众联系更加密切，尤其是一些基础民生项目，故空间规划中加强公众的参与度是十分有必要的。权力下放的国家在制定空间计划时会表现出高度的参与性，规划师不应只依靠技术数据，还应扩大他们的数据库，将居民的生活经验等囊括其中。与规划利益相关者进行定期协商，以保证规划可以适应不断变化的情况。只有公众参与度高，规划者才能准确地确定不同社区的独特需求，并深入地了解地方及其内部之间的关系。

因为我国没有公众参与国家事务的传统，可以说我国公众参与政府表决事项的效率极其低下，而且关于公众参与规则缺乏统一的规定。首先，政府应当充分调动公众参与积极性，扩大空间规划项目的宣传途径，除了将信息刊登在网上外，还应当在相关社区中刊登规划信息；其次，公众参与的途径也应当扩大。若规划与社区群众利益相关，必须与当地社区合作制定计划，政府可以强制要求规划制定者在编制规划时咨询相关群众并纳入审批标准（相关参与人员种类越多，相关性越紧密，审批中所占比重越大），现场表决也应当邀请相关人员参与，对于规划监督的权力进一步下放，下放到社区。

（二）打破行政区划限制，加强多部门协作

我国空间规划仍然拘泥于行政区域为规划制定的划分标准，为了避免空间规划地域差别，应当建立地方联合，加强地方层面的互动。空间

规划主体也不单是自然资源部的责任，而应当建立统一的以自然资源部为主、其他相关部门为辅的规划体系。

英国要求战略决策当局应在合作后确定其规划中需要解决的相关战略事项。它们还应与当地社区和相关机构接触，相关机构包括当地企业伙伴关系、当地自然伙伴关系、海洋管理组织、县议会、基础设施供应商、当选市长和联合当局（在市长或联合当局没有规划制定权的情况下）。在我国，可以要求地方规划部门在跨行政边界的战略问题上相互合作，与其他指定机构合作，并将规划部门和有关机构人员之间持续有效的合作作为积极准备和制定规划的组成部分，且在审批中给予充分考虑。特别是地方规划部门的这种跨行政区域的联合工作应当有助于确定哪些地方需要额外的基础设施，以及是否可以在其他地方满足本地方的某特定规划领域内完全无法满足的发展需要。为了显示有效和持续的联合工作，地方规划部门应当联合编写一份或多份共同立场声明，记录正在处理的跨界问题和合作解决这些问题的进展情况，并在整个规划编制过程中公开提供，以提高透明度。

（三）技术革新，建立空间规划监测实验室

英国的空间规划监测体系是以法律制度为保障，以规划编织为前提，规划部门为主体，年度监测报告为形式的目标—监测指标体系。借鉴英国在空间规划监测上的举措，我国也可以建立统一的动态空间规划监测实验室，其中监测内容详细到每一个指标，将指标置在一个更大的环境下进行分析，形成统一的反馈改正机制。中央政府可以通过空间规划监测实验室掌控各地规划情况，有助于监督避免各地政府为私利在空间规划中采取的不当措施，也可以及时对比南北地域空间发展的情况，并据此提出建议，缩短地区差异。具体而言，地方规划当局应为所辖领域内所有与社会，环境和经济相关的数据以及地方战略优先事项等规划相关内容建立一个数据库，并与其他相关的部门共享。

（四）改革我国环评制度

虽然我国环境影响评价制度分为规划环评和建设项目环评，但是在实践中我国应用最多的仍是建设项目环评，环境影响具有潜伏性和不可逆性，光靠建设项目环评并不能很好地预测和监控对环境有重大影响的

事件。在借鉴英国空间规划中的可持续评价和战略环境评价制度时，首先应当打破我国目前以“建设项目环评为主”的局面，提高规划环评的重要性，在规划环评中更多地引入英国可持续评价制度，尤其是从宏观层面对环境影响进行思考，更多地考虑到规划和可持续发展的关系，而不只是环境和社会经济发展的关系。此外，将规划和环评紧密融合，环评并不仅是规划中的一个步骤，环评应当贯穿整个规划中，促进空间规划过程的可持续化发展，这样才能真正构建一个以生态文明为核心的空间规划体系。

参考文献

一、中文著作

汪劲：《环境法学》，北京大学出版社 2014 年版。

二、中译本著作

1. ［日］交告尚史、［日］臼杵知史、［日］前田阳一、［日］黑川哲志：《日本环境法概论》，田林、丁倩雯译，中国法制出版社 2014 年版。

2. 《日本的国土利用及土地征用法律精选》，姜贵善译，地质出版社 2000 年版。

3. ［美］约翰·M. 利维：《现代城市规划》（第 5 版），张景秋译，中国人民大学出版社 2003 年版。

三、中文期刊论文

1. 邱连峰：《城乡融合视角下中澳规划管理的制度性差异与启示》，载《国际城市规划》2019 年第 34 卷第 5 期。

2. 吴启焰、何挺：《国土规划、空间规划和土地利用规划的概念及功能分析》，载《中国土地》2018 年第 4 期。

3. 李霞、李广：《国外城市战略规划的研究及其对我国的启示——以澳大利亚阿德莱德为例》，载中国城市规划学会、东莞市人民政府《持续发展　理性规划——2017 中国城市规划年会论文集（11 城市总体规划)》2017 年。

4. 周彦吕、陈可石:《澳大利亚昆士兰州社区规划:体系、内容及修编机制》,载《国际城市规划》2016 年第 2 期。

5. 顾焱:《澳大利亚新南威尔士州环境规划法体系及其启示》,载《规划师》2015 年第 9 期。

6. 董文丽:《澳大利亚城市规划体系改革及公众参与》,载《建筑与文化》2015 年第 5 期。

7. 杨帆、黄斌:《瑞典、澳大利亚、新西兰、美国的环境法院及其启示》,载《法律适用》2014 年第 4 期。

8. 陈超、王明珠:《南澳大利亚州城市规划体系》,载《城乡建设》2013 年第 3 期。

9. [澳] 艾伦·马奇、周静、彭晖:《维多利亚州法定规划中的集权和分权》,载《国际城市规划》2008 年第 5 期。

10. 董燕:《从澳大利亚土地环境法院制度看我国环境司法机制的创新》,载《华东政法学院学报》2007 年第 1 期。

11. 丁晓华:《澳大利亚的土地和环境法院》,载《上海政法学院学报》2005 年第 2 期。

12. 赵民:《澳大利亚的城市规划体系》,载《城市规划》2000 年第 6 期。

13. 孟晓晨、刘旭红:《从城市规划法看澳大利亚城市规划管理体制的特点——以昆士兰州为例》,载《国外城市规划》1999 年第 4 期。

14. 许章润:《澳大利亚的立法制度》,载《行政法学研究》1995 年第 1 期。

15. 张远照:《抽象行政不作为的法律救济研究》,载《知与行》2017 年第 2 期。

16. 吴迪:《我国国土资源规划与治理法律制度研究》,东北林业大学 2010 年硕士学位论文。

17. 刘力华、朴爱英:《韩国国土开发政策分析》,载《东疆学刊》2019 年第 1 期。

18. 孙镛勋:《韩国国土规划制度和近郊农村地区景观管理的课

题》，宋鸽译，载《城乡规划》2018 年第 6 期。

19. 胡若函、邢海峰、赵星烁：《日韩空间规划发展经验评析》，载《城乡建设》2018 年第 10 期。

20. 邢爱芬、李一行：《风险预防原则在防灾减灾领域的适用》，载《中州学刊》2019 年第 10 期。

21. 胡坚：《国内外国土规划比较研究》，重庆大学 2005 年硕士学位论文。

22. 赵德宸：《国土空间规划应遵循生态科学高效原则》，载《中华工商时报》2019 年 2 月 11 日。

23. 韩大举：《整体观与综合性是国土开发整治的基本原则》，载《国土与自然资源研究》1988 年第 3 期。

24. 沈振江：《国土空间规划体系的国际比较研究》，载《城乡规划》2018 年第 6 期。

25. 刘云中：《日韩国土空间规划的特点、动向及启示》，载《中国经济时报》2012 年 5 月 15 日。

26. 金相郁：《韩国国土规划的特征及对中国的借鉴意义》，载《城市规划汇刊》2003 年第 4 期。

27. 唐一鸣：《国土空间规划分区方法研究》，南京大学 2019 年硕士学位论文。

28. 林静远：《超大城市国土空间规划的编制》，载《中国土地》2020 年第 5 期。

29. 连欣、杜澍：《新时期国土空间规划的战略研究》，载《中国国土资源经济》2018 年第 3 期。

30. 郭卫东：《奥地利、瑞士考察体会与建议》，载《城市管理与科技》2012 年第 2 期。

31. 蔡玉梅、宋海荣、何挺：《典型发达国家的空间规划体系》，载《中国自然资源报》2018 年 9 月 17 日。

32. 陈烨：《瑞士：以先进的城市规划打造最宜居国家》，载《山西政协报》2012 年 7 月 27 日，第 00D 版。

33. 高中岗：《瑞士的空间规划管理制度及其对我国的启示》，载

《国际城市规划》2009 年第 2 期。

34. 赵鹤平：《瑞士国土规划简介》，载《地理学与国土研究》1993 年第 3 期。

35. 徐贤：《瑞士国土资源管理的特点与启示》，载《中国土地》2016 年第 7 期。

36. 孙春强：《瑞士空间规划及启示》，载《国土资源情报》2011 年第 9 期。

37. 陈珊珊：《瑞士空间精细化治理经验及对我国的启示》，载《活力城乡　美好人居——2019 中国城市规划年会论文集（12 城乡治理与政策研究）》2019 年。

38. 张勤：《事权明晰　主体明确　责任落实——瑞士城乡规划体系的启示》，载《国际城市规划》2009 年第 S1 期。

39. 魏广君：《空间规划协调的理论框架与实践探索》，大连理工大学 2012 年硕士学位论文。

40. 吴顺民、李进：《新时期国土空间规划的思考》，载《城市勘测》2020 年第 1 期。

41. 张新宇：《东方的法治主义——新加坡法治模式及其启示》，载《中山大学研究生学刊》（社会科学版）2013 年第 4 期。

42. 唐子来：《新加坡的城市规划体系》，载《城市规划》2000 年第 1 期。

43. 钱慧、罗震东：《欧盟“空间规划”的兴起、理念及启示》，载《国际城市规划》2011 年第 3 期。

44. 郭素君、姜球林：《城市公共设施空间布局规划的理念与方法——新加坡经验及深圳市光明新区的实践》，载《规划师》2010 年第 4 期。

45. 李晨晨、韩源：《新加坡城市规划法系解析》，载《建设科技》2011 年第 17 期。

46. 黄继英、黄琪芸：《新加坡城市规划体系与特点》，载《城市交通》2009 年第 6 期。

47. 王川：《新加坡城市设计与公共空间规划借鉴——重庆市巴南

区的建设实践与思考》，载《重庆行政：公共论坛》2016 年第 2 期。

48. 胡明杰、赵静：《新加坡城市公共空间的规划理念借鉴》，载《华中建筑》2012 年第 7 期。

49. 邱宇飞、孔令苏：《基于多规合一的国土空间规划体系探析》，载《现代农业科技》2020 年第 10 期。

50. 徐瑾、顾朝林：《英格兰城市规划体系改革新动态》，载《国际城市规划》2015 年第 3 期。

51. 杨东峰：《重构可持续的空间规划体系——2010 年以来英国规划创新与争议》，载《城市规划》2016 年第 8 期。

52. 罗超、王国恩、孙靓雯：《从土地利用规划到空间规划：英国规划体系的演进》载《国际城市规划》2017 年第 4 期。

53. 周姝天、翟国方、施益军：《英国空间规划经验及其对我国的启示》，载《国际城市规划》2017 年第 4 期。

54. 蔡玉梅、陈明、宋海荣：《国内外空间规划运行体系研究述评》，载《规划师》2014 年第 3 期。

55. 潘文灿：《呼唤全国国土规划——从国土工作 60 年回顾谈起》，载《绿叶》2009 年第 9 期。

56. 蔡玉梅、王静：《开展新一轮国土规划若干问题的探讨》，载《国土资源科技管理》2003 年第 6 期。

57. 曹清华、杜海娥：《我国国土规划的回顾与前瞻》，载《国土资源》2005 年第 11 期。

58. 梁鹤年：《英、美、加城市规划组织和管理》，载《城市规划》1986 年第 5 期。

四、外文文献

1. Claire Colomb & John Tomaney (2016), Territorial Politics, Devolution and Spatial Planning in the UK: Results, Prospects, Lessons, Planning Practice and Research, 31 (1): 1 - 22.

2. P. H. Roodbol-Mekkes & A. van denBrink (2015), Rescaling Spatial Planning: Spatial Planning Reforms in Denmark, England, and the Netherlands, Environment and Planning C.: Government and Policy, 33:

184 – 198.

3. Vincent Nadin (2007), The Emergence of the Spatial Planning Approach in England, Planning Practice & Research, 22: 1, 43 – 62.

五、网络链接

1. https://www.admin.ch/opc/en/classified-compilation/19995395/index.html，2020 年 5 月 17 日访问。

2. https://www.admin.ch/opc/en/classified-compilation/19790171/index.html，2020 年 5 月 17 日访问。

3. https://www.are.admin.ch/are/en/home/spatial-development/international-cooperation.html，2020 年 5 月 17 日访问。

4. https://www.zh.ch/internet/de/home.html，2020 年 5 月 17 日访问。

5. https://www.sohu.com/a/272997935_395856，2020 年 5 月 17 日访问。

6. https://www.admin.ch/opc/en/classified-compilation/19830267/index.html，2020 年 5 月 17 日访问。

7. https://www.admin.ch/opc/en/classified-compilation/19995395/index.html#a33，2020 年 5 月 17 日访问。

8. https://www.admin.ch/gov/en/start.html，2020 年 5 月 17 日访问。

9. 新加坡国家发展部网，载 https://www.mnd.gov.sg/home，2020 年 5 月 26 日访问。

10. 新加坡城市重建局网，载 https://www.ura.gov.sg/Corporate/About-Us，2020 年 5 月 29 日访问。

11. 《“花园城市”新加坡——城市规划与建设治理的模板》，载 http://www.gdupi.com/Common/news_detail/article_id/1875.html，2020 年 5 月 26 日访问。

12. 《新加坡 2019 年总体规划草案》，载 https://www.ura.gov.sg/Corporate/Planning/Master-Plan/Introduction，2020 年 5 月 26 日访问。

13. 新加坡房屋管理局网站，https：//www. hdb. gov. sg/cs/infoweb/about-us/history，2020 年 5 月 26 日访问。

14. 杨沐教授在 2011 年燕山大讲堂第 100 期的讲话，载 http：//fxy. cupl. edu. cn/info/1088/1707. htm，2020 年 5 月 26 日访问。

15. DCLG，*Department of Communities and Local Government*，*The Role and Scope of Spatial Planning*（2006），https：//webarchive. nationalarchives. gov. uk/20070604194001/http：//www. communities. gov. uk/pub/898/TheRoleandScopeofSpatialPlanning_ id1504898. pdf.

16. RTPI，*The Royal Town Planning Institute*，*Shaping and Delivering Tomorrow's Places*：*Effective Practice in Spatial Planning Executive Summary*（2007），https：//webarchive. nationalarchives. gov. uk/20070701105429/http：//www. communities. gov. uk/index. asp？id = 1511157.

17. MHCLG，*Ministry of Housing*，*Communities & Local Government*，*National Planning Policy Framework*（2019 version），载 https：//www. gov. uk/guidance/national-planning-policy-framework，2020 年 5 月 20 日访问。

18. ODPM：Office of the Deputy Prime Minister，2020 年 5 月 20 日访问。

19. *Spatial Plans in Practice*：*Supporting the Reform of Local Planning*（2006），载 https：//webarchive. nationalarchives. gov. uk/20070507064348 / http：//www. communities. gov. uk/pub/821/SpatialPlansinPracticeSupportingthereformoflocalplanningInceptionReport_ id1163821. pdf。

20. Scottish Government，*Scottish Planning Policy*（2016），载 https：//www. gov. scot/publications/scottish-planning-policy/pages/0/，2020 年 5 月 20 日访问。

21. *National Assembly for Wales*，*Comparison of the Planning Systems in the four UK Countries*，载 https：//senedd. wales/Research%20Documents/16 – 001%20 – %20Comparison%20of%20the%20planning% 20systems%20in%20the%20four%20UK%20countries/16 – 001. pdf，2020 年 5 月 20 日访问。

22. FAO, *Food and Agriculture Organization of the United Nations*, *Spatial Planning in the context of the Responsible Governance of Tenure* (2015), 载 http://www.fao.org/elearning/Course/VG4A/en/Lessons/Lesson1496/Resources/1496_lesson_text_version.pdf, 2020 年 5 月 20 日访问。

23. William MR Ohe, *One Hundred Years of Neighborhood Planning*, Journal of the American Planning Association, 2009 (2).

24. Culling Worth B., Caves R., *Planning in the USA: Policies, Issues, and Processes*, 2nd ed., London and New York: Rout Ledge, 2003.

25. Stuart Meck, *Growing Smart Legislative Guidebook*, Chicago: American Planning Association, 2002.

26. Gerald Hodge, *Planning Canadian Communities*, Second Edition.

27. Planning Act of Ontario of Canada, Revised Statutes of Ontario.

28. Provincial Policy Statement of Ontario of Canada, Revised February 1, 1997.

29. Citizens' Guide (Series of 10 prepared to help people understand how the land use planning process works in Ontario), by Ministry of Municipal Affairs and Housing of Ontario.

30. Planning Act R. S. O. 1990.

31. Jill Grant, *Mixed Use in Theory and Practice Canadian Experience with Implementing a Planning Principle*, Journal of the American Planning Association, March 2002.

图书在版编目(CIP)数据

国外空间规划法研究 / 王文革主编. -- 北京:法律出版社,2020

(上海市高校法学一流学科环境资源法丛书)

ISBN 978 - 7 - 5197 - 5072 - 5

Ⅰ. ①国… Ⅱ. ①王… Ⅲ. ①环境规划 - 空间规划 - 环境保护法 - 研究 - 国外 Ⅳ. ①D912.64

中国版本图书馆 CIP 数据核字(2020)第 203458 号

上海市高校法学一流学科环境资源法丛书	**国外空间规划法研究** **GUOWAI KONGJIAN GUIHUAFA YANJIU**	王文革 主编	**策划编辑** 冯雨春 **责任编辑** 冯雨春 张 颖 **装帧设计** 汪奇峰

出版 法律出版社
总发行 中国法律图书有限公司
经销 新华书店
印刷 北京建宏印刷有限公司
责任校对 王 丰 郭艳萍
责任印制 吕亚莉

编辑统筹 法律应用出版分社
开本 710 毫米×1000 毫米 1/16
印张 24.75
字数 400 千
版本 2020 年 12 月第 1 版
印次 2020 年 12 月第 1 次印刷

法律出版社/北京市丰台区莲花池西里 7 号(100073)
网址/www.lawpress.com.cn
投稿邮箱/info@lawpress.com.cn
举报维权邮箱/jbwq@lawpress.com.cn
销售热线/400 - 660 - 8393
咨询电话/010 - 63939796

中国法律图书有限公司/北京市丰台区莲花池西里 7 号(100073)
全国各地中法图分、子公司销售电话:
统一销售客服/400 - 660 - 8393/6393
第一法律书店/010 - 83938432/8433 西安分公司/029 - 85330678 重庆分公司/023 - 67453036
上海分公司/021 - 62071639/1636 深圳分公司/0755 - 83072995

书号:ISBN 978 - 7 - 5197 - 5072 - 5 **定价**:98.00 元